평이한 삶에서 천명을 기다리다

-청릉군 이야기-

김내수 지음

도서출판 유한문화사

평이한 삶에서 천명을 기다리다

– 청릉군 이야기 –

재삽훈맹 再揷勳盟
　공신에 두 번이나 오르셨으니
윤의거린 允矣巨鱗
　진실로 큰 인물이라 아니할 수 없도다.
유가유자 惟家有子
　집에서는 아들의 도리를 다하시고
유국유신 惟國有臣
　나라에서는 신하의 도리를 다하셨도다.

글머리에

청풍호의 건설로 수몰위기에 처한 청풍의 문화 유물을 모아 놓은 청풍 문화재 단지를 방문하면 청풍의 김씨를 빛내고 청풍을 현(縣)에서 부(府)로 승격시킨 인물로 충숙왕(忠肅王)의 왕사(王師)이신 청공(淸恭) 보감국사(寶鑑國師, 1251～1322)를 언급하고 있다. 스님은 고려 후기에 승과(僧科)에 장원으로 합격하였고, 삼국유사(三國遺事)를 저술하신 일연(一然)의 승통(僧統)을 이어받아 국사(國師)로 추존된 분이다. 고려 말 최고의 유학자인 이제현(李齊賢, 1287～1367)이 찬(撰)한 보감국사비명 병서(寶鑑國師碑銘幷序)에 의하면 국사(國師)의 휘(諱)는 혼구(混丘)요, 자(字)는 구을(丘乙)이며, 구명(舊名)은 청분(淸玢)이고, 속성(俗姓)은 김씨(金氏)로, 아버지는 증 첨의평리(贈僉議平理)로서 휘는 홍부(弘富)이니 청풍군(淸風郡) 사람이라고 기록되어 있다. 이를 바탕으로 스님은 청풍김씨의 후예(後裔)로 여러 문헌에서 소개되고 있다. 하지만 안타깝게도 청풍김씨 족보상에는 등재되어 있지 않고 있어 그 가계(家系)를 연결시키고 있지는 못하고 있다. 보감국사가 남긴 기록은 많이 있다. 저서(著書)에 어록(語錄) 2권, 가송잡저(歌頌雜著) 2권, 신편수륙의문(新編水陸儀文) 2권, 중편지송사원(重編指頌事苑) 30권 등이 있다. 그리고 경상남도 밀양시 활성동에 있는 영원사지보감국사묘응탑비(瑩源寺址寶鑑國師妙應塔碑)는 경상남도 유형문화재 제13호로 지정되어 있다.

고려 광종 이후 실시한 과거에 오른 인물들의 정보를 종합한 한국역대인물종합정보시스템에 따르면 등과한 인물 중 청풍을 관향으로 하는 성씨는 청풍김씨(淸風金氏), 청풍양씨(淸風楊氏), 청풍유씨(淸風劉氏), 청풍유씨(淸風兪氏), 청풍윤씨(淸風尹氏), 청풍이씨(淸風李氏), 청풍장씨(淸風張氏)와 청풍최씨(淸風崔氏) 등 8개의 가문이 있다.

그러나 청풍 관향의 등과한 인물 중 대표적인 인물로 중종시대에 발간된 신증동국여지승람은 문평공 부자 두 분을 선정하고 아래와 같이 언급하고 있다. "김길통(金吉通)은 임자년(1432) 과거에 장원으로 급제하였다. 성종(成宗) 때에 좌리공신(佐理功臣)으로 월천군(月川君)을 봉하여졌고, 벼슬이 호조 판서에 이르렀으며, 시호(諡號)는 문평(文平)이다. 그의 아들 순명(順命) 또한 과거에 오르고, 적개공신(敵愾功臣)에 참여하여 청릉군(淸陵君)에 봉하여졌다." 즉 청풍의 대표적 인물로 월천군(휘

길통)과 청릉군(휘 순명) 부자를 언급하고 있다.

조선 개국 이후 청풍 출신 주요 인물로 언급된 월천군(月川君, 휘 길통 吉通 1408~1473)의 자(字)는 숙경(叔經)으로, 청풍김문에서 최초로 문과(文科)에 등과(登科)하였다. 세종 11년(1429)에 생원시(生員試)에 합격하였고, 세종 14년(1432)에 문과(文科) 장원으로 뽑히어 여러 관직을 역임하고, 마지막으로 한성부 판윤(漢城府判尹)과 호조판서(戶曹判書)를 역임하였다. 성종 2년(1471)에 순성좌리공신(純誠佐理功臣)으로 사호(賜號)되고, 숭정대부(崇政大夫)로 가자(加資)되어 월천군(月川君)으로 봉해졌다. 성종 4년(1473) 66세의 나이에 사망하였고, 문평(文平)이라는 시호가 내려지고, 사망일에 불천위(不遷位) 제사를 지낸다. 문평공 묘역의 봉분(封墳) 1기, 묘비(墓碑) 2기, 문인석(文人石) 2기가 이천시 향토 유적 23호로 2017년 11월 10일자로 지정되었다. 문평공의 순성좌리공신 교서(敎書)는 충북대학교 박물관에 보물 제716호로 지정되어 보관되어 있다. 그는 세종시대에 문과에 장원으로 급제하고 대단히 유능한 관리와 학자로서 조정에서 일을 하였으나 수양대군(후에 세조)의 계유정란 시 모든 문서를 불태워 유고(遺稿)가 존재하지 않았다. 그러나 다행스럽게도 후손 중 생원(生員) 김정화(金鼎華)가 전라도 동헌 등에 남아 있는 시(詩)들을 모아 월천문집을 완성하고, 후에 좀 더 문헌을 더해 월천집을 간행하였다.

청풍김문의 조선 초기 대표적 인물 중 한 분인 문평공의 4남 청릉군(淸陵君 휘 순명 順命 1435~1487)의 자(字)는 거이(居易)이다. 단종 원년(1453) 19세의 어린 나이에 생원시에 합격하고, 3년 후 세조 2년(1456) 임오(壬午) 식년(式年) 문과에 합격한 다음 여러 관직을 거친 후 호조정랑으로 재직 중에 이시애(李施愛)의 반란 토벌에 참가하여 공을 세워 정충출기적개공신(精忠出氣敵愾功臣)으로 책록되어 청풍 김문 최초의 공신(功臣)이 되었다. 그 후 성종 대에 이르러서는 좌부승지(左副承旨)로 재직 중에 아버지 문평공과 함께 순성좌리공신(純誠佐理功臣)이 되었고, 바로 가선대부(嘉善大夫) 예조참판(禮曹參判)으로 승진하고 청릉군(淸陵君)에 봉(封)해졌다. 후에 청릉군의 아드님인 세영(世英) 또한 청풍군(淸風君)으로 봉작(封爵)되어 청풍김씨가 조선조 초기 3대봉군의 명망 있는 가문으로 발돋움 하게 되었다. 그러나 청릉군(淸陵君)은 하늘로 부터 천수(天壽)의 복(福)을 얻지 못해 53세 밖에 사시지 못하고 세상을 떠나셨다. 사후에 공양(恭襄)이라는 시호(諡號)와 예조판서(禮曹判書)의 증직을 받으셨으나, 사후도 처음에는 편하지 못하게 되었는데 영구지지인 묘역이 중종(中宗)의 왕비인 문정왕후(文定王后)의 태릉(泰陵) 묘역에 인접하여 불가피하게 천장(遷葬)할 수밖에 없었다. 그리하여 현재 양주시 별내동 손자(휘 수성 遂性) 묘 아래로 이장되어 안식하고 계신다. 청릉군(淸陵君)에게 제일 아쉬운 것은 사화(士禍) 등 혼란한 시기 탓인지 아니면 장손(長孫)들이 지손(支孫)과 연락 두절한 상태로 살아서 그런지 알 수는 없으나 문장이 유려(流麗)하고 글씨를 잘 쓰셨다는 기록은 있으나 실제로 유고(遺稿)로서 시(詩) 한 편, 유묵 한 점 전해 오는 것이 없다는 사실이다. 다만 문과 합격 동기인 대제학(大提學) 어세겸(魚世謙)이 찬(撰)한 신도비문(神道碑文)이 전해지고 있고, 세월이 흐름에 따라 마모되어 후손들이 정성을 다해 이를 새로 각자(刻字)하여 묘역 입구에 건립하였다.

다행스럽게도 조선왕조실록을 비롯한 국가 기록은 물론이고 여러 개인의 문집에서 청릉군(淸陵君)에 관한 기록을 여러 편 찾을 수 있었다. 필자는 청릉군의 17대손으로서 훌륭한 선조님의 문헌을 섭렵하며, 어느 후손도 문집이나 평전을 발간하여 선조의 업적을 현창하지 못한 것이 너무도 아쉬워 후손으로서 무엇을 할 수 있을까 고민하였다. 그리하여 청릉군과 관련된 조선왕조실록 등 여러 문헌을 참조하여 청릉군이 사셨던 시대적 이야기를 가능한 한 사실적으로 기술한다면 후손들이 청릉군의 삶을 재조명해 볼 수도 있지 않을까 하는 생각에 다다랐다. 그런 노력의 일환으로 『평이한 삶에서 천명을 기다리다』 -청릉군 이야기- 라는 제목으로 청릉군이 사셨던 시대에 소제목을 붙여 청릉군의 평생을 재현해 보고자 없는 재주에 죄송하고 두려운 마음을 가지고 이 글을 쓰게 되었다.

이 글을 통해 후손들이 함께 청릉군(공양공)의 체취를 조금이라도 느끼고, 한 조상의 뿌리인 동기로서의 정을 더욱 돈독하게 교류할 수 있게 된다면 필자는 그보다 더 큰 보람이 없을 것이다.

신축(2021)년 이른 가을

17대손 일원 내수 삼가 씀

차 례

제 1 부 청릉군의 삶을 반추하다 / 11

제 2 부 청릉군 관련 문헌 / 115

제 3 부 청릉군 후손 출사록 / 261

제1부

청릉군의 삶을 반추하다

1. 청릉군의 출생

고려(高麗)가 원(元)나라의 지배로부터 벗어나 독립의지를 불태우던 공민왕(恭愍王)이 사망하자 한반도의 정세는 권력의 공백기를 맞게 되었다. 이 시기 불교를 숭상하던 왕(王) 씨의 고려(高麗)에서 유학(儒學)을 국가 지도이념으로 받아들이고자 하는 신흥 사대부들의 후원을 받는 이(李) 씨의 조선(朝鮮)으로 왕권이 넘어가는 역성혁명(易姓革命, 1392)이라는 정치적 대 변혁이 일어났다. 이성계(李成桂)를 중심으로 한 신흥세력에 의해 조선왕조가 건국된 이후에도 집권 세력 내에서 정권을 운영하는 실질적 권력을 잡기 위한 왕자들과 개국 공신들이 이합집산하며 목숨을 건 투쟁은 계속되었다. 왕권과 정권을 차지하기 위한 투쟁으로 제1차(1398)와 제2차(1400) 왕자의 난이라는 골육상쟁(骨肉相爭)을 겪어야 했다. 제1차 왕자의 난(1398)의 결과로 태조(太祖)가 물러나고, 제2차 왕자의 난(1400)의 결과로 2대왕인 정종(定宗)의 통치도 끝이 났다. 태조 퇴위 이후 실질적 권력자인 정안대군 이방원(李芳遠)이 두 차례에 걸친 왕자의 난에서 승리를 거두고 제3대 왕인 태종(太宗)으로 등극(1400)하면서 정국은 어느 정도 안정을 찾았다.

태종은 정종(定宗)시기에 개경으로 환원했던 수도를 한양으로 재천도(再遷都)하고, 조선의 기틀을 정비하고 왕권을 더욱 굳건히 하기 위해 셋째 아들인 세종(世宗)에게 양위(讓位, 1418)하고 스스로는 상왕(上王)으로서 조선이 문화 융성대국의 길로 나갈 수 있도록 뒷받침하였다. 영명(英名)하신 세종(世宗)은 부왕의 기대에 부응하여 조선을 부국강병과 문화 융성의 기틀을 확립하고 동방의 신흥 강국의 면모를 갖추어가게 하였다.

우리 선조들은 고려의 망국과 함께 혼란스런 정국을 피해 구전성명(苟全性命)을 위하여 충주 달내(月川)로 피신해 은둔하며 좋은 세상을 기다리며 오로지 학문 연마에 힘쓰고 있었다. 찬성공(휘 효례 孝禮)은 세종 대에 이르러 정국의 안정을 확인하고 비로소 입조(入朝)하여 조선의 건국 대열에 동참하였다. 찬성공의 첫째 아드님이신 부호군공(휘 인통 仁通)께서는 22세(1426)에 요절(夭折)하시고, 삼각산방에서 수학(修學)하던 둘째 아드님이신 문평공(휘 길통 吉通)께서는 우리 청풍 김문 최초로 기유(己酉, 1429) 식년 사마시(司馬試)에 등과하여 아버님의 참척(慘慽)의 슬픔을 달래 주시었다. 3년 후 임자(壬子, 1432) 식년시에서는 문과에 장원으로 등과하였다. 이 때 문평공의 연세는 25세이었고, 결혼하여 3남을 얻은 후이다. 문평공은 장원급제와 더불어 의영고 부사가 되었으며, 사헌부 감찰을 거쳐 청릉군이 출생하던 1435년에는 병조좌랑으로 재직 중이셨다.

문평공께서는 17세이던 1924년에 벽진이씨 가문에서 아내를 맞이하셨다. 정경부인 벽진이씨(1408～1463)의 할아버님은 도원수 희경(希慶)이고, 아버지는 판예빈사사 증병조판서 심지(審之)이며, 어머니는 공부전서(工部典書) 여극승(呂克勝)의 따님이시다. 정경부인의 오라버님 한 분과 동생 한 분이 문과에 급제하셨는데, 큰 오라버님은 이맹전(李孟專, 1392～1480)으로 1427년(세종 9) 친시 문과에 급제하고, 승문원정자를 거쳐 1436년 정언에 임명되고 얼마 뒤 거창현감이 되었는데, 청렴결백하다는 평판을 받으셨다고 전한다. 그러나 1453년(단종 1) 수양대군이 단종(端宗)을 보좌하는 황보인(皇甫仁), 김종서(金宗瑞) 등 고명대신(顧命大臣)을 죽이고 정권을 탈취하며, 시국이 소란해지자 이듬해에 벼슬을 버리고 고향인 선산으로 돌아가서 귀머거리/소경이라 핑계하고는 은둔하여 친한 친구마저 사절하고 30여년이나 문밖에 나가지 않았다. 그러나 다만 김숙자(金叔滋), 김종직(金宗直) 부자와 평생을 가까이 지냈다고 전해지고 있으며, 1480년(89세)에 돌아가셨다. 함안의 서산서원(西山書院)에 원호(元昊) 김시습(金時習), 조려(趙旅) 남효온(南孝溫), 성담수(成聃壽)와 함께 생육신(生六臣)으로 제향 되고, 또 선산의 월암서원(月巖書院)에서도 김주(金澍) 하위지(河緯地)와 함께 제향 되고 있다. 1781년(정조 5) 영의정 서명선(徐命善)의 건의에 의하여 이조판서에 추증되었고, 시호는 정간(靖簡)이다. 아우인 이계전(李季專, 1414～1484)도 1447년(세종 29) 별시 문과에 등과하였으며, 성균관 직학 사헌부 감찰 예조정랑 승정원 좌부승지 경기관찰사 등을 거쳐 이조참판에 이르렀다. 또한, 춘추관기사관으로 세종실록과 문종실록의 편찬에 참여하였으며, 성종비(成宗妃)인 공혜왕후 한씨(恭惠王后韓氏)의 국장에는 국장도감제조(國葬都監提調)로 활약하였고, 시호는 공희(恭僖)이다.

아버지와 두 명의 외숙(外叔)이 문과 급제한 명문의 자제로서 청릉군은 1435년에 태어나셨다. 사복판사 순경(順敬, 1425～1476), 익산군수 순리(順理, 1428～1489), 대구부사 순생(順生, 1431～1491) 등 세 명의 형님과 아래로는 의빈부도사 순중(順中, 1437～1494), 황해감사 순성(順誠, 1440～1506), 별좌 순상(順常, 1444년), 현감 순승(順承, 1446년) 등 4명의 아우가 계신다.

2. 청출어람(靑出於藍)

사마시(司馬試)와 문과(文科)에 급제(及第)하다

청릉군은 19세인 단종1년 계유(癸酉, 1453)년에 식년 생원시(生員試)에 급제하였다. 사마시(생원・진사시)는 기록이 미비하여 급제자를 완전하게 알 수 없는 경우가 많다. 청릉군이 등과한 계유년에도 증광시와 식년시 두 차례의 사마시(司馬試)가 실시되었다. 그러나 급제자의 명단은 온전하게 전하지 않고 부분적으로 남아 있어 청릉군께서 어느 시(試)에 급제하였는지 정확하게 알 수가 없다. 다만 부분적으로 알려져 있는 급제자 명단 중에는 동년 진사시에 청릉군과 교류가 빈번하였고, 세교(世交)가 있었던 점필재(佔畢齋), 김종직(金宗直)과 그 형들인 김종석(金宗碩)과 김종유(金宗裕)도 보이는데, 점필재가 급제자 중에서 가장 나이가 어리다고 한 것으로 보아 점필재는 청릉군보다 연상이니 청릉군은 진사시가 아닌 생원시에 등과한 것으로 추측할 수 있다. 앞서 언급한 청릉군의 외숙인 이맹전과의 교류와 문평공의 문집인 월천집에 의하면 문평공과 점필재의 부친인 강호산인(江湖散人) 김숙자(金叔滋)공 과의 교류가 언급되어 있는 것으로 보아 점필재는 청릉군보다 연배가 4년 먼저이지만 동년에 진사시 급제하였으니 성균관에서 함께 공부하였을 것으로 생각되어지고, 교류는 더욱 돈독해졌을 것으로 여겨진다.

생원시와 진사시는 같은 날 동시에 실시되지 않고 진사시를 먼저 치르고 생원시를 나중에 치른다. 격일로 치러졌기 때문에 양 시험에 모두 응시할 수 있다. 시험과목은 생원시는 사서의(四書疑) 1편과 오경의(五經義) 1편이다. 사서의(四書疑)는 논어(論語) 맹자(孟子) 대학(大學) 중용(中庸) 중 한 문제를 내어 논문을 짓게 하는 것이다. 오경의(五經義)는 시경(詩經) 서경(書經) 주역(周易) 예기(禮記) 춘추(春秋)의 훈의(訓義)에 관한 것을 각 1편씩 출제하였다. 진사시는 시(詩) 1편, 부(賦) 1편이었다. 후기에 가면 생원시는 의(疑)와 의(義) 중에서 1편, 진사시는 시(試)와 부(賦) 중에서 택일하도록 하였다. 시험에서 최종적으로 선발된 인원은 진사와 생원 각 100명으로 1등 5인, 2등 25인, 3등 70인으로 등재(等第)하였다. 생원・진사시는 문과의 예비시험의 성격을 띠고 있었기 때문에 합격한다 해도 실제 관리에 임용되는 것이 아니었다. 생원・진사시에 합격하면 성균관에 입학할 자격이 주어졌고, 성균관에 입학하여 원점(圓點) 300점을 따야만 문과에 응시할 수 있었다. 성균관 식당에서 아침저녁 두 끼를 먹으면 1점을 계산해 주었으므로 원점 300점이란 곧 300일의 성균관 출석을 의미한다.

청릉군은 계유(癸酉, 1453) 사마시에 급제한 후 3년 뒤 치러지는 다음 식년시인 병자(丙子, 1456)년 식년 문과에 22세의 어린 나이에 병과 6위로 급제하여 교서관(校書館)의 정자(正字)로 벼슬 길(宦路)에 나가기 시작하였다(병자(丙子) 식년시방(式年試榜) 참조). 다만 누구에게 수학을 하여 이렇게 조숙한 나이에 급제하였는지는 기록이 없어 자세하게 알 수 없으나, 성현(成俔)이 찬(撰)한 용재총화(慵齋叢話) 의하면 조선조 학맥의 3세대 스승인 공기(孔頎)선생으로부터 수학하였으며 문장이 출중하였음을 알 수 있는 아래와 같은 기사가 있다.

「유교 경전에 관한 이론적 학술인 경술(經術)과 문장(文章)은 원래 두 가지가 아니다. 육경(六經)은 모두 성인(聖人)의 문장으로 모든 사업(事業)에 나타나는 것인데, 지금 글을 짓는 자는 경술에 근본 할 줄을 모르고, 경술에 밝다는 자는 문장을 모르니, 이는 편벽된 기습(氣習)일 뿐만이 아니라 이것을 하는 사람들이 힘을 다하지 않기 때문이다. 고려의 모든 문사(文士)는 시소(詩騷)[1]로 업을 삼았으나, 포은(圃隱) 정몽주(鄭夢周)가 성리학(性理學)을 비로소 제창하였고, 조선에 이르러서는 양촌(陽村) 권근(權近)과 매헌(梅軒) 권우(權遇) 두 형제가 경학에도 밝고 글도 능하였다. 양촌은 사서(四書) 오경(五經)의 구결(口訣 : 한문에 다는 토(吐))을 정하였고, 또 천견록(淺見錄) 입학도설(入學圖說) 등의 글을 지었으니, 도(道)에 우익(羽翼, 새의 날개와 깃이 이미 자랐다는 말로 충분히 성숙해졌다는 뜻)이 된 공이 적지 않다.

그 뒤로는 함장(函丈,=스승)이 될 만한 사람으로 황현(黃鉉), 윤상(尹祥), 김구(金鉤), 김말(金末), 김반(金泮)이 있는데, 황현의 학문은 세상에 알려진 바가 없고, 윤상은 가장 정밀하였으며 글도 대략 할 줄 알았다. 김구와 김말은 모두 정밀하였으나 김말은 고루하여 막힘을 면치 못하여 항상 서로 상하를 다투었기 때문에 수업하는 사람들도 두 갈래로 나누어졌다. 두 사람은 모두 세조(世祖)에게 알려진바 되어 관직이 일품에 이르렀다. 김반은 대사성(大司成)이 되었다가 연로하여 벼슬을 사직(致仕)하고는 고향에서 굶주리다가 죽었다.

또 그 다음 가는 사람으로 공기(孔頎), 정자영(鄭自英), 구종직(丘從直), 유희익

1) 시소(詩騷) : 시(詩)와 소(騷), 소(騷)는 운문(韻文)의 한 체계로서 시(詩)가 변하여 소(騷)로, 소(騷)가 변하여 사(辭)가 되었다. 전국시대 굴원(屈原)의 이소(離騷)가 대표적인 소(騷)이다.

(兪希益), 유진(兪鎭)이 있는데, 공기(孔頎)는 익살스러워서 이야기를 잘하였으나, 글 짓는 것은 사소한 편지 한 마디도 짓지 못하였다. 일찍이 남의 편지를 받았으나 답장을 쓰지 못하고 있었는데, 마침 옆에 있던 생원(生員) 김순명(金順命)이 이것을 보고 그가 말하는 대로 받아 써보니 사어(辭語)가 훌륭하였다. 공기(孔頎)가 감탄하여, "자네의 학문은 나에게서 배운 것인데, 자네는 잘 이용하고 나는 이용할 줄 모르니, 참으로 '남(藍) 풀에서 나온 청색(靑色)이 남색보다 진하다.' 하겠다." 하였다.

정자영은 오경(五經)뿐만 아니라 여러 사적(史籍)을 널리 보아 관직이 판서(判書)에 이르렀다. 구종직은 용모가 기이하기 때문에 세조에게 발탁되어 관직이 마침내 일품에 이르렀다. 유희익은 현달하지는 못하였고, 유진은 고집이 세어서 이치에 통하지 못하였다. 근래에는 노자형(盧自亨), 이문흥(李文興)이 오랫동안 학관(學官)에 있었는데, 성종(成宗)이 연로하다고 우대하여 마침내 당상(堂上)에 오르더니 모두 고향으로 물러가 죽었다. (고문 원문은 II-1에 실림)

위의 글로 보아 청릉군께서는 공기(孔頎) 선생 문하에서 수학하였으며, 문장이 뛰어났음을 알 수 있다. 그러나 불행하게도 그 이상의 학맥 기록이 없어 사마시 이전에 누구에게 수학하였는지 초기의 스승은 알 길이 없다. 그러나 여러 문헌으로 보거나 앞서 언급한 월천집을 상고하면 강호산인(江湖散人) 김숙자(金叔滋) 선생의 영향도 컸을 것으로 짐작은 할 수 있고, 아버지 문평공에게 직접 학문을 배웠다는 집안의 전래하는 말이 있을 뿐이다. 병자(丙子, 1456)년 식년시에 함께 등과한 분들의 명단은 아래 표에 있고, 동년에 등과한 분들에 대한 이야기는 뒤의 5장 '너는 너 나는 나'의 장에서 설명하게 될 것이다.

《병자(丙子 1456) 식년시 방(式年試 榜)》

인 명	생몰년	본 관	합격등급	관직/기타
임원준(任元濬)	1423～1500	풍천(豊川)	을과1[壯元]	찬성/좌리 3등, 임사홍의 부
박시형(朴時衡)	? ～ ?	밀양(密陽)	을과2[亞元]	교리(校理)
표영중(表永中)	? ～ ?	신창(新昌)	을과3[探花郎]	도사(都事)
박대년(朴大年)	? ～ 1456	순천(順天)	병과(丙科) 1위	사육신 박팽년 아우
어세겸(魚世謙)	1430～1500	함종(咸從)	병과(丙科) 2위	좌의정,익대 3등/공양공비 찬
최 호(崔 灝)	? ～ ?	해주(海州)	병과(丙科) 3위	첨지사(僉知事)
이극증(李克增)	1431～1494	광주(廣州)	병과(丙科) 4위	참찬(參贊)
김 지(金 漬)	? ～ ?	연안(延安)	병과(丙科) 5위	한림(翰林)
김순명(金順命)	1435～1487	**청풍(清風)**	**병과(丙科)6위**	**참판/적개 2등 좌리 4등**
황 숙(黃 淑)	? ～ ?	창원(昌原)	병과(丙科) 7위	성균관사성(成均館司成)
유 권(柳 睠)	? ～ ?	문화(文化)	정과(丁科) 1위	병조참판(兵曹參判)
김승경(金升卿)	1430～1493	경주(慶州)	정과(丁科) 2위	대사헌/갑자사화 피화
유희익(兪希益)	? ～ ?	무안(務安)	정과(丁科) 3위	대사성(成均館 大司成)
김수손(金首孫)	1430～ ?	예안(禮安)	정과(丁科) 4위	형조참판(刑曹參判)
박여동(朴慮東)	? ～ ?	밀양(密陽)	정과(丁科) 5위	현감(縣監)
이영은(李永垠)	1434～1471	한산(韓山)	정과(丁科) 6위	참판/좌리공신 4등
최 진(崔 鎭)	? ～ ?	경주(慶州)	정과(丁科) 7위	사헌부감찰(司憲府監察)
정난종(鄭蘭宗)	1433～1489	동래(東萊)	정과(丁科) 8위	호조판서
김서장(金瑞張)	? ～ ?	풍산(豊山)	정과(丁科) 9위	한림(翰林)
박윤검(朴允儉)	? ～ ?	함양(咸陽)	정과(丁科)10위	성균관사성(成均館司成)
김종련(金宗蓮)	? ～ ?	경주(慶州)	정과(丁科)11위	승문원교리(承文院校理)
이계정(李繼貞)	? ～ ?	순창(淳昌)	정과(丁科)12위	군수(郡守)
최한량(崔漢良)	? ～ ?	화순(和順)	정과(丁科)13위	한림(翰林)
윤승안(尹承安)	? ～ ?	미상(未詳)	정과(丁科)14위	미상
김 정(金 淀)	? ～ ?	수원(水原)	정과(丁科)15위	이성현감(利城縣監)
김윤선(金潤善)	? ～ ?	미상(未詳)	정과(丁科)16위	사헌부감찰(司憲府監察)
박서남(朴瑞男)	? ～ ?	우봉(牛峰)	정과(丁科)17위	성균관전적(成均館典籍)
정 흔(鄭 忻)	? ～ ?	해주(海州)	정과(丁科)18위	사헌부집의(司憲府執義)
허 선(許 譔)	? ～ ?	김해(金海)	정과(丁科)19위	이조좌랑(吏曹佐郎)
어세공(魚世恭)	1432～1486	함종(咸從)	정과(丁科)20위	참찬(參贊)/어세겸 아우
김종석(金宗碩)	1423～1460	선산(善山)	정과(丁科)21위	직강(直講)/김종직 형
박숭질(朴崇質)	? ～1507	반남(潘南)	정과(丁科)22위	우의정/중종반정공신 적개 2등
이극균(李克均)	1437～1504	광주(廣州)	정과(丁科)23위	좌의정/갑자사화 피화

3. 전주유씨(全州柳氏)와 혼인(婚姻)하다

청릉군의 결혼이 언제 이루어졌는지는 정확한 기록이 없어 알 수 없다. 다만 자녀의 나이로 미루어 짐작할 수 있는데, 첫 아드님(世英)을 본 나이가 29세이고, 따님(사위 원주, 壻郞 元柱)을 얻은 나이가 30세이시니 동시대의 결혼 관습에 비추어보면 그렇게 늦게 결혼 하였을 리는 만무하고, 아마도 결혼 후 한참 지난 후에 자녀를 두신 듯하다. 청릉군이 생원시에 급제한 것이 19세이시니 정부인 전주유씨와 혼인은 아마도 그 전후가 아닐까 생각된다.

증(贈) 정경부인(貞敬夫人) 전주유씨(全州柳氏)의 가계를 살펴보자[정경부인 전주유씨 가계도(家系圖) 참조]. 고조(高祖)는 유습(柳濕)으로 자신은 벼슬하지 않았지만 다섯 아들과 한명의 사위(극강 克剛, 극서 克恕, 극수 克修, 극제 克濟, 극거 克渠, 심효생 沈孝生)가 고려 문과(文科)에 합격하여 집안의 명망(家格)을 신장시키고 벼슬하는(仕宦) 가문(家門)으로서의 확고한 기반을 다진 인물이다. 증조(曾祖)는 유극서(柳克恕)로 앞에 언급한 바와 같이 고려 말기 문과에 급제하여 안렴사(按廉使)를 지냈다. 특히 극서(克恕)의 처남은 하륜(河崙, 1347~1416)으로서 이들의 정치성을 고려할 때 유극서 역시 신흥 사대부(혁명파)계열로 짐작할 수 있다.

여기에 눈에 띄는 한 분이 있다. 고조 유습의 사위이신 심효생(沈孝生, 1349~1398)이라는 분으로 조선개국공신이다. 그의 아들 심도원(沈道源)은 1396년(태조 5) 식년 문과에 급제한 뒤 호조판서에 이르렀다. 딸은 태조 이성계의 세자 이방석(李芳碩)과 결혼한 현빈심씨이다. 1차 왕자의 난 때 정도전(鄭道傳), 남은(南誾) 등과 함께 세자 이방석 파로 지목되어 이방원(李芳遠)에 의해 죽임을 당하고 공신은 추탈당한 비운의 인물이다.

조부(祖父)는 유빈(柳濱, 1367~1422)으로 태종 이방원과 함께 동문수학하였으며, 16세 때 진사시험에 함께 합격하였고, 1382년(우왕 12) 맹사성(孟思誠, 1360~1438)과 동일한 시험으로 문과에 합격한 동기(同榜)로 급제하여 응교(應教) 직제학(直提學)을 거쳐 영흥부사(永興府使)를 지낸 인물이다. 조모(祖母) 덕산윤씨(德山尹氏)는 우탁(禹倬, 1263~1342)의 외증손녀이었으며, 두 번째 조모 단양우씨는 우탁의 증손녀였다. 이처럼 전주유씨(全州柳氏)는 전형적인 재경(在京) 사환가문이면서 영남과의 통혼(通婚)을 매개로 유극서 유빈(柳克恕 柳濱) 양대의 산소가 안동(安東)과 영주(榮州)에 소재하는 등 영남과의 지역적 연고가 깊은 가문(家門)으로, 현재도 유명한 안동의 전주유씨 무실 종가가 청릉군 할머니의 숙부(叔父)인 유의손(柳義孫)의 후손이다.

여기서 한 가지 더 주목할 점은 조부인 유빈(柳濱)이 태종(太宗 李芳遠)의 동갑계 계원이라는 사실이다. 연안김씨대동보(延安金氏大同譜)에 수록된 정미생 군신갑계첩(丁未生君臣甲稧帖)에는 태종을 위시하여 모두 21명의 계원이 수록되어 있다. 비록 친목 도모를 위한 동갑계라 할지라도 이를 통해 유습(柳濕)의 정치적인 성향과 영향력을 분명하게 확인할 수 있다. 후일 그의 자손들이 문과에 급제하여 청요직(淸要職)을 역임한 배경도 여기에 있다고 할 수 있다. 참고로 태종대왕 어제 갑계공신 이십원 인물평(太宗大王御製甲稧功臣二十員 人物評)에 따르면, 유빈(柳濱)은 충직관후(忠直寬厚)하며 처신에 신중한 사람이었다라고 기술하고 있다.

太宗(태종)의 정미갑계원 명단 [=丁未甲稧帖座目(정미갑계첩좌목)]

성 명	생 일	본 관	비 고	성 명	생 일	본 관	비 고
李仲卿 이중경	1월 16일	陜川人 합천인	참판 (參判)	李伯含 이백함	1월 20일	完山人 완산인	영주부사
李 陟 이 척	3월 29일	茂州人 무주인		閔壽山 민수산	4월 26일	驪興人 여흥인	
張允和 장윤화	6월 1일	丹陽人 단양인		黃允正 황윤정	6월 11일	鐵原人 철원인	
曺 致 조 치	6월 26일	昌寧人 창녕인		朴 礎 박 초	7월 13일	咸陽人 함양인	전라도 도체찰사
權希達 권희달	8월 6일	安東人 안동인	도총제 (都摠制)	李 揚 이 양	8월 13일	德水人 덕수인	
完成君 완성군	8월 19일	全陵人 전능인		卓 愼 탁 신	9월 13일	光州人 광주인	참찬 (參贊)
朴 翶 박 고	9월 17일	竹山人 죽산인		柳 善 류 선	9월 25일	文化人 문화인	
朴 實 박 실	10월 3일	咸陽人 함양인		**柳 濱 류 빈**	10월 27일	全州人 전주인	장령 (掌令)
金 素 김 소	11월 21일	彦陽人 언양인		金自知 김자지	12월 10일	延安人 연안인	형조판서
徐 選 서 선	12월 14일	利川人 이천인	관찰사	林 滌 임 척	12월 20일	羅州人 나주인	

아버지는 유경손(柳敬孫)으로서 중부령(中部令)을 지내셨다. 정부인(貞夫人)의 친정 조카인 진일재(眞一齋) 유숭조(柳崇祖, 1452～1512)는 관학(官學)의 대표자이면서도 사림을 옹호하였고, 오랜 동안 성균관에서 교육에 힘쓰면서 조광조(趙光祖) 등에게 영향을 주었다고 알려져 있는 인물이다. 아마도 청릉군의 손자인 부제학(副提學) 김수성(金遂性)이 기묘사화 당시 성균관 유생을 대표하여 상소를 올리고 권당(捲堂)을 주도한 맥락도 여기에서 유추할 수 있을 것이다.

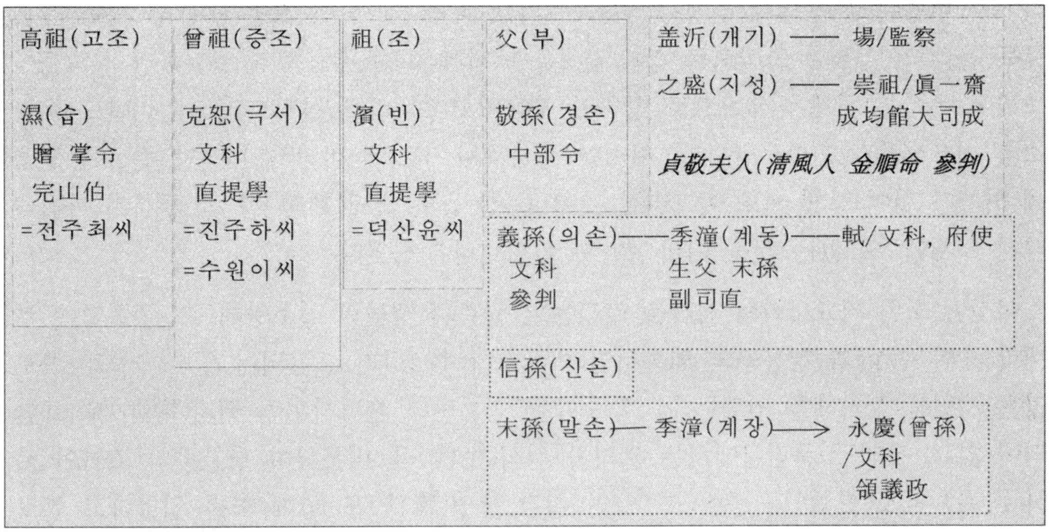

정경부인(貞敬夫人) 전주유씨(全州柳氏) 가계도(家系圖)

공양공과 정부인(貞夫人) 사이에서는 슬하에 남매를 두셨는데, 아드님은 청풍군(淸風君) 황해감사(黃海監司) 세영(世英, 1463～1539)이시다. 따님은 의인(宜人) 청풍김씨(淸風金氏, 1464～1520)이신데, 사위는 승의랑(承議郎) 습독관(習讀官) 원주인(原州人) 원주(元柱, 1463～1499)로서 겨우 37세를 사시었다. 외예(外裔)로는 4남 1녀를 두셨는데, 셋째 계현(季賢)이 경진(庚辰, 1520) 무과(武科)에 등과(登科)하였고, 따님은 고령인(高靈人) 박세호(朴世豪)에게 시집보냈는데 기묘사화 시 부제학공과 함께 피화를 당하였다.

중종실록 37권, 중종 14년 11월 16일 병오 기사에 의하면 생원(生員) 이약수, 김수성(金遂性), 박세호(朴世豪), 윤언직(尹彦直), 홍순복(洪舜福)을 금부(禁府)에 내리라고 명하고, 이어서 군사를 내어 유생들을 쫓아내게 하였다. 그런데 이들이 왕에게 올린 소(疏)는 대략 이러하였다.

"신 등은 늘 생각하기를 '성학(聖學)이 지극히 밝고 호선(好善)이 지극히 도타우시므로 많은 신하(群下)의 옳고 그름(邪正)의 분별과 국체(國體)의 치란(治亂)의 기미를 분명히 분석하고 통절히 분별하여 뜻과 의지(志意)가 굳게 정해져 계시니, 온갖 큰 아첨하고 간사한 자(奸佞)들이 시정의 참소를 잘 엿보아 온갖 방법으로 교묘하게 계책을 꾸미더라도 임금님의 염려하심(聖慮)을 흔들리게 할 수 없을 것이다.' 하였습니다. 옥에 갇혀 있는 신하들도 임금님께서 지극히 공명(公明)하신 것을 믿고, 그 설시(設施) 행사(行事)와 세속을 교화하는 것이 모두 지극히 선한 데에 이르게 하고자 하였는데, 뜻밖에 남을 참언하는 간계(讒奸)가 한번 요동하여 성려(聖慮)를 문득 돌리시니, 전일 조석으로 강사(講思)를 함께 하여 존중하고 신임하던 신하들이 도리어 옥에 갇히게 되었으므로 상하가 흉흉하고 할 바를 몰라 '전하께서 반드시 참소를 믿으셨을 것이다.' 합니다. 이러면 성상께서 평일에 바라시던 것과 신들이 전하께 바라던 것이 크게 서로 어그러질 것이니, 신 등은 국세(國勢)가 곧 무너져 마침내 다시 구제할 수 없는 것을 차마 볼 수 없습니다." 하였다.

이것이 소위 기묘사화의 시작을 알리는 성균관 유생들의 상소인데, 그 주동자에 부제학공(휘 수성)과 청릉군의 외손서인 박세호(朴世豪)가 포함되어 있다. 기묘사화로 많은 사림들이 피해를 입었는데, 그 중에는 청릉군의 손자사위인 권기(權祺)도 포함되어 있고, 우리 청풍김문에서는 문의공 김식(金湜)을 비롯하여 청릉군의 조카인 사마(司馬) 세보(世寶)와 종손(從孫)인 현감 응청(應淸)도 함께 화를 입었다고 족보상에 기록되어 있다.

그런데 1989년 청풍김씨 대동보 발행 시 세용(世鏞)이라는 한 분의 아드님이 추가되었다. 새로 입적한 분들이 전란 중에 북한에서 내려온 분들로 자기들도 공양공의 자손이라고 주장하고 있다고 알려져 있다. 옛날에 기록이 남아 있으나 후손이 없을 경우 그 자손이라 주장하면 계대하는 경우는 종종 있으나, 이렇게 과거 족보에 없는 아들이 생긴 경우는 희귀한 일이라 연유는 후일이라도 좀 살펴볼 필요가 있을 듯하다.

4. 거이사명(居易俟命)

청릉군(淸陵君)이 사마시(司馬試)에 등과한 것이 19세이니 소년 등과한 이후 꿈 많은 젊은 소년은 군자(君子)로서의 삶을 위한 좌우명이 필요하였을 것이고, 이를 또 하나의 이름인 자(字)에 표현하고 싶었을 것이다. 예기(禮記)에 의하면 "남자는 20세에 성년(成年)이 되어 관례(冠禮)를 마치고, 성인이 되면 자(字)가 붙는다." 하였다. 또 안씨가훈(顔氏家訓)에 의하면 "이름이란 그로써 체(體)를 바르게 하고, 자(字)란 그로써 덕을 표한다." 하여 후인(後人)들은 자(字)를 표덕(表德)[2]이라고도 했다.

조선시대에 선비들은 부모에게서 지어주신 이름(名) 이외에 자(字)와 아호(雅號)를 갖고 있었다. 이름은 윗사람이 아랫사람을 일컬을 때 주로 이용되고, 동료나 아랫사람이 윗사람을 일컬을 때는 이름은 휘(諱)라 하여 부르지 않고 자(字)나 아호를 부르는 것이 통례였다. 사서(四書)에 의하면 공자(孔子) 또는 맹자(孟子)의 문하생들을 일컬을 때는 주로 자(字)를 이용하였고, 공자님이 제자를 일컬을 때는 이름(名)을 부르고 있다. 예를 들면 논어에서 대부분은 자공(子貢)이라 하지만 공자님이 자공을 언급할 때는 사(賜)라고 이름을 부르고 있다. 그런데 자(字)는 관례 후 갖게 된다 하였는데, 이는 위에서 지어 주거나 자신이 스스로 짓는 경우가 있었다.

청릉군의 자를 누가 지었는지는 알 수 없으나 중용(中庸)의 군자의 행실을 운위하는 14장에서 취한 것으로 생각되어 진다. 중용에 의하면 "군자(君子)는 현재 자신의 지위에 따라 마땅히 해야 할 것을 행하고, 그 밖의 것을 원하지 않는다. 부귀(富貴)한 처지가 되어서는 부귀에 마땅하게 행하고, 빈천(貧賤)한 처지가 되어서는 빈천에 마땅하게 행하며, 이적(夷狄)의 입장이 되어서는 이적에 마땅하게 행하고, 환난(患難)을 당해서는 환난에 마땅하게 행하니, 군자는 가는 곳마다 자득(自得)하지 않음이 없다. 윗자리에 있으면서 아랫사람을 업신여기지 않고 아랫자리에 있으면서 윗사람을 끌어내리지 않으며, 자신을 바르게 하고 남에게 요구하지 않으면 원망이 없을 것이니, 위로는 하늘을 원망하지 않으며, 아래로는 사람을 탓하지 않는다. 그러므로

2) 점필재(佔畢齋) 김종직(金宗直)이 쓴 서김판서소시후(書金判書小詩後)에 문평공의 자(字)인 숙경(叔經)을 그 표덕(其表德也)이라고 사용한 바 있다.

군자는 평이한 데 처하여 천명을 기다리고, 소인은 위험한 일을 행하면서 요행을 바란다(君子 居易以俟命 小人 行險以徼幸)고 공자께서 말씀하셨다. 활쏘기는 군자와 비슷한 점이 있으니, 활을 쏘아 정곡(正鵠)을 맞추지 못하면 돌이켜 자기 자신에게서 원인을 찾는다." 하였다. 이는 역경(易經)에 있는 군자가 머무르는 곳에서 편안한 것은 역의 질서(秩序)로 부터요, 즐거이 완미(玩美)하는 것은 효(爻)의 사(辭)로부터(君子所居而安者易之序也所樂而玩者爻之辭也)라는 말과 연계된 것으로 아마도 청릉군의 자(字) 거이(居易)는 군자의 삶을 살아가는데 있어 삶의 지표로서 아버님인 문평공께서 내려 주시고, 청릉군 스스로 생활의 좌우명(座右銘)으로서 간직하며 살아가지 않았을까 짐작하여 본다. 거이(居易)라는 이름(名)이나 자(字)는 군자들이 붙이기를 좋아하였던 것으로 여겨진다. 당송8대가인 백낙천(白樂天)의 이름이기도 하고, 우리나라 조선 개국공신에도 이거이(李居易)가 있다.

당(唐)나라 시인 거이(居易)를 역사의 무대에 등장시킨 시 한 편을 감상하며 거이(居易)라는 자(字)를 선택하신 청릉군의 꿈과 기개를 상상해 보자.

[賦得高原草送別 부득고원초송별]

離離原上草(이이원상초) 무성하게 우거진 언덕 위의 풀
一歲一枯榮(일세일고영) 해마다 시들었다 다시 피어나네!
野火燒不盡(야화소부진) 들불이 다 태우지 못하니
春風吹又生(춘풍취우생) 봄바람 불면 또다시 돋아나네!

遠芳侵古道(원방침고도) 멀리 뻗은 방초는 옛길을 덮었고
晴翠接荒城(청취접황성) 맑은 하늘의 푸른빛은 황성에 닿았네!
又送王孫去(우송왕손거) 또 다시 그대를 전송하여 보내니
萋萋滿別情(처처만별정) 봄풀 우거진데 이별의 정만 가득하구나!

초야에 묻힐 수도 있었던 백거이를 역사의 무대에 등장시킨 이 시는 18세 때 쓴 작품으로 과거시험의 예상 시제(詩題)를 주제로 지은 습작이다. 당시 문단의 최고 명사 고황(顧況)이 보고 평가를 받아 '백거이'가 장안의 유력 문사들에게 알려지기 시작하였다. 들불에 완전히 다 타버린 것 같지만 봄바람이 불면 또다시 돋아나는 끈질긴 생명력의 봄풀처럼 의지와 실력이 있다면 두려울 게 뭐가 있겠는가? 거이(居易)의 기개이다.

5. 너는 너 나는 나(爾爲爾 我爲我)

청릉군께서 청운(靑雲)의 뜻을 품고 19세의 어린 나이에 사마시에 응시하여 등과한 1453년은 문종(文宗)이 승하하고 12세의 어린 단종(端宗)이 즉위한 지 1년이 지난 후로 세종(世宗)과 문종(文宗)으로부터 어린 세자를 보호하라는 고명(顧命)[3]을 받은 김종서(金宗瑞)를 비롯한 신권(臣權) 세력과 수양대군(首陽大君)을 중심으로 한 왕권(王權) 세력이 서로를 견제하던 정세가 요동치던 시기이다. 조선왕조 개국 직후 두 차례에 걸친 왕자의 난으로 극도로 혼란한 시기를 지나 태종(太宗)의 등극으로 정치사회적으로 안정을 찾은 것은 물론 문물제도가 완성되었다. 세종대왕이 왕권을 물려받고 한동안 태종은 상왕으로서 왕조의 안정을 이루었고, 상왕의 사후 세종의 통치기는 조선 왕조 500년에서 정치 사회적으로 또는 문화적으로 가장 융성하던 시기였다. 그러나 세종시대를 지나 문종이 즉위 다음해에 승하하고 12세의 어린 단종이 즉위한 지 1년 후인 1453년은 다시 혼란이 정점에 이른 해이기도 하다. 세종대왕과 문종으로부터 어린 단종을 지켜달라는 고명(顧命)을 받은 절재(節齋) 김종서를 위시한 대신들은 신권(臣權)을 확충하여 단종을 보위하려 하였고, 다른 한편에서는 수양대군을 중심으로 고명대신(顧命大臣)들이 정권을 농단한다며 고명대신들을 배척하고 새로운 왕권을 수립하고자 하는 세력이 결집하고 있었다.

고명대신과 수양대군, 이 두 세력 간에 피비린내 나는 세력 다툼으로 인해 정국은 한치 앞도 내다볼 수 없는 혼돈 속으로 빠져들던 시기에 칼을 먼저 빼든 것은 수양대군으로서 이들은 소위 계유정란(癸酉靖亂)[4]을 일으켜 영의정 황보인(皇甫仁), 좌의

3) 고명(顧命) : 왕이 임종 시에 왕자나 대신들에게 최후로 남기는 말.

4) 계유정란(癸酉靖亂) : 어린 임금이 즉위하면 가장 서열이 높은 대비(大妃)가 수렴청정(垂簾聽政)을 하게 된다. 그러나 당시 수렴청정을 할 대비가 없었다. 세종과 소헌왕후(昭憲王后) 사이에는 적자(嫡子)인 문종 외에도 수양(首陽), 안평(安平), 임영(臨瀛), 광평(廣平), 금성(錦城), 평원(平原), 영응(永膺)의 일곱 대군이 있었다. 그 무렵 왕권은 약하고 신권은 강한 형세였다. 때문에 능력 있는 여러 대군은 왕권에 큰 위협이 되었다. 황보인은 성격이 유약하여 정권에 영향력을 발휘하지 못하고 모든 실권은 자연 김종서가 장악하게 되었다. 유교적 비전제정치를 내세워 재상중심 체제를 주장하던 정인지(鄭麟趾), 최항(崔恒), 신숙주(申叔舟), 성삼문(成三問), 하위지(河緯地) 등 집현전 출신의 유신도 황보인과 김종서의 지나친 권력 증대에는 비판적이었다. 수양대군이 거사를 계획한 시기는 단종 즉위 후 2개월이 지난 1452년(단종 즉위) 7월경으로 예상된다. 수양대군은 대권에 야심을 품고서 권람(權擥), 홍윤성(洪允成), 한명회(韓明澮) 등을 심복으로 만들었다. 신숙주를 막하에 끌어들이는 한편, 홍달손(洪達孫), 양정(楊汀) 등의 심복 무사를 양성해 거사 준비를 착착 진행하

정 김종서(金宗瑞), 우의정 정분(鄭苯) 등 3정승을 비롯한 많은 고명대신들을 살육하고 정권을 빼앗았다. 그러자 생육신을 필두로 많은 뜻있는 선비들은 초야로 돌아가고, 군사를 가지고 있던 이징옥은 무력을 동원하여 저항하기도 하였으나, 수양대군을 중심으로 한 새로운 권력을 막을 세력은 없었다. 결국 단종은 즉위 3년 만인 1455년 을해 윤6월에 퇴위하고 새로운 왕 세조(世祖)가 등극하게 된다.

계유정란이 일어난 바로 그해에 사마시에 입격하여 문과를 향해 열심히 공부하던 청릉군을 비롯한 젊은 선비들은 단종이 퇴위하고 무력을 동원하여 새로운 왕 세조가 등극하자 충신(忠臣)은 불사이군(不事二君)이라는 유학(儒學)을 숭상하는 선비들로서 향후 진로에 대하여 많은 번민을 하지 않을 수 없었을 것이다. 특히 외숙(外叔)이 생육신(生六臣) 이맹전(李孟專)인 청릉군에 있어서야 더할 나위가 없었을 것이다. 이러한 혼돈의 시기 유학자가 취할 길을 무엇인가? 아마도 국가에 충성하고자 하는 유생(儒生) 선비들은 맹자(孟子)로부터 답을 찾고자 하였을 것이다. 맹자(孟子)는 이러한 혼돈의 시기에 선비의 취할 자세에 대하여 백이(伯夷)[5] 유하혜(柳下惠)[6] 이윤(伊尹)[7] 등의 행적을 비교하고 또 공자님에 대하여서도 말씀하시었다.

고죽군(孤竹君)의 아들 백이(伯夷)는 섬길 만한 군주가 아니면 섬기지 않았으며, 벗할 만한 사람이 아니면 벗하지 않았으며, 악(惡)한 사람의 조정(朝廷)에서는 벼슬

였다. 같은 해 10월 10일 밤, 마침내 유숙(柳淑), 양정(楊汀), 어을운(於乙云) 등을 데리고 김종서의 집으로 찾아가 간계를 써서 철퇴로 쓰러뜨렸다. 그리고 황보인, 조극관(趙克寬), 이양(李穰) 등 여러 대신을 왕명으로 밀소(密召)하여 궁문에서 퇴살(推殺)하였다. 안평대군은 강화도에 안치했다가 사사(賜死)하였다. 정분, 조수량(趙遂良), 안완경(安完慶) 등은 귀양 보냈다가 곧 교살하였다. 이 정변을 통칭하여 계유정난(癸酉靖難)이라 한다.

5) 백이와 숙제는 서쪽 변방에 살던 형제로 고죽군의 영주인 아버지가 죽자, 이 둘은 서로에게 자리를 양보하며 끝까지 영주의 자리에 나서지 않으려 했다. 이때 상나라의 문왕이 되는 희창이 작은 영주들을 책임지는 서백의 자리에 있었다. 희창이 죽고 그의 아들 희발(서주 무왕)은 군대를 모아 상나라에 반역하려 했다. 희발의 부하 강태공은 뜻을 같이하는 제후들을 모아 전쟁 준비를 시작했다. 희발은 상나라를 토벌하고 주나라의 무왕이 되었다. 백이와 숙제는 상나라가 망한 뒤에도 상나라에 대한 충성을 버릴 수 없으며, 수양산으로 들어가 고사리를 캐먹었다. 이때 왕미자라는 사람이 수양산에 찾아와 "그대들은 주나라의 녹을 받을 수 없다더니 주나라의 산에서 주나라의 고사리를 먹는 일은 어찌된 일인가." 하며 책망하였다. 이에 고사리마저 먹지 않았고, 마침내 굶어 죽게 된다. 이후, 백이와 숙제는 끝까지 두 임금을 섬기지 않고 충절을 지킨 의인들을 가리키는 표현으로 사용된다.

6) 유하혜(柳下惠)는 춘추 초기 노나라의 대부로써 성은 전(展), 이름은 획(獲)이다. 자는 금(禽) 혹은 계(季)이고, 유하(柳下)에서 살았으므로 이것이 호가 되었으며, 문인들이 혜(惠)라는 시호를 올렸으므로 유하혜라고 했다. 도둑의 대명사로 불리는 도척(盜跖)의 형이기도 하다.

7) 이윤(伊尹)의 이름은 '이'이고 '윤'은 관직명이다. 일설에는 지(摯)라는 이름도 있다. 가노 출신으로 원래는 유신씨의 딸이 시집갈 때 딸려간 몸종이었다고 전해진다. 이후 은나라의 탕왕에게 불려가서 재상이 되어 하(夏)의 걸왕을 토벌함으로써 은이 천하를 평정하는 데 공헌했다.

하지 않고, 악한 사람과는 말하지 않았다. 악한 사람의 조정에서 벼슬하는 것과 악한 사람과 말하는 것을 마치 조정에서 입는 옷을 입고 조정에서 쓰는 관(冠)을 쓰고서 진흙탕과 숯 구덩이에 앉아 있는 것처럼 여겼으며, 악을 미워하는 마음을 미루어 넓혀서 시골 사람과 함께 서 있을 때에 그 사람의 관이 바르지 않으면 마치 그가 자신을 더럽히기라도 할 것처럼 휑하니 떠났다. 이 때문에 제후들 중에 초빙(招聘)하는 말을 잘 꾸며서 찾아오는 자가 있어도 받아들이지 않았으니, 받아들이지 않은 것은 또한 벼슬에 나아가는 것을 좋게 여기지 않았기 때문이다.

노(魯)나라 대부 유하혜(柳下惠)는 더러운 군주 섬기기를 부끄러워하지 않았으며, 작은 벼슬도 하찮게 여기지 않았다. 벼슬에 나아가면 자기의 현명함을 숨기지 않고 반드시 자기 도리를 다하였으며, 벼슬길에서 버림받아도 원망하지 않았고 곤액(困厄)을 당하여도 근심하지 않았다. 그러므로 유하혜가 말하기를 '너는 너이고 나는 나이니(爾爲爾 我爲我), 네가 내 곁에서 옷을 걷고 맨 몸을 드러낸들 네가 어찌 나를 더럽힐 수 있겠는가?' 하였다. 그러므로 그는 느긋하게 남들과 함께 있으면서도 스스로 올바름을 잃지 않아서 떠나려고 하다가도 만류하여 멈추게 하면 멈추었다. 만류하여 멈추게 하면 멈춘 것은 또한 떠나감을 좋게 여기지 않았기 때문이다.

은(殷)나라 탕왕(湯王)시의 재상 이윤(伊尹)은 말하기를 '누구를 섬긴들 군주가 아니며, 누구를 부린들 백성이 아니겠는가?' 하여, 세상이 다스려져도 나아가고 혼란해도 나아갔다. 그러면서 말하기를 '하늘이 이 백성을 낼 적에 먼저 안 사람으로 하여 조금 늦게 아는 사람을 깨우쳐 주게 하고, 먼저 깨달은 자로 하여금 늦게 깨닫는 자를 깨우치게 하였으니, 나는 하늘이 낸 백성 중에 먼저 깨달은 사람이다. 그러므로 내 장차 이 도(道)를 가지고 이 백성을 깨우치겠다.' 하였다. 천하의 백성 중에 한 남자와 한 여자라도 요순(堯舜)의 혜택을 입지 못한 자가 있으면 마치 자신이 그를 도랑 가운데 밀어 넣은 것같이 생각하였으니, 이는 천하의 중책을 자신의 임무로 여긴 것이다.

맹자께서 이들을 평가하여 말씀하시길, "백이(伯夷)는 성인 가운데 청렴한 분(聖之清者)이고, 이윤(伊尹)은 성인 가운데 자임한 분(聖之任者)이고, 유하혜(柳下惠)는 성인 가운데 온화한 분(聖之和者)이며, 공자는 세 분의 성스러움을 겸하여 상황에 맞게 행동하신 분(聖之時者)이다."[8] 라고 하시었다.

유생들 중에는 백이(伯夷)의 길을 따라간 부류도 있었을 것이고, 이의 대표적 인물

8) 孟子 曰 伯夷는 聖之淸者也오 伊尹은 聖之任者也오 柳下惠는 聖之和者也오 孔子는 聖之時者也시니라. (萬章章句 下10 제1장)

이 생육신이었을 것이다. 그러나 대부분은 이윤(伊尹) 또는 유하혜(柳下惠)처럼 나는 하늘이 낸 백성 중에 먼저 깨달은 사람이다. 그러므로 내 장차 이 도(道)를 가지고 이 백성을 깨우치겠다며 현실에 적극 참여하기도 하였을 것이다.

청릉군께서는 사마시(司馬試) 입격한 계유(癸酉, 1453) 다음 식년시(式年試)인 병자(丙子, 1456) 식년시(式年試)에 응시하여 22세의 어린 나이로 병과(丙科) 6위로 등과하였다. 그리고 대부분의 동방(同榜)들과 함께 현실에 적극 참여하였다.

병자방(丙子榜)의 가장 어린 나이로 입격한 사람은 이극균(李克均)이다. 약관(弱冠)[9]에 유학(幼學)으로서 가장 마지막 순위인 정과 23위로 입격하였고, 그 형인 이극증(李克增)과 함께 형제가 입격하였다. 형제가 입격한 또 한 사람이 있으니 어세겸(魚世謙)과 어세공(魚世恭)이다. 아마도 어세겸(魚世謙)과는 끝까지 좋은 관계를 유지한 듯하다. 대제학과 좌의정을 역임한 어세겸(魚世謙)은 청릉군이 돌아가신 후 신도비명문을 쓰신 분이다.

동시에 입격한 분들의 면면을 보면 청릉군과 같이 계유(癸酉, 1453) 식년 사마시에 합격하고 함께 병자문과에 합격한 분이 세 분이니 청릉군(김순명), 김승경(金升卿), 김종석(金宗碩) 등 세 분이다. 이 중 김종석(金宗碩)은 점필재 김종직(金宗直)의 형이다. 김종직(金宗直) 3형제는 기유(1453)년에 사마시는 동년에 입격하였으나, 문과는 각기 달라 김종직은 3년 후인 기묘(己卯, 1459) 식년시(式年試)에 문과에 입격하였다.

병자방(丙子榜) 동년 입격자 중 가장 아쉬운 분은 교수(喬叟) 박대년(朴大年)인데, 이는 불우헌(不憂軒) 박팽년(朴彭年)의 동생으로서 문과에 병과로 급제하여 정자(正字)가 되었으나, 여러 형제들과 같이 1456년 문과에 입격한 그 해에 단종 복위운동을 도모하다가 소위 사육신(死六臣)과 함께 대역죄로 처형되었다.

병자방(丙子榜)의 장원(壯元) 임원준(任元濬)은 문과에 두 차례나 더 합격하여 문명(文名)을 떨쳤다. 재승박덕(才勝薄德)인가? 성품이 교활하고 탐사(貪邪)하였다고 후인들의 평가를 받았고, 그의 아들 임사홍(任士洪)과 손자 임숭재(任崇載)도 탐욕스럽고 간사하여 나라를 그르치게까지 되어 당시 사람들이 대임(大任) 소임(小任)이라고 한다는 인물평을 남기기도 하였다. 임사홍(任士洪)은 특히 갑자사화(甲子士禍)를 일으킨 장본인으로서 사림의 공적이 된 사람이다. 올바른 생을 산다는 것이 얼마나 어려운 것인가를 다시 한 번 생각하게 하며, 왜 유학에서 그토록 수신(修身)을 강조하고 있는지를 알 수 있게 한다.

---

9) 20세를 일컫는 말.

동방(同榜) 인물들의 최종 관력(官歷)과 참고사항은 앞 절의 표 병자(丙子, 1456) 식년시 방(式年試 榜)에 나타나 있다. 대부분 조선조 초기의 문과 합격자들이기에 영달(榮達)하였으나, 갑자사화(甲子士禍)[10]에 휘말리어 목숨을 잃은 분이 김승경(金升卿)과 이극균(李克均) 등 두 분이나 있는가 하면, 중종반정(中宗反正)에 적극적으로 동참하여 정승(政丞)의 반열에 오른 분도 한 분(박숭질 朴崇質) 있다. 그런가 하면 미관말직(微官末職)으로 그친 분도 여러분 계시는데, 자의(自意)에 의해 전원으로 귀거래(歸去來)한 은퇴인지는 알 수가 없다.

앞에서 두 차례 언급한 이극균(李克均)의 경우는 5형제가 모두 문과에 오르고, 그 자신은 병자방의 최연소자로서 가장 마지막 등위로 등과하고, 정승의 반열까지 승차하였으나, 사화(士禍)에 휘말려 목숨을 잃었으니 인생의 무상함을 생각하게 한다.

---

10) 갑자사화(1504)는 6년 전 무오사화(1498)로 사림파가 큰 타격을 입은 상태에서 연산군이 훈구파를 제거한 사건이다. 성종은 어머니인 인수대비와 불화관계에 있던 성종비이자 연산군 생모인 윤씨가 질투가 심하고, 왕비의 체모에 벗어난 행동을 많이 한다고 하여 1479년 폐비하고 사사하였다. 당시 세자인 연산군에게는 비밀로 유지되었는데, 성종 사후 연산군이 등극하자 임사홍의 밀고로 이 사실을 알게 된 연산군은 이와 관련된 성종의 후궁인 엄숙의 정숙의를 죽이고, 그의 아들 안양군과 봉안군도 귀양을 보내 사사했다. 연산군은 이를 빌미로 자기를 견제하는 훈구파들을 제거하고자 폐위 사건 당시 이를 주장하거나 방관한 사람들을 찾아 죄를 묻기에 이르렀다. 그 결과 윤씨의 사사에 찬성하였던 윤필상(尹弼商), 이극균(李克均), 성준(成浚), 이세좌(李世佐), 권주(權柱), 김굉필(金宏弼), 이주(李胄) 등 10여 명이 사형되었고, 이미 죽은 한치형(韓致亨), 한명회(韓明澮), 정창손(鄭昌孫), 어세겸(魚世謙), 심회(沈澮), 이파(李坡), 정여창(鄭汝昌), 남효온(南孝溫) 등이 부관참시 되었다. 그 외에도 많은 사람이 연루되어 화를 입게 되었는데, 이를 갑자사화라 한다.

6. 붕정만리(鵬程萬里)

– 환로(宦路)의 시작(始作) –

청릉군(淸陵君)께서 조정에 진출하여 청운(靑雲)의 뜻을 펼치려는 붕정(鵬程)은 병자(1456) 식년(式年) 문과(文科)에 병과(丙科) 6위로 급제한 다음 교서관 정자(校書館 正字, 정9품)에 보임(補任)되면서 시작되었다. 문과에 급제하였다 하여 모두 관리로 임용되는 것은 아니며, 임용 시 직급도 6품에서 9품까지 다양하였다. 현직에서 급제한 사람은 1-4계 승진하는 것이 상례였다. 청릉군(淸陵君)의 아버님인 문평공(文平公)의 경우 장원으로 급제하였기 때문에 종6품인 의영고 부사(義盈庫副使)로 첫 보임을 받은바 있고, 아드님인 청풍군(淸風君, 諱 世英)의 경우는 종5품인 판관(判官)에서 증광시(增廣試)에 급제하였기 때문에 몇 계(階) 승차(陞差)하셨으리라 생각되나 자세한 연보가 없어 기록을 확인할 수는 없다.

교서관 정자(校書館 正字)로 환로(宦路)를 시작한 이후 비록 문과 급제자라 하드라도 하급 관리였기에 왕조실록 등 국가문서에서 청릉군의 기록을 찾을 수 없다가 급제 3년 후인 기묘년(1459)에 승정원 주서(承政院 注書, 정7품)로서의 활약한 기록이 세조실록에 등재되어 있다. 품계가 4계단이나 올라갔으니 바로 전임된 것은 아니고 중간 단계가 있었으리라 사료되나 기록이 없어 확인할 길은 없다. 문과(文科) 급제자는 빠르면 6개월에 한 품계씩 오르는 것이 통례이니 순탄하게 승진한 것으로 사료된다. 세조 5년 기묘년(1459)에 비로소 왕조실록에서 청릉군의 기록을 발견할 수 있는데, 이 해에만 3건의 기록이 실록에 남아 있는바 첫 번째 기사는 세조 5년(1459) 3월 14일 2번째 기사이다.

내용인 즉 처음에 김중렴(金仲廉) 등이 처남(妻弟) 조무영(趙武英)이 노비(奴婢)를 합집(合執)[11] 하고 있다고 고소하니, 의금부(義禁府)에 내려 이를 핵문(覈問, 사실을 조사하여 밝힘)하였다. 김중렴 등과 조무영이 함께 옥에 갇히게 되었는데, 조무영(趙武英)이 이 달 12일 밤에 목을 찔리었으므로 석방하여 그 집으로 돌려보냈었다. 이날 밤에 이르러 교감(校勘) 김순명(金順命)에게 명하여 조무영의 집에 가서 목을 찔린 이유를 물으니, 대답하기를 "그날 밤에 뒷간을 갔다가 돌아 나오는데 흰 옷을 입은 사람이 갑자기 목을 찔렀습니다. 신이 놀라고 두려워서 능히 붙잡지를 못

---

11) 합집(合執) : 남에게 나누어 주어야 할 노비와 전토(田土)를 강제로 혼자 차지하는 것.

하고 기둥에 의지하고 있다가, 수졸(守卒)이 뒤따라 이르러서 구원하여 보호하였습니다. 그 뒤의 일은 통증(痛症)으로 인하여 알지 못합니다." 하였다. 김순명(金順命)이 이로써 아뢰니, 즉시 도성(都城)의 4문(四門)을 닫도록 명하고, 선전관(宣傳官) 박수장(朴壽長)과 부장(部將)에게 명하여 보졸(步卒) 2백 명을 거느리고 김중렴(金仲廉), 조선(趙選), 김유(金紐) 등의 집에 가서 남정(男丁)을 모조리 포박(捕縛)하여 가두게 하였다. 임금의 생각으로서는 김중렴 등이 비록 가까운 친척이지만 조무영(趙武英)을 원수와 같이 원망하였고, 또 사람이 스스로 찌를 도리는 없기 때문에 이러한 명(命)이 하달된 것으로 생각하고 있었다.

그러나 당시의 여론은 "조무영이 김중렴 등을 중상(中傷)하고자 하여 스스로 찔렀으므로 상처가 나지 않았다고 하였다."는 기사인데, 피해자로 언급된 조무영(趙武英)은 권문세가(權門勢家)의 후손인 바, 할아버지는 개국공신이며 영의정을 지낸 평양부원군 문충공 조준(平壤府院君 文忠公 趙浚, 1346~1405)이고, 아버지는 부마(駙馬, 임금의 사위) 평양부원군 조대림(平壤府院君 趙大臨, 1387~1430)이며, 어머니는 태종과 원경왕후 민씨 사이에 둘째로 태어난 경정공주(慶貞公主, 1387~1455)이다. 조무영은 경정공주(慶貞公主)의 1남 4녀 중 장남이니 태종의 외예(外裔)이고 세종의 생질(甥姪)이며, 세조와는 내외종(內外從)간인 왕실 인척이고, 친가는 명문거족의 후예(後裔)이다. 그를 고발한 김중렴(金仲廉)은 경정공주(慶貞公主)의 넷째 사위이니 조무영의 매부(妹夫), 즉 둘의 관계는 경정공주(慶貞公主)의 장남과 넷째 사위인 남매 관계의 인척이다. 태종의 외손과 그의 매부인 김중렴 등과 재산 싸움이라 실록에 여러 차례 등재되고, 결국 김중렴 등은 고신(告身)을 빼앗기고 귀양을 가게 되었다는 기사이다.

이러한 왕실 친인척들의 재산 다툼에 대한 기록은 실록에 심심찮게 등장하고 있다. 문평공 기사에도 이런 부류의 실록 기사가 있다. 단종 즉위년 11월 5일 기사로 태종의 장자방이라 일컬어지던 이숙번(李叔蕃)의 처 정씨(鄭氏)가 상언(上言)하여 문제가 된 사건 기록이다. "신(臣)의 부처(夫妻)는 노비(奴婢), 전지(田地), 가사(家舍), 재산(財產)을 함께 서명(署名)하여 문권(文券)을 작성하였고, 맏사위인 전 현감(縣監) 강순덕(姜順德)에게 나누어 주었습니다. 남편과 딸이 모두 죽고 난 뒤에 내가 전의 문안(文案)을 고치고자 하여 강순덕으로 하여금 가져오라 하였으나, 강순덕이 이에 따르지 않음으로써 모자(母子)의 의리를 어기었습니다. 또 그 조카 강희맹(姜希孟)을 수양(收養)[12] 하여 후사(後嗣)로 삼았다고 칭탁하고, 노비를 마음대로 여러 조카에게 나누어 주면서 나의 자손에게는 1구도 주지 않았으니, 이것은 모두 남편

12) 거두어서 기르는 것.

의 원하던 바가 아닙니다." 하였다는 것이다. 여기서 언급되는 강희맹의 할아버지는 동북면순무사(東北面巡撫使) 강회백(姜淮伯)이고, 생가의 아버지는 지돈녕부사 강석덕(姜碩德)이며, 어머니는 영의정 심온(沈溫)의 딸이다. 형이 인순부윤(仁順府尹)이자 화가인 강희안(姜希顔)이고, 세종은 희맹의 이모부이니 문종과 세조는 이종 사촌이 된다. 그러므로 이 상언 건을 육조(六曹)와 대성(臺省) 집현전(集賢殿)으로 하여금 의논하게 하였다. 공론에 참여한 인사들을 보면 공조판서(工曹判書) 이사철(李思哲), 호조판서(戶曹判書) 윤형(尹炯), 참판(參判) 이사순(李師純) 등, 예조판서(禮曹判書) 이승손(李承孫), 참판(參判) 정척(鄭陟), 참의(參議) 김유온(金有溫) 등, 이조판서(吏曹判書) 민신(閔伸), 참의(參議) 변효경(卞孝敬) 등, 겸지사(兼知事) 이축(李蓄), 형조판서(刑曹判書) 조극관(趙克寬), 참의(參議) 이인손(李仁孫) 등, 병조판서(兵曹判書) 정인지(鄭麟趾), 대사헌(大司憲) 성봉조(成奉祖), 장령(掌令) 이보흠(李甫欽), 박대손(朴大孫), 지평(持平) 김윤복(金閏福) 등, 집현전 부제학(集賢殿副提學) 신석조(辛碩祖), 응교(應敎) 양성지(梁誠之), 교리(校理) 이예(李芮), 부교리(副校理) 유성원(柳誠源) 등, 부제학(副提學) 최항(崔恒), 직제학(直提學) 박팽년(朴彭年), 직전(直殿) 김예몽(金禮蒙), 응교(應敎) 이개(李塏), 교리(校理) 이승소(李承召), 부교리(副校理) 이극감(李克堪), 부수찬(副修撰) 한계희(韓繼禧), 최선복(崔善復) 등, 직제학 신숙주(申叔舟), 부수찬(副修撰) 서강(徐岡), 좌헌납(左獻納) 송인창(宋仁昌), 우헌납(右獻納) 조원희(趙元禧), 좌사간 대부(左司諫大夫) 임효인(任孝仁), 지사간원사(知司諫院事) 김길통(金吉通) 등 조정의 모든 기관이 총 동원되어 의론하게 하였다.

여러 의론 중 참고로 문평공 등 사간원의 의론을 보면 "부부는 일체이며, 죽은 아내의 물건은 남편이 주인이 되며, 죽은 남편의 물건은 아내가 또한 주인이 될 수 있습니다. 하물며 정씨는 이미 남편 이숙번과 함께 의논하여 문권을 작성하였는데, 자기의 노비도 역시 아울러 기재(記載)하였습니다. 어찌 오로지 이숙번만의 문서로 보고 정씨를 제외할 수 있겠습니까? 강순덕은 정씨에게 있어서 실로 자식의 도리가 있습니다. 지금 정씨가 원래의 문권을 돌려줄 것을 요구하였는데, 강순덕이 명을 어기고 돌려주지 않는 것은 지극히 불순한 일입니다. 만약 아내가 남편의 문서를 고칠 수 없다고 하여 정씨로 하여금 다시 주고 빼앗지 못하게 한다면 남편이 죽고 난 뒤에 한 아들만 혼자 부유하고, 나머지 아들들은 가난하여 그 어미가 비록 노비를 고쳐 나누어 주고자 하더라도 부유한 아들이 강순덕의 예를 반드시 빌어서 거절하고 따르지 않게 될 것이니, 어미와 아들의 도리가 어떻게 되겠습니까? 장차 이로 말미암아 아비가 죽고 나면 자식이 문득 어미를 가볍게 여기는 마음을 가지게 될까 두려우니 작은 일이 아닙니다. 혹은 말하기를, '부자(父子)와 부부(夫婦)는 함께 삼강(三綱)에 들므로 부인의 도리가 남에게 시집을 가면 남편을 따르는데 있다면 아내가 남편의 문서를 고치는 것이 옳은 일이겠는가?' 하지만, 신 등의 생각으로는 부부 사이는 만나고 헤어짐이 있으나 부자 사이에는 도리를 끊을 수가 없으니, 어찌 가볍고 무거운 구분이 없겠습니까? 하물며 지금 정씨는 남편의 문서를 불의(不義)를 물리치기 위해서가 아니고 허물을 돌려서 고치려 하는 것입니다. 혹은 또 말하기를, '이와 같이 되면 누가 즐겨 남의 후사가 되려 하겠는가? 후사를 세우는 법이 이 때문에 스스로 무너질 것이다.' 합니다만, 신 등의 생각으로는 후사를 세우는 법은 국가가 자식이 없는 사람을 동정한 데서 나왔을 뿐입니다. 형제나 친척의 아들로써 후사 세우기를 원하는 자는 스스로 자식이 없음을 슬퍼할 뿐이며, 자기의 아들을 형제나 친척의 후사로 허락하는 자도 또한 그 형제나 친척의 자식이 없음을 동정한 것뿐입니다. 어찌 노비와 전장을 전해 주는 것이 없겠으며, 후사가 된 사람도 또한 어찌 이것을 바라고 아들 노릇을 하겠습니까? 강순덕 부부의 노비와 재물을 지금 혹 다른 사람에게 빼앗기면 강희맹이 또한 상속받을 것이 없다 하여 후사가 된 것을 그만두겠습니까? 만약 어떤 자의 말과 같이 지금 남의 후사가 된 자가 모두 이익을 탐내어 어버이를 꺼리고 친상(親喪)을 낮추어 입는다면 슬프게도 비루한 일입니다. 어찌 이럴 리가 있겠습니까? 혹자는 또 말하기를, '강순덕의 처가 이미 강희맹을 아들로 삼았으니, 그 노비는 반드시 강희맹에게 전해 주고자 할 것이지, 어찌 형제들에게 전해 주고자 하는가? 인정(人情)에 어긋나는 것이다.'라고 합니다만, 신 등의 생각에는 강순덕의 처의 노비가 만약 다른 사람에게서 나온 것이라면 마땅히 마음대로 처분할 수 있겠지만, 이것은 강순덕의 장모가 본래의 재주(財主)이니, 주고 빼앗을 권한이 그 손에 있는 것이 아니겠습니까? 혹자는 또 말하기를, '남편이 생전에 작성한 문서는 지극히 공정한 것인데, 남편이 죽고 난 뒤에 부인이 혹 사사로운 정으로 이를 다시 바꾸는 폐단은 염려할 바가 있다.' 합니다만, 신 등의 생각으로는 어미가 하는 일이 비록 혹 고르지 않더라도 감히 입을 열어 다툴 수 없는 것은 진실로 천하에 나쁜 부모는 없기 때문이며, 따라서 자식이 그 어미를 비난할 수 없는 것입니다. 지금 단지 아비의 문서만을 채택하고 어미의 시비(是非)를 다투는 아들이 계속해서 세상에 나올 것이니 두렵지 않겠습니까? 혹자는 또 말하기를, '이숙번의 노비는 옛 문서에 그대로 따르고 정씨의 노비는 그 마음대로 처분하기를 허락하라.' 합니다만, 신 등의 생각으로는 정씨가 만약 이에 따르지 않고 이숙번의 노비까지를 화회(和會)해서 다시 나눈다면 그 아들 된 자가 어미의 잘못을 지적하여 관청에 고발할 수 있으며, 관청에서는 또한 이것을 청리(聽理)할 수 있겠습니까? 이 때문에 수양자(收養子)[13]나 시양자(侍養子)[14] 에게 노비를 나누어 주는 법은 고쳐 줄 수 있게 하는 법식이 육전(六典)에 갖추어져 있습니다. 부모의 노비를 나누어 주는 법은 처음부터 언급(言及)하지 않은 뜻을 알 수 있습니다. 일체 정씨의 청원에 따르면 인륜(人倫)에 매우 다행하겠습니다."고 하였다.

결국 단종 1년 1월 20일에 사헌부에서 아뢰기를, "이숙번(李叔蕃)의 처 정씨(鄭氏)가 전에 사위(女壻)인 강순덕(姜順德)에게 준 노비 문권(奴婢文券)을 도로 찾으려고 하나, 강순덕이 이에 따르지 아니하여 정씨로 하여금 상언하기에 이르게 하였는데, 그 재물(財物)을 탐하고 잃기를 싫어하여 그 뜻이 장모(妻母)가 연로(年老)하여 시일을 끌어 죽기를 기다린 정적(情迹)이 이미 나타났으니, 강상(綱常)을 무너뜨린 것이 이보다 더 심할 수 없습니다. 청컨대, 장(杖) 80대로 논(論)하고, 죄를 그 노비와 전지(田地)를 각기 해당 관사로 하여금 한결같이 수교(受敎)에 따라 결급(決給)하게 하소서." 하니 그대로 따랐다 전하고 있다. 인간의 욕심이란 끝이 없는 것인가? 부다익과(裒多益寡)하야 칭물평시(稱物平施) - 많은 것을 덜어 적은 것에 보태서 사물의 균형을 살피고 공평하게 베풀라 - 하여 대동사회(大同社會)를 건설하라는 유학(儒學)의 가르침은 어디 가고 인척간 재산 싸움 - 그것도 장모와 사위 간 / 처남과 매부 간 - 에 여념이 없는 것인가? 더군다나 유력 문벌의 후예이고, 왕실의 인척들이 연루되어 조정에서 관여하여야 하였다니 인간의 욕심은 고금을 막론하고 어쩔 수 없는 것이란 말인가?

더욱이나 한 때 권력의 화신이던 이숙번(李叔蕃, 1373년~1440년)의 처와 그 양자(養子) 간의 재산 다툼이니 참으로 인생무상을 느끼지 않을 수 없다. 이숙번이 누구인가? 조선 개국 후 최초로 시행한 문과에 급제하여 출세의 기회를 노리던 그가 태종 이방원의 책사로 소위 1차 왕자의 난 때 세자(世子) 방석(芳碩), 그의 형 무안대군 방번(撫安大君 芳蕃) 및 남은(南誾) 소실의 집에서 술을 마시던 정도전(鄭道傳), 남은(南誾), 심효생(沈孝生) 등을 제일 앞장에 서서 제거하는 데 공이 있다 하여 정사공신(定社功臣) 2등에 책록되고, 이후 정안대군 방원의 심복이 되었다. 제2차 왕자의 난 때는 주군인 방원(芳遠)과 반목하던 방간(芳幹)을 박포(朴苞)가 충동해 거병하자 군사를 동원해 박포(朴苞)를 처형하고 정종을 퇴위시킨 사람이 아닌가? 제2차 왕자의 난을 승리로 이끈 결과로 세제(世弟)인 방원(芳遠)은 태종(太宗)으로 즉위하고, 이숙번(李叔蕃)은 좌군총제(左軍摠制)가 되고, 좌명공신(佐命功臣) 1등이 되었다. 그는 또 상왕인 태조 이성계와 연계하여 안변부사 조사의(趙思義) 등이 친이성계파 인사들을 동원하여 변방에서 반란을 일으키자 이들을 진압하기도 하였다.

---

13) 수양자(收養子) : 양사자(養嗣子)를 할 목적으로 나이 세 살 전에 거두어다 기르는 아이를 말함.

14) 시양자(侍養子) : 양사자를 할 목적이 아니고 동성(同姓)·이성(異姓)을 가리지 않고 기르는 아이. 대개 권귀(權貴)의 자제를 맡아서 기르던 경우를 말함.

그러나 그는 이를 기화로 무소불위의 권력을 휘두르고 오만방자해졌고, 결국 태종의 눈 밖에 나는 신세가 된다. 이를 눈치 챈 대간들은 이숙번을 탄핵하자 그는 관작을 삭탈당하고 공신녹권과 직첩은 모두 박탈되었으며, 태종이 세종에게 양위하기 전해인 17년(1417)에 경상도 함양으로 유배 가는 신세가 되었다. 얼마 후 함양 유배에서는 풀려나 경기도에서 살도록 허락은 받았지만 다시 정계 복귀는 하지 못했고, 1440년(세종 22년)에 사망하였다. 이렇게 피를 부르며 얻은 재산을 사후에 아내와 사위가 다툼을 하고, 이를 조정에서 공론을 하다니 참으로 인생이 허망하지 않은가?

청릉군에 관한 두 번째 기사는 세조 5년(1459) 9월 20일 기사로 "필선(弼善) 홍응(洪應), 문학(文學) 노사신(盧思愼), 좌랑(佐郎) 성윤문(成允文), 소윤(少尹) 강미수(姜眉壽), 교리(校理) 조안정(趙安貞), 봉교(奉敎) 최한량(崔漢良), 대교(待敎) 이수남(李壽男), 정난종(鄭蘭宗), 교감(校勘) **김순명(金順命)**, 직강(直講) 이영은(李永垠) 및 사직(司直) 안혜(安惠) 등에게 법첩(法帖)을 각기 1부(部)씩 내려 주었다."는 것이다.

세 번째 기사는 세조 5년(1459) 11월 22일 기사로 "충순당(忠順堂)에 나아가서 영천 부원군(鈴川府院君) 윤사로(尹師路)를 좌상 대장(左廂大將)으로 삼고, 행 호군(行護軍) 양성지(梁誠之)로써 우상 대장(右廂大將)으로 삼아 후원(後苑)에서 습진(習陣)하게 하였다. 치평요람(治平要覽)의 수찬관(修撰官)인 좌필선(左弼善) 이문형(李文炯), 우필선(右弼善) 홍응(洪應), 우문학(右文學) 노사신(盧思愼), 직강(直講) 윤자영(尹子濚), 봉례(奉禮) 허종(許琮), 부교리(副校理) 정효상(鄭孝常)[15], 우사경(右司經) 이숙감(李淑瑊), 대교(待敎) 이수남(李壽男), 검열(檢閱) 김지(金漬), 이개보(李介甫) 등을 불러서 경서(經書)를 강(講)하게 하고, 내의(內醫) 조경지(曹敬智) 등 3인과 의서 습독관(醫書習讀官) 김의강(金義剛) 등 8인을 불러서 의서(醫書)를 강(講)하게 하고, 강이 생도(講肄生徒) 설주(薛柱) 등 8인을 불러서 한훈(漢訓)을 강(講)하게 하였다. 홍응(洪應) 노사신(盧思愼), 이수남(李壽男)과 **주서(注書) 김순명(金順命)**, 봉교(奉敎) 최한량(崔漢良), 좌랑(佐郎) 성윤문(成允文), 사직(司直) 안혜(安惠) 등은 해서(楷書)와 초서(草書)를 쓰게 하고, 상호군(上護軍) 구문신(具文信), 민발(閔發) 이비(李埤)와 행호군(行護軍) 최적(崔

---

15) 정효상(鄭孝常, 1432~1481)은 문평공의 묘표(墓表)를 찬(撰)한 분으로서 본관은 경주(慶州). 자는 가구(可久)이다. 1454년(단종 2) 별시문과에 을과로 장원하여 집현전 부수찬이 되고, 1468년(예종 즉위년) 10월 동부승지에 발탁되어 익대공신(翊戴功臣) 3등에 책록되고, 가선대부에 올라 계림군(鷄林君)에 봉하여졌다. 그 뒤 우부승지·좌부승지·도승지를 거쳐 1471년(성종 2) 3월 성종의 즉위를 도운 공으로 문평공, 청릉군과 함께 좌리공신(佐理功臣) 3등에 책록되고, 정헌대부(正憲大夫)에 올랐다. 1472년 경상도 관찰사를 겸하였고, 1474년 공조판서에 승진, 이어 이조판서가 되었으며, 시호는 제안(齊安)이다.

適) 등은 사후(射侯)하게 하였다. 임금이 영의정(領議政) 강맹경(姜孟卿), 좌의정(左議政) 신숙주(申叔舟)에게 내구마(內廏馬) 각 1필씩을 내려 주고, 선전관(宣傳官) 위장(衛將) 부장(部將)과 군사들에게는 술과 고기를 내려 주었다."는 기사이다. 청릉군(淸陵君)의 역사적 기록이나 약력을 소개 할 때는 언제나 글씨에 능했다고 하는데, 아마도 이 기사가 원전이 아닌가 싶다.

청릉군(淸陵君)은 신사년(1461)에 성균 주부(成均注簿)로 승진하였다고 졸기에 기록되어 있다. 임오년(1462)에 사간원정언(司諫院正言, 정6품)으로 보임되었으며, 그 보임 과정에 아래와 같은 기사가 있다. "임금이 문신(文臣)을 권장(勸奬)하는 술책(術策)을 물으니, 도승지 홍응(洪應)이 대답하기를 "문신(文臣)을 가려 한관(閑官)에 제수하여 예문관(藝文館)의 직사(職事)를 겸(兼)하게 하고, 날마다 바꿔가며 숙직(宿直)하게 하여 서로 더불어 토론(討論) 강습(講習)하게 하소서." 하니, 임금이 말하기를 "승지(承旨)의 말이 심히 마땅하니, 그들을 속히 한관에 제수하라." 하고 곧 이파(李坡)를 예문직제학(藝文直提學)으로, 정난종(鄭蘭宗)을 수이조좌랑(守吏曹佐郞)으로, 이맹현(李孟賢)[16]을 행 성균주부(行成均注簿)로, 김종련(金宗蓮)을 성균주부(成均注簿)로, 어세공(魚世恭)을 승문원부교리(承文院副校理)로, 김종직(金宗直)을 행승문원박사(行承文院博士)와 아울러 겸예문봉교(兼藝文奉教)로, 유문통(柳文通)을 행승문원정자(行承文院正字) 겸 예문검열(兼藝文檢閱)로, 정영통(鄭永通)을 사헌장령(司憲掌令)으로, 송춘림(宋春琳)을 겸장령(兼掌令)으로, 김순명(金順命)을 사간원정언(司諫院正言)으로 삼았다."

이로서 청릉군께서는 선비집안의 자랑인 청요직(淸要職)인 삼사(三司) -사헌부(司憲府), 사간원(司諫院), 홍문관(弘文館)- 의 관원이 되셨는데, 이는 당상관(堂上官)[17]으로 승진하기 위해서 반드시 거쳐야 하는 길이면서도 관료들의 내무 감찰과 왕의 정책 비판 등 누군가 꼭 맡아야 하고, 국가가 제대로 돌아가기 위해서는 필요하지만 그걸 맡는 관원들은 적(敵)을 만들기 쉬운 관직들이기도 하다. 그러나 청릉군이 정언으로 재직 중 특별히 누구를 지목하여 탄핵하거나 특정한 왕의 정책을 비판한 기록은 없다.

---

16) 이맹현(李孟賢, 1436~1487)은 청릉군의 넷째 손자 종성(終性)의 손부(孫婦)이신 숙부인(淑夫人) 재령이씨(載寧李氏)의 조부(祖父)로서, 호는 근재(覲齋) 아버지는 호조참판 개지(介智)이며, 1460년에는 춘당시(春塘試)에 을과로 급제한 뒤 1464년에는 수찬낭관(修撰郞官)으로 『동국통감(東國通鑑)』을 편수하는 데 참여하고, 뒤에 청백리에 녹선되었다.

17) 조선시대 조의(朝議)를 행할 때 당상(堂上)에 있는 교의(交椅)에 앉을 수 있는 관계(官階) 또는 그 관원. 동반은 정3품의 통정대부(通政大夫) 이상, 서반은 절충장군(折衝將軍) 이상, 종친은 명선대부(明善大夫) 이상, 의빈(儀賓)은 봉순대부(奉順大夫) 이상의 품계를 가진 사람이다.

7. 수산회(守山會)

임오년(1465)에 공양공께서 삼사(三司)[18]의 청요직인 사간원 정언(司諫院正言)으로 임용되었다는 실록의 기록이 있는데, 졸기(拙記)에는 동년에 호조좌랑으로 전임되어 일을 하시게 되었다는 기록이 있는 것으로 보아 정언(正言)으로 오래 재직하지는 않은 듯하다. 그 후 호조정랑으로 승진하여 계속 호조에서 재직한 것으로 기록되어 있는데, 호조의 낭관(郎官)[19]으로 재직 중 두 가지 특기할 만한 기록이 있다.

하나는 호조(戶曹)에서 5도 경차관(五道敬差官)으로서의 활약상으로 김순명(金順命)이 계본(啓本)에 의거하여 아뢰기를 "충주(忠州) 금천(金遷) 신창(新倉)의 조세(租稅)를 수납(收納)하는 곳을, 청컨대 가흥역리(可興驛里)에 옮기게 하소서." 하니, 그대로 따랐다는 것으로 농민들의 조세 편익을 위해 일을 하셨다는 것이다. 여기서 말하는 경차관(敬差官)이란 태종 때 정승 하륜(河崙)의 건의에 따라 그 이름이 지어지고, 3~5품관 중에서 경차관을 뽑았으며, 그 임무는 왜구대책 등 군사적인 것에서부터 전곡(田穀)의 손실조사 등 경제적 임무, 구황 등 재민(災民) 구제업무, 옥사(獄事), 추쇄(推刷), 추국(推鞫) 등 사법적 임무 등으로 크게 늘었는데, 공양공께서는 경제관련 경차관으로 선택되시어 일을 했었다는 사실이다.

다른 하나는 김종직(金宗直)의 점필재집에서 발견되는데, 수산제(守山堤) 수리의 현장 책임자로서 일을 하고 함께 일을 한 여러 사람들과 계(契)를 만들어 활동하였다는 기록이다. 신증동국여지승람 경상도 밀양도호부(密陽都護府)편에 의하면, 수산제(守山堤)란 "경상도 수산현에 있는 제방으로서 둘레가 20리 이고, 세상에서 전하기를 '고려의 김방경(金方慶)이 둑을 쌓아서 밭에 물을 대 일본을 정벌하기 위한 군량(軍糧)을 갖추었다.' 한다. 못 가운데에 죽도(竹島)가 있는데, 세모마름 연 마름 귀리가 멀리까지 가득하다. 세종 때에 물길을 트고 수문(水門)을 설치하여 나라의 둔전(屯田)으로 하였다가, 뒤에 봉선사(奉先寺)에 내려주었다. 성종 때 다시 나라의 둔전이 되었다."고 기록되어 있고, 세종실록 지리지에 의하면 큰 방죽(大堤)으로서 수

---

18) 조선시대 관아 중 관리의 감찰을 담당하는 사헌부(司憲府), 국왕에게 간언(諫言)을 담당하는 사간원(司諫院)과 국왕을 교육하는 경연을 담당하는 홍문관(弘文館)을 함께 이르는 말.

19) 낭관(郎官) : 조선시대에 육조(六曹)의 오·육품관인 정랑이나 좌랑의 자리에 있던 사람을 이르던 말.

산(守山) 경계에 있으므로 수산 방죽이라고 하며, 길이가 7백 28보인데 무너져 있으나 쌓지 않았다는 기록도 있다. 그러다 정해년(1467 세조 13년)에 수리를 하였는데, 청릉군은 수리에 참여하고, 김종직은 수산회축(守山會軸)을 써서 그 수리과정과 참여자에 관한 기록을 남겼다.

"수산(守山)은 밀양(密陽)의 영현(領縣)이다. 여기에 2백여 경(頃)이 되는 못이 있는데, 서로 전하는 말에 의하면, 고려(高麗) 때 김방경(金方慶)이 왜(倭)를 정벌할 때에 이 못을 축조하여 영전(營田)에 물을 댔다고 한다. 그런데 천순[天順 : 명(明) 영종(英宗)의 연호] 7년 계미년(1463)에 호조(戶曹)에서 헌의(獻議)하여 그 둑을 터버리고 국가의 농소(農所)로 만들었으나, 해마다 강물이 스며들어서 수확이 아주 적었다. 그러자 정해년(1467) 봄에 좌의정 조석문(曺錫文)이 왕명을 받들고 그곳을 순시(巡視)한 다음, 그 둑을 증축(增築)하고 인하여 수문(水門)을 열어버리고 둑 안팎에다 산죽(山竹)과 양류(楊柳)를 심었다. 이 때 부사(副使)는 형조참판 정란종(鄭蘭宗)이고, 종사관(從事官)은 훈련원 첨정 권정(權侹)과 **호조정랑 김순명(金順命)**이었다. 그리고 밀양부사(密陽府使) 윤호(尹壕), 김해부사(金海府使) 경유순(慶由淳), 대구부사(大丘府使) 김원윤(金元潤), 양산군수(梁山郡守) 유백손(柳伯孫), 창원부사(昌原府使) 민규(閔奎), 청도군수(淸道郡守) 윤제(尹堤), 창녕현감(昌寧縣監) 이찬(李纘), 현풍현감(玄風縣監) 황사형(黃事兄), 영산현감(靈山縣監) 신윤원(申允元) 등이 각각 자기 고을의 군부(軍夫)들을 거느리고 와서 둑을 축조하였는데, 도사(都事) 성숙(成俶)과 **김순명(金順命)**이 실로 그 공사를 감독하여 10일 만에 일을 마쳤다. 그리고는 이상의 여러 사람이 계(契)를 만들어 수산회(守山會)라 명명하고, 나에게 청하여 그 축(軸)에 제(題)하게 하였다.

수산의 못 축조하느라 함께 고생하면서 / 守山澤裏共辛勤
옛 방죽에 새 둑을 여분처럼 만들었네! / 舊堰新堤擬汝墳
십리의 두둑은 참으로 수놓은 것 같고 / 十里町畦眞似繡
천 인부의 삼태기 삽은 구름처럼 수다하여라 / 千夫畚鍤鬧如雲
몇 번이나 손바닥 치며 좋은 계책 논했던고 / 幾回抵掌論奇計
때로는 또 등불 돋구고 옛글을 토론하였네! / 時復挑燈討古文
후일 서울에서 서로 만나 담소할 적엔 / 他日玉京相笑處
응당 이 모임을 두고 대단히 운운할 걸세 / 也應此會極云云 "

왜 김종직이 수산회축을 쓰게 되었는지 알 수 없으나 그와 그의 문하생들은 청릉군 및 우리 가문과 그 후에도 여러 방면에서 연결되고 있다. 그리고 또 수산회라는 계가 얼마나 지속되었는지는 더 이상의 기록이 없어 알 수는 없으나 함께 계(契)를

경남도기념물 제102호 수산제 수문(守山提 水門)

조직하여 교유하였던 면면들을 보면 얼마나 대단한 모임인지 상상할 수 있다.

수산회 계원 중 최고의 권력자는 좌의정 조석문(曺錫文, 1413~1477)으로 조선전기 호조판서, 좌의정, 영의정 등을 역임한 문신이다. 조석문은 1434년 알성문과 출신으로 좌익공신(佐翼功臣) 3등, 1467년 이시애(李施愛) 반란 시 병마부총사(兵馬副摠使) 적개공신(敵愾功臣) 1등, 1468년 남이(南怡), 강순(康純) 등의 옥사를 다스린 공으로 익대공신(翊戴功臣) 3등, 1471년(성종 2) 성종의 즉위를 보좌한 공으로 좌리공신(佐理功臣) 1등 등 훈신으로 공양공과는 두 번(적개 좌리)의 공신에 함께 책록된 분이다.

정란종(鄭蘭宗, 1433~1489)은 1466년 문과중시에 급제 후 우참찬, 공조판서, 호조판서 등을 역임한 문신으로 1467년 황해도관찰사로 이시애(李施愛)의 난 평정으로 적개공신(敵愾功臣), 1471년 순성좌리공신(純誠佐理功臣)에 책록된 분이다. 권정(權侹)은 세조(世祖) 12년(1466) 병술(丙戌) 알성시(謁聖試) 1등(一等) 3위(탐화랑 探花郎이라 함) 출신으로, 아버지는 권지(權摯), 할아버지는 권제(權踶), 증조는 권근(權近)인 안동 권문의 자제이다.

윤호(尹壕, 1424~1496)는 성종비인 정현왕후(貞顯王后)의 아버지인데, 1472년 식년문과에 병과로 급제 후 벼슬이 병조참판에 이르렀을 때인 1480년 성종이 윤호의 딸을 왕비로 삼자 국구(國舅)로서 영원부원군(鈴原府院君)에 봉하여졌고, 1488년 영돈녕부사 1494년 우의정을 지내고, 시호는 평정(平靖)이다. 경유순(慶由淳)은 숙신옹주(淑愼翁主 : 정종(定宗)의 딸)의 사위이다.

현재의 수산제 모습 항공사진
(국제신문 17-11-01)

유백손(柳伯孫)의 본관은 문화(文化)이고, 정난공신(靖難功臣) 좌리공신으로 녹훈된 유수(柳洙)의 아들로, 상주 목사(尙州牧使) 장흥도호부사(長興都護府使)를 지냈는데, 이 분의 따님이 청풍군(淸風君, 諱 世英)의 정부인(貞夫人)이시니 유백손과 청릉군은 후에 사돈 관계로 발전하게 된다.

민규(閔奎)는 1478년 여흥민씨의 족보를 최초로 편찬한 분인데, 족보 원본은 전하지 않고 서문만 구서(舊序)의 형태로 전해지고 있다. 그러나 이 서문 또한 족보 편찬의 배경, 경위, 체제 등에 대한 언급은 보이지 않고 민씨의 기원과 상대 세계, 15세기 후반까지의 현달한 인물에 대해서만 개략적으로 언급하였다. 민씨의 기원을 여주(驪州) 기원설보다는 공자의 제자 민자건(閔子騫)과 관련된 중국 기원설을 따르고 있다는 특징이 있다. 황사형(黃事兄)은 부자 정승인 황희의 손자이고 황치신의 아들이다. 성숙(成俶)은 호조좌랑(戶曹佐郞)을 거쳐 1465년에 을유 춘당대 문과(乙酉春塘臺文科) 정과(丁科) 6등으로 급제한 후 경상도도사(慶尙道都事), 직제학(直提學) 병조참의(兵曹參議) 좌부승지(左副承旨) 대사간(大司諫)을 거쳐 경상도와 황해도관찰사(黃海道觀察使)가 되었으나, 1504년(연산군 10) 영의정이던 동생 성준(成俊)이 갑자사화로 교살되자 연좌되어 유배된 분이다.

수산회가 처음 모일 때 청릉군은 33세의 혈기 왕성한 낭관시절이었으며, 이 계원분들이 교유의 대상들이었으리라 생각된다.

8. 이시애(李施愛)의 난(亂)과 청릉군(淸陵君)

정해년(1467, 세조 13년)에는 앞장에서 기술한 수산회(守山會)에 관한 일 외에 청릉군(淸陵君)의 인생에서 더욱 중요한 사건이 일어났으니 바로 함경도에서 일어난 이시애(李施愛)의 반란(叛亂) 사건이다. 이는 이시애가 주동이 되어 정해년 5월 10일 모반을 일으키고, 8월 12일 반란 우두머리인 이시애 형제가 정부 토벌군 진지 앞에서 처형되기 까지 3개월에 걸쳐 일어난 사건이다. 당시 호조정랑(戶曹正郎)이던 청릉군은 반란을 진압하는 데 도총사의 종사관으로 참여하여 청풍김씨 최초로 공신(功臣)의 반열에 오르게 된다. 그런가 하면 그 반란 진압 중에 부친인 문평공이 투옥되었다가 석방되는 일을 겪기도 한다. 반란 진압에 참여하였던 젊은 공신을 중심으로 신진 세력이 형성되었고, 이들은 세조 사후 다시 훈구세력들에게 역공을 당하여 처벌을 받는 등 그 여파는 청릉군의 인생에 많은 굴곡을 초래하게 된다.

〈반란의 발발 배경〉

반란 주범 이시애(李施愛)는 대대로 함길도 길주에서 살아온 지방의 호족(豪族)이다. 이시애의 할아버지는 고려를 지배하던 원(元)나라의 벼슬아치이었던 이오로티무르(李吾魯帖木兒)로서, 공민왕(恭愍王)이 1370년 이성계(李成桂)에게 명하여 동령부(東寧府)[20]를 공략할 때 전략 요충지인 우라산성(亐羅山城)을 공략하자 산성을 수비하던 이오로티무르는 갑옷을 벗어던지고 이성계에게 절을 하며 '우리 선조는 본디 고려 사람이니 원컨대 신복(臣僕)이 되겠습니다.' 라며 항복하고, 휘하의 300여 호의 군사를 이끌고 귀순한 자이다. 귀순 후 이오로티무르는 이성계의 신임을 얻게 되었고, 이름도 이원경(李原京)으로 우리 식으로 고치고, 조선이 건국하자 검교중추원부사로 벼슬길에 올라 함길도 지방의 호족으로 행세하게 되었다. 이시애의 아버지인 이인화(李仁和)도 무관으로서 세종 때 6진 지역에서 활약한 공으로 조정의 큰 신임을 얻어 함경도 여러 고을의 절제사를 거쳐 동지중추원사(同知中樞院事)까지 오른 자이다. 이와 같이 대대로 길주지역의 토호로 군림했던 이시애 가문은 함길도의 여러 토호세력 중에서도 가장 유력한 집안이었다.

---

20) 고려시대에 서경(평양)에 설치한 원나라 통치기관.

그런데 이 동북면 토호들의 사병조직을 기반으로 한 군단이었던 이성계 부대는 남쪽 지리산 자락에서 왜구를 물리친 황산(荒山) 전투로부터 북쪽의 요동 벌판까지 그야말로 사방에서 외적을 격파하는 혁혁한 전과를 올리게 된다. 전쟁의 영웅이었던 이성계는 고려의 권신으로 성장하고, 드디어는 고려를 무너뜨리고 역성혁명(易姓革命)을 일으켜 조선을 건국하게 되는데 그 과정에서 이 동북지방의 호족들은 큰 기반이 되었다. 역성혁명을 도운 북방의 호족들은 고향에서 조선조 초기에는 지역에서 권세를 누리며 살 수 있었다. 하지만 국가가 안정되자 위험하고 후진적인 이 지방호족들은 정권의 부담이 되고, 이들을 정리하려는 것은 어쩌면 당연한 일이었다. 태종 11년(1411년) 동북면 토호들의 인적 기반이었던 가별초(家別抄)가 혁파되었고, 세조 5년(1458년)에 실시된 호패법은 이 호족들을 더욱 옥죄었다. 결과적으로 동북면의 토호들은 휘하의 백성들이 그들의 사병이 아니라 국가의 통제 속으로 빼앗기고, 세력도 점차 약화되자 불만이 쌓이게 되었다. 더욱이나 북방 변경지역에서는 지방 유지들의 자치기구인 유향소(留鄕所)를 운영하며, 이들로부터 지방 수령을 충원하는 특권이 주어지기도 하였으나, 세조가 즉위하면서 중앙집권의 강화를 위해 북도 출신 수령의 자체적 임명을 제한하고 경관(京官 중앙 정부에서 임명한 관리)으로 대체하자 토호들의 불만은 더욱 팽배하게 되었다. 설상가상으로 중앙에서 내려온 관리들의 부정부패는 지방 호족들 뿐 아니라 일반 백성들의 불평불만을 고조시켜 반역의 빌미를 제공하게 된 것이다.

관리들의 부패상은 왕조실록에서도 언급될 정도로 일반화 되어 있었는바, 이시애의 변란에 관한 고변이 있기 전날(세조 13년 5월 15일) 반역의 빌미를 제공한 강효문에 대해 부패를 이유로 아래와 같이 조정에서 잡아오도록 명령한 기록이 있다.

"윤자운(尹子雲)에게 유시하기를, 절도사(節度使) 강효문(康孝文)이 나의 군민(軍民)을 위로하고 물질(物質)을 베풀어 도우(撫恤)라는 뜻을 체득하지 아니하고, 백성의 재물을 함부로 염출하여 권문(權門)에 뇌물로 주어서 원망이 교차되어 일어났으니, 법에 의하여 마땅히 추궁하고 죄의 실상을 조사(推覈)해야 하므로 지금 허종(許琮)으로 대신하게 하였다. 경은 강효문을 직무 정지시키고 절도사(節度使)의 일을 행하다가 허종의 부임을 기다려서 강효문을 잡아 오도록 하라."

이를 보면 조정에서도 이미 함길도 지방의 부패상 특히 반란의 빌미를 준 강효문의 부패상을 인지하고 있었음을 알 수 있다. 특히 변란 중(세조 13년 7월 21일)에 온성 주민들이 올린 글을 보면 함길도 병마절도사로 재직 중이던 강효문 등의 비행이 얼마나 심각하였는지 적나라하게 드러나 있다. 지방의 백성들은 오히려 역도인 이시애를 옹호하고, 당시 절도사인 강효문을 질타하고 있다. 그 시대상을 알기 위하여 길지만 온성 주민들이 강효문 등 관리들의 죄상을 알리는 상소 전문을 여기에 적는다.

—「강효문(康孝文)이 수군(水軍)과 육군(陸軍)을 모아서 반역(反逆)할 것이라는 음모(陰謀)가 이미 여러 사람의 입에 올랐으며, 지난 4월에 병선(兵船) 13척이 경원(慶源) 후라토도(厚羅土島)에 와서 정박(碇泊)하였고, 평안도(平安道), 강원도(江原道) 두 도(道)의 군사들도 또한 본도(本道)에 모여서 거주민(居住民)을 다 죽이려고 하였으므로 그에게 순종하지 않게 되었습니다. 이시애가 비밀히 그 음모를 알고서 강효문(康孝文)과 부사(府使) 송석손(宋碩孫), 판관(判官) 김암(金巖)을 토벌하여 죽이고, 장차 수군과 육군의 군사를 막으려고 여러 고을에 사정을 알리어(移文) 군사(軍士)들을 징발하여 모았을 뿐이요. 조금도 반역(反逆)할 마음이 없기 때문에 감히 체포하지 못합니다.」

—「강효문(康孝文)이 한 지방의 주장(主將)으로서 축성(築城)한다고 핑계하고 바로 농사철을 당하여 종성행영(鐘城行營)에서 토목(土木)을 크게 일으켜 여러 달 동안 머물며(留連), 우후(虞候) 평사(評事) 군관(軍官) 반인(伴人) 여기(女妓) 복예(僕隸) 종자(從者)가 구름 같아서 임금의 행차와 비슷하였으니 그 분수에 어울리지 않게 지나치기(僭越)가 막심하였습니다. 경흥(慶興)에서부터 5진(五鎭)에 이르기까지 모두 15일에 한 차례씩 음식을 바치게(供饋)하고, 한 차례씩 바친(需給) 미곡(米穀)이 총 80여 석(石)이었고, 그 나머지 물건도 이와 같았으므로 지방 관아의 재정(官府)이 탕진되고, 민가의 닭과 개 등이 모두 없어졌으며, 날마다 소 한 마리를 잡아서 찬(饌)으로 만들었고, 연회를 열어 술을 마실(宴飮) 때에는 소 두 마리도 오히려 부족하다고 공급하는 사람을 함부로 형벌하였습니다.」

—「강효문(康孝文)이 여러 진(鎭)의 절제사(節制使) 판관(判官)을 행영(行營)에 초치(招致)하여 연회를 열고, 술을 마실(宴飮) 때는 소주(燒酒)를 사용하였는데, 1백 60병(甁)에 이르렀고, 연회에 사용된 삼베(幣布)가 1백여 필(匹)이었습니다. 군사를 모아서 18일치의 군량(軍糧)을 가지고 옛 부거(富居)에서부터 바닷가를 따라 사냥하고 놀이를 하면서 방어하는 인마(人馬)로 하여금 휴식할 수 없게 하였습니다.」

—「병조(兵曹)에서 일찍이 명령을 받아(受敎) 이문(移文)하기를, '절도사(節度使)의 영(營)에 수자리 사는 군사가 너무 많고, 여러 진(鎭)과 보(堡)의 수자리 사는 군사가 너무 적으니, 구례(舊例)에 의하여 행하는 것이 가(可)하다.'고 하였으나, 강효문은 입법(立法)한 뜻을 돌아보지 아니하고, 번상 갑사(番上甲士)를 모두 영(營)에 소속시키고, 적의 침투로(賊路)가 가장 긴박한 곳에는 군사를 도리어 적게 배치하여 허술(虛疏)한 지경에 이르렀습니다.」

━「송석손(宋碩孫) 김암(金巖)이 각각 사마(私馬) 몇 필(匹)을 기르면서 꼴과 콩을 많이 허비하였고, 인리(人吏) 군사(軍士)가 과실이 있으면 그 벌로 속(贖)을 징수하기를 아주 급하게 하였고, 또 의창(義倉)에서 대여(稱貸)하고 갚지 못한 집(戶)에 대하여 강제로 우마(牛馬)를 취(取)해서 혹은 호마(胡馬)와 바꾸기도 하고, 혹은 피물(皮物)과 바꾸기도 하여 자기들 집(本家)으로 보내거나, 권문세가(權門勢家)에 뇌물로 보내고, 또 공납(貢納)할 초피(貂皮) 서피(鼠皮)를 임시로 면제받아 백성들(民戶)에게 돌려주지 않고 미납한 자를 독촉하여 자기 개인 용도로 썼으므로 백성들의 생활이 날로 곤궁하여져 도망한 자가 1백 50여 호(戶)나 됩니다.」

━「송석손(宋碩孫)과 김암(金巖)이 본 고을에서 3일 노정(路程)의 거리인 경흥(慶興)의 철(鐵)이 나는 땅에 백성들을 몰아넣고 채취하여 관(官)의 군기(軍器)를 만든다고 일컫고, 갑주(甲胄) 전촉(箭鏃)을 많이 만들어 여러 곳에 뇌물로 주었습니다.」

반역의 땅에서 백성들이 올린 위의 글을 미루어 짐작한다면 당시 이 지역 관리들이 얼마나 백성의 고혈을 착취하고 가렴주구(苛斂誅求)가 심하였는지 눈에 선하다. 뿐만 아니라 실록에 '당시 경성(鏡城), 경원(慶源), 갑산(甲山), 삼수(三水) 등의 고을 백성들이 모두 적당(賊黨)에 붙어 이시애를 위하여 소장을 올리었는데, 그들이 이시애에게 깊이 유혹당하여 그 미욱함을 고집하고 깨닫지 않음의 심하기가 이와 같았다.' 라고 기록하고 있는 것으로 보아 반란지역의 백성들이 조정에 대한 원망과 불만이 얼마나 팽배하고 있었는지 가히 짐작할 수 있다. 특히 이 지역은 여진(女眞)과 무력 충돌이 끊이지 않아 절도사가 주로 무관이 파견되었는데, 거친 관리들의 호족에 대한 홀대에 더해 이들의 부정부패에 대한 불만이 쌓여 호족 뿐 아니라 백성들의 마음속에서 반란의 맹아를 싹 틔우고 있었던 것이라고 할 수 있을 것이다.

〈조정의 초기 대응〉

이시애의 반란이 조정에 알려지고, 이에 대응한 최초의 기록은 반란 발발 6일 후인 세조 13년(1467) 5월 16일 아래와 같이 기술하고 있다.

함길도(咸吉道) 길주(吉州) 사람인 전 회령절제사(會寧節制使) 이시애(李施愛)가 그 아우 이시합(李施合)과 더불어 반역(不軌)을 모의하고, 먼저 절도사(節度使) 강효문(康孝文)을 제거하려고 하였다. 마침 강효문이 진영(鎭營)을 순찰하여 본주(本州)에 이르니, 이시애가 강효문을 반란의 수괴(反賊)라고 말(聲言)하고, 밤중에 몰래 사통하는 기생 산비(山非)로 하여금 내응(內應)하게 하여 강효문이 깊이 잠이 든 것을 엿보아 문을 열게 하고, 정병(正兵) 최자지(崔自池)로 하여금 돌입하여 찔러 죽이도록 하였다. 그러나 강효문이 이를 피해 빠져 뛰쳐나오므로 곧 추격하여 때려죽이고, 그 머리를 뜰의 나무에 매달았다. 그리고 평사(評事) 권징(權徵)과 목사(牧使) 설정신(薛丁新), 판관(判官) 박순달(朴順達), 부령부사(富寧府使) 김익수(金益壽), 군관(軍官) 성이건(成以乾), 강석효(康碩孝), 이제(李堤), 최식(崔湜), 김수동(金壽同), 한희(韓熙), 김계남(金繼南), 강흥손(康興孫) 등도 모두 죽였다.

반군들은 지인(知印) 이극지(李克枝)를 보내어 이시애가 반란을 일으킨 것이 아니라 오히려 중앙 정계의 요인들과 강효문이 내통하여 반역을 꾀하려 하여 처단하였다고 거짓으로 아래와 같이 보고하기에 이른다.

올량합(兀良哈) 등이 여러 번 적선(賊船)이 후라토도(厚羅土島)에 정박하였다고 고하였는데도 강효문이 묻지 아니하고, 적이 경원(慶源)과 종성(鍾城)의 공사(公私) 여사(廬舍)를 불살랐는데도 강효문은 경원절제사(慶源節制使) 이종현(李宗顯)의 가노(家奴)를 시켜 이를 아뢰지 않았으며, 충청도 연산(連山)에 사는 전 현감(縣監) 원맹손(元孟孫)의 가노(家奴) 고읍동(古邑同)이 수영(水營), 진무(鎭撫), 하수장(河水長) 등 40인과 함께 배에다 미곡(米穀)과 말안장(馬鞍), 쟁고(錚鼓) 등의 물건을 많이 싣고 길주(吉州)에 와서 정박하였다가 잡히어 이르기를, '올적합(兀狄哈)에게 군사를 청하여 이 도(道)의 인물(人物)들을 모두 죽이겠다.'고 하였는데도 강효문은 목사(牧使)와 판관(判官)과 함께 고읍동만 잡아다가 문초하여 혹은 달래고 혹은 위협해서 육로(陸路)로 경유하여 온 자처럼 하고, 또 지금 한창 농사철인데도 제진(諸鎭)의 정병(精兵)을 많이 거느리고 길주(吉州)에 이르렀으며, 정병을 뽑아 이르기를 '너희들이 이때를 당하여 협력하면 서울(京中)의 대신(大臣)과 내응(內應)하여 대사(大事)를 이룰 수 있다' 하고,

설정신(薛丁新), 박순달(朴順達), 김익수(金益壽)와 사하북만호(舍下北萬戶) 김정안(金正安) 등을 시켜 각각 진병(鎭兵)을 거느리고 서울로 향하게 하였습니다. 그리고 군관(軍官) 현득리(玄得利)의 공초(供招)에 이르기를, '내가 일찍이 세 차례나 상경(上京)한 것은 절도사 강효문이 후라토도(厚羅土島)의 적과 도내(道內)의 군사(軍士)들을 거느리고 상경하고자 하여 한명회(韓明澮)와 신숙주(申叔舟), 김국광(金國光), 노사신(盧思愼), 한계희(韓繼禧) 등에게 내통(通書)하여 약속을 정하려고 함이었는데, 글을 이들에게 보여주니 모두 응낙(應諾)하여, 이내 돌아와서 강효문과 우후(虞候), 정육을(鄭六乙)에게 은밀히 보고(密報)하였다.' 하고,

또 공사(供辭)하여 이르기를 '강효문이 이달 초 7일에 정육을을 5진(鎭)에 보내어 제장(諸將)에게 군사를 더 뽑아 오도록 약속하고, 강효문은 바로 부절도사(副節度使) 황기곤(黃起崐)과 상응(相應)하여 경성부(鏡城府)를 출발해서 이달 초 10일에

길주(吉州)에 도착하였기 때문에 신이 군중(軍中)에서 회의(會議)하여 이미 강효문 등을 잡아 죽이고, 사직(司直) 이시합(李施合)으로 하여금 길주(吉州) 군사 20인을 거느리고 그의 무리 정육을과 경성(鏡城) 이북의 여러 진장(鎭將)을 포살(捕殺)하게 하고, 현득리(玄得利)와 고읍동(古邑同) 등을 가두어서 놓고 친문(親問)하시기를 기다리고 있습니다." 라고 하였다.

세조(世祖)는 장계를 가지고 온 이극지(李克枝)를 직접 불러서 이시애의 아뢰고자 하는 상황을 듣고는 능성군(綾城君) 구치관(具致寬)과 좌찬성(左贊成) 조석문(曹錫文), 도승지(都承旨) 윤필상(尹弼商)을 불러 다시 이극지를 국문하게 하였다. 그러나 이극지가 이시애의 반역을 돕고도 사실대로 대답하지 않는다 판단하여 의금부(義禁府)의 옥에 가두었다.

다음날(세조 13년 5월 17일) 함길도 관찰사 신면(申㴐 : 신숙주의 아들)이 '상호군(上護軍) 최자상(崔自祥)이 이시애의 쪽지 편지(片簡)를 받고 밤중에 군사를 거느리고 가서 군수(郡守) 윤경안(尹敬安)을 죽이고, 또 김익수(金益壽)의 군관(軍官) 강덕경(姜德慶)이 점마별감(點馬別監) 심원(沈湲)을 보려고 두언태목장(豆彦台牧場)에 도착한 것을 최자상과 함께 죽였다.'는 보고를 하였다.

조정에서는 신면의 보고를 접하고는 반란이라 인식하고, 귀성군(龜城君) 이준(李浚)을 함길도(咸吉道), 강원도(江原道), 평안도(平安道), 황해도(黃海道) 4도(道)의 병마도총사(兵馬都摠使)로 삼고, 조석문(曹錫文)을 부사(副使)로 삼아 본격적으로 토벌 계획을 수립하게 된다. 그리고 이 토벌군은 3개월여의 전투 끝에 임무를 완수하게 되는데, 실제 전투 진행상황은 생략하고 다만 청릉군의 참전기록만을 다음 절에서 살펴보고자 한다.

〈청릉군의 참전 기록〉

청릉군의 이시애 반란 토벌에 참전한 기록은 왕조실록에 다섯 번 등장한다. 첫 번째 기록은 토벌군의 출발을 기록한 것이다. 즉 세조 13년 5월 18일의 기록으로 그 기사는 아래와 같다.

"도총사(都摠使) 이준(李浚)과 부사(副使) 조석문(曹錫文)이 **종사관(從事官)** 사인(舍人) 이서장(李恕長), **정랑(正郞) 김순명(金順命),** 김관(金瓘)과 군관(軍官) 구겸(具謙), 황사장(黃事長), 박식(朴埴), 양종항(梁從恒), 조윤문(曹允文), 오자치(吳自治), 양종생(梁從生), 유포(柳晡), 이귀존(李貴存), 이계림(李桂林), 유욱(柳郁), 김효조(金孝祖), 김봉증(金奉曾), 문처경(文處敬), 홍윤청(洪允淸), 매보남(梅

輔男), 차운혁(車云革), 박맹손(朴孟孫), 서초(徐超), 오서(吳澨), 조종(趙琮), 조형손(曹亨孫), 노경손(盧敬孫,) 황사윤(黃斯允), 김백겸(金伯謙), 지달한(池達漢) 한숙후(韓叔厚), 남이(南怡), 경유공(慶由恭), 정숭로(鄭崇魯) 등을 거느리고 계차(階次)에 따라 하직하니, 임금이 직접 방략(方略)을 주고, 중사(中使) 문중선(文仲善)을 보내어 선온(宣醞 : 임금이 하사하는 술)을 가지고 가서 보제원(普濟院)에서 전송하며 토벌군이 출발하도록 하였다"는 기사이다.

두 번째 기록은 종사관(從事官)으로 참여한 청릉군은 5월 24일 전장에서 돌아와 임금에게 보고한 기록으로, 안변향리(安邊鄕吏) 김수남(金壽男)과 내수사(內需司) 종 막동(莫同)을 거느리고 와서 임금을 사정전(思政殿)에서 알현하고 전황을 직접 보고하였다. 김수남은 '신임 관찰사(觀察使) 신면(申㴐)은 바로 난신(亂臣) 신숙주(申叔舟)의 아들이고 또 이 간당(姦黨)이 저렇게 군사를 징발하니 곧 죽여야 옳다.' 고 한 까닭에 향중(鄕中)의 품관(品官)에서 노예(奴隸)에 이르기까지 함께 응하여 죽였으며, 정평부사(定平府使) 이효석(李孝碩) 또한 그 고을 사람에게 살해되었다고 보고하였다. 막동은 세조가 잠저(潛邸)에 있을 때 시종을 들던 노비였는데, 이시애가 헛된 소리로 주민을 속여 반역을 꾀하고 있다는 정상을 임금에게 아뢰었다. 이들의 보고로 정상을 파악한 세조는 도총사(都摠使) 이준(李浚)에게 백성들 스스로 이시애를 잡아 앞의 잘못을 속죄하기를 권유하는 어찰(御札)의 유서(諭書)를 내려 청릉군에게 전달하도록 하였다.

세 번째 기록(세조 13년 5월 25일)은 그 전란 와중에 무고를 받은 신숙주를 구금하게 되는데, 당시 의금부 제조이신 문평공이 감옥에 있는 신숙주의 형구를 소홀히 하였다 하여 문평공도 함께 수감되는 신세가 되어 있었다. 이에 청릉군은 아버지가 수감되어 있는 상황에서 전장에 임할 수 없다고 사직 상소를 올리니, 문평공을 방면하고 청릉군은 전장으로 다시 돌아갔다는 기록인데, 이는 다음 절에서 자세히 설명하고자 한다.

네 번째 기록(세조 13년 7월 21일)은 다시 전장에서 도성으로 돌아와 전황을 보고한 것이다. 보고를 바탕으로 임금의 명령과 하사품을 받아 다시 전장으로 돌아간 기록이 반란 토벌과 관련된 다섯 번째 기록(세조 13년 7월 22일)이다.

이렇게 청릉군은 종사관으로서 도성과 전장을 오가며 전황을 조정에 보고하고, 조정으로부터 명령을 도총사 이준(李浚)에게 전달하는 역할을 담당하는 가운데 3개월여 만에 반란은 진압되었다. 반란은 8월 12일 도총사 귀성군(龜城君) 이준(李浚)이 생포되어 끌려온 반란 수괴인 이시애(李施愛)와 이시합(李施合) 형제를 전장에서 바로 참수 처형하며 최후를 맞게 된다.

반란의 종지부를 찍고 수괴들을 체포하는데 최고의 공을 세운 사람은 이시애의 처조카인 허유례(許惟禮)이다. 허유례(許惟禮)는 처음에 훈융절제사(訓戎節制使) 염목(廉睦)의 군관(軍官)이었다가 염목(廉睦)과 더불어 함길도 절제사 허종(許琮)의 부대에 소속되어 종군하고 있었다. 토벌군으로 활약하던 절제사 허종(許琮)이 허유례에게 이르기를, '듣건대 너의 아비 허승도(許崇道)가 지금 이시애 휘하에서 길주(吉州)의 수령을 임시로 맡았으니 네가 가서 타이르라.' 하니, 허유례가 단신으로 길주에 몰래 아비를 만나러 간다. 가던 도중에 적장으로 활약하던 이시애의 매부 이명효(李明孝)를 만나게 된다. 이명효가 토벌군으로 활약하던 그를 죽이고자 하니 허유례는 '들으니 아버지가 길주(吉州)의 임시 책임을 맡았다고 하기 때문에 정부군을 이탈하여 아버지와 합류하기 위하여 도망하여 간다.'고 거짓으로 변명하였다. 그러자 이명효(李明孝)는 허유례를 이시애(李施愛)에게 압송하였고, 이시애는 처음에 허유례를 간첩(間諜)이라 생각하여 결박하고 심문하였다. 하지만 허유례가 말하기를, '아버지를 보고자 하여 도망하여 왔다. 만약 나를 죽이면 뒤에 다시는 나와 같이 정부군을 이탈하여 오는 자가 없을 것이다.' 하니, 이시애가 그 말을 믿고 놓아서 그 아비에게 보냈다.

허유례가 길주로 와서 그 아비를 보고 정부의 토벌군에 귀순하기를 권하니, 허승도도 이미 사세의 불리함을 깨닫고 부자가 더불어 즉시 반란군 지역을 이탈하여 도망하였다. 허유례는 다시 비밀히 이시애의 부하인 이주(李珠)와 황생(黃生)에게 조정(朝廷)의 뜻을 전하며 설득 포섭하여, 이들과 더불어 몰래 이시애의 진영으로 들어가 적(賊)의 우위장(右衛將) 이운로(李雲露) 등과 이시애의 잡는 방책을 모의하고, 이미 스스로 형세가 다한 것을 헤아리고 있던 이운로(李雲露)가 거느린 군사(軍士)들에게 타이르기를, '능히 이시애를 체포하는 자가 있으면 조정(朝廷)에서 후한 상(賞)을 허락할 것이다.'고 하자, 휘하의 군사들이 모두 그를 따랐다. 이와 같이 이시애의 측근들이 이시애 형제를 생포하여 도총사 이준(李浚)에게 인도하고 처형 받게 함으로써 3개월에 걸친 반란도 많은 희생을 뒤로 하고 끝나게 된다.

9. 청풍김문 최초 공신(功臣)이 되다

반란을 진압하였으니 이에 따른 논공행상(論功行賞)은 당연한 결과이다. 종사관으로 참여하였던 청릉군은 적개 2등 공신에 책록되며, 우리 청풍김문에서 최초로 공신의 반열에 오르게 되었다. 반란을 진압한 직후인 세조 13년 8월 26일 우찬성(右贊成) 김국광(金國光), 우참찬(右參贊) 윤필상(尹弼商), 행호군(行護軍) 남이(南怡) 등이 도총부(都摠府)에 모여서 군공(軍功)의 등급을 의논하여 1등을 정충출기포의적개공신(精忠出氣布義敵愾功臣), 2등을 정충포의적개공신(精忠布義敵愾功臣), 3등을 정충적개공신(精忠敵愾功臣)으로 명명하였다.

도총사(都摠使) 이준(李浚), 부사(副使) 조석문(曹錫文) 등이 전장에서 반란지역 위무 등 모든 업무를 마치고 돌아오자 참전한 여러 장수(將帥)들의 군공(軍功)의 등급(等級)을 구체적으로 의논하였는데, 그 결과는 아래와 같다.

도총사(都摠使) 이준(李浚)과 조석문(曹錫文), 강순(康純), 어유소(魚有沼), 박중선(朴仲善), 허종(許琮), 윤필상(尹弼商), 김교(金嶠), 남이(南怡), 이숙기(李淑琦)를 일등공신(一等功臣)으로, 김국광(金國光), 허유례(許惟禮), 이운로(李雲露), 이덕량(李德良), 배맹달(裵孟達), 이형손(李亨孫), 이종생(李從生), 이서장(李恕長), **김순명(金順命),** 김관(金瓘), 구겸(具謙), 박식(朴埴), 김백겸(金伯謙), 어세공(魚世恭), 오자치(吳自治), 정숭로(鄭崇魯), 장말손(張末孫), 손소(孫昭), 오순손(吳順孫), 심응(沈膺), 윤말손(尹末孫), 김면(金沔), 맹석흠(孟碩欽)을 이등공신(二等功臣)으로, 영순군(永順君) 이부(李溥), 율원부윤(栗元副尹) 이종(李徖), 한계미(韓繼美), 선형(宣炯), 민발(閔發), 오자경(吳子慶), 최유림(崔有臨), 우공(禹貢), 정종(鄭種), 정준(鄭俊), 이양생(李陽生)을 삼등공신(三等功臣)으로 책록하였다.

논공행상에는 항상 뒷말이 따르는 법, 적개공신 책록에도 뒷말이 무성하다. 뒤 담화에는 대표적 두 가지가 있는데, 하나는 실록에 기록되어 있는 것이요, 다른 하나는 실록에는 없고 야사(野史)로 전해 후에 많은 이야기 거리를 우리에게 제공하고 있는 것이다.

실록에 기록된 논란은 이등공신으로 책록된 박식(朴埴)에 관한 것으로, '공이 있는 자가 참여하지 못하고, 공이 없는 자가 참여하였다. 박식(朴埴)은 적(賊)을 토벌하던 때를 당하여 병(病)이라 속이고 함흥(咸興)에 있으면서 날마다 기생(妓生)과 더불어 거처하고, 일찍이 눈곱(分寸) 만큼의 공도 없었는데도 조석문의 가까운 친척이기 때문에 참여할 수 있었으니 사람들이 분하고 원통함을 품고서 혹은 눈물을 흘린 자까지도 있었다.' 라는 기록(세조 13년 9월 20일)과, '박식은 무인(武人)으로서 본성이 부화(浮華)하고, 색(色)을 좋아하므로 조정의 반열에서 함께 어울리기를 부끄럽게 여기었다. 이시애(李施愛)의 난(亂) 때에는 주장(主將) 조석문(曹錫文)의 군관(軍官)으로서 함흥(咸興)에 도착하여 병을 핑계하고 싸움에 나아가지 아니하고 날마다 음란한 짓(淫戲)으로써 일을 삼았으나, 조석문의 친속(親屬)이라 하여 적개공신(敵愾功臣)에 참여하였다.' 라는 기록(예종 1년 6월 15일) 등 영달은 하였으나 역사적으로 단죄되고 있는데 왜 유독 그만이 그렇게 되어 있는지, 그리고 사실 여부는 조금은 따져볼 일이다.

조석문의 졸기(卒記)에도 이와 연관되어 다음과 같은 기록이 있다. '길주(吉州) 사람 이시애(李施愛)가 모반하니, 세조(世祖)가 명하여 귀성군(龜城君) 준(浚)을 병마도총사(兵馬都摠使)로 삼고, 조석문을 부사(副使)로 삼아 여러 도(諸道)의 군사를 거느리고 가서 토벌하게 하였다. 모든 군사가 진군하여 홍원(洪原)에 머물고 조석문은 정예 병사들을 뽑아서 스스로 지키며, 함흥(咸興)에 머물며 출병하지 않고 하나도 지휘함도 없었다. 군관(軍官) 남이(南怡) 등이 분기탱천하여 말하기를, '조정에서 장사(壯士)를 기른 것은 바로 오늘을 위함인데, 여기에 머물러서 무엇을 하겠는가? 우리가 먼저 나아갈 것을 청한다.' 하니, 조석문이 부득이 하여 남이장군의 출병을 허락했다. 그리하여 원로 장수인 진북장군(鎭北將軍) 강순(康純)도 주변의 제장들에게 한탄하여 말하기를, '도총사(都摠使)는 나이가 어리고, 부총사(副摠使)는 선비로서 전진(戰陣)을 익히지 않아 두려워하고 겁만 먹으니, 이와 같이 하고서야 어찌 대사를 이루겠는가? 우리들 제장(諸將)이 다른 주장(主將)을 보내 달라고 요청(啓請)하는 것이 어떻겠는가?' 하니, 혹자 말하기를, '전쟁터(戰陣)에 임하여 장수를 바꾸는 것은 병가(兵家)에서 꺼리는 것이니 어찌 그렇게 할 수 있는가?' 하는 의견이 있어 그대로 무마된 일도 있었다. 토벌을 끝내고 도성으로 돌아올 때 조석문은 승진하여 좌의정(左議政)으로 승진하였고, 정충출기포의적개공신(精忠出氣布義敵愾功臣)으로 책록되었다.

당시에 군공(軍功)의 높고 낮은 것이 모두 조석문에게서 나왔으므로 장사(將士)들이 그 불공평함을 분히 여기고 상서(上書)하여 진소(陳訴)하는 자가 매우 많았지만, 세조(世祖)께서는 조석문이 큰 공을 세웠다 하여 더 이상 책임을 묻지 않았다. 군관(軍官) 박식(朴埴)은 조석문의 족속(族屬)으로서 병을 칭탁하고 함흥(咸興)에 누워 있었는데도 불구하고 공신의 반열에 참여하였다. 이러한 정황을 사람들은 시(詩)를 지어 비꼬고 있었으니, '함양(咸陽)의 꽃 아래에서 잠에 취하였던 길손이 조패(曹霸)가 단청(丹靑)하여 제1등 공신이 되었네(咸陽花下醉眠客 曹霸丹青第一功).' 라며 조석문을 조롱하고 있다고 기록하고 있다. 과연 조석문이 그러한 사람인지, 기록한 사관(史官)들의 편견에 의한 것은 아닌지 사실관계는 좀 따져볼 필요가 있다. 왜냐하면 왕조실록에는 누구를 폄훼하는 글, 특히 졸기에는 너무 많기 때문이다.

공신 책록의 잘못과 관련하여 왕조실록에는 정확히 기술되어 있지 않으나 야사(野史)에서 많이 운위되고, 현대의 드라마에서 자주 등장하는 인물이 있다. 이시애의 난을 평정하기 위하여 방책을 세우는 중에 등장한 유자광(柳子光)이다. 그는 전 부윤(府尹) 유규(柳規)의 얼자(孼子 : 어미가 미천한 신분의 자제)로, 효용(驍勇 : 사납고 날쌤)하고 민첩(敏捷)하여 말 타기와 활쏘기(騎射)를 잘 하고, 역사에 관한 지식(書史)이 해박하고, 문장을 잘하는 전라도 남원의 갑사(甲士)로 있던 자이다. 유자광(柳子光)은 세조 임금에게 이시애를 토벌할 과감한 상소를 올려 세조의 마음을 사로잡아 출세가도를 달리게 된다.

그의 상소를 요약하면, "신(臣)이 남원(南原)에 있으면서 이시애(李施愛)의 일을 늦게 듣고서 이에 밤새도록 자지 못하였습니다. 신은 이달 초육일에 남원(南原)으로부터 출발(發程)하여 하루에 갑절의 길을 걸어서 도로(道路)를 갔는데, 사람에게 전문(傳聞)하니, 지금 장수 된 자들은 모두 부귀가 극진한 사람들이라 죽고 사는 것을 두려워하여 진격을 미적거리며, 하는 일 없이 관망하면서 서로 이르기를, '이제 여름이니 활이 느슨해지기 쉽고 큰 비가 내려 길이 막힐 것이다.' 또는 '적의 소굴은 산이 험하며 초목이 무성하니 경솔하게 진격할 수도 없고 경솔하게 싸울 수 없다.' 라고 합니다. 신이 비록 아는 것은 없지만 우리만 홀로 여름이고, 적은 여름이 아니며, 우리만 홀로 활이 느슨해지고, 적은 느슨해지지 않으며, 우리만 홀로 빗물에 막히고, 적은 막히지 않으며, 우리만 홀로 산이 험하고, 적은 험하지 않겠습니까? 비유하건대, 두 쥐가 굴속에서 함께 다투면 힘이 있는 자가 이기는 것입니다. 전하께서는 어찌 급하게 장사(將士)로 하여금 날을 정하여 전쟁하여서 재화가 깊지 않은 때에 막지 않으십니까? 손무(孫武)는 말하기를, '병법은 졸속(拙速)함은 들었어도 공교하게 오해하는 것은 보지 못하였다.'고 하였으니, 대저 옛 사람의 용병(用兵)하는 것은 모두 인의(仁義)로서 몸(體)을 삼고, 권술(權術)로써 용(用)을 삼으며, 더욱 귀중하게 여기는 자는 신속(神速)하게 하는 것뿐입니다. 이제 장사(將士)가 공격을 멈추고 성내에 머물며(逗遛) 진격하지 않는 것은 신은 그것이 옳은지 알지 못하겠습니다. 공자(孔子)가 말하기를, '사람으로서 말(言)을 폐기하지 말라.'고 하였습니다. 엎드려 생각하건대, 전하께서는 신을 미천하다 하여 폐하지 마소서. 신은 비록 미천(微賤)하더라도 또한 한 모퉁이에 서서 스스로 싸움을 하여 신속(快)하게 이시애(李施愛)의 머리를 참(斬)하여 바칠 수 있기를 원합니다." 라는 상소를 올리자, 세조는 '이 글은 내 뜻에 매우 합당하고 진실로 기특한 재목이다. 내 장차 임용(任用)하여 중용하리라' 하고 실제로 그를 중용하게 된다. 이로 인해 유자광(柳子光)은 임금을 만나게 되고, '신에게 정병(精兵) 3백을 주시면 이시애의 목을 매어서 대궐 아래에 초치할 수 있겠습니다.' 라며, 세조의 마음에 맞는 언설을 하니, 겸사복(兼司僕)의 벼슬을 받고 왕의 주위에 있다가 토벌군에게 합류하게 한다. 그러나 그의 신분적 약점은 어쩔 수 없었는지 이시애의 토벌이 종료되고 논공행상 과정에서 공신의 책록에서는 빠지게 된다. 야사(野史)는 그가 남이(南怡) 장군에게 공신 책록에 넣어줄 것을 간청하였으나 거절당하여 후일 세조 사후 예종이 등극하자 그 보복으로 남이(南怡)를 무고하여 옥사를 치르게 되었다고 전해지기도 한다. 어쨌든 유자광(柳子光)은 예종이 등극하자 병조참지(兵曹參知) 당상관(堂上官)으로 승차하고, 예종 즉위년 10월 27일 적개공신(敵愾功臣) 2등에 추록(追錄)이 허락되어 공신의 반열에 오르지만, 그 후 여러 사화의 원인을 만들다가 결국은 처형되며, 공신도 삭탈 당하게 된다.

【1등】 정충출기포의적개공신(**精忠出氣布義敵愾功臣**) 10명 중 3명 삭탈

인 명	시 호	군 호	직 위	본 관	비 고
이 준 (李 浚)	충무 (忠武)	구성군 (龜城君)	영의정	전주 (全州)	삭탈(削奪), 무과(세조 12년), 임영대군(臨瀛大君) 아들, 유배지서 사망.
조석문 (曺錫文)	충간 (忠簡)	창녕부원군 (昌寧府院君)	영의정	창녕 (昌寧)	좌익 3등, 익대 3등, 좌리 1등
강 순 (康 純)	장민 (莊愍)	신천부원군 (信川府院君)	우의정	신천 (信川)	삭탈(削奪), 갑사(甲士)로 벼슬에 나가 무관이 됨. 남이옥사 연루 사형
어유소 (魚有沼)	정장 (貞莊)	예성군 (蘂城君)	판서, 우찬성	충주 (忠州)	무과(세조 1년) 장원, 강순(康純)의 좌상(左廂) 대장 역임, 좌리 4등
박중선 (朴仲善)	소양 (昭襄)	평양군 (平陽君)	판서, 관찰사	순천 (順天)	무과(세조 6년) 장원, 심온(沈溫) 외손자, 제안대군 장인, 익대 3등, 좌리 3등
허 종 (許 琮)	충정 (忠貞)	양천부원군 (陽川府院君)	우의정	양천 (陽川)	문과(세조 2년), 좌리 4등, 내의원제조로 의학에도 관심
김 교 (金 嶠)	양양 (良襄)	선산군 (善山君)	판서 관찰사	선산 (善山)	무과(세종 32년)
남 이 (南 怡)	충무 (忠武)	의산군 (宜山君)	판서	의령 (宜寧)	정선공주 손자. 무과(세조 6) 장원, 역모에 몰려 능지처사 당함. 삭탈(削奪)
이숙기 (李淑琦)	정양 (靖襄)	연안군 (延安君)	판서	연안 (延安)	무과(단종 1년)
윤필상 (尹弼商)		파평부원군 (坡平府院君)	영의정	파평 (坡平)	문과(세조 3년), 갑자사화 연루 유배지서 사사(賜死)의 명을 받고 자살.

【2등】 정충포의적개공신(精忠布義敵愾功臣) 22명+1명 추록되었다 삭탈

인 명	시 호	군 호	직 위	본 관	비 고
김국광(金國光)	정정(丁靖)	광산부원군(光山府院君)	우의정	광산(光山)	문과(세종 23년)
허유례(許惟禮)	효장(孝莊)	길성군(吉城君)	중추부 첨지사	양천(陽川)	이시애의 처조카, 이시애 적당을 숨겨준 혐의로 삭탈되었다 복권.
이운로(李雲露)	장경(莊敬)	종성군(鍾城君)	중추부 첨지사	종성(鍾城)	허유례(許惟禮)가 설득하여 이시애를 체포에 공헌.
이덕량(李德良)	장경(莊敬)	전의군(全義君)	판서	전의(全義)	무과(세조 3년) 정희왕후(貞熹王后)의 자서(姉婿)
배맹달(裵孟達)	양호(襄胡)	곤산군(昆山君)	병마 절도사	곤양(昆陽)	
이형손(李亨孫)	평호(平胡)	가평군(嘉平君)	내금위장	가평(加平)	청주목사 도임 시 비판을 받고 파직당함.
이서장(李恕長)	양간(襄簡)	전성군(全城君)	참판	전의(全義)	문과(세조 3년)
김순명(金順命)	공양(恭襄)	청릉군(淸陵君)	참판, 관찰사	청풍(淸風)	문과(세조 2년), 좌리 4등
김 관(金 瓘)	공양(恭襄)	언양군(彦陽君)	관찰사	언양(彦陽)	문과(문종 1년)
이종생(李從生)	장양(莊襄)	함성군(咸城君)	겸사복장	함평(咸平)	무과(세조 6년)
구 겸(具 謙)	장양(莊襄)	능산군(綾山君)	병마 절도사	능성(綾城)	숙부가 영의정 구치관(具致寬).
박 식(朴 埴)		철성군(鐵城君)	병마 절도사	고성(固城)	조석문의 가까운 친척이기 때문에 책록되었다 논란을 빚음.
김백겸(金伯謙)	양호(襄胡)	광원군(光原君)	평안도 절도사	광산(光山)	무과(세조 6년)
오자치(吳自治)	양평(襄平)	나성군(羅城君)	호군	나주(羅州)	무과(세조 ?년)
장말손(張末孫)	안양(安襄)	연복군(延福君)	목사	인동(仁同)	문과(세조 5년)
어세공(魚世恭)	양숙(襄肅)	아성군(牙城君)	판서, 우참찬	함종(咸從)	문과(세조 2년), 형 어세겸(청릉군 신도비 찬함)과 함께 급제.
윤말손(尹末孫)		함안군(咸安君)	병마 절도사	함안(咸安)	남이 역모에 연루 삭탈되었다 복권, 덕원군 서(曙)의 장인
손 소(孫 昭)	안양(安襄)	계천군(鷄川君)	목사	경주(慶州)	문과(세조 5년), 평노장군(平虜將軍), 박중선(朴仲善)의 종사관(從事官)
오순손(吳順孫)	양숙(襄肅)	두원군(荳原君)	상호군	흥양(興陽)	무과(세조 3년) 장원,
심 응(沈 膺)	양호(襄胡)	풍산군(豊山君)	부사	풍산(豊山)	수차례의 탄핵 건의가 있었음.
김 면(金 沔)		광주군(光州君)	부사	광산(光山)	남이 역모에 연루되었으나 처벌은 면함.
맹석흠(孟碩欽)		신창군(新昌君)		신창(新昌)	옥사에 연루되어 고신(告身)을 빼앗겼다 돌려받음.
유자광(柳子光)		무령부원군(武靈府院君)	한성 판윤	영광(靈光)	남이(南怡) 무고하여 익대(翊戴) 1등, 적개 2등과 정국 1등은 삭제.

【3등】 정충적개공신(**精忠敵愾功臣**) 13명 중 1명 삭탈

인 명	시 호	군 호	직 위	본 관	비 고
이 보 (李 溥)	공소 (恭昭)	영순군 (永順君)	현록 대부	전주 (全州)	광평대군의 아들, 익대 2등, 성종 2년 1470년 27세로 별세
한계미 (韓繼美)	문양 (文襄)	서원부원군 (西原府院君)	판서 좌찬성	청주 (淸州)	좌익 3등, 좌리 2등. 그의 처는 세조의 비 정희왕후(貞熹王后)의 언니
이 종 (李 徖)	양호 (襄胡)	율원군 (栗元君)	정의 대부	전주 (全州)	효령대군의 손자
선 형 (宣 炯)	평양 (平壤)	유성군 (楡城君)	관찰사	보성 (寶城)	무과(문종 1년), 좌리 4등
민 발 (閔 發)	위양 (威襄)	여산군 (礪山君)	동지중 추원사	여흥 (驪興)	무과(단종 1년), 형 민서(閔敍)가 남이(南怡)와 함께 처형. 공신 삭탈/복구
오자경 (吳子慶)	양무 (襄武)	보산군 (寶山君)	대호군	보성 (寶城)	무과(단종 2년) 관직 삭탈 후 복구
최유림 (崔有臨)	안양 (安襄)	수성군 (隋城君)	병마절 도사	수원 (水原)	무과(세종 32년)
우 공 (禹 貢)	양장 (襄莊)	단양군 (丹陽君)	도총관	단양 (丹陽)	무과(세종 29년), 좌리 4등
정 종 (鄭 種)	양평 (襄平)	동평군 (東平君)	오위장	동래 (東萊)	무과(세종 24년),
정 준 (鄭 俊)	장양 (莊襄)	초계군 (草溪君)	대호군	초계 (草溪)	구성군(龜城君) 준(浚)의 비장(裨將)
이양생 (李陽生)	양평 (襄平)	계성군 (鷄城君)	겸사복	경주 (慶州)	서얼 출신, 품계는 가선대부(嘉善大夫)나 현직(顯職)에는 등용되지 못함.
차운혁 (車云革)	강렬 (剛烈)	연천군 (延川君)	군관	연안 (延安)	마운령(磨雲嶺)에서 적을 막다가 붙잡혀 단천(端川) 옥중에서 순절.
정숭로 (鄭崇魯)					남이(南怡) 심복으로 지목되어 공신녹권(功臣錄券) 몰수되고 노비가 됨.

10. 적개공신 교서(敎書)

토벌이 종료되고 안정을 되찾자 세조 13년 11월 2일 공신연을 베풀고 교서를 반사(頒賜)하였다. 그러나 불행히도 청릉군에게 내려진 공신녹권은 현재 전해지고 있지 않는다. 불행 중 다행으로 세조실록에 교서(敎書) 원문이 아래와 같이 전해져 오고 있다.

정충출기적개공신(精忠出氣敵愾功臣) 통훈대부(通訓大夫) 군자감정(軍資監正) 김순명(金順命)에게 하교(下敎) 하기를,

"왕은 이르노라. 난(難)을 이기고 적개(敵愾)하는 것은 신하의 지극한 충성이요, 덕(德)을 높이고 수고를 갚는 것은 나라를 가진 임금의 영전(令典)이다. 지난번에 적신(賊臣) 이시애(李施愛)가 부육(覆育)의 은혜를 저버리고 굴혈(窟穴)의 견고함을 믿고서 뜬소문(浮言)을 선동하여 군중(群衆)을 유혹하여서 관리를 죽이고 군사를 일으켰다. 난(亂)이 이미 지극(極)하였고, 만연(蔓延)하여 도모(圖謀)하기가 어려웠다. 내가 귀성군(龜城君) 이준(李浚)에게 명하여 여러 장수를 지휘하여 이를 토벌(討伐)하게 하였는데, 그대가 좌막(佐幕)이 되었다. 군기(軍機)의 일은 비밀히 하므로 멀리서 듣기가 어려운데, 그대가 자주 와서 계달(啓達)하니 털끝만큼도 빠뜨리지 않았다. 돌아와서 성산(成算)을 받들고 장사(將士)에게 밝게 교유(敎諭)해서 그들로 하여금 마음과 힘을 합하여 기회를 살펴 나아가 공격하게 하였다. 큰 괴수(魁首)가 낭패(狼狽)하여 스스로 천주(天誅)에 나아왔도다. 그대의 공(功)을 가상히 여기는데, 내가 어찌 감히 잊겠는가? 이에 그대를 책훈(策勳)하여 적개 2등 공신(敵愾二等功臣)을 삼고, 그 부모와 처(妻)에게 벼슬을 주고, 사유(赦宥)가 영세(永世)에 미치게 한다. 인하여 노비 10구(口), 전지(田地) 1백 결(結), 은 25냥(兩), 의복 1습(襲), 내구마(內廐馬)를 내려 주니, 이르거든 수령(受領)할지어다. 아아! 단서(丹書)와 백마(白馬)로 한 마음을 길이 보전하도록 기약하고, 태산(泰山)과 황하(黃河)에 만세토록 잊지 않기를 맹세하라."

교서(敎書) 중 하사(下賜)한 물목(物目)은 10월 30일자 기사(記事)와 약간의 차이가 있다. 그 기사에 의하면 2등 공신의 아비와 직자(直子)에게는 작(爵) 3급(級)과 전지(田地) 1백 결(結), 노비(奴婢) 10구(口), 구사(丘史) 5명, 반당(伴倘) 8명

을 내려 주었다고 되어 있어 교서의 내용 외에 구사(丘史) 5명과 반당(伴倘) 8명이 추가되어 있으며, 세조 13년 9월 21일 기사에는 공신들이 사은(謝恩)하니 2등 공신에게는 백금(白金) 25냥을 하사하였다고 기록하고 있다.

여기에서 구사(丘史)란 고려시대 때부터 왕족 및 공신(功臣)과 고관(高官)들에게 배급되어 이들의 시중을 들거나 잡무를 수행하던 잡류(雜流) 말단 직역(職役)이었다. 구사(丘史)는 주인이 죽은 지 3년 뒤에는 본래의 임무로 돌아가도록 하였으나 주인의 처가 살아 있으면 그대로 두었다. 종친이나 공신, 당상관 이상의 관리가 행차할 때 말이나 수레 앞에서 길을 인도하며, 소리를 질러 사람들의 통행을 금하는 역할을 맡았다.

반당(伴倘)은 종친(宗親) 공신(功臣) 당상관(堂上官)들에게 그 특권을 보장하고, 신변 안전을 도모하기 위해 지급한 호위병을 이른다. 반당(伴倘)은 특정한 개인에게 예속되어 있었기 때문에 사적인 성격을 많이 띠고 있었으나 법적인 면에서는 국가의 공인이었다. 따라서 그 관할은 병조 아래의 승여사(乘輿司)에서 담당하였다. 국가는 차첩(差帖)과 반안(伴案)에 의해 반당을 파악하고, 점고(點考)를 통하여 통제하였다. 반당(伴倘)은 병조에서 인정한 차첩을 소지함으로써 그 신분을 증명 받았고, 그들의 명부인 반안(伴案)에 등록되었다. 공신반당은 경우에 따라 체아직(遞兒職)[21] 6품까지 제수되었다. 반당 가운데 체아직을 받은 자는 취재(取才)에 의하여 정직(正職)에 임용되기도 하였다.

---

21) 체아직(遞兒職) : 정해진 녹봉이 없이 1년에 몇 차례 근무평정에 따라 교체되며, 복무기간 동안의 녹봉을 받는 관직이다. 체아직에는 동반체아·서반체아·잡직체아 등이 있는데, 대부분의 체아직 직과(職窠)는 서반체아이다. 조선시대의 관직에는 실직(實職)과 산직(散職)이 있고, 실직에는 녹관(祿官)과 무록관(無祿官)이 있으며, 녹관은 다시 정직(正職)과 체아직으로 구분된다.

11. 문평공의 수난(受難)

이시애의 반란이 일어난 직후 조정에서는 세조의 진정한 뜻을 알 수 없는 사건이 벌어지고 있었다. 즉 앞에서 언급한 바와 같이 이시애가 '절도사 강효문이 조정의 한명회(韓明澮)와 신숙주(申叔舟), 김국광(金國光), 노사신(盧思愼), 한계희(韓繼禧) 등과 내통해 역모를 꾸민 것을 알고 강효문을 처단했다'라는 내용의 거짓 보고서를 올려 음해한 바 있다. 그런데 이 믿을 수 없는 무고(誣告)를 근거로 단종을 몰아내고 세조가 왕권을 차지하는데 앞장서서 가장 신임하는 신하들로 치부되던 한명회(韓明澮)와 신숙주(申叔舟)를 구금한 것은 보통 사람의 상식으로는 이해하기 힘든 일이다. 더군다나 여러 정황과 보고로 이시애의 거병을 반란으로 여겨 이미 토벌군을 파견한 이후인데, 이 거짓 보고를 근거로 한명회, 신숙주와 그 가솔들을 구금한 것은 세조의 진정 그 깊은 심중을 이해하기 어렵게 하기 때문이다. 실록(세조 13년 5월 19일)에 의하면 아래와 같이 기록되어 있다.

함길도 사람 최부상(崔富商)이 관찰사(觀察使) 신면(申㴐)의 글 2통을 가지고 왔는데, 그 하나에 이르기를, "만약 군사를 함흥(咸興)에 모으면 민간이 소요(騷擾)할까 두려우니 제읍(諸邑)으로 하여금 군사를 정돈하여 명령을 기다리게 하소서." 하였고, 그 하나에 이르기를, "홍원(洪原) 사람 이중호(李仲湖)가 접은 편지(折簡)를 함흥부(咸興府)의 지역 군관(土官)에게 보내어서 박효달(朴孝達)을 모살(謀殺)하였습니다." 하였다. 임금이 양의전(兩儀殿)의 문(門)에 나아가 밀성군(密城君) 이침(李琛)과 능성군(綾城君) 구치관(具致寬), 상정소(詳定所) 당상(堂上) 승지(承旨) 등을 불러 이르기를, "근자에 신숙주와 한명회 등이 백관(百官)의 장(長)으로 있으면서 뭇사람의 입에 구실감이 되었으니, 비록 반역(反逆)한 것은 아닐지라도 따르는 무리(伴從)를 단단히 타일러 경계(申飭)하지 못하고 인군을 배반하였다는 오명(惡名)을 받아서 원근의 의혹을 일으킨 것은 진실로 모두 스스로 취한 것이다. 나도 또한 어리석고 나약하여 위엄이 없는데, 백성들의 말을 따르지 않고 방편(方便)을 생각하지 않음은 옳지 못하니, 우선 이들을 가두어 두는 것이 옳겠다." 하고, 곧 겸사복(兼司僕) 내금위(內禁衛) 선전관(宣傳官) 등에게 명하여 군사를 거느리고 가서 신숙주와 그 아들 신찬(申澯), 신정(申瀞), 신준(申浚), 신부(申溥) 등을 잡아다가 의금부에 가두게 하고, 한명회는 단종(丹腫)이 발병하여 집에 있으므로 영천군(鈴川

君) 이찬(李穳)으로 하여금 보병(步兵) 30명을 거느리고 가서 지키게 하고, 그 아들 한보(韓堡)와 사위 윤반(尹磻)을 가두게 하였으며, 의금부 진무(義禁府鎭撫) 김기(金琦)를 보내어 신면(申㴐)을 잡아 오게 하였다. 이날 구치관(具致寬)이 임금에게 넌지시 아뢰어(密啓) 신숙주와 한명회 등을 가두도록 청한 까닭에 임금의 이 명령이 있는 것이었다.

그런데 이들의 구금 과정에서 사단이 우리 집안에도 발생했다. 감옥에 갇힌 신숙주 등의 형구를 허술하게 하였다 하여 의금부 제조(義禁府提調)이셨던 문평공에게 화가 미치게 된 것이다. 문평공을 비롯하여 이함장(李諴長), 성임(成任), 낭관(郎官) 송원창(宋元昌), 최한공(崔漢公), 조연하(曹兗河), 최준(崔濬), 이극견(李克堅), 박근(朴墐), 남용신(南用信), 이구(李昫) 등에게 책임을 묻고자 구금 심문하게 된다. 이 중 남용신(南用信)은 임금을 업신여기고 신하에게 아부하였으니 죽이는 것이 마땅하다며 사형을 당하게 된다. 세조의 마음이 어디인지를 더욱 가늠할 수 없는 것은 종친(宗親)과 장상(將相)에게 이르기를, '신숙주는 가두고, 한명회(韓明澮)는 가두지 않았는데, 한명회를 가두자고 청하는 사람이 없고, 또 죄명을 청하는 자도 없다. 마치 귀머거리와 봉사처럼 듣고 아는 게 없는 것과 같이 하니 어찌 조정(朝廷)에 사람이 있다고 이를 수 있겠느냐?'며 주변을 질책하였다는 것이다.

문평공이 이렇게 화를 당하고 있을 때, 청릉군께서는 마침 전장의 형세를 보고하려 한양으로 귀환하여 머무르던 시점이었다. 도총사의 종사관인 청릉군께서는 전장에 전하는 명령을 받고 다시 전장으로 향하여야 하지만, 아버지인 문평공께서 하옥되어 있으니 떠날 수 없어 임금께 아뢰기를, '신의 아비 김길통이 옥에 갇혀서 신이 감히 안심하고 봉직(奉職)할 수 없으니 청컨대 사직하게 하여 주소서.' 하니, 임금께서 하교하길 '너의 아비는 본래 큰 죄가 없으나 신숙주(申叔舟) 등은 내가 가두게 한 죄인인데 남용신(南用信)이 함부로 제 마음대로 항쇄(項鎖)를 늦추어 준 것을 검거(檢擧)하지 못하였다.' 하고 문평공을 방면하여 주었고, 청릉군은 홀가분하게 전장으로 향할 수 있게 되었다.

12. 승승장구(乘勝長驅)

세조 말년에 임금의 뜻이 어디에 있는지는 훈구세력의 중심인 한명회(韓明澮)와 신숙주(申叔舟) 가솔(家率)들을 이시애 반란에 연루되었다는 무고(誣告)를 핑계로 하옥하는 것으로 분명하게 드러났다. 이는 어린 조카 단종(端宗)을 몰아내고 등극한 세조(世祖)가 어쩌면 훈구대신들이 자신의 어린 세자(世子) 앞날에 걸림돌이 될 수 있겠다 생각하고, 이들의 힘을 빼야겠다는 생각으로 그리 하였을 것이라고 이해하는 것이 타당할 것이다. 세조는 훈구세력에 대항하여 어린 세자(世子)를 보호할 문무(文武)의 신진 세력을 키워야겠다는 생각을 하게 되었을 것이다. 신진 세력의 대부분은 적개공신으로 책록되고 이들을 중용하기 시작하였다. 이시애 반란 진압군의 도총사이었던 귀성군(龜城君) 이준(李浚)을 영의정(領議政)으로, 부사(副使)이던 조석문(曹錫文)을 창녕군(昌寧君) 겸 호조판서(戶曹判書) 오위 도총부 도총관(五衛都摠府都摠管)으로, 강순(康純)을 산양군(山陽君) 겸 오위 도총관(五衛都摠管)으로, 남이(南怡)를 공조판서 겸 오위 도총부 도총관(兼五衛都摠府都摠管)으로, 허종(許琮)을 겸사복장(兼司僕將)으로 삼았다. 물론 이들뿐 아니라 모든 적개공신들이 중용되었다.

신진 세력의 한 축은 세조가 신임하였던 왕족들로서 그 대표자가 귀성군(龜城君) 이준(李浚)이다. 그는 세종의 넷째 아들인 임영대군(臨瀛大君)의 아들이니 세조의 조카이고, 세자(世子)의 사촌으로 영의정에 임명되었을 때 나이는 겨우 28세이었다. 너무 일찍 정치권의 심장부에 도달하자 아버지인 임영대군이 사적으로 형님인 임금 세조(世祖)를 만나 명을 거두어 줄 것을 호소하지만 윤허하지 아니하고 오히려 술자리를 베풀어 주었다. 뿐만 아니라 역시 적개공신이며 조카인 광평대군(廣平大君)의 아들인 영순군(永順君) 이부(李溥)와 더불어 아침저녁으로 조정의 일을 품의(稟稟)하게 하였으니 세조가 그들에게 힘을 얼마나 실어주고 있는지 가히 짐작할 수 있다.

종친 이외의 신진 세력 중 대표적 인물은 세조 말년 병권(兵權)을 넘겨받은 남이(南怡) 장군이다. 그 외에 적개공신으로 책록된 세조 등극 이후 등과한 신진의 문과와 무과 출신자들이다. 신진 세력의 대표 주자인 남이장군은 태종의 넷째 따님인 정순공주(貞順公主)의 손자로서 27세의 나이에 병조판서로 임명하여 병권(兵權)을 쥐게 하였다. 그리고 세조가 등극하고 23회의 과거를 통해 문과 402명의 급제자를 배출하였는데, 이들 신진사류들이 장차 보위에 오를 세자를 보필하는 역할을 기대하는 것으로 이해할 수 있게 되었다.

청릉군은 세조 등극 후 시행한 첫 번째 과거에 급제하여 조정에서 일하는 신진사류의 신료로서 이시애 토벌의 공로로 적개공신의 반열에 이르게 되었으니 그 역할을 크게 기대하고 있었으리라 생각할 수 있다. 이시애 반란 토벌의 공로로 공신호와 전토 노비를 하사받은 것이 세조 13년 9월 20일이고, 이후 세조 임종까지 청릉군의 활동에 관한 왕조실록의 기록은 화려하다. 세조 13년 9월 24일 임금 탄신 하례회 참여자에 이름을 올리고, 이틀 후에는 새로운 형전(刑典)을 제정하기 위해 교정하는 역할의 일부를 맡게 되었으며, 10월 13일에는 실록(實錄)과 여러 문적(文籍)을 상고하여 세조 6년(1460)에 육진(六鎭)의 북쪽 모련위(毛憐衛)에서 여진족을 정벌한 내용을 적은 책인 북정록(北征錄 : 이는 후에 신숙주와 이극감이 편찬함)에 기록할 만한 일을 표(標)하여서 보고하였다. 11월 2일에 공신들을 위한 연회가 베풀어지고, 이 자리에서 공신녹권이 수여되었다. 12월 12일에는 임금이 중궁(中宮)과 더불어 선정전(宣政殿)에 나아가서 효령대군(孝寧大君) 이보(李補)와 부인(夫人)을 불러서 위로하는 잔치를 베풀고, 김순명(金順命) 등을 불러서 앞으로 나오게 하여 좌우편으로 나누어 활(弓) 만드는 방법을 강(講)하게 하고 술을 먹이었다고 하였다. 다음날(12월 13일)에도 불러서 활(弓) 만드는 법(法)을 논(論)하게 하였으며, 12월 21일에는 집의(執義) 이극돈(李克墩), 군자감정(軍資監正) 김순명(金順命), 선전관(宣傳官) 최연명(崔延命)과 이의형(李義亨)을 우편으로 삼고, 성균직강(成均直講) 김유(金紐), 헌납(獻納) 조간(曹幹), 한성판관(漢城判官) 양진손(梁震孫), 사인(舍人) 이길보(李吉甫)를 좌편으로 삼아 새로 지은 형전(刑典)과 호전(戶典)의 잘못된 곳을 상고하여 아뢰게 하고, 부상으로 표범 털가죽(豹皮)을 1장(張)씩 내려 주었다.

해가 바뀌어 세조 임금의 마지막 집정해인 세조 14년에 청릉군에 관한 기사는 4월 14일에 나타난다. 중국에서 온 흠차사신(欽差使臣)인 강옥(姜玉)이 금강산을 간다하여 이를 수행하기 위한 사절로 지대사(支待使) 호조판서(戶曹判書) 노사신(盧思愼)과 종사관(從事官) 군자감정(軍資監正) 김순명(金順命)이 임명되었다.

흠차(欽差)란 황제의 명령으로 파견된 사람을 이르는 말로서, 흠차사신의 말은 황제의 말을 전하는 것으로 대하여야 하는 것이다. 그런데 조선시대에 중국에 바치는 조공(朝貢) 중에는 여인(女人)들과 화자(火者)도 있었다. 화자(火者)란 거세된 남자로서 궁중에서 환관(宦官)으로서 일을 하게 된다. 1427년 중부도총제인 안수산(安壽山)이 사절로 중국을 방문하여 문무 양반의 집안에서 골라 뽑은 어린 여자아이 7명, 이 어린 여자아이를 돌볼 여자 일꾼(女使) 16명과 차와 밥(茶飯)을 지을 줄 아는 부녀 10명 및 화자(火者) 10명을 중국에 바쳤다고 세종 9년 7월 20일자 실록에 기록되어 있다. 그 당시에 뽑혀간 화자(火者) 중 한 사람이 강옥(姜玉)이다. 강옥(姜玉)이 성장하여 명(明)나라 사신(使臣)인 태감(太監)이 되어 조선에 와서 중국의 황제 대행을 하게 된다.

조선 시대에는 처음부터 끝까지 중국을 천자(天子)의 나라로 모시고, 조선을 제후(諸侯)의 나라로서 사대(事大) 외교를 펼쳤기에 중국의 사신(使臣) 중 조선 출신의 태감(太監)을 조정에서는 무시할 수 없었고, 경우에 따라서는 이들의 횡포 또한 적지 않았다. 강옥(姜玉)은 이후에도 몇 차례 중국의 흠차사신으로 왔다 갔고, 연산군(燕山君) 대에 이르기 까지 실록에 144차례 등장한다. 그러나 그는 그렇게 크게 무례하지는 않은 듯하다. 다른 흠차사신을 언급할 때 강옥은 이러하였는데, 혹자는 이렇게 무례하다고 기술한 것으로 보아 지나치게 횡포를 한 것은 아닌 것 같다. 하지만 강옥(姜玉)이 자기를 접대한 관리들의 승진 청탁(加資)을 무리하게 요구하여 조정에서는 어쩔 수 없이 무리하더라도 들어주자, 이후 당상관으로 승진하고자 하는 자가 중국 사신을 접대하는 자리를 구하는 일이 많아진 부작용이 생겼다고 한다. 청릉군도 군자시정(軍資寺正)으로 그를 접대하였는데, 아마도 당시 품계는 당하관인 통훈대부(通訓大夫)이었던지 그를 접대한 후 당상관(堂上官), 즉 통정대부(通政大夫)로 품계가 올라가게 되었다고 기록되어 있다.

청릉군이 세조실록에 실린 것은 당상관으로 승진하였다는 7월 2일자 기록이 마지막이고, 9월 8일 수강궁(壽康宮)의 정침(正寢)에서 신진사류의 후원자였던 세조(世祖)는 인생을 마감하게 된다.

13. 훈구세력의 반격

세조(世祖)의 진정한 뜻이 어디에 있는지 그 속내를 정확하게 알 수는 없으나 훈구세력의 핵심이었던 신숙주(申叔舟)와 한명회(韓明澮)의 가족들을 구금한 일이 일어나자 훈구대신들이 불안감은 커질 수밖에 없었다. 그렇다고 왕의 명에 의해 이루어지는 일이니 세조(世祖) 치하에서는 그들로서도 어찌 할 수 있는 일은 아니었다. 그러나 신진 세력을 키워 훈구세력으로부터 세자를 보호하려고 적개공신들을 중용(重用)하였던 것으로 추측은 할 수 있으나 신진 세력에게는 불행하게도 세조의 수명은 길게 남지 않은 시점에서 일어난 것이다.

신진 세력의 대표자라 할 수 있는 남이(南怡)장군을 병조판서(兵曹判書)로 임명하고(세조 14년 1468년 8월 23일), 한 달쯤 후인 세조 14년 9월 16일 세조는 지병으로 사망하게 된다. 세조가 사망하고 둘째 아들이자 세자(世子)이던 19세에 불과한 예종(睿宗)이 등극하니 노회한 훈구대신들이 이 권력 공백기의 기회를 놓칠 리가 없었다. 훈구대신들은 절대 군주가 사망하고 새로운 왕이 등극하는 혼란한 시기를 틈타 신진 세력을 무력화시키기 위한 반격을 바로 시작하였다.

반격의 시작은 남이장군으로부터 병권을 빼앗는 일이었다. 어린 세자의 즉위과정에 문제를 발생시키지 않게 하기 위하여 세조는 승하하기 하루 전에 어린 세자를 즉위하도록 하였다. 그러나 노회한 훈구세력들은 이미 왕이 승하할 것을 예상하고 세조가 승하하자 바로 남이(南怡)를 병조판서에서 해임하였다. 핑계는 세조가 남이장군을 병조판서로 임명할 때 병조판서였던 박중선(朴仲善)을 평안절도사로 보직 변경하였는데, 예종이 즉위하자 바로 한계희(韓繼禧)의 건의로 박중선(朴仲善)을 다시 병조판서로 환원하고, 남이장군은 겸사복장(兼司僕將)으로 좌천하며, 박중선 후임의 평안도 절도사로는 오자경(吳子慶)을 전임시키는 인사(1468년 9월 7일)를 단행하였다. 이미 쿠데타를 한 경험이 있는 훈구세력은 전광석화처럼 남이장군으로부터 병권을 빼앗고 적개공신이기는 하나 세조의 이종(姨從)사촌으로 훈구세력인 박중선(朴仲善)이 병권을 쥐게 하였다.

반격은 여기에 머무르지 않고 활달한 성정에 용맹무쌍한 무예의 달인인 남이장군을 정계에서 완전히 제거하고자 하였다. 제거의 빌미는 항시 주변에서 나오는 법, 우리 역사의 고비마다 악역을 담당하였던 유자광(柳子光)을 통해서 잡게 된다. 유자광은 이시애 반란군 토벌 당시 남이장군 휘하에 있으며 함께 참전하였으나 적개공신 책록 과정에서 제외되면서 남이에 대하여 불만을 품고 앙갚음의 기회를 노리고 있던 자이다. 그러던 차에 함께 숙직하는 과정에서 조그만 빌미를 잡아 남이(南怡)가 모반을 획책하고 있다고 예종(睿宗)에게 무고(誣告) 하면서 남이의 옥사는 시작된다. 예종 즉위년(1468) 10월 24일 밤 병조참지(兵曹參知) 유자광은 긴급사항이라며 예종에게 남이(南怡)를 무고하며 적개공신 중 무장(武將)세력을 축출하기 위한 공작이 전개된다. 유자광의 고변은 이러하다.

지난번에 신이 내병조(內兵曹)에 입직하였더니 남이(南怡)도 겸사복장(兼司僕將)으로 입직하였습니다. 남이가 어두움을 타서 신에게 와서 말하기를, '세조께서 우리들을 대접하는 것은 아들과 다름이 없었는데 이제 나라에 큰 상사(喪事)가 있어 인심이 위태롭고 의심스러우니 아마도 간신(姦臣)이 작란(作亂)하면 우리들은 개죽음할 것이다. 마땅히 너와 더불어 충성을 다해 세조의 은혜를 갚아야 할 것이다.' 하기에 신이 대답하기를, '어떤 간사한 사람이 있어 난(亂)을 일으키겠는가?' 하니, 남이가 말하기를, '김국광(金國光)이 정사를 전횡하고 재물을 탐하니 이 같은 무리는 죽이는 것이 옳다. 또 노사신(盧思愼)은 매우 불초(不肖)한 자인데 너도 아느냐?' 하므로, 신이 대답하기를, '어찌하여 이런 말을 하는가?' 하였습니다.

오늘 저녁에 남이가 신의 집에 달려와서 말하기를, '혜성(彗星)이 이제까지 없어지지 아니하는데, 너도 보았느냐?' 하기에 신이 보지 못하였다고 하니, 남이가 말하기를, '이제 은하수(天河) 가운데에 있는데 혜성 빛의 줄기(光芒)가 모두 희기 때문에 쉽게 볼 수 없다.' 하기에 신이 강목(綱目)을 가져와서 혜성이 나타난 곳을 헤쳐 보이니, 그 주(註)에 이르기를, '빛줄기가 희면 장군(將軍)이 반역(叛逆)하고 두 해에 큰 병란(兵亂)이 있다.'고 하였는데, 남이가 탄식하기를, '이것 역시 반드시 응(應)함이 있을 것이다.' 하고, 조금 오랜 뒤에 또 말하기를, '내가 거사(擧事)하고자 하는데, 이제 주상이 선전관으로 하여금 재상의 집에 분경(奔競, 벼슬을 얻기 위해 집정자의 집에 분주하게 드나듦)하는 자를 매우 엄하게 살피니, 재상들이 반드시 싫어할 것이다. 그러나 수강궁(壽康宮)은 허술하여 거사할 수 없고 반드시 경복궁(景福宮)이라야 가하다.' 하였습니다. 신이 말하기를, '이 같은 큰일을 우리들이 어찌 능히 홀로 하겠는가? 네가 또 어떤 사람과 더불어 모의(謀議)하였느냐? 또한 주상이 반드시 창덕궁에 오래 머물 것이다.' 하니, 남이가 말하기를, '내가 장차 경복궁으로 옮기게 할 것이다.' 하기에 신이 말하기를, '어떻게 하겠는가?' 하니, 남이가, '이는 어렵지 않다.' 하고 덧붙여 말하기를, '이런 말을 내가 홀로 너와 더불어 말하였으니, 네가 비록 고할지라도 내가 숨기면 네가 반드시 죽을 것이고, 내가 비록 고할지라도 네가 숨기면 내가 죽을 것이므로 이 같은 말은 세 사람이 모여도 말할 수 없다. 또 세조가 민간 장정(民丁)을 다 뽑아서 군사를 삼았으므로 백성의 원망이 지극히 깊으니 기회를 잃을 수 없다. 나는 호걸(豪傑)이다.' 하였는데, 신이 술을 대접하려고 하자 이미 취했다고 말하며 마시지 아니하고 갔습니다.

이상과 같은 유자광의 무고를 시작으로 남이의 옥사는 일사천리로 진행되었다. 무고가 있고 3일 지난 10월 27일에 남이장군을 비롯하여 무관 출신의 영의정 강순(康純) 등 8명이 저자에서 두 수레가 양쪽에서 끌어 당겨서 인체(人體)를 찢어 죽여 7일 동안 효수(梟首)하는 극형에 처하는 형벌을 내린다. 형벌은 이들에게서 그치지 않고 수십 명의 연루자들 찾아 수개월 동안 지속적으로 가해지고, 특히 남이장군의 어머니에게까지 화가 미쳐 더러운 이름의 죄목을 붙여 극형을 당하게 된다. 많은 사람들에게 회자되는 남이장군이 이시애 반란 토벌을 비롯한 국경지방에서 전투 후 지었다는 아래의 호방한 시 구절에서 평(平) 자를 득(得)자로 고쳐 유자광이 모함하였다는 것은 야사(野史)에 전하는 것이고, 실록에는 그런 기록이 없다. 다만 아주 호방한 사내대장부의 시이고, 많은 후세 사람들에 의해 거론되는 시(詩)이기에 여기에 참고로 적는다.

> 백두산석마도진(白頭山石磨刀盡)
> 　백두산 돌은 칼을 갈아 없애고
>
> 두만강수음마무(頭滿江水飮馬無)
> 　두만강 물은 말을 먹여 없애리라
>
> 남아이십미평국(男兒二十未平國)
> 　사나이 스물에 나라를 평정 못한다면
>
> 후세수칭대장부(後世誰稱大丈夫)
> 　후세 누가 그를 대장부라 칭하랴?

남이장군의 옥사를 치른 뒤 또 논공행상(論功行賞)이 있게 되는데, 무고자(誣告者) 유자광을 비롯한 옥사 관여자들은 정난익대공신(定難翊戴功臣)으로 책록된다. 정란익대공신(定難翊戴功臣)의 대부분은 골수 훈구세력이고, 적개공신에 책록되지 않아 앙앙불락하며, 남이 옥사를 일으킨 유자광도 얼자(孼子, 어미가 천인 출신의 자식)로서는 조선 개국 이후 처음으로 1등 공신으로 책록되었다. 그런데 여기서 눈여겨 보아야 할 일은 적개공신 중에도 4명이 정란익대공신으로 책록된다. 영순군(永順君) 이부(李溥), 귀성군(龜城君) 이준(李浚) 등 왕실 관련자와 창녕군(昌寧君) 조석문(曹錫文)과 병조판서 박중선(朴仲善) 등 훈구세력이다. 신진 세력의 핵심이고 청릉군이 도총사로 모셨던 귀성군(龜城君) 이준(李浚)도 남이 옥사를 다스리는데 앞장서 2등 공신으로 책록되었다. 이는 귀성군 남이 두 젊은이가 세조의 총애를 두고 벌인 암투의 결과이다. 남이장군이 제거에 앞장섰던 귀성군 이준도 남이 옥사가 종료되고, 훈구세력에 의해 그 또한 역모라는 모함에 몰려 귀양을 가게 된다. 남이장군의 옥사가 있던 다음해 8월부터 문제가 발생하다 예종이 일찍 승하하고 성종이 등극하자 '귀성군(龜城君)은 건장(健壯)하고 지혜가 있으니 왕위를 주관할 만한 사람이다.' 라고 올가미를 씌워 유배를 보낸다.

예종이 등극한 지 1년 여(재위기간 1468. 9~1469. 11) 만에 사망하고 예종의 어린 아들(다섯 살) 제안대군(齊安大君)은 왕위를 잇지 못하고, 대신 조카인 자을산군(者乙山君)이 대통을 잇게 된다. 자을산군(者乙山君)은 세조의 첫째 아들인 의경세자(懿敬世子)와 후에 인수대비(仁粹大妃)라 일컫게 되는 수빈(粹嬪) 사이에서 태어난 둘째 아들이고, 등극 당시 나이는 13살에 불과했다. 자을산군(者乙山君)의 장인(丈人)은 훈구세력의 핵심인 한명회(韓明澮)이다. 정상적 왕위 계승자인 예종의 아들 제안대군(齊安大君)이 왕위를 잇지 못하고, 조카인 자을산군(者乙山君)이 대통을 잇게 된 것은 세조(世祖)의 정란(靖亂)에 깊이 관여하였던 수빈(粹嬪)과 훈구세력의 중심인 상당부원군 한명회(韓明澮)가 의기투합하여 만든 공작의 결과이기도 하다.

훈구세력은 소위 원상(院相)이라 하여 승정원에 모여 모든 정무를 의결하여 처리하도록 하였는데, 이들이 세조 사망 이후 사실상 권력의 핵이었다. 예종 즉위년 9월 21일 임명된 원상(院相)은 고령군 신숙주(申叔舟), 상당군 한명회(韓明澮), 능성군 구치관(具致寬), 좌의정 박원형(朴元亨), 영성군 최항(崔恒), 인산군 홍윤성(洪允成), 창녕군 조석문(曹錫文), 우의정 김질(金礩), 좌찬성 김국광(金國光) 등이다. 이들 훈구세력이 제거하여야 할 신진 세력의 다른 한축인 귀성군 이준을 제거하기 위한 공작도 앞에서 언급한 것처럼 멈추지 않았다. 어린 성종(成宗)이 등극하자 왕위(王位)를 노리는 왕족이 있다는 루머를 만들어 가지고 직산(稷山) 사람 생원(生員) 김윤생(金允生)과 별시위(別侍衛) 윤경의(尹敬義)의 고변의 형식을 빌려 이준을 제거하게 된다. 왕위를 노리고 있다는 모함을 받게 된 왕족 귀성군 이준은 역모혐의를 벗어날 수 없었다. 귀성군 이준의 처단은 성종 1년 1월 14일 훈구대신인 정인지(鄭麟趾)와 신숙주(申叔舟)의 상소로 완결된다.

정인지(鄭麟趾)는 "귀성군(龜城君) 이준(李浚)은 선왕조(先王朝)에 죄를 얻고 지금 또 여러 소인들의 지적하여 말하는 바가 되었으니 마땅히 서울에 있을 수는 없습니다. 청컨대 외방에 두게 하소서."라고 건의하고, 신숙주(申叔舟)는 말하기를 "준(浚)이 세조조(世祖朝)에 있으면서 큰 죄를 범했는데도 세조께서 동생인 임영대군(臨瀛大君)과의 우애(友愛)를 생각하여 차마 법에 따라 처리하지 못했던 것인데, 만약 오늘날 이와 같은 역모를 꾀하고 있다는 말을 들었다면 아무리 숙부인 세조라 하드라도 용서할 수가 없었을 것입니다. 법으로써 빨리 결단하소서." 하고 당시 섭정이던 대비(大妃) 정희왕후(貞熹王后)에게 건의한다. 대비는 이들의 건의를 받아들여 귀성군(龜城君) 준(浚)은 공신(功臣)의 명부에서 이름을 삭제(削除)하고, 직첩(職牒)도 회수하고, 경상도(慶尙道)의 영해(寧海)에 안치(安置)하라고 명을 내리며, 이준(李浚)의 제거 공작도 막을 내린다. 세조(世祖)의 절대적 총애를 받던 조카 귀성군(龜城君) 이준(李浚)도 유배지에서 헤어 나오지 못하고 성종 10년 1월 28일 한많은 38년의 짧은 생을 마치게 된다.

이와 같이 세조가 총애하고 키우려 했던 신진 세력의 중심이고 상징이었던 남이(南怡)장군과 귀성군(龜城君) 이준(李浚)이 훈구세력에 의해 차례로 처단되면서 신진 세력은 완전히 붕괴되고, 세조 말년에 힘을 실어주려 했던 신진 세력들은 각자 새롭게 조성된 질서에 순응할 수밖에 없게 된다. 세조 등극 이후 첫 번째 문과에 등과하여 새로운 신진 세력의 일원으로 운명 지워진 청릉군은 이런 소용돌이에 휘말리지는 않았으나, 앞날도 그렇게 순탄할 수 없으리라는 것은 능히 예측이 가능한 일이다.

14. 여리박빙(如履薄氷)

不敢暴虎(불감폭호)와	감히 범을 맨손으로 잡지 못하는 것과
不敢馮河(불감빙하)를	감히 하수를 걸어서 건너지 못하는 것을
人知其一(인지기일)이오	사람이 그 하나를 알고
莫知其他(막지기타)로다	그 다른 것을 알지 못함이로다.
戰戰兢兢(전전긍긍)하야	두려워하고 두려워하며 조심하고 조심하여
如臨深淵(여림심연)하며	깊은 못에 임한 것과 같이 하며
如履薄冰(여리박빙)하라	얇은 얼음을 밟는 것과 같이 하라.

위 시(詩)는 시경(詩經) 소아(小雅) 제1편 소민 6장(小旻 六章) 중 마지막 부분으로서, 군자(君子)가 자신을 다스리고 경계하는 마음을 가지고 살아가는 모습을 그린 것이다. 이 구절은 논어(論語)에서 인용되며 더욱 잘 알려져 있다. 논어 태백편(太白篇)에 증자(曾子)가 병이 중하여서 사망 지경에 이르자 제자들을 불러 모아놓고 이렇게 말한다. "이불을 걷고 나의 발과 손을 보아라. 시경(詩經)에 이르기를, '두려워하고 조심하여 깊은 못에 임한 듯이, 얇은 얼음판을 밟는 듯이 한다.' 하였으니, 죽음에 임한 지금에야 나는 이러한 근심을 면하게 되었음을 알겠노라. 제자들아!" 증자가 이 구절을 인용한 것은 얼마나 인생을 조심하여 살아왔는지를 강조한 것이다. 즉, 효(孝)의 시초는 신체를 훼상(毁傷)해서는 아니 되는 것이라 했다. 신체도 오히려 가히 헐어서는 아니 되거든 하물며 그 행실을 훼손해 가면서 그 어버이를 욕되게 할 수가 있겠는가? 하며, 공자의 제자 중 효자로 지칭되는 증자의 생활방식을 언급한 것이다.

세조(世祖)가 사망하고 이어 등극한 예종이 일 년 만에 사망하는데, 왕위 계승 일순위인 예종(睿宗)의 5세의 어린 적장자(嫡長子)인 제안대군(齊安大君)은 아직 어리고 총명하지 못하다는 이유로 아버지의 대를 이어 등극하지 못하게 된다. 대신 한명회(韓明澮), 신숙주(申叔舟) 등 훈구세력들과 계유정란(癸酉靖難)의 책략가인 인수대비(仁粹大妃)는 연합하여 인수대비(仁粹大妃)의 둘째 아들인 자을산군(者乙山君)으로 대통을 이어가게 한다. 이 과정에서 앞장에서 기술한 바와 같이 세조가 총애하던 신진 세력은 붕괴된다. 신진 세력의 핵심이던 남이(南怡)장군은 앞에서 자세히 언급한 대로 역모(逆謀)의 누명(陋名)을 쓰고 수많은 장수들과 함께 처형당하고, 신진 세력의 다른 한축인 왕족으로서 총애를 받던 세조의 조카 귀성군(龜城君) 역시 역모의 누명을 쓰고 유배를 가 불귀의 객이 된다.

이러한 권력의 변혁기에 세조 1년에 등과(登科)하여 신진 세력의 일원으로 세조의 총애를 받던 청릉군(淸陵君)은 여리박빙(如履薄氷)하면서 무사히 변혁의 강을 건너게 된다. 아마도 무사히 강을 건너는 데는 아버지인 문평공(文平公)께서 세조가 사망한 후에 시신을 안치하는 빈전(殯殿)의 책임자인 빈전도감 제조(殯殿都監提調)로의 직임을 수행하였고, 1년 후 예종(睿宗)이 승하한 후에도 또한 빈전도감 제조로의 직임을 수행하였으니 당시 서슬 퍼런 훈구세력과 소통하며 아드님이 표적이 되는 것을 피하게 했으리라 생각된다. 세조시대에 총애 받던 문과 출신들 대부분 그러하듯 청릉군(淸陵君)도 그대로 승진 코스를 걷게 된다.

예종(睿宗)이 등극한 이후에 청릉군(淸陵君)은 당시 훈구세력의 이해가 크게 달려있는 공사(公私) 노비(奴婢) 문서의 관리 및 노비에 관한 소송을 관장하던 장례원 판결사(掌隷院判決事)로 일하였다. 청릉군 재임 중 청렴결백하게 일처리 하였다는 기록도 있다. 즉, 귀인(貴人)이나 요인(要人)과 교결(交結)하여 중간에서 농간을 부려 치부하는 허계지(許繼智)라는 자가 장례원(掌隷院)에서는 매사를 곡진하게 다스리므로 그는 자신이 고발한 사건이 정상적으로 이기지 못할 것을 두려워하여 판결사(判決事)인 청릉군에게 뇌물을 행하고자 하다가 체포되어 벌을 받게 한 사건의 기록이 예종 1년 7월 22일에 있다.

예종은 겨우 15개월을 재위하고 어린 시절부터 그를 괴롭힌 고질병이던 발의 피부염이 악화돼 승하하였다. 이어 등극한 성종(成宗) 시대에는 장례원(掌隷院)에서의 임기를 마치고 성종 1년 9월 16일 승정원(承政院)의 우부승지(右副承旨)로 임명되어 왕의 지근거리에서 형조에 관한 명령을 출납하는 관리로 일을 시작하며, 새로운 왕과 더불어 종사에 참여하게 된다.

15. 좌리공신에 책록되다

예종이 승하한 다음 정상적 왕위 계승자인 제안대군(齊安大君)이 왕위를 잇지 못하고 대신 덕종의 둘째 아들인 자을산군(者乙山君)이 대통을 잇게 된다. 이는 수양대군(首陽大君)의 정란(靖亂)에 깊이 관여하고, 궁극적으로 단종으로부터 왕위를 찬탈하여 세조로 등극하는 데 기여하였던 세조의 맏며느리이자 자을산군의 어머니인 수빈(粹嬪)과 상당부원군 한명회(韓明澮)를 비롯한 훈구세력이 의기투합하여 만든 공작의 결과라고 이미 기술한 바 있다. 자을산군(者乙山君)이 곧 성종(成宗)이니 대통을 잇게 한 공로에 대한 보답이 또 있어야 했다. 그 보답의 결과가 좌리공신(佐理功臣)이다. 좌리공신은 성종 즉위 후 바로 이루어진 것은 아니고 정국이 안정된 후인 성종 2년 3월에 논의를 공식화하여 논의 다음날 바로 시행한 것으로 실록은 기록하고 있다.

성종 2년 3월 28일 좌리공신(佐理功臣)의 칭호를 내려 주었는데, 1등 공신은 '순성 명량 경제 홍화 좌리공신(純誠明亮經濟弘化佐理功臣)'이라 하고 신숙주 등 9인에게 내렸으며, 2등 공신은 '순성 명량 경제 좌리공신(純誠明亮經濟佐理功臣)'이라 하고 월산대군(月山大君) 이정(李婷) 등 11인, 3등 공신은 '순성 명량 좌리공신(純誠明亮佐理功臣)'이라 하고 성봉조 등 18인, 4등 공신은 '순성 좌리공신(純誠佐理功臣)'이라 하고 김수온(金守溫) 등 36인에게 수여하였다. 후에 구치관(具致寬)이 2등에 추록(追錄)되어 좌리공신은 모두 75인으로 늘어났다. 훈격별 책록된 공신 명단은 아래 표로 정리하였으며, 문평공과 청릉군 부자 분께서는 함께 4등 공신으로 책록되었다. 청릉군은 이미 이시애란 평정 후 적개공신으로 책록된 바 있어 좌리공신에도 책록되어 두 번의 공신 교서를 받게 되었다.

문평공의 좌리공신 공신녹권은 어떤 연유와 경로에 의해 고문서 수집상이 수집하게 된 것인지는 알 수 없으나 고문서 거래상이 좋은 물건이 있다고 소개하여 1970년대 말에 충북대학교에서 구매하였다고 충북대 박물관장이던 이융조 교수를 통해 필자는 들었다. 충북대학교는 이 공신녹권을 구매한 후 당시 문화공보부와 접촉하여 보물 제716호로 지정을 받고 충북대학교 박물관에 보관하고 있다. 청릉군께서 받으신 공신녹권의 행방은 알 수 없다. 한반도를 거의 쑥대밭으로 만든 임진왜란 이전의 녹권은 대부분 분실되었을 것으로 여기고 있어 공양공에게 하사한 녹권의 존재 가능성

충북대학교 소장 문평공에게 내려진 순성 좌리공신 교서

은 희박하나 가지고 있다면 청릉군의 종손가에 있을 것이다. 그러나 종손가는 어디에 사시는지 아무도 알 수 없으니 답답한 노릇이다.

문평공과 청릉군 부자(父子)가 함께 4등 공신에 책록된 사실로 미루어보아 부자 분이 훈구세력의 핵심은 아니라 하드라도 그들과 원만한 관계를 유지하고, 그들 또한 부자 분을 무시할 수 있는 분은 아니었으리라 생각된다. 아마도 세조 말년에 신숙주와 한명회 및 그들의 가족들이 이시애와 내통하였다 하여 감옥에 갇혔을 때 이들을 모질게 다루지 않았다 하여 문평공도 함께 감옥 갇히는 변을 당했으니 한명회나 신숙주도 문평공에게 미안함은 있었으리라 생각되어진다. 그리고 문평공의 증손자인 청주목사 미성(彌性)이 신숙주의 증손녀와 결혼한 것으로 보나, 신숙주가 문평공에 관한 시를 한 수 남긴 것으로 보나 신숙주 가문과는 원만한 관계로 지냈을 것으로 추측할 수도 있다.

정통 왕위 계승자가 아닌 왕위 계승 순위 3위이었던 자을산군이 피를 흘리지 않고 왕위를 계승할 수 있었던 것은 정권을 잡고 있던 훈구 대신들이 협력하여 도모한 일이기에 가능하였을 것이다. 공신으로 책록된 인사 대부분은 상호 혈족집단으로 이루어져 있는데, 이미 훈구세력은 혼맥을 통해 상호 의존하고 있었던 것으로 생각할 수 있다.

책록된 공신 중에는 성종과 가까운 왕족이 다수 포함되어 있고, 훈구세력은 몇몇 가문에 집중되어 있다. 제일 첫머리에 책록된 신숙주(申叔舟)는 두 아들 신정(申瀞), 신준(申浚)과 처남 윤자운(尹子雲)이 포함되어 있다. 좌리공신에는 청주한씨 가문이 특히 많이 포함되어 있는데, 한명회(韓明澮)는 성종비인 공혜왕후의 아버지이고, 그 아들 한보(韓堡)뿐 아니라 인수대비의 동생들인 한치인(韓致仁), 한치의(韓致義), 한치례(韓致禮)와 그 사촌 한치형(韓致亨)이 포함되어 있으며, 한명회(韓明澮)의

육촌이며 세조와 동서간인 한계미(韓繼美), 한의(韓義) 부자와 한계미(韓繼美)의 동생들인 한계희(韓繼禧), 한계순(韓繼純)도 공신이 되었다. 정인지(鄭麟趾)도 그 두 아들 정현조(鄭顯祖), 정숭조(鄭崇祖)와 함께 책록되었다. 정현조(鄭顯祖)는 세조의 딸인 의숙공주(懿淑公主)의 남편인 부마(駙馬)이기도 하다. 세조의 외조부인 심온의 아들인 심회(沈澮)와 손자 심한(沈瀚) 부자와 심온의 외손자들인 노사신(盧思愼), 강희맹(姜希孟), 박중선(朴仲善)도 공신으로 책록되어 있다. 사육신 밀고의 당사자인 정창손(鄭昌孫)과 그 사위 김질(金礩)도 책록되었다. 세조의 왕비인 정희왕후의 형제인 윤사흔(尹士昕), 윤계겸(尹繼謙) 부자도 책록되었다. 부자들 뿐 아니라 세조 초기 우의정을 지낸 이인손(李仁孫)의 아들들인 이극배(李克培), 이극증(李克增), 이극돈(李克墩) 3형제와 황희(黃喜) 정승의 손서(孫壻)인 김국광(金國光)과 김겸광(金謙光) 형제도 함께 책록되었다. 문평공과 청릉군 부자도 청릉군의 사돈인 유수(柳洙, 청풍군의 처조부)와 함께 책록되었다. 공신들의 혈연관계를 모두 파악하고 있지 않아 그렇지 공신들 간에는 아마도 더 많은 혈연관계가 있으리라 추측된다.

이와 같이 몇몇 혈연 집단에 공신의 칭호가 집중되자 사헌부와 사간원의 관리들이 공신 책록의 부당성을 여러 차례 여러 달에 걸쳐 부당함을 지적하고 있지만 대세를 거스르지는 못하였다. 김수녕(金壽寧)은 사간원 대사간으로 공신에 책록되자 자기가 무슨 공으로 공신이 되었는지 모르겠다며 공신에서 제외하여 달라고 상소하였으나 받아들여지지 않았다. 이와 같이 수차례에 걸쳐 대관들이 공신 책록의 부당성에 대한 상소가 빗발치자 공신으로 책록된 신숙주 등이 대간의 상소에 따라 공신 책록을 취소할 것을 왕에게 주청하지만 받아들여지지 않고 그대로 시행되었다.

좌리공신은 조선 개국 이래 여덟 번째로 책록된 공신들이다. 아마도 이때쯤은 공신전으로 많은 토지가 사용되었기에 앞서서 책록된 다른 공신들에 비해 수급되는 공신전이 확 줄어든다. 일등 공신이 40결이고, 2등 공신은 30결, 3등 공신은 20결, 4등 공신은 10결에 불과하다. 개국 공신의 경우에는 1등 공신도 차등이 있고, 많은 사람은 300결 까지도 주었다. 그 이후 2공신(공신으로 책록된 순위에 따라 첫 번째 공신은 1공신, 좌리공신은 8번째로 수여된 공신이므로 8공신이라 부르기도 한다)부터는 1등 공신은 100결 정도를 주었는데, 그에 비하면 8공신에게 수급된 토지의 양은 대단히 적은 면적이다. 후일 중종(中宗) 시기에 정암 조광조(趙光祖)가 공신들의 공신전을 정부에 헌납하게 하려다 훈구세력의 역습을 받아 유배를 가고, 사사(賜死)를 당하는 기묘사화(己卯士禍)를 당하게 되는데, 이 시기에는 이미 많은 토지가 권문세가에 몰려 국가 재정이 어려운 지경에 까지 이르게 된 결과물이 아닌가 생각된다. 훈구세력 중에서도 가장 핵심인사들인 좌리 1등 공신들은 대부분 수양대군을 따르던 무리들이기에 계유정란의 정란공신 세조의 등극에 협찬하여 좌익공신 그리고 예종이 등극하자 신진 세력 핵심인 남이장군을 제거한 익대공신을 겸하고 있기에 그들이 가진 토지와 재력이 얼마만 할지는 가히 상상이 가능하다.

《좌리공신(佐理功臣) 훈격별 명부》

【1등】 순성 명량 경제 홍화 좌리공신(**純誠明亮經濟弘化佐理功臣**) 9명

	인 명	시 호	본 관	비 고
1	신숙주(申叔舟)	문충(文忠)	고령(高靈)	문과(세종 21)/정난 2등·좌익 1등·익대 1등/院相
2	한명회(韓明澮)	충성(忠成)	청주(淸州)	음보(蔭補)/장순, 공혜왕후의 부/갑자사화 시 부관참시/정난 1등·좌익 1등·익대 1등/院相
3	최 항(崔 恒)	문정(文靖)	삭녕(朔寧)	문과(세종 16)/정난 2등·좌익 2등/院相
4	홍윤성(洪允成)	위평(威平)	회인(懷仁)	문과(문종 즉위)/정난 2등·좌익 3등/院相
5	조석문(曺錫文)	충간(忠簡)	창녕(昌寧)	문과(세종 16)/좌익 3등·익대 3등·적개 1등/院相
6	정현조(鄭顯祖)	편정(褊玎)	하동(河東)	문과(세조 14)/익대 2등/세조부마/정인지의 자
7	윤자운(尹子雲)	문헌(文憲)	무송(茂松)	문과(세종 26)/좌익 3등/신숙주 처남/院相
8	김국광(金國光)	정정(丁靖)	광산(光山)	문과(세종 23)/적개 2등/황희 손자사위/院相
9	권 감(權 瑊)	양평(襄平)	안동(安東)	음보(蔭補)/익대 3등

갑자사화 십이간(十二奸) : 연산군의 생모 폐비 윤씨를 폐출하는 논의에서 찬성한 죄로 부관참시(剖官斬屍)된 12명을 지칭한 말(정창손(鄭昌孫), 윤필상(尹弼尙), 한치형(韓致亨), 한명회(韓明澮), 어세겸(魚世謙), 심회(沈澮), 이파(李坡), 김승경(金升卿), 이세좌(李世佐), 권주(權柱), 이극균(李克均), 성준(成俊)

정란공신(靖難功臣) : 1453년 김종서 황보인 등 단종 옹위세력을 제거하고 수양대군에게 실권을 쥐고 장차 왕위에 오르는 발판을 마련한 계유정난(癸酉靖難)의 공으로 책록된 공신

좌익공신(佐翼功臣) : 1455년(세조 1) 단종으로부터 수양대군이 선위 받도록 한 공로

적개공신(敵愾功臣) : 1467년(세조 13) 이시애의 난 토평의 공로

익대공신(翊戴功臣) : 1468년(예종 0) 유자광 무고로 시작된 남이(南怡)장군의 옥사(獄事)의 공

심온(沈溫) : 세종의 장인(丈人)=소헌왕후(昭憲王后)의 아버지 / 아들은 심회(沈澮)

인수대비(仁粹大妃) : 한확의 딸로 수양대군의 큰며느리, 덕종(德宗)으로 추존된 분의 배우자, 세조 집정 초기는 세자빈(수빈)이었으나 세자가 요절(夭折). 성종(成宗)이 왕통을 있고, 세자빈은 소혜왕후(昭惠王后)가 되었고, 왕의 모후(母后)이므로 대비(大妃)라 칭함.

【2등】 순성 명량 경제 좌리공신(**純誠明亮經濟佐理功臣**) 12명

	인 명	시 호	본 관	비 고
1	이 정(李 婷)	효문(孝文)	전주(全州)	월산대군 세조 장손자(덕종의 장자)
2	이 침(李 琛)	효희(孝僖)	전주(全州)	밀성군 익대 2등/세종(신빈 김씨)의 자
3	정인지(鄭麟趾)	문성(文成)	하동(河東)	문과(태종 14)/정난 1등·좌익 2등·익대 3등/院相
4	정창손(鄭昌孫)	충정(忠貞)	동래(東萊)	문과(세종 8)/좌익 2등·익대 3등/갑자 12간/院相
5	심 회(沈 澮)	공숙(恭肅)	청송(靑松)	심온의 자/익대 2등/갑자 12간/院相
6	구치관(具致寬)	충렬(忠烈)	능성(綾城)	문과(세종 16)/좌익 3등/청백리/院相
7	김 질(金 礩)	문정(文靖)	안동(安東)	문과(단종 0)/좌익3등/장인 정창손과 4육신고변/院相
8	한백륜(韓伯倫)	양혜(襄惠)	청주(淸州)	예종국구(인순왕후)/익대 3등
9	윤사흔(尹士昕)	양평(襄平)	파평(坡平)	정희왕후(세조)의 동생
10	한계미(韓繼美)	문양(文襄)	청주(淸州)	세조와 동서/한명회 6촌/좌익 3등·적개 3등
11	한계희(韓繼禧)	문정(文靖)	청주(淸州)	문과(세종 29)/한명회 6촌/익대 3등
12	송문림(宋文琳)	공무(恭武)	여산(礪山)	문과(세조 3)

【3등】 순성 명량 좌리공신(**純誠明亮佐理功臣**) 18명

	인 명	시 호	본 관	비 고
1	성봉조(成奉祖)	양정(襄靖)	창녕(昌寧)	세조의 동서/院相
2	노사신(盧思愼)	문광(文匡)	교하(交河)	문과(단종 1)/익대 3등/심온 외손자
3	강희맹(姜希孟)	문량(文良)	진주(晉州)	문과(세조 12)/익대 3등/심온 외손자
4	임원준(任元濬)	호문(胡文)	풍천(豊川)	문과(세조 2) 장원/임사홍(任士洪)의 부
5	박중선(朴仲善)	소양(昭襄)	순천(順天)	무과(세조 6)/적개 3등·익대 3등/심온 외손자
6	이극배(李克培)	익평(翼平)	광주(廣州)	문과(세종 29)/좌익 3등
7	홍 응(洪 應)	충정(忠貞)	남양(南陽)	문과(문종 1)/익대 3등 /명숙공주(덕종) 시부
8	서거정(徐居正)	문충(文忠)	대구(大丘)	문과(세종 26)/ 권근(權近) 외손자
9	양성지(梁誠之)	문양(文襄)	남원(南原)	문과(세종 23)/ 대제학
10	김겸광(金謙光)	공안(恭安)	광산(光山)	문과(단종 1)/ 김국광의 아우
11	강 곤(康 袞)	공양(恭襄)	신천(信川)	무신/정난 3등·익대 3등
12	신승선(愼承善)	장성(章成)	거창(居昌)	문과(세조 12)/익대 3등/임영대군 사위
13	이극증(李克增)	공장(恭長)	광주(廣州)	문과(세조 2)/익대 2등
14	한계순(韓繼純)	양평(襄平)	청주(淸州)	익대 1등/한계미, 계희의 아우
15	정효상(鄭孝常)	제안(齊安)	경주(慶州)	문과(단종 2)/익대 3등/문평공 묘표 찬
16	윤계겸(尹繼謙)	공양(恭襄)	파평(坡平)	익대 3등/윤사흔의 아들
17	한치형(韓致亨)	질경(質景)	청주(淸州)	갑자사화 12간/인수대비의 4촌
18	이숭원(李崇元)	충간(忠簡)	연안(延安)	문과(단종 1)장원/청백리

【4등】 순성 좌리공신(**純誠佐理功臣**) 36명

	인 명	시 호	본 관	비 고
1	김수온(金守溫)	문평(文平)	영동(永同)	문과(세종 23)/고승 신미(信眉)의 동생
2	이석형(李石亨)	문강(文康)	연안(延安)	문과(문종 즉위)
3	윤필상(尹弼商)		파평(坡平)	문과(세조 3)/적개 1등/갑자12간 자살
4	허 종(許 琮)	충정(忠貞)	양천(陽川)	문과(세조 3)/적개 1등
5	황효원(黃孝源)	양평(襄平)	상주(尙州)	문과(세종 26)/좌익 3등
6	유 수(柳 洙)	안양(安襄)	문화(文化)	정난 1등/청풍군(세영) 처조부
7	어유소(魚有沼)	정장(貞莊)	충주(忠州)	무과(세조 2)장원/적개 1등
8	함우치(咸禹治)	평양(平襄)	강릉(江陵)	음보(蔭補)
9	이 훈(李 塤)	안소(安昭)	한산(韓山)	효령대군 사위
10	**김길통(金吉通)**	문평(文平)	청풍(淸風)	문과(세종 14)장원
11	선 형(宣 炯)	평양(平壤)	보성(寶城)	무과(문종 1)/적개 3등
12	우 공(禹 貢)	양장(襄莊)	단양(丹陽)	무과(세종 26)아원/적개 3등
13	김 교(金 嶠)	양양(良襄)	선산(善山)	무과(세종 32, 세조 3)/적개 1등
14	오백창(吳伯昌)	헌평(憲平)	흥양(興陽)	문과(문종 즉위)
15	박거겸(朴居謙)	평간(平簡)	밀양(密陽)	무과(1442) 음보
16	이철견(李鐵堅)	양평(襄平)	경주(慶州)	무과(세조 6)/정희왕후가 이모(姨母)
17	한치인(韓致仁)	공안(恭安)	청주(淸州)	인수대비의 오빠
18	구문신(具文信)	양평(襄平)	능성(綾城)	음보
19	이숙기(李淑琦)	정양(靖襄)	연안(延安)	무과(단종 1)/적개 1등
20	정난종(鄭蘭宗)	익혜(翼惠)	동래(東萊)	문과(세조 2)
21	정숭조(鄭崇祖)	장정(莊靖)	하동(河東)	정인지의 아들
22	이승소(李承召)	문간(文簡)	양성(陽城)	문과(세종 29)장원
23	한치의(韓致義)	장도(章悼)	청주(淸州)	인수대비의 동생
24	한 보(韓 堡)	양호(襄胡)	청주(淸州)	한명회의 아들
25	김수녕(金壽寧)	문도(文悼)	안동(安東)	문과(단종 1)
26	한치례(韓致禮)	장간(莊簡)	청주(淸州)	무과(세조 12)/인수대비의 동생
27	한 의(韓 嶬)	공도(恭悼)	청주(淸州)	한계미의 아들/정희왕후의 이질
28	이영은(李永垠)	정도(丁悼)	한산(韓山)	문과(세조 2)
29	이극돈(李克墩)	익평(翼平)	광주(廣州)	문과(세조 3)/유자광과 함께 조의제문 관련 무오사화 빌미 제공자/삭탈(削奪)
30	이수남(李壽男)	양간(良簡)	전의(全義)	문과(세조 4)
31	이 현(李 鉉)	명성(明成)	전주(全州)	양녕대군의 손자
32	신 정(申 瀞)		고령(高靈)	문과(세조 12)/신숙주의 아들/사사(賜死)
33	**김순명(金順命)**	공양(恭襄)	청풍(淸風)	문과(세조 2)/적개 2등
34	유 지(柳 輊)	평간(平簡)	문화(文化)	문과(단종 1)
35	심 한(沈 瀚)	이경(夷敬)	청송(靑松)	심온(沈溫)의 손자/심회(沈澮)의 아들
36	신 준(申 浚)	소안(昭安)	고령(高靈)	문과(성종 1)/신숙주의 아들

16. 작은 평화

문평공(文平公)과 청릉군(淸陵君) 부자(父子)가 함께 성종 2년 3월 좌리공신에 책록된 후 문평공(文平公)이 성종 4년 8월에 돌아가실 때까지 약 2년 반 동안은 청릉군에게는 가정에서나 조정에서 큰 사건 없이 순탄한 시기였다. 성종(成宗)의 춘추가 어려 비록 대왕대비(大王大妃)인 정희왕후(貞熹王后)가 섭정을 하고 있으나 훈구세력은 남이(南怡) 옥사(獄事)를 통하여 무인 계열의 신진 세력을 제거하였다. 왕권에 도전할 만한 야심에 찬 왕족 중 하나라고 훈구세력에 의해 낙인찍힌 귀성군(龜城君) 이준(李浚)도 멀리 경상도 영해로 유배를 보냈다. 조정에서 세조가 총애하던 신진 세력은 완전히 소멸되고 조정은 오로지 훈구세력들을 중심으로 돌아가고 있으니 새로운 논란거리는 발생하지 않았다. 이시애 반란 평정 시 청릉군은 귀성군(龜城君) 이준(李浚)의 종사관으로 참전하였으나 귀성군의 역모에 연루되지 않고 무사히 넘긴 것은 훈구세력도 세조의 총애를 받던 신진 세력 중에 문과 출신자들은 자기들과 함께할 수 있는 자신들의 자손이거나 이해를 같이 할 수 있기에 더 이상 문제를 삼지 않은 것으로 여겨진다.

부자가 동시에 좌리공신 호를 받는 경우 한 분은 대개 1등 또는 2등 공신에 책록되었다. 그러나 문평공과 청릉군 부자 모두 4등 공신으로 책록 받은 것으로 보아 크게는 훈구세력이라 할 수도 있으나 그 중심축이라고 할 수도 없었던 것으로 생각된다. 이후의 여러 문헌들에서도 훈구세력보다는 오히려 신진 사림파(士林派), 특히 김숙자(金叔滋), 김종직(金宗直) 부자와 소통하고 있는 것으로 보아 조정의 훈구파와 사림파 모두와 원만한 관계를 맺으며 정치적으로 잠잠한 시기에 작은 평화와 행복을 누리며 사신 것으로 보인다.

세조에서 예종을 거쳐 성종이 등극하며 불과 3년 사이에 훈구세력에 의해 새롭게 등장하는 신진 세력을 제거하는 피비린내 나는 권력이 교체되는 시기를 무사하게 넘긴 청릉군(淸陵君)은 성종이 등극한 이후 성종 1년 9월 승정원의 우부승지(右副承旨)로 발탁된다. 우부승지(右副承旨)로 재임하던 중 문평공과 함께 좌리공신에 책록되어 세조시기에 적개공신으로 책록된 후 두 번째의 공신호를 받게 된다.

청릉군(淸陵君)은 세조대왕 실록을 편찬하는 데 수찬관 명단에는 들어 있지 않으나, 실록 편찬 공로자에게 내리는 포상자 명단에는 도승지(都承旨) 정효상(鄭孝常)과 함께 포함되어 있는 것으로 보아 승지의 추가적 역할인 춘추관 수찬관을 겸직하며 실록 발간에도 관여하였던 것으로 생각된다. 성종 2년 8월 사직제(社稷祭)[22] 집사자들에게 말을 하사하는데 청릉군도 포함되어 있고, 직책은 좌부승지(左副承旨)로 되어 있는 것으로 보아 그 사이 우부승지에서 좌부승지로 전임된 것으로 보인다.

승지(承旨)는 모두 정삼품 당상관인 통정대부로 임명되며, 6승지는 분방(分房)하여 역할을 수행하였다. 도승지(都承旨)는 승정원을 통활하고 이방(吏房)의 사무를 관장한다. 좌승지(左承旨)는 호방(戶房), 우승지(右承旨)는 예방(禮房), 좌부승지(左副承旨)는 병방(兵房), 우부승지(右副承旨)는 형방(刑房), 동부승지(同副承旨)는 공방(工房)을 맡게 하여 승정원의 업무를 분할하여 수행하였다. 그러나 왕명에 의해 각 승지의 담당 업무는 융통성 있게 변경될 수도 있었다. 신임 승지의 임명은 도승지 이하에 결원이 생기면 좌승지 이하가 차례로 승진하고, 공석이 된 자리에 신임 승지를 임명했다. 승지 역임자는 대개 종2품 이상으로 승진하게 되어 있어 같은 품계의 어떤 관원보다도 우월한 혜택을 받았고, 왕정의 조선시대에는 왕의 지근거리에서 임무를 수행하는 승정원이 승지는 출세의 문이었다.

해가 바뀌고 청릉군(淸陵君)은 성종 3년 11월에 가선대부(嘉善大夫) 예조참판(禮曹參判)으로 승차(陞差)하여 아버지는 판서(判書), 아들은 참판(參判)으로 재직하며, 부자 모두 육경의 지위에 있으니 모든 사람들의 부러움을 사는 가운데 성종 4년 8월 아버지의 상(喪)을 당하게 된다. 당시 예법에 따라 청릉군(淸陵君)은 치상(治喪)을 하며 2년 동안 환로(宦路)에서 떨어져 시묘를 살며 부모에게 바치는 마지막 효도를 하게 된다.

---

22) 사직제(社稷祭) : 땅을 다스리는 사신(社神)과 곡식을 다스리는 직신(稷神)에게 지내는 제사이다. 중국 한(漢)나라 고조(高祖)가 "백성은 땅이 없으면 설 수 없고, 곡식이 없으면 살 수 없다."고 하여 도성 안에 사직을 모신 사직단(社稷壇)을 쌓고 제사를 지냄으로써 시작되었다. 그 뒤 나라를 세우면 반드시 사직단을 세우고 제사하니 이로부터 사직이 '국가'라는 뜻으로도 쓰이게 되었다. 우리나라에서도 중국의 영향을 받아 삼국시대부터 도성 안에 사직단을 세우고 매년 정기적으로 제사를 지냈는데, 특히 조선시대에는 전국의 주현(州縣) 고을 서쪽에 사직단을 세우고 제사하게 하였다.

17. 문평공 돌아가시다

문평공(文平公)은 세조(世祖)와 예종(睿宗)이 승하(昇遐)한 후 왕의 장례를 치를 때까지 시체를 모시고 있는 빈전도감(殯殿都監)의 제조(提調)로서 책임을 원만하게 수행하여 품계(品階)는 정이품(正二品)인 정헌대부(正憲大夫)로 승차(陞差)하고, 직책은 한성판윤(漢城府判尹)을 거쳐 호조판서(戶曹判書)로서 좌리공신으로 책록되었다. 그 후 품계는 종일품인 숭정대부(崇政大夫)로 승차하고 월천군(月川君)으로 봉군(封君) 되었고, 아드님이신 청릉군(淸陵君)은 좌우 부승지를 거쳐 예조참판(禮曹參判)으로서 참판(參判)의 지위에 오르게 된다.

문평공(文平公)과 청릉군(淸陵君) 부자(父子)분이 함께 순성좌리공신(純誠佐理功臣)에 책록되어 문평공은 호조판서(戶曹判書)로, 청릉군은 예조참판(禮曹參判)으로 재직하며 조정에서나 가정에서 큰 사건사고 없이 모든 사람들의 부러움을 받으며 평화로운 삶을 2년 반 여를 사시었다. 그러나 천수(天壽)는 어쩔 수 없는 것, 문평공께서 66세를 일기로 성종 4년(1473) 8월 5일 운명(殞命)을 달리하셨는데, 그 때 청릉군의 나이는 39세이었다. 문평공이 당시로서는 오래 사신 편이나 돌아가시기 전에 많은 고생을 하시지는 않은 것 같다. 왜냐하면 월천군(月川君)으로 봉군된 기사가 사망 전일의 기사이니 병환으로 사직하시지는 않은 것으로 판단 할 수 있기 때문이다.

조선시대에 주요 인사가 사망하면 왕조실록에 그 사망기사, 즉 졸기(卒記)를 싣는다. 어떤 분은 그저 한 줄로 아무개가 사망하였다고 기술하고, 중요한 인물은 그 중요도에 따라 꽤 길게 그의 업적을 기술한다. 그런데 문제는 그 이유는 정확히 알 수는 없으나 돌아가신 분에 대해 그렇게 폄훼(貶毁)하는 기록을 남겨 놓을 필요가 있을까 하는 정도로 후손들이 보면 대단히 민망한 글들도 많이 있다. 오죽하면 요즈음 인터넷 악성댓글의 원조는 실록이라는 말까지 할 정도이니 말이다. 아래는 성종 4년 8월 5일 실록의 첫 번째 기사로 싣고 있는 문평공의 사망기사(卒記)이다.

'월천군(月川君) 김길통(金吉通)이 졸(卒)하였다. 조회를 폐하고, 조제(弔祭)와 예장(禮葬)을 전례대로 하였다. 김길통의 자(字)는 숙경(叔經)이며, 청풍인(淸風人)으로, 증 의정부 좌찬성(贈議政府左贊成) 김효례(金孝禮)의 아들이다. 1429년에 생원시(生員試)에 합격하였고, 1432 임자년 식년시에 문과(文科) 제1인(장원)으로 뽑히어 처음으로 의영고 부사(義盈庫副使)에 제수되고, 사헌부 감찰(司憲府監察) 병조 좌랑(兵曹佐郞)을 역임하여, 1436년에 외직으로 나아가 진잠 현감(鎭岑縣監)이 되었다. 1440년에 사간원 우헌납(司諫院右獻納)으로 바꾸어 제배(除拜)되고, 1442년에 이조 정랑(吏曹正郞)에 제배되었으며, 여러 번 사헌부 장령(司憲府掌令) 성균 사예(成均司藝)와 의정부의 검상(檢詳) 사인(舍人)을 역임하였다. 1451년에 수 지승문원사(守知承文院事)가 되었다가 곧 대호군(大護軍)으로서 지사간원사(知司諫院事)가 되고, 1452년에 판종부시사(判宗簿寺事)가 되고, 얼마 있다가 우사간 대부(右司諫大夫)로 옮기었다. 1454년에 황주 목사(黃州牧使)로 나아갔고, 1456년에 통정대부(通政大夫) 첨지중추원사(僉知中樞院事)에 오르고, 1458년에 가선 대부(嘉善大夫) 전주 부윤(全州府尹)으로 오르고, 1460년에 대사헌(大司憲)에 제배되었으며, 황해도(黃海道) 전라도(全羅道) 양도의 관찰사(觀察使), 예조(禮曹) 형조(刑曹)의 참판(參判), 한성부 좌윤(漢城府左尹)을 역임하였다. 1469년에 자헌대부(資憲大夫)에 올라 행 중추부 동지사(行中樞府同知事)가 되었다가 곧 정헌 대부(正憲大夫)로 가자(加資)되었다. 1470년에 중추부 지사(中樞府知事)로 오르고, 한성부 판윤(漢城府判尹) 호조판서(戶曹判書)로 전직(轉職)하였다. 1471년에 순성 좌리공신(純誠佐理功臣)으로 사호(賜號)되고, 숭정대부(崇政大夫)로 가자(加資)되어 월천군(月川君)으로 봉해졌다. 1473년 8월 5일에 이르러 사망하였는데, 나이는 66세이다. 시호는 문평(文平)인데, 경직(敬直)하고 자혜(慈惠)스러운 것이 문(文)이고, 직무를 행함에 절제가 있는 것이 평(平)이다.

김길통(金吉通)은 성품이 청간(淸簡)하여 치산(治產)하기를 좋아하지 않았으며, 관직에 있으면서 일을 처리할 때에 한결같이 공도(公道)로써 시행하였는데, 단지 지나치게 조급(躁急)하여 비록 동료 좌랑이라 하더라도 조금만 뜻에 맞지 않으면 문득 그를 꾸짖고 욕하였다. 아들은 김순명(金順命)이다.'

문평공의 졸기는 대단히 평이하고 객관적으로 기술되어 있다. 다만 지나치게 조급(躁急)한 성정(性情)을 가지고 있다는 평가가 있을 뿐이다. 이 같은 평가의 말은 성현(成俔)의 수필집인 용재총화(慵齋叢話)에도 언급되어 있는 것으로 보아 다른 사람이 보기에 불의를 참지 못하는 성격을 표시한 것이 아닌가 생각된다. 왜 문평공의 졸기가 잘 쓰인 것이라 평가하는지는 조선조 초기 유명한 몇몇 분 졸기의 민망한 기사를 보면 알 수 있어 옮겨 적어 본다.

조선을 건국할 때 태조에게 협조한 개국 1등공신인 배극렴(裵克廉) 졸기의 내용에는 '배우지 못하여 학술이 없어서 임금에게 의견을 아뢴 것이 없었으며, 세자(世子)

를 세우는 의논에 이르러서도 이에 임금의 뜻에 아첨하여 어린 서자(庶子)를 세울 것을 청하고는 스스로 공(功)으로 삼으니, 식자(識者)들이 이를 탄식하였다.'라고 기술하고 있다. 아마도 왕자의 난을 겪으며 태종(太宗) 이방원(李芳遠)에 의해 죽임을 당한 의안대군(宜安大君) 방석(芳碩)을 세자(世子)로 세우는데 앞장선 것을 비꼬아 사관(史官)들이 이같이 기술한 것으로 보인다. 역사는 항시 승자의 기록이니 패자(敗者)를 옹호하였던 사람을 비난한 것이니 그래도 그러려니 생각을 한다. 그런데 아래의 경우는 완전히 다르다.

고려 말 조선 초기 안향(安珦), 이색(李穡), 정몽주(鄭夢周), 정도전(鄭道傳), 권근(權近)으로 이어지는 대표적 유학자로서 20년 이상 대제학을 지낸 변계량(卞季良)의 졸기는 참으로 가관이다. '살기를 탐하고 죽음을 두려워하며, 귀신을 섬기고 부처를 받들며, 하늘에 절하는 일까지 하여 하지 않는 바가 없으니, 식자들이 조롱하였다. 처음에 철원 부사 권총(權總)의 딸에게 장가들었다가 버리고, 또 오씨(吳氏)에게 장가들었다가 죽고, 또 이촌(李村)의 딸에게 장가들어 몇 달 만에 버리고, 또 도총제(都摠制) 박언충(朴彦忠)의 딸에게 장가드니, 아내가 있으면서 다른 아내에게 장가들었다는 일로서 유사들의 탄핵하는 바가 되었다.'라고 기록하고 있다.

조선조 초기 또 한 분의 대제학(大提學)이었던 권근(權近)의 아들이며 세조의 책사이었던 권람(權擥)의 아버지인 권제(權踶)의 졸기에는 '기첩(妓妾)에게 혹하여 처자(妻子)를 대접하기를 매우 박하게 하여 가도(家道)가 바르지 못하니, 세상에서 이를 좋지 않게 여겼다.'라고 기록하고 있어 과연 선비의 사표(師表)가 되어야 할 대제학(大提學)들의 행실이 맞는가 하는 의심이 들게 할 정도인데, 사실 여부는 지금으로서 알 길이 없고, 과연 이러한 사생활을 사관(史官)들은 어찌 알고 이렇게 기술하였는지 의심스러울 뿐이다.

세종대왕의 총애를 받으며 한글 창제에 공헌하고 수양대군의 편에서 세조 등극의 고굉지신(股肱之臣)이 되고, 세종에서 성종에 이르기 까지 화려한 경력의 소유자인 신숙주(申叔舟)의 졸기도 예외가 아니다. '세조(世祖)를 섬김에는 예스맨(承順)으로서의 역할만 하였고, 예종조(睿宗朝)에는 형정(刑政)이 공정함을 잃었는데, 이를 시정하려 노력(匡救) 한 바가 없었으니, 이것이 그의 단점이다. 왕의 총애(恩眷)가 바야흐로 성하였으나 자신이 형틀에 묶이는(縲紲) 욕(辱)을 만났고, 죽은 지 얼마 되지 아니하여 아들 신정(申瀞)도 또한 참수(誅) 당했으니 슬퍼할진저!' 라고 기록하고 있다. 어느 정도 사실에 부합하는 면도 있으나 그러면 이를 기록한 사관들은 신숙주의 행로와 얼마나 달랐는지 묻지 않을 수 없다. 군자란 항시 자신의 행위를 돌아보며 날로 새로워져야 하는 것일진대 오로지 남을 비난하는데 그 지식을 사용한 것은 아닌지 의문을 제기하지 않을 수 없다.

용비어천가를 편찬하고 83세까지 사시며 한 시대를 주름 잡았던 정인지(鄭麟趾)의 졸기는 더욱 처참(悽慘)하다. '재산 늘리기를 좋아하여 여러 만석(萬石)이 되었다. 그래도 전원(田園)을 널리 차지했으며, 심지어는 이웃에 사는 사람의 것까지 많이 점유하였으므로 당시의 의논이 이를 그르다고 하였다. 그의 아들 정숭조(鄭崇祖)는 아비의 그늘을 바탕으로 벼슬이 재상(宰相)에 이르렀으며, 그 재물을 늘림도 그의 아비보다 더하였다.'라고 부자를 싸잡아 수전노(守錢奴)라 모욕하는 기술을 하고 있다.

앞의 몇몇 조선조 초기 우리에게 일반적으로 알려지기로는 위대한 학자이며 정치가들로 알려진 인물의 졸기를 사관들은 왜 이렇게 기술하였을까? 의문을 가지면서 많은 생각을 하게 된다. 왜 이같이 그들을 색욕(色慾) 또는 물욕(物慾)의 화신으로 평가하는 글을 담고 있을까? 사관과 개인적인 원한 관계인가? 아니면 일반적으로 알려진 위대한 정치가 또는 학자로 알려진 것이 정말 잘못된 사실인가? 이와 같은 졸기를 어떻게 평가할 것인가 많은 고민을 하면서도, 한편 문평공(文平公)의 평이(平易)한 졸기를 보며 문과 장원을 하시고 여러 험난한 정변을 겪으면서도 그래도 문평공(文平公)께서 한평생을 잘 사셨구나 하는 후손으로서 다행스럽다는 생각을 지울 수 없게 되었다.

18. 지극한 효자(孝子)

집안에 전해 내려오는 이야기로는 문평공(文平公)이 돌아가시자 청릉군(淸陵君)께서는 관직을 내려놓고 여묘(廬墓, 상주가 무덤 근처에 여막을 짓고 무덤을 지키는 곳)에서 시묘살이(侍墓, 부모의 상중에 3년간 무덤 옆에서 막을 짓고 삶)를 하였다고 전해지고 있다. 왕조실록의 기록에 의하면 문평공이 돌아가시기 전 해 예조참판으로 승차하였다는 기록이 있고, 돌아가신 후에 만 2년 동안 청릉군의 활동기록은 없다. 그리고 3년 상(喪)을 마친 후인 성종 6년(1475) 11월에 전라도(全羅道) 관찰사(觀察使)로 임명하였다는 기사가 나온다. 이로 보아 상중(喪中)에는 관직을 내려놓으시고 상제(喪制)로서의 역할을 다하신 것으로 보인다.

문평공(文平公)은 문과 후배들인 사육신이 처단되는 것을 보시고는 서고(書庫)를 태워 자신의 글들을 모두 없앴다고 전해지고 있다. 그래서인지 청릉군(淸陵君)께서는 아버님의 유필(遺筆)을 갖고자 문평공이 권감(權瑊)에게 써준 시(詩)를 돌려받아 잘 장식하여 벽에 걸고 매일 아침저녁으로 부모 은덕에 대한 보은의 정을 나타내고 있었다. 그런데 점필재 김종직(金宗直)은 이 모습을 보고 시(詩)의 뒤편에 '김 판서의 소시 뒤에 쓰다(書金判書小詩後)[23]' 라는 제목(題目)으로 글을 지어 후세에 남겼다. 글을 쓴 것이 언제인지 정확하지는 않지만 아마도 성종 10년(1479) 이후로 추정은 된다. 왜냐하면 글 속에 청릉군을 청릉(淸陵)이라 칭하는데, 청릉군 군호(君號)를 받은 해가 그해이기 때문이다. 이 글은 신용개(申用漑), 김전(金詮), 남곤(南袞) 등이 중심이 되어 1518년에 간행한 시문집(詩文集)인 속동문선(續東文選)과 김종직(金宗直)의 문집(文集)인 점필재집(佔畢齋集)에 전해지고 있다. 글의 내용은 청릉군이 얼마나 효자인지를 잘 나타내 주고 있는 바 그 원문은 아래와 같다.

고 판서 문평공(文平公) 김길통(金吉通)이 화천(花川) 상공(相公) 권함(權瑊)에

23) 문평공의 탄신 600주년 기념사업의 일환으로 월천집의 한글 번역본을 발행하면서 이 글이 월천집의 서문 인양 월천집소시서(月川集小詩序)라고 되어 있는데 이는 잘못이다. 글의 내용으로 보나 시문을 최초로 수집하여 문집의 초고를 완성한 감호당 김정화(1599~1660)와 점필재 김종직(1441~1492)의 연배로 보아 점필재가 문집의 서문을 쓸 수가 없다. 더군다나 동문선(東文選)이나 점필재집(佔畢齋集)에 뒷부분에 첨부한 그림과 같이 분명하게 모두 서김판서소시후(書金判書小詩後)라 되어 있다. 앞으로 문집을 다시 발간할 경우에는 반드시 이는 바로 잡아야 할 사항이다.

게 답한 시를 중원(中原)의 죽사지(竹絲紙)에 썼는데, 말의 운치가 청수(淸粹)하고 온려(溫麗)하며, 필세(筆勢) 또한 연묘(姸妙)하다. 숙경(叔經)은 바로 그의 자(字)인데, 이 두 글자는 마치 팔분서(八分書)와 비슷하다.

판서의 넷째 아들 청릉군(淸陵君) 순명(順命)은 선고(先考, 아버지)의 덕을 잘 닮은 사람인데, 이 시를 화천군에게서 얻어가지고 장황(裝潢, 족자나 책, 서화첩 따위를 꾸미어 만드는 일)하여 축(軸, 둘둘 말도록 되어 있는 물건의 가운데에 끼는 막대)으로 만들어서 벽 위에 걸어두고는 아침저녁으로 쳐다보며 입으로 읊고 마음으로 생각하여 추모(追慕)의 생각을 부쳐오다가, 하루는 이것을 종직(宗直)에게 내보이었다. 그래서 종직은 감탄하며 이렇게 말하였다.

이것은 고작 두어 치(寸) 되는 종이에 28자의 절구(絶句)가 쓰여 있을 뿐인데, 여기에서 또한 선배의 문아(文雅)함을 볼 수가 있다. 그러나 볼 수 있는 것은 시(詩)일 뿐이니, 그 볼 수 없는 것이야 어찌 시로써 다 볼 수 있겠는가? 청릉군이 영원토록 길이 추모하여 마지않기에 타당하다.

예기(禮記)에 이르기를, '아버지가 쓰던 금슬(琴瑟, 거문고와 비파)은 감히 타지 못하는 것이니, 그것은 아버지의 손때가 남아 있기 때문이요. 어머니가 쓰던 배권(杯圈, 술잔)으로는 감히 음료를 마시지 못하는 것이니, 그것은 어머니의 입을 댄 흔적이 남아 있기 때문이다.' 하였고, 절효(節孝) 서 선생(徐先生)은 자기 아버지 이름이 돌석자(石)인 관계로 종신토록 감히 돌을 밟지도 않았었다. 그러니 옛날의 인인 군자(仁人君子)들은 선대(先代)에 쓰던 기용(器用)이나 목석(木石) 같은 하찮은 물건에 대해서도 오히려 이처럼 감히 경홀히 하지 않았는데, 더구나 시(詩)는 성정(性情)에서 나온 것이요, 글씨는 심화(心畫, 마음을 나타낸 그림)에서 이루어진 것임에랴! 청릉군(淸陵君)이 아침저녁으로 공경심을 일으켜 마지않기에 또한 타당하도다.

나는 생각하건대, 청릉군(淸陵君)은 이미 자기 몸으로 자식의 직분을 다하고, 또 그의 자손들에게 끼쳐주어 진중(珍重)하게 보호해서 차마 함부로 버리지 못하도록 하였으니, 김씨(金氏) 가문에 선업(先業)을 계술(繼述)하는 것이 장차 무궁한 후세에까지 쇠체(衰替)하지 않겠도다! 맹자(孟子)가 이르기를, '어버이 섬기기를 증자(曾子)와 같이 하는 것이 가(可)하다.' 하였으니, 나는 청릉군(淸陵君)에게 또한 그렇게 말하는 바이다. (속동문선 제18권/점필재집 제2권)

공자의 삼천 문도(門徒) 중에 효자(孝子)의 상징이 증자(曾子)이다. 그런대 점필재(佔畢齋)는 청릉군(淸陵君)을 증자(曾子)와 비견(比肩)하였으니 효자(孝子)로서는 극찬의 글이다. 그런대 어찌하랴! 왕조실록을 기술한 사관(史官)은 청릉군(淸陵

君) 졸기(卒記) 뒷부분에 논평(論評)이라 하여 불효를 암시하는 정반대의 지저분한 글을 덧붙여 놓았으니 이 또한 악풀이라고 웃어넘길까?

김종직(金宗直)이 '김 판서의 소시 뒤에 쓰다(書金判書小詩後)' 라는 글을 쓰게 된 문평공이 화천(花川) 상공(相公) 권감(權瑊)에게 답하여 쓴 시는 아래와 같다.

答 花川 權 相公 瑊
相公 花川 權 瑊 先生에게 答하여 쓴 詩

庭下荷生綠葉新
뜰아래 연꽃잎은 새싹으로 푸르고

勝他桃李滿開春
빼어난 복사꽃 오얏꽃은 봄 맞아 활짝 폈네!

壁間多少題詩客
낭떠러지 사이의 절경을 시로 읊은 사람 많지만

同趣濂溪問幾人
염계와 취미를 같이 할 사람 몇이나 되려는가?

그런데 필자가 이와 관련하여 또 한 번 놀란 사실이 있다. 어느 날 경기도 의왕시(義王市)의 우리 청풍 김문의 판봉상시공파를 중흥시킨 오봉산 전설이 있고, 그 후손이 4대 육상(六相)을 지낸 증(贈) 정부인(貞夫人) 안동 권씨(安東權氏)[증 이조판서(贈吏曹判書) 인백(仁伯)의 부인]의 비문(碑文)을 보다 고조(高祖)가 권감(權瑊)으로 되어 있어 안동 권씨의 족보를 확인하니 안동 권씨 할머니가 바로 이 시(詩)를 문평공에게 받았다가 청릉군에게 돌려준 권감(權瑊)의 고손녀(高孫女)라는 사실을 알게 된 것이다. 참으로 묘한 인연으로 맺어져 있다.

皆曰越職之禍也是故君子貴守職

書金判書小詩後　金宗直

故判書金文平公吉通荅花川權相公瑊之詩書於中原之竹絲紙詞致清粹溫麗筆勢又姸妙叔經其表德也二字類八分判書季子清陵君順命乃克肖者也得之於花川粧潢為軸冒諸壁上朝瞻暮仰口詠心惟以寓夫羹墻之思焉一日出以示宗直宗直嘆曰此纔數寸之簡二十有八字之絶句而亦可見前輩之文雅也然所可見者詩也其所不可見者豈詩之所能盡乎清陵所以終天

續東文選 十八　五

永慕而不能已焉者宜也記曰父之琴瑟不敢御手澤存焉爾母之桮圈不敢飲口澤存焉爾節孝徐先生以父名石終身不敢履石古之仁人君子於前世器用與夫木石微物尚不敢褻之如是況詩者出於性情書者成於心畫乎清陵所以晨夕起敬而不能已焉者亦宜也吾想夫清陵既盡子職於其身而又遺其子孫使之珍重保護不忍忽棄則金氏繼述箕裘之業將匆替於無窮矣孟子云事親若曾子者可也吾於清陵亦云

題朴民甫詩軸　洪貴達

續東文選　卷十八

속동문선 제18권 /1958 신용개 등이 편찬 발간

書金判書小詩後

故判書金文平公吉通荅花川權相公瑊之詩書於中原之竹絲紙詞致清粹溫麗筆勢又姸妙叔經其表德也二字類八分判書季子清陵君順命乃克肖者也得之於花川裝潢為軸冒諸壁上朝瞻暮仰口詠心惟以寓夫羹墻之思焉一日出以示宗直宗直嘆曰此纔數寸之簡二十有八字之絶句而亦可見前輩之文雅也然所可見者詩也其所不可見者豈詩之所能盡乎清陵所以終天永慕而不能已焉者宜也記曰父之琴瑟不敢御手澤存焉爾母之桮圈不敢飲口澤存焉爾節孝徐先生以父名石終身不敢履石古之仁人君子於前世器用與夫木石微物尚不敢褻之如是況詩者出於性情書者成於心畫乎清陵所以晨夕起敬而不能已焉者亦宜也吾想夫清陵既盡子職於其身而又遺其子孫使之珍重保護不忍忽棄則金氏繼述箕裘之業將匆替於無窮矣孟子云事親若曾子者可也吾於清陵亦云

題李利川褒美諭書後

僕讀兩漢書覩宣章二帝憂民之切也其憂之也

점필재(김종직)집 제2권 원문 복사

19. 전라도 관찰사(全羅道觀察使)

문평공(文平公)의 삼년 상(喪)을 마치자 청릉군(淸陵君)은 조정으로부터 전라도 관찰사로 부름을 받고 관직에 다시 복귀(실록 36 참조)하여 성종 6년에서 8년까지 1년 4개월 동안(1475년 11월 10일~1477년 3월 12일) 전라도 감사(監司)직을 수행하게 된다(실록 45, 46 참조). 원래 관찰사의 임기는 2년으로 되어 있으나 실제로는 1년이면 교체하는 것이 관례였다. 그러나 청릉군의 관찰사 재직 말기에 전세(田稅)를 서울로 옮기는 일을 관찰사가 경차관(敬差官)과 수사(水使)와 협조하여 하게 되어 있는데, 경차관 민형(閔亨)이 병으로 그만 두어 관찰사를 교체하면 문제가 있으니 이 일이 끝날 때까지 임기를 연장하는 것이 좋겠다는 호조판서(戶曹判書) 이극증(李克增)의 건의에 따라 4개월을 더 봉직하게 된 것이다.

전세(田稅)를 비롯한 조세(租稅)의 명목으로 거둬들이는 곡물은 화폐 유통이 발달하지 않았던 전근대시기 왕조 국가의 가장 주요한 재정 기반이었다. 따라서 전국 각지에서 거둬들이는 세곡을 안전하고 편리하게 수도의 창고로 운반하는 일은 매우 중요하였으므로 해운(海運)이나 강운(江運)을 통하여 세곡(稅穀)을 경창(京倉)으로 운송하는 조운(漕運)의 제도가 생겨나게 되었다.

청릉군(淸陵君)께서는 이미 호조(戶曹) 낭관(郎官) 시절에 조운(漕運)에 관해 훌륭한 업적이 있다는 다음과 같은 기록이 있다. '당시 호조판서 조석문이 낭청(郎廳) **김순명(金順命)**을 보내어 조선(漕船)을 감독하고 보호하도록 청하였더니, 김순명이 물길의 멀고 가까움과 험하고 평탄함을 헤아려서 배가 정박할 곳을 미리 정하여 지나쳐 가지 못하게 하고, 순한 바람이 아니면 배를 출발하지 못하게 하며, 또 자신이 배가 정박할 곳에 가서 배가 이르기를 기다리면서 고찰하였다. 이 때문에 패몰(敗沒)하는 배가 없었는데, 이제 삼도(三道)의 경차관(敬差官)은 천호(千戶)로 하여금 배를 몰고 가게 하고, 자신은 육로(陸路)로 해서 곧 질러 서울에 도착하여 기다리며, 천호(千戶)인 자도 배를 즉시 출발시키지 아니하고 관기(官妓)를 끼고 날마다 술 마시기를 일삼다가 서울에 올라갈 기한이 급박하면 밤낮으로 배를 운행하므로 패몰(敗沒)하는 일이 많다며(실록 35 참조), 이 논의가 있을 때 영사(領事)인 조석문은 과거 청릉군의 행적을 치하하며 경차관들을 혁파할 것을 건의한 바 있다.'

조선조 초기의 지방 행정체계는 2경(京) 8도(道) 체제를 취하고 있다. 2경은 조선 왕조의 신수도인 한성부와 전 왕조 고려의 수도인 개성부 두 곳으로 지금으로 말하자면 특별시이다. 그 외의 지방은 경기도(京畿道) 충청도(忠淸道) 경상도(慶尙道) 전라도(全羅道) 황해도(黃海道) 강원도(江原道) 함경도(咸鏡道) 평안도(平安道) 등 8도로 나누어 종2품의 관찰사(觀察使)를 두어 다스렸다. 각 도에는 부(府) 대도호부(大都護府) 목(牧) 도호부(都護府) 군(郡) 현(縣) 등으로 나누어 다스렸는데, 이들 조직은 수직 관계가 아니라 모두 관찰사의 지시를 받는 조직이다. 그러나 지방 조직의 수령들의 품계는 서로 달라 부윤(府尹)은 종2품(從二品), 대도호부사(大都護府使)와 목사(牧使)는 정3품(正三品), 도호부사(都護府使)는 종삼품(從三品), 군수(郡守)는 종4품(從四品), 그리고 현의 수령인 현령(縣令)은 종 5품(從五品)이고, 현감(縣監)은 종6품(從六品) 품계를 가진 자로 임명하였다.

청릉군이 봉직하였던 전라도에는 전주부(全州府), 나주목(羅州牧)과 제주목(濟州牧) 등 2개의 목(牧), 장흥도호부(長興都護府) 남원도호부(南原都護府) 담양도호부(潭陽都護府) 순천도호부(順天都護府) 등 4개의 도호부(都護府), 순창군(淳昌郡) 진도군(珍島郡) 영암군(靈巖郡) 익산군(益山郡) 김제군(金堤郡) 고부군(古阜郡) 금산군(錦山郡) 진산군(珍山郡) 여산군(礪山郡) 영광군(靈光郡) 낙안군(樂安郡) 보성군(寶城郡) 등 12개의 군(郡)과 현령이 수령인 만경현(萬頃縣) 임피현(臨陂縣) 금구현(金溝縣) 용담현(龍潭縣) 창평현(昌平縣) 등 5개의 현(縣), 현감이 수령인 함평현(咸平縣) 고창현(高敞縣) 장성현(長城縣) 진원현(珍原縣) 무장현(茂長縣) 남평현(南平縣) 무안현(務安縣) 정읍현(井邑縣) 흥덕현(興德縣) 부안현(扶安縣) 옥구현(沃溝縣) 용안현(龍安縣) 함열현(咸悅縣) 정의현(旌義縣) 대정현(大靜縣) 고산현(高山縣) 태인현(泰仁縣) 광산현(光山縣) 강진현(康津縣) 해남현(海南縣) 임실현(任實縣) 무주현(茂朱縣) 곡성현(谷城縣) 진안현(鎭安縣) 옥과현(玉果縣) 운봉현(雲峯縣) 장수현(長水縣) 능성현(綾城縣) 광양현(光陽縣) 구례현(求禮縣) 흥양현(興陽縣) 동복현(同福縣) 화순현(和順縣) 등 33개의 현으로 조직되어 있다.

경국대전 이전(吏典) 고과조(考課條)에 의하면 각 고을의 수령은 반드시 7가지 일에 충실하여야 했는데, 이를 소위 수령칠사(守令七事)라 하였다. **농상성**(農桑盛), **호구증**(戶口增), **학교흥**(學校興), **군정수**(軍政修), **부역균**(賦役均), **사송간**(詞訟簡) 및 **간활식**(奸猾息)이 수령칠사(守令七事)이다. 각 지방으로 발령된 수령은 임지로 떠나기 전에 임금 앞에서 수령칠사를 외우며, 수령의 역할을 충실히 수행할 것을 다짐하는 의식을 행하였다 한다.

첫째, 농상 성(農桑盛)이란 당시 산업의 근간이고 먹거리 생산의 근본인 농업과 환금 작물인 누에치기를 왕성하게 하여 백성의 삶을 풍족하게 하는 것이고, 둘째, 호구 증(戶口增)이란 지역의 백성 수를 늘리는 것으로 맹자(孟子)가 말한 정치의 근본을 충실히 하는 것이다. 셋째, 학교 흥(學校興)이란 교육을 통해 백성을 교화하도록 지역 향교(鄕校)를 중심으로 학문하는 풍토를 일으키는 것이다. 넷째, 군정 수(軍政修)란 국가 방위의 의무를 수행하고 치안을 유지하는 것이다. 다섯째, 부역 균(賦役均)이란 국가를 유지하기 위하여 백성에게 일정한 부역의 의무를 지우고 있는데, 이를 형평에 맞게 시행하여 부정부패의 싹을 자르라는 것이다. 여섯째, 사송 간(詞訟簡)은 당시 지방 수령은 분쟁의 판관(判官) 역할도 수행하였던 바 이를 간명하게 처리하여 백성이 모두 수긍할 수 있도록 하는 것이다. 마지막으로 일곱째, 간활 식(奸猾息)이란 지역에 교활하고 간사한 토호(土豪) 무리들이 발붙이지 못하게 항시 공명정대함이 살아 숨 쉬도록 풍속을 순화하라는 것이다.

청릉군(淸陵君)이 전라감사로 재직하는 동안 왕조실록에는 10건의 기사가 있어 청릉군의 수행한 일 뿐만 아니라 그 기사를 통하여 당시의 시대상을 바라볼 수 있는 좋은 자료로 이용할 수 있다. 관찰사(觀察使)로 부임한 후 청릉군(淸陵君)에 관한 첫 번째 기사(실록 37 참조)는 '광주목사(光州牧使) 문수덕(文修德)은 이미 사유(赦宥)를 지났으니, 그로 하여금 공무(公務)를 집행하도록 하고, 천례(天禮)와 유해(庾諧)는 즉시 놓아주도록 하라.'는 것이다. 이 지시의 실상은 양녕대군의 따님인 현주(縣主) 이구지(李仇之)에 관한 것이다. 이구지는 별제 권덕영(權德榮)에게 출가하였으나 남편이 일찍 죽고 남편의 종 천례(天禮)와 간통하여 딸을 낳은 뒤 풍문에 의해 감찰을 받았으나 그냥 불문에 부치라는 명령이다. 그러나 그 후 딸을 시집보내는 과정에서 천례가 자신의 딸이 왕실의 후손이라고 발설한 것이 알려지면서 성종 20년에 왕명으로 이구지가 사약을 받고 죽임을 당하게 된다. 유학(儒學)이 국가지도 이념인 국가에서 여자가 간통한다는 것은 용납할 수 없는 일이었으나 왕실의 일이기에 덮어두려하다 결국은 처형을 당하게 된다. 조선왕조에서 음란한 여성으로서 문제가 된 것은 이것이 처음은 아니다. 세종의 여덟째 아들 영응대군의 부인인 대방부부인(帶方府夫人) 송씨, 왕족 태강수의 아내인 어우동(於宇同), 평강현감 최중기(崔仲基)의 아내였던 유감동(兪甘同), 개성의 유명한 기생 황진이(黃眞伊) 등 신분에 관계없이 간통사건은 끊이지 않았다. 유학자(儒學者)라면 어려서부터 남녀 7세이면 부동석(不同席 : 한자리에 같이 앉지 않는다)하며, 불공식(不共食 : 함께 밥을 먹지 않는다)하라는 소학(小學) 첫머리 입교(入敎)편에서 수없이 되뇌며 생활하였을 텐데, 아! 인간의 원초적 욕망은 그렇게도 절제하기 어려운 것인가?

이 시기에는 아마 사회 풍속도 상당히 이완돼 있었던듯하다. 관찰사로서 청릉군(淸陵君)이 받은 왕의 하서(下書)에 풍속을 바로잡고 관하의 수령들에 이르도록 하라는 다음과 같은 서신이 있었으니 말이다(실록 41 참조). “민풍(民風)과 국속(國俗)은 예의(禮義)로써 우선을 삼아야 할 것인데, 한번 간사하고 음탕한 행위가 있는 것을 곧 바로잡지 아니한다면 백성들이 서로 버릇이 되어 더욱 거리낌이 없게 될 것이니, 어찌 작은 일이라 하겠는가? 옛 정국(鄭國)과 위국(衛國)의 습속은 음탕한 기풍이 크게 유행하다가 끝내 위망(危亡)하기에 이르렀으니, 나쁜 조짐을 자라게 해서는 안 되는 것이 이와 같은 것이다. 이제 경의 아뢴 바를 보니, 절간에 놀러 다니는 여자들이 떼를 지어 돌아다니는 것이 습관으로 예사가 되고, 심지어는 사람들이 본처(本妻)를 팔아먹는 자가 생기기에 이르렀다는 것을 알았다. 그러나 개혁(改革)함에 있어서는 반드시 고치고 난 다음에야 믿게 되는 것이니, 소요(騷擾)하여 놀라게 해서는 아니 된다. 경은 나의 뜻을 본받아 수령(守令)들에게 깨우쳐 이르고, 듣는 대로 체포하게 하여, 내가 풍기를 바로잡고 습속을 고치고자 하는 뜻에 부응하도록 하라.” 하였다.

풍속의 이완은 경제생활과도 연계되는 것, 성종 7년에 장마가 심하여 각도에 수재 상황을 보고하라 하고, ‘경상도 안동과 영천의 구휼한 예에 따라 전라도의 곡성과 동복의 산사태를 수습하라.’고 전라감사에게 명한 것으로 보아 청릉군의 전라감사 재직 시 우순풍조(雨順風調)하지는 않은 듯하다(실록 39 참조).

청릉군(淸陵君)의 관찰사 재직 시 받은 명령 중에는 아직도 세조 등극 시 피화(被禍)된 인물의 비극이 계속 되고 있는 현실을 목도 할 수 있다. 즉 “지금 듣건대 금산군(錦山郡)에 안치(安置)시킨 영(瓔)이 신고 다닐 신이 없어서 맨발로 다니고, 먹을 물을 담아 두는 그릇이 또한 더러워져서 물을 먹을 수도 없다하니 그 삶이 가련하다. 마땅히 본관(本官)으로 하여금 자주 개선하게 하여 일정한 법을 삼도록 하라(실록 42 참조).”는 것이다. 여기에서 언급된 영(瓔)이란 분은 왕족으로 수양대군의 친 동생이다. 단종(端宗)을 지키거나 복위시키려 한 금성대군(錦城大君)과 함께 노력하였던 세종대왕의 아들들인 즉, 수양의 친동생들인 영빈강씨(令嬪姜氏) 소생의 화의군(和義君) 이영(李瓔), 혜빈양씨(惠嬪楊氏) 소생의 한남군(漢南君) 이어(李玒)와 영풍군(永豐君) 이전(李瑔) 중 한 분이다. 이들 모두 사후에는 복관(復官)되고 충신으로 추존되지만, 수양대군의 왕위 찬탈 이후 그들의 삶이 얼마나 처참하였는지를 보는 것은 참으로 안타까운 일이다. 뿐만 아니라 이러한 정치와 권력의 비정함을 보면서 험난한 고비를 넘어 선비의 자존심을 지키며 살 수 있게 하여 주신 선조들의 지혜에 후손으로서 다시 한 번 고개를 숙이지 않을 수 없다.

청릉군(淸陵君)의 관찰사 재직 말기에 대단히 중요한 정세 변화가 일어났다. 성종 7년 1월13일에 이제까지 수렴청정(垂簾聽政)하던 대왕대비 정희왕후(貞熹王后)가 성종이 20세가 되자, 이제 주상(主上)께서 나이가 장성(長成)하고 학문도 성취되어 모든 정무(政務)를 재결(裁決)할 수 있게 되었다며 수렴청정을 거두고 친정(親政)을 할 수 있는 길을 열어준 것이다. 예종(睿宗)이 세조(世祖)의 뒤를 이어 등극하고 1년 만에 별세하자 왕위계승 서열 3위인 자을산군(者乙山君)을 등극(登極)시켜 정희왕후가 수렴청정하게 되었다. 그러나 실제로는 예종 즉위 후 임명된 신숙주(申叔舟), 한명회(韓明澮)와 성종 등극 이후 추가로 임명된 정인지, 정창손 등 원상(院相)들의 의견을 모아 정희왕후(貞熹王后)가 재결(裁決)하는 형식이었기에 사실상 훈구대신들이 국정을 좌지우지하였던 것이다. 이제 왕이 20세를 넘기며 성년(成年)이 되자 정희왕후는 훈구대신들의 영향력을 축소시키기 위해 스스로 수렴청정을 거둠으로써 성종이 왕으로 등극 6년 2개월 만에 비로소 자신의 뜻에 의해 국정을 수행할 길이 열린 것이다.

20. 참판시대(參判時代)

- 청릉군(淸陵君)으로 봉군(封君)되다 -

전라도 관찰사(全羅道觀察使)로서 지방 수령의 임기를 마치자 청릉군(淸陵君)은 형조참판(刑曹參判)으로 보임되었다(실록 46 참조). 청릉군(淸陵君)께서는 이미 성종 3년(1472)에 예조참판으로서 아경(亞卿)의 지위에 오른 적이 있다. 그 당시에 아버지 문평공께서는 호조판서(戶曹判書)이시고, 아드님인 청릉군께서는 참판의 지위에 올라 뭇사람들의 선망의 대상이 되고, 소인배들에게는 오히려 질시의 대상이 되었으나 다음해 문평공께서 사망하시자 시묘(侍墓)를 위해 관직을 내려놓으신 것이다. 시묘를 마치고 다시 조정의 부름을 받아 전라도 관찰사로서의 소임도 다하고, 중앙의 관직인 형조참판으로서 종사에 참여하게 되신 것이다. 그러나 형조참판이 제수된 지 불과 한 달 뒤에 호조참판으로 전직되어(실록 47 참조) 1년간 재임하시고, 다시 병조참판으로 전직되어(실록 57 참조) 1년 6개월간 재임하고, 참판 직에 처음으로 재임하셨던 예조참판으로 다시 전직되어(실록 72 참조) 약 2년 8개월간 재임하는 등 약 5년여 동안의 참판 직을 수행하고, 성종 13년(1482)에 황해도 관찰사로 다시 외직(外職)으로 나가셨다. 약 5년여 동안의 참판으로서의 직책은 아래와 같다.

성종 8년(1477) 3월 12일 가선대부(嘉善大夫) 형조참판(刑曹參判)
성종 8년(1477) 4월 18일 가선대부(嘉善大夫) 호조참판(戶曹參判)
성종 8년(1477) 10월 제용감 제조(濟用監 提調) 겸직
성종 9년(1478) 4월 8일 가선대부(嘉善大夫) 청릉군(淸陵君) 봉군
성종 9년(1478) 4월 13일 가선대부(嘉善大夫) 병조참판(兵曹參判)
성종 10년(1479) 10월 28일 가선대부(嘉善大夫) 예조참판(禮曹參判)
성종 13년(1482) 6월 3일 가선대부(嘉善大夫) 황해도관찰사(黃海道觀察使)

〈호조참판(戶曹參判) 시대〉

청릉군(淸陵君)께서는 형조참판(刑曹參判)으로 보임되고 불과 한 달 만에 호조참판(戶曹參判)으로 전임되었는데, 이는 청릉군 후임 전라도 관찰사로 임명된 이서장(李恕長)이 부패에 연루되어 파직되면서 전체적으로 새롭게 인사를 하게 된 때문이다. 부패사건의 발단은 성종 8년 4월 17일 도승지(都承旨) 현석규(玄碩圭)가 의금

부(義禁府)의 계목(啓目)을 가지고 아뢰기를, 우의정(右議政) 윤자운(尹子雲), 전라도 관찰사(全羅道觀察使) 이서장(李恕長), 우찬성(右贊成) 서거정(徐居正), 호산군(湖山君) 이현(李鉉), 전 참판(參判) 신정(申瀞), 참의(參議) 한언(韓堰), 전 정랑(正郞) 남윤종(南閏宗), 감찰(監察) 하형산(河荊山) 등 13인이 북경(京師)에 가는 통사(通事) 조숭손(趙崇孫)에게 베(布)를 주어 법을 어기고 이익을 도모하였는데- 불법으로 국가 사신 행렬을 이용하여 밀무역을 한 죄를 범한 사건임-, 윤자운은 이미 북경에 갔으니, 나머지 사람을 체포하여 국문하기를 청하며 시작되었다. 그러자 어명(御命)으로 전라도 관찰사 이서장(李恕長)은 인사조치하라는 명령에 따라 다음날 바로 인사가 단행된 것이다. 그러나 이 사건 관련자들 대부분은 빠져 나가고 최종적으로 4월 25일 우찬성(右贊成) 서거정(徐居正)과 전라도 관찰사(全羅道觀察使) 이서장(李恕長)은 파직되고, 형조참의(刑曹參議) 한언(韓堰)은 관작을 1등(等)을 감하는 것으로 마무리 지었다.

최종적으로 징계를 받은 세 분의 면면을 살펴보면, 조선 사회의 상층 권력 집단이 얼마나 부패의 고리가 깊은지를 상상할 수가 있다. 서거정(徐居正, 1420~1488)은 본관은 대구(大丘)이며, 할아버지는 고려조에서 호조전서(戶曹典書)를 지낸 서의(徐義)이고, 아버지는 목사(牧使) 서미성(徐彌性)이며, 어머니는 조선 초기 최고의 학자인 양촌(陽村) 권근(權近)의 딸이다. 서거정(徐居正)은 조선 초기 세종에서 성종까지 여섯 왕을 섬기며 45년 간 조정에서 외조부의 학통을 이어받아 23년 간 문형(文衡), 즉 대제학(大提學)을 역임하였을 뿐 아니라 23차에 걸쳐 과거시험을 관장하며 많은 인재들의 발탁에 영향력을 행사하여 문병(文柄)을 장악했던 조선 초기 핵심적 학자이다. 한언(韓堰, 1448~1492)은 본관은 청주(淸州)이고 한상질(韓尙質)의 증손으로, 할아버지는 감찰 한기(韓起), 아버지는 전구서승(典廏署丞) 한명진(韓明溍)이고, 어머니는 권제(權踶)의 딸, 즉 권근(權近)의 손녀(孫女)이다. 백부(伯父)는 당시 최고 권력자인 영의정 한명회(韓明澮)이다. 이서장(李恕長, 1423~1484)은 본관은 전의(全義)로 아버지는 한성부윤(漢城府尹) 이사관(李士寬)이고, 어머니는 개국공신 영의정부사(領議政府事) 한상경(韓尙敬)의 딸인데, 한상경은 당시 영의정 한명회(韓明澮)의 종조부(從祖父)이기도 하다. 세 명 모두 조선 초기를 주름잡던 훈구대신의 후예로 대를 이어 부귀영화를 누리던 사람들이다. 특히 서거정은 외조(外祖)와 더불어 대제학을 지낸 분으로 모든 선비의 사표(師表)가 될 분이어야 할 분인데, 이런 부패의 고리에 같이 엮인 것을 보면 인간의 물욕(物慾)은 참으로 극복하기 어려운 일인 것 같기도 하다. 한언과 이서장은 모두 당시 모든 권력을 휘어잡고 있던 영의정 한명회의 친인척이다. 이러한 훈구세력을 부패와 연계하여 잠시라도 징계하였다는 사실은 가상한 일이다. 그러나 이 세 사람 모두 조정에서 완전히 퇴출시키지 못하고 잠시의 공백기를 두고 모두 재 등용되는데, 이는 조선사회 권력 구조의 한계를 드러낸 것이라고도 할 수 있다. 이런 부패사건을 접하며 우리의 선조들은 한 분도 이러한 종류의 추문에 관련된 기록을 볼 수 없다는 것은 후손으로서 긍지를 가질만한 일이고, 선조에 대한 자부심을 가질 수 있는 일이기도 하다.

이 부패 사건으로 인해 청릉군(淸陵君)은 형조참판으로 보임되었다가 불과 한 달 후에 호조참판으로 전임되었고, 전라도 관찰사는 호조판서를 하던 이극증(李克增)이 새로 보임되고, 함께 일할 호조판서에는 세조비(世祖妃) 정희왕후(貞熹王后)의 친정 장조카가 되는 윤흠(尹欽)이 임명된다. 이로부터 1년간 청릉군은 호조참판으로 재임하며, 궁중에서 사용하는 모시(苧), 마포(麻布), 피물(皮物), 인삼(人蔘) 등의 진상과 사여(賜與)되는 의복 사라(沙羅) 능단(綾緞)에 관한 일 및 교환수단으로 통용한 포화(布貨)의 관리 등을 맡아본 제용감(濟用監) 제조(提調)도 겸하여 수행하였다.

왕조실록에 보이는 청릉군(淸陵君)의 참판시절의 기록은 해당 부서에서의 특별한 역할에 관한 기사는 몇 건에 불과하고, 왕조실록의 대부분이 그러하듯 왕의 동정 및 인사사항과 어떤 특수한 사건과 관련하여 왕과 중신(重臣)들과의 논의 과정을 기록한 것이다. 그러므로 그러한 논의 과정에 참여하여 청릉군(淸陵君)이 어떠한 의견은 진술하였는가 하는 기록이 청릉군에 대한 기록의 대부분을 차지한다. 어찌되었든 일년간의 호조참판을 재직하는 과정에서 특별하게 언급할 사항은 없고, 조정의 여러 논의 과정에 어떠한 의견을 제시하셨는지 관심이 있으면 부록에 첨부한 실록을 읽어보기 바란다.

〈병조참판(兵曹參判) 시대〉

호조참판으로 일 년을 재직하고, 성종 9년(1478) 4월 8일에 청릉군(淸陵君)은 가선대부(嘉善大夫) 청릉군(淸陵君)으로 봉군(封君)을 받게 된다. 같은 날자에 후임 호조참판으로 9년 연하의 신숙주(申叔舟)의 다섯째 아들인 신준(申浚)이 임명되고, 청릉군(淸陵君)은 5일 후 병조참판(兵曹參判)으로 임명된다.

청릉군(淸陵君)께서 병조참판으로 재직 시 병조판서는 처음 2개월은 어유소(魚有沼)로서 청릉군(淸陵君)이 문과에 급제한 세조 2년 병자 식년시에 무과에 장원으로 급제한 분으로, 이시애 반란 진압에 참전하여 적개공신 1등에 책록되고, 성종 옹립의 공으로 내린 좌리공신 4등에 청릉군(淸陵君)과 함께 책록된 분이다. 성종 9년 6월 2일 병조판서는 자헌대부(資憲大夫) 어세공(魚世恭)으로 교체된다. 어세공(魚世恭)

은 청릉군(淸陵君)과 더불어 세조 2년 병자 식년시에 함께 급제한 분이다. 병자 식년시에는 그의 형(兄)인 어세겸(魚世謙)도 함께 급제하였는데, 아우가 먼저 판서의 반열에 올랐다. 어세공(魚世恭)은 이시애 반란 평정 때도 청릉군(淸陵君)과 같이 참전하여 함께 적개공신 2등에 책록되었던 분이다.

병조참판(兵曹參判)으로 재직한 지 한 달도 되지 않아 조정에서는 이른바 무술(戊戌)의 옥(獄)이라 일컫는 임사홍(任士洪), 유자광(柳子光) 등 붕당(朋黨)을 이룬 사람들의 처벌에 관한 논의가 진행되었다. 앞에서 언급하였던 바와 같이 세조(世祖)가 사망한 이후의 조정은 소위 원상(院相)[24]이라는 임시기구에서 훈구세력들이 좌지우지 하였다. 작용이 있으면 그에 따른 반작용이 있는 것은 당연한 이치로 새롭게 영입된 신진 사대부들을 중심으로 이루어진 대간(臺諫)과 언관(言官)들은 끊임없이 상소로 훈구세력들을 탄핵하였다. 뿐만 아니라 신진사대부들 사이에도 서로를 탄핵하며 많은 인사들의 징계와 사면이 반복되었다.

이런 와중에 승정원 승지 간에 다툼이 있었는데, 도승지 현석규(玄碩圭)와 우승지 임사홍(任士洪) 간에 불화가 오랫동안 있었다. 이들 간의 반목이 커져서 소위 '무술(戊戌)의 옥(獄)'을 일으키게 된 것이다. 도승지 현석규(玄碩圭)와 우승지 임사홍(任士洪) 모두 효령대군의 손자사위들로 현석규(玄碩圭)는 효령대군의 둘째 아들인 서원군(瑞原君) 이비(李芾)의 사위이며, 임사홍(任士洪)은 효령대군(孝寧大君)의 셋째 아들 보성군(寶城君) 이합(李㝓)의 사위이다. 임사홍(任士洪)은 청릉군(恭襄公)과 함께 세조 2년 병자 식년시에 함께 급제한 임원준(任元濬)의 아들로서 그 자신 뿐 아니라 그의 두 아들이 왕실과 혼맥으로 이어졌는데, 첫째 아들 임광재(任光載)는 예종(睿宗)의 딸인 현숙공주(顯肅公主)에게 장가들어 풍천위(豊川尉)가 되었고, 셋째 아들 임숭재(任崇載)는 성종(成宗)의 딸인 휘숙옹주(徽淑翁主)와 혼인하여 풍원위(豊原尉)가 되었다. 이렇게 임사홍의 집안은 왕실과 중첩적인 혼인을 맺은 부마(駙馬) 집안으로서 권력의 핵심부에 들어서게 되었다.

이런 왕실의 인척인 두 승지 간의 다툼에서 임사홍은 유자광 등과 붕비(朋比)를 이루어 현석규를 탄핵하다 그 역풍으로 오히려 그 자신이 탄핵 당해 사형에 처할 것을 요구하는 심각한 사태를 맞았다. 붕당(朋黨)을 만든 이들을 처벌하는 논의가 청릉군(淸陵君)이 병조참판으로 취임한 직후인 성종 9년 5월 6일이고, 청릉군 또한 이들을 강하게 치죄(治罪)할 것을 주장하였다. 청릉군께서 의견을 제시하기를, "예로부터

24) 원상(院相) : 임시 관직으로 즉위한 국왕이 너무 어리거나 유고 등으로 직무를 제대로 이행할 수 없을 때 재상들이 왕을 보좌하여 국정을 돌본 기구이다.
예종 때 : 신숙주, 한명회, 구치관, 박원형, 최항, 홍윤성, 조석문, 김질, 김국광
성종 때 : 정인지, 신숙주, 구치관, 심회, 최항, 조석문, 윤사분, 윤자운, 김국광

붕당(朋黨)은 그 해(害)가 반드시 큽니다. 임사홍은 임금을 업신여기고 대간과 교결하였으니, 그 실정을 알고 고변하지 않은 사람들도 죄가 또한 같습니다. 부화뇌동한 표연말, 김괴, 김맹성, 손비장 등의 조율(照律, 법 적용)이 심히 가벼우니 마땅히 중한 율에 따라 과단(科斷)하소서. 이를 징계하지 않으면 뒤에 경계하는 바가 없을 것입니다."라 하였다. 하지만 임금은 이들에게 사형은 면하고자 한다고 하였다. 이에 대간(臺諫)은 아뢰기를, "법이란 것은 천하에서 공평하게 함께 하는 바이고, 임금이 사사로이 할 수 있는 것이 아닙니다. 임사홍 등은 죄악이 깊고 중하며, 율(律)이 정조(正條)가 있는데, 전하께서 특별히 사형을 감하심은 매우 옳지 못합니다. 청컨대 율에 의해 과단하시어 여러 사람의 마음을 쾌하게 하소서." 하였고, 청릉군은 이 대간들의 의견에도 동조하였다.

여러 논의 과정을 거쳐 결론은 이틀 후 내려졌다. 임사홍(任士洪)은 평안도 의주(義州), 유자광(柳子光)은 경상도 동래(東萊), 박효원(朴孝元)은 함길도 부령(富寧), 김언신(金彦辛)은 평안도 강계(江界)에 유배(流配)[25]하고, 김맹성(金孟性)은 경상도 고령(高靈), 김괴(金塊)는 전라도 강진(康津)에 도배(徒配)[26]하였으며, 박효원(朴孝元)과 김언신(金彦辛)은 결장(決杖)[27]하는 것으로 마무리 지었다.

이 무술(戊戌)의 옥사(獄事)가 중요하고, 필자를 떨리게 한 것은 이 사건이 20년 후인 무오년에 일어난 무오사화(戊午士禍)와 그로부터 다시 6년 후에 일어난 갑자사화(甲子士禍)의 시발점이라는 사실에 있다. 임사홍(任士洪)은 후에 유배에서는 풀려났으나 성종 시대에는 정권에서 소외되어 큰 활약을 하지 못하였다. 그러나 그는 연산군 때 재기해 사화를 주도하였다. 세조 사후 역사적 피바람에 항시 등장하는 조선시대 간신(奸臣)의 상징인 유자광(柳子光)은 유배간 지 일 년 만에 공신녹권을 돌려받았다. 그리고 성종 16년에는 숭정대부(崇政大夫) 행 지중추부사(行知中樞府事)로 임명되어 다시 관직생활을 시작하였다. 이러한 과정에서 임사홍이나 유자광에 대하여 용서하고 재임용하는데 많은 반대가 있었고, 자신들을 탄핵한데 대해 앙심을 품은 임사홍과 유자광은 20년 후에 사화(士禍)를 일으키어 많은 신진사류의 관리들이 참혹한 최후를 맞게 된다.

무오사화(戊午士禍)는 청릉군 사후인 연산 4년 7월 29일 유자광에 의해 일어난 사건이기는 하다. 사화의 단초는 세조를 모욕한 김종직(金宗直)의 조의제문(弔義帝文)을 그의 제자인 김일손(金馹孫)이 사초(史草)에 올린 것을 문제 삼아 일어난 사

25) 유배(流配) : 죄인을 귀양 보내던 일. 그 죄의 경중(輕重)에 따라 원근(遠近)의 등급 있음.
26) 도배(徒配) : 죄인을 도형(徒刑, 노동에 종사시키는 형벌)에 처한 뒤에 귀양을 보내던 일.
27) 결장(決杖) : 죄인에게 곤장을 치는 형벌.

건으로, 김종직과 많은 그의 주변 인물들이 화를 입게 된다. 다행스럽게도 김종직과 친밀한 관계를 가졌던 청릉군은 화를 당하지 않았다. 그러나 무술옥사 시 유자광에 대한 강한 처벌을 요구한 실록을 읽으며, 또 청릉군의 아들인 청풍군(淸風君 휘 세영)이 김종직의 제자인 김일손과 친밀한 관계를 갖고 있었음을 알고 필자는 모골(毛骨)이 송연(悚然)해질 수밖에 없었다. 왜냐하면 무오사화의 빌미를 제공한 김일손(金馹孫)은 단양지방을 여행한 기행문인 이요루기(二樂樓記)를 쓰면서 화산(化山) 권경유(權景裕), 사열(沙熱) 김세영(金世英)과 아울러 단양군수 황린(黃璘)과 그의 아우들인 위(瑋)와 필(璭)이 함께 하였다고 기술하였는데, 이들 중 권경유는 큰 화를 당했기 때문이다.

유자광에 대한 평가 내용과 무오사화의 전말에 대해서는 실록에서도 많은 아쉬움을 기록하고 있다. 실록에 의하면 식자들은 탄식하기를, '무술(戊戌)의 옥(獄)은 정류(正類)가 사당(邪黨)을 다스린 것이요(戊戌之獄, 正類攻邪黨), 무오(戊午)의 옥은 사당(邪黨)이 정류(正類)를 모함한 것이다(戊午之獄, 邪黨陷正類). 20년 사이에 일승일패를 했는데, 치(治)와 난(亂)이 따랐으니 애석하도다! 군자(君子)가 형(刑) 쓰는 것은 항상 관완(寬緩)에 치우치고, 소인(小人)의 원망을 보복함은 반드시 잔멸(殘滅)하고야 말도다. 만약 무술년의 군자들이 능히 그 율(律)을 다 썼던들 어찌 오늘의 화가 있겠는가?' 하고 역사의 회한을 싣고 있다. 사화가 발생한 것은 청릉군은 이미 사망 이후이기는 하다. 그러나 연루자들 중 이미 사망한 분들은 부관참시(剖棺斬屍)를 당하는 끔직한 일이 벌어졌다. 하지만 피해자들과 여러 연관 관계가 있는 돌아가신 청릉군(淸陵君)이나 살아계셨던 청풍군(淸風君) 부자 분 모두 사화의 어려움을 무사히 넘긴 것은 후손으로서 얼마나 다행스러운 일인지 표현할 길이 없다.

청릉군께서 병조참판으로 재임하며 조정의 논의에 참여하여 의견을 낸 부분은 호조참판으로서 재임할 때와 유사하다. 그러나 병조참판 단독의 의견을 건의하여 이룬 것이 두 건이 있다. 하나는 '외방(外方)의 수령(守令)들이 공무(公務)로 출장(出使)할 때 하루 일정(日程)이면 관례대로 역마(驛馬)를 타지 못하게 되어 있습니다. 그런데 역마를 탄다면 말이 2, 3필에 불과하고, 복종(僕從) 2, 3명에 불과한데, 사마(私馬)를 탄다면 그 종과 마필(馬匹)이 수십이 되니, 공억(供億)[28]의 비용이 헤아릴 수 없이 많습니다. 또 사마(私馬)로 갔다가 돌아올 때 인근 고을의 관원들이 말을 증정하는 폐단이 없지 아니하니, 청컨대 사마(私馬)를 타지 말도록 하소서' 하고 건의한 일이다.

28) 공억(供億) : 고을에서 접대하는 일.

다른 하나는 향약(鄕藥)의 의방(醫方)을 편찬하여 널리 민간에 배포할 것을 청하는 것이다. 청릉군이 이미 '세조조(世祖朝)에 『구급방(救急方)』을 찬집(撰集)하였으나, 그 약재(藥材) 중에서 중국에서 나는 것은 백성이 쉽게 얻을 수 없으니, 향약(鄕藥)의 의방(醫方)을 찬집하여 민간에 널리 펴기'를 청하고 승지(承旨) 이경동(李瓊仝)이 '『향약집성방(鄕藥集成方)』이 전에 이미 찬집되었으나, 근자에는 『화제방(和劑方)』을 즐겨 쓰기 때문에 행해지지 않습니다. 또 우리나라 사람이 찬집한 『본초(本草)』에는 그 이름만을 적고 그 형상을 그리지 않았으므로 사람들이 알 수 없으니, 당본(唐本)에 따라 다시 찬집하기를 청한다.'고 하니 임금이 그렇게 하라고 허락하였다고 실록은 기술하고 있다. 병조참판으로서 부패 방지와 민생안전을 돌보는 건의를 한 사실은 백성의 삶에 필요한 사항을 건의하여 시행하게 하는 신료로서의 역할에 충실하고 민본사상을 갖고 계셨음을 알 수 있는 기록이라 할 수 있다.

〈예조참판(禮曹參判) 시대〉

병조참판으로 재직한 지 1년 쯤 되는 시기인 성종 10년 3월 21일 여자신(呂自新)이 병조참판에 임명되고, 청릉군은 이미 봉군된 청릉군(淸陵君)으로 다시 봉군되는 기사가 있는 것으로 보아 보직은 해임되고, 충훈부에서 약 반년 간 청릉군(淸陵君)으로서 역할만 하였던 것으로 여겨진다. 반년의 보직이 없다가 동년 10월 28일 청릉군은 예조참판으로 임명된다.

청릉군께서는 문평공이 돌아가시기 전인 성종 3년 11월에 이미 예조참판으로 임용되어 부자가 육경(六卿)의 지위에 오르신 바 있고, 부친의 사망으로 인해 치상(治喪)을 위해 사직한 바 있다. 그러니까 6년여 만에 다시 예조(禮曹)의 참판(參判)으로 재임용된 것이다. 청릉군은 성종 13년(1482) 6월 3일 황해도 관찰사로 임명되고, 후임 예조참판 김작(金碏)은 10일 뒤인 6월 13일에 임명되었으니 약 2년 8개월가량 비교적 오랫동안 예조참판으로서 봉직하신 것이다.

취임 당시 예조판서는 이승소(李承召, 1422～1484)이다. 이승소는 세종 29년(1447) 식년 문과에 장원으로 급제하고, 청릉군과 함께 성종 2년(1471) 순성좌리공신(純誠佐理功臣) 4등에 책록되었고, 성종 8년(1477) 11월부터 예조판서로 재직한 분이다. 성종 12년(1481) 이승소의 후임 예조판서는 이파(李坡)로 사육신(死六臣) 중의 한 분이신 이개(李塏)의 4촌 동생인 분이다. 이개(李塏)와 이파(李坡) 종형제(從兄弟)는 모두 고려 말의 대 유학자인 목은(牧隱) 이색(李穡)의 증손(曾孫)이다. 정치적 혼란기에 선택에 따라 그 인생의 향로가 어찌되었는지를 보는 것 같다.

예조참판으로 직무수행 중에 왕조실록에 청릉군에 대한 기사는 처음에는 거의 없다가 취임 약 1년 후인 성종 11년(1480) 10월 18일에 일반인에게도 많이 알려진 왕족, 사대부 및 천인들과도 어울린 희대의 간통사건으로 유명한 어을우동(於乙宇同) 사건에서 관련자들의 처벌에 관한 논의 기사에 청릉군도 등장한다.

어을우동(於乙宇同)은 음죽(陰竹)의 양반 집안인 승문원 지사(承文院知事) 박윤창(朴允昌)의 딸로 태어나 곱게 자란 뒤 효령대군의 손자인 태강수(泰康守) 이동(李仝)과 혼인했다. 그러나 이동(李仝)은 아내를 좋아하지 않았던 것 같다. 이동(李仝)은 이혼할 속셈으로 아내 어을우동이 집에 온 은장이와 바람났다고 모함하였다. 조사 결과 무고로 밝혀져서 이동(李仝)은 어우동과 재결합하라는 명을 받았다. 그러나 이동(李仝)은 이를 무시하고 아내를 내쫓았다. 황당한 모함으로 소박을 맞고 홀몸이 된 어을우동(於乙宇同)은 친정으로 돌아갈 수밖에 없었다.

그 후 혼자 살던 어울우동은 다른 왕손들인 세종(世宗)의 신빈(愼嬪) 김씨(金氏) 소생 계양군(桂陽君) 이증(李璔)의 서자 방산수(方山守) 이란(李瀾)과 정종(定宗)의 아홉째 아들 석보군(石保君)의 서손자인 수산수(守山守) 이기(李驥)와 간통한 사실이 들어나 성종 11년 6월부터 조정에서 논의가 시작되었다. 뿐만 아니라 의금부에서는 '박강창(朴强昌), 홍찬(洪璨) 등이 어을우동(於乙宇同)을 간통하고도 굳이 숨기고서 자복하지 않고, 어을우동이 어유소(魚有沼), 노공필(盧公弼), 김세적(金世勣), 김칭(金偁), 정숙지(鄭叔墀), 김휘(金暉), 지거비(知巨非)를 간통하고도 은휘(隱諱, 이름을 숨김)하고서 승복하지 않는다'며 이들을 죄주고 국문할 것을 요청하는 사태로 발전하였다. 의금부(義禁府)에서는 9월 2일 다시 아뢰기를, "태강수(泰江守) 이동(李仝)이 버린 처(妻) 어을우동(於乙宇同)이 수산수(守山守) 이기(李驥)와 방산수(方山守) 이난(李瀾) 외에 내금위(內禁衛) 구전(具詮), 학유(學諭) 홍찬(洪燦), 생원(生員) 이승언(李承彦), 서리(書吏) 오종련(吳從連)과 감의형(甘義亨) 생도(生徒) 박강창(朴强昌), 양인(良人) 이근지(李謹之), 사노(私奴) 지거비(知巨非)와 간통한 죄는 율(律)이 결장(決杖) 1백 대에 유(流) 2천 리(里)에 해당한다."며 강력한 처벌을 요구하기에 이른다. 이 외에도 어을우동의 간통과 관련하여 철산군수(鐵山郡守) 장계손(張季孫), 태강수(泰江守)와 당숙질(堂叔姪) 사이인 밀성군 이침(密城君 李琛)도 탄핵의 대상이 되었다,

이들의 처벌 수위에 관해 여러 논의가 있었는데, 예조참판(禮曹參判)인 청릉군과 한성부 좌윤(漢城府左尹) 이극기(李克基)는 '인주(人主)인 왕이 형벌을 쓰는 것은 마땅히 정률(正律)을 써야 하고, 비율(比律)하여 사람을 죽여서는 안 된다.' 하며 어을우동의 사형을 반대하는 의견을 제시하였다. 그러나 어을우동(於乙宇同) 사건과 관련하여 김종직과 그가 이끄는 사림파 출신 사간원과 사헌부의 언관들과 일부 훈구

파는 간통 관련자들을 계속 공격하며 사형에 처해야 된다는 주장을 하였으나, 일부 훈구파와 종친들은 사형까지는 과하다 하여 중형이나 변방유배, 노비 정속 등을 대안으로 제시하였다.

어을우동과의 추문과 연루된 모든 사람이 그 사실을 부인하는 가운데 방산수 이난(李瀾)만은 사실을 인정하였다. 그 뿐만 아니라 이난(李瀾)은 오히려 어을우동을 변호하면서 간통한 자들을 자복하라 권하여, 어을우동이 앞서 언급된 고급관리들인 어유소(병조판서), 노공필(우찬성), 김세적(형조참판), 김칭(부평부사), 김휘(도사 都事), 정숙지(장예원판결사)를 지목하였으나, 사대부 출신인 이들은 모두 증거(左驗)가 없다며 처벌을 면(免)하고, 오로지 어을우동(於乙宇同)만 교형(絞刑)에 처해 목숨을 잃게 되었다. 권력과 입을 가진 자들은 결국 빠져나가는 처리 방식은 예나 지금이나 대동소이(大同小異) 한 듯하다. 과연 역사에서 정의(正義)가 살아날 수 있는 날은 언제이며, 과연 살아날 수 있는 것이긴 한 것인가?

청릉군은 예조참판 재직 시기인 성종 12년 4월 26일 상평창(常平倉)을 설치하는 것이 백성들의 삶에 편할지 여부를 결정하는 의논에 참여하여 상평창 운영이 '부자(富者)는 반드시 그 이익을 볼 것이지만, 가난한 자는 반드시 그 혜택을 입지 못할 것'이라며 그 부작용에 대한 의견을 제시한 바 있다.

상평창(常平倉)이란 고려 때에도 시행한 바 있는 아주 훌륭한 제도이기는 하다. 흉년에는 백성들을 구하고, 풍년에는 농민들이 손해를 입지 않도록 한다는 정책에서 나온 것이다. 풍년에 곡가가 떨어지면 관에서 시가(市價)보다 비싸게 미곡을 사 두었다가 흉년에 곡가가 오르면 싸게 방출함으로써 곡가를 조정, 백성들의 생활을 돕고자 한 제도이다. 구체적으로는 곡가가 등귀할 때에 장기간 보관이 용이한 포(布)를 사들였다가, 곡가가 저락(低落)할 때에 보관된 포(布)로 염가의 미곡을 구매하여 곡가의 안정을 이루려는 정책이다. 궁극적으로는 이렇게 구매하여 저장한 곡물로 자연 재해 등으로 농민들의 삶이 어려워지면 국가가 상평창의 곡물로 구휼하는 것이 이 제도의 설립 목적이다. 그러나 상평창의 곡물에는 이자 10%를 납부하도록 되어 있어 청릉군께서 예견한 바와 같이 16세기 조선 중기로 넘어가면 상평창은 부패한 관리들의 고리대금업으로 변질하여 훗날 조선의 환곡제도가 문란해지는 원인이 된 것이다. 안타까운 일이 아닐 수 없다.

청릉군의 참판으로서 마지막 기록은 왕의 인장을 위조하여 차첩(差帖)[29]을 발급한 신정(申瀞)의 친필여부의 확인과정에서 신정(申瀞)이 승지와 병조참의, 이조참판,

29) 차첩(差帖) : 조선시대에 중앙 및 지방에서 관원을 임명할 때 발급한 인사 문서.

공조참판이 되었을 때의 동료(同僚)와 당상관(堂上官) 낭청(郎廳) 등을 불러서 위조한 차첩(差帖)의 필적(筆跡)을 확인할 때 이극배(李克培), 강희맹(姜希孟), 양성지(梁誠之), 이극증(李克增), 한계희(韓繼禧), 윤계겸(尹繼謙), 유지(柳輊), 호산군(湖山君), 이현(李鉉), 김자정(金自貞), 이우보(李祐甫), 윤기반(尹起磻), 안호(安瑚), 윤석보(尹碩輔), 송영(宋瑛), 유문통(柳文通), 신수근(愼守勤), 서규(徐赳), 이창신(李昌臣), 정이교(鄭以僑), 이복선(李復善) 등과 함께 한명의 동료로서 청릉군도 확인하여 주었다는 기록이다.

신정(申瀞)은 세조(世祖) 이래로 조정의 가장 큰 세력을 형성한 신숙주(申叔舟)의 4남으로 몇 번에 걸쳐 부패와 관련하여 문제가 제기되었지만, 원훈(元勳)의 자손이라 하여 왕명에 의하여 그 죄과를 묻지 않았다. 수차례에 걸쳐 탄핵을 요구하여도 왕은 오히려 새로운 벼슬을 내리고, 그러면 그 벼슬을 거두라고 또 다시 대관이 상소하여도 왕은 오불관언(吾不關焉) 하였다. 그러다 왕의 인장을 위조하여 차첩을 내리는 범죄에 까지 이르자 결국 성종(成宗)도 어찌하지 못하고 신정(申瀞)을 사사(賜死)하고, 공신(功臣)을 삭탈(削奪)하며, 자손들은 금고(禁錮)에 처한다는 전지를 내리기에 이른 것이다.

청릉군께서 신정(申瀞)의 친필을 확인하여 준 이틀 후에 성종은 다음과 같은 명령을 내린다. "신정(申瀞)은 원훈(元勳)의 아들이고 자신도 또한 친공신(親功臣)이며, 여러 번 사유(赦宥)가 지났으므로 혹은 '의공(議功)[30]이니 용서할 만하다.'고 하고, 혹은 '믿음(信)을 잃어서는 안 되니, 마땅히 사형을 용서해야 한다.'고 한다. 짐인들 어찌 보전(保全)하고 싶지 않겠는가? 그러나 인문(印文)을 위조(僞造)하는 것은 보통 사람도 차마 할 수 없는 것인데, 신정(申瀞)은 이를 하였으니 간사(奸詐)하고 무상(無狀)하기가 지극하다. 그런데도 신정(申瀞)은 도리어 이를 숨기려고 하여 거짓말을 꾸며 상서(上書)까지 하고, 승지(承旨)를 보내어 친문(親問)하였을 때에도 사실을 자백(自白)하지 않다가 마침내 고신(拷訊)하기에 이르러서야 자백하였으니, 임금을 속인 것이 이보다 심할 수가 없을 것이다. 이런 자를 베지 않는다면 사람들이 어떻게 징계하겠는가? 악(惡)을 징계하는 것은 마땅히 귀현(貴顯)한 자로부터 시작해야 할 것이다. 그러므로 이를 사사(賜死)하고, 공신적(功臣籍)에서 삭제하며, 자손들을 금고(禁錮)한다."고 서신으로 된 명령서를 내리고, 신정(申瀞)은 사형을 당하게 된다.

유학(儒學)을 하는 자로서 어찌 공자의 이 교훈을 잊었는가? 공자는 역경의 계사

30) 의공(議功) : 나라에 큰 공로가 있는 사람이나 그 자손이 처벌을 받게 될 때, 그 형의 경감을 의정(議定)하는 일.

(繫辭) 하전(下典)에서 "선행(善行)을 쌓음이 충분하지 않으면 그로써 이름을 이루기에 충분하지 않고, 악행(惡行)을 일삼는 것이 충분하지 않으면 그로써 몸을 망치기에는 충분하지 않다. 소인(小人)이 작은 선행으로 이익 없다고 하려고 하지 않으며, 작은 악행으로 몸을 상하게 않는다고 버리지 않는지라, 따라서 악(惡)이 점점 쌓여서는 숨길 수가 없게 되며, 죄악이 커져서 어찌할 수가 없게 되는 것이다." 라고 역(易)의 서합괘(噬嗑卦) 상구(上九) 효사(爻辭)의 '두터운 항쇄(項鎖)가 채워져 귀가 보이지 않는다. 흉(凶)하다.'를 가지고 이러한 가르침을 주셨던 것이다. (善不積이면 不足以成名이오, 惡不積이면 不足以滅身이니, 小人이 以小善으로 爲无益而弗爲也하며, 以小惡으로 爲无傷而弗去也라. 故로 惡積而不可掩이며, 罪大而不可解니, 易曰 何校ᄒᆞ야 滅耳니 凶이라하니라.)

원훈의 자손으로 악이 쌓여 피할 수 없는 길에 이르러 사사(賜死)의 지경에 이르렀으니 그 인생도 참으로 불쌍하도다!

21. 황해도 관찰사(黃海道觀察使)

- 천려일실(千慮一失) -

형조, 호조, 병조, 예조의 참판직을 수행하고 성종 13년(1482) 6월 약 5년 반 만에 황해도의 관찰사로 임명되어 중앙 관직에서 다시 지방의 수령으로 새로운 출발을 하기 위해 한양을 떠났다. 황해도 관찰사로 재직 중 약 10개월 동안 청릉군에 대한 기사는 없다. 그러다 성종 14년 3월 그믐에 대왕대비(大王大妃) 정희왕후(貞熹王后)가 승하하자 수하의 도사(都事)를 보내 빈전(殯殿)에 향(香)을 올렸다는 기사가 있다. 그리고 임기가 다하도록 왕조실록에 청릉군에 관한 기사는 없다. 아마도 지방 수령으로 무난하게 직무를 수행하였기에 조정에서 특별하게 언급할 사항이 없었던 것으로 판단된다.

임기가 거의 끝나갈 무렵 청릉군에게 천려일실(千慮一失) 사고가 발생한다. 이로 인해 인생에 오점을 남기게 되고, 청릉군을 폄훼(貶毁)하고자 하는 무리들에게 말을 만들 구실을 주게 되었다. 청릉군은 내수사(內需司)에 소속된 종(奴)인 두을언(豆乙彦)에게 부역을 면제한 서류인 복역 입안(復役立案)을 문제 삼아 장형(杖刑)을 가하였는데, 이 자가 3일 후 사망하고, 주변의 사람들이 중앙의 조정에 알려 문제가 발생하게 된 것이다.

내수사(內需司)는 궁중에서 쓰는 미곡, 포목, 잡화 및 노비 등에 관한 일과 고려 왕실로부터 내려온 왕실의 재산과 함경도 토호(土豪)였던 이성계(李成桂)의 사유재산 등 광대한 조선왕실 소유 사유, 토지 등 왕실 사유 재산의 관리를 맡아 처리하는 정5품 아문(衙門)이다. 그러나 실제로 내수사(內需司)는 왕(王)과 왕비(王妃)의 사금고 역할을 하는 기관으로 왕과 왕비 측근 내시들이 관장하는 기구였다. 내수사(內需司)는 면세의 특권을 부여받은 내수사 소유 전답과 다수의 외거(外居) 노비(奴婢, 조선 왕조에서는 개인 소유 노비도 개인 재산으로 간주 됨) 및 염분(鹽盆, 바닷물을 고아 소금을 만들 때에 쓰는 큰 가마) 등을 소유해 많은 재산을 보유하고 있었다. 더욱이 세종대왕 이후 내수사(內需司)는 재산을 확대하면서 왕실 세력을 배경으로 불법적으로 백성들의 토지와 노비를 침탈하여 그 자체가 하나의 거대한 독립적인 재정 기구로 성장해 갔다. 이와 같이 절대 권력이 뒷받침을 받는 내수사에 소속된 관원은 물론이고, 내수사에 속한 노비들은 사노비나 관청의 공노비에 비해 부담이 적었고,

이들이 관원인 양 월권을 하여도 누구도 손대기 쉽지 않았다.

이런 상황에서 내수사의 종을 다스리려니 엉덩이에 뿔이 난 노비들이 관속(官屬)들의 말을 순순히 따르지 않았을 것은 자명한 사실이고, 청릉군은 이를 처리하려다 사고가 발생한 것이다. 그러나 어찌 되었든 사람이 죽는 사고가 발생하였고, 이것이 발고(發告) 되고는 조정에서 문제 삼지 않을 수도 없는 일이었다. 조정에서는 경차관(敬差官) 정성근(鄭誠謹)[31]을 보내 조사를 하게 하였는데, 이 과정에서도 설상가상(雪上加霜)으로 조사 나온 정성근과 문제가 발생하여 일은 더 꼬이게 된 것이다. 결국 청릉군은 관찰사를 사임하고 의금부(義禁府)로 넘어가 조사를 받게 되었다.

조사 결과 의금부에서 장(杖) 80대를 속(贖)[32]바치게 하고, 고신(告身)[33]을 박탈하는 것으로 마무리 지을 것을 건의하였다. 왕은 의정부(議政府)와 영돈녕(領敦寧) 이상에게 이 문제를 논의하여 의견을 제시할 것을 지시하였다. 영의정(領議政) 정창손(鄭昌孫)은 '내수사의 종은 신역(身役)을 시키지 말도록 이미 교지(教旨)가 있었는데, 그에게 장(杖)을 때렸으니 죄는 있다. 그러나 법에 따라 형벌을 집행하다가 우연히 죽은 것이니 논하지 말 것이며, 또 조사과정에서의 문제는 사사로운 호소이니 이를 가지고 처벌하는 것은 과중(過重)한 듯하다.' 하였다. 좌의정(左議政) 윤필상(尹弼商)은 '사정을 헤아려 보면 다만 분함으로 인하여 망령되게 한 짓입니다. 그러나 대신이 죄가 있는데도 만약에 가볍게 논한다면 이 뒤에 어찌 징계하겠습니까? 직첩(職牒)을 거두어서 뒷사람을 경계하는 것이 어떻겠습니까?' 하였다. 선성부원군(宣城府院君) 노사신(盧思愼)은 '옳고 그름을 묻지 아니하고 즉시 장(杖) 1백 대를 쳤으니, 이는 반드시 두을언이 무례하고 공손하지 못함으로 인하여 분함을 이기지 못한 소위(所爲)이고, 공사(公事)에서 나온 것이 아닌 듯하고, 관찰사(觀察使)는 한 지방을 통솔하는 임무인데, 이 같은 미천(微賤)한 사람이 모두 악함을 부릴 수 있다면 김순명이 참지 못할 뿐만 아니라, 윗사람을 업신여기는 조짐 또한 기르게 할 수 없습니다. 하물며 율(律)에 의거하여 논죄하다가 우연히 죽음에 이르게 된 것이니, 법을 굽혀 형벌한 것이라 이를 수 없을 것이다.'라고 하였다. 이러한 논의 끝에 왕은 청릉군에게 직첩(職牒)만 거두는 것으로 마무리 하려 하였다. 그러자 지평(持平) 이녹숭(李祿崇)[34]이 장(杖) 80대를 속(贖)바치는 것을 면하는 것은 부당하다고 주장하며

31) 정성근(鄭誠謹) : 본관은 진주이고, 김종직의 문인으로 1474년(성종 5) 식년시 문과에 급제, 승정원우부승지를 거쳐 승정원좌부승지로 있을 때 해주목사로 재직할 때의 부정 사실로 탄핵을 받았다. 후에 다시 기용되었으나 갑자사화에 연루되어 참수되었다.

32) 속(贖) : 형벌 대신 재물이나 노력 등을 바치는 것.

33) 고신(告身) : 직첩(職牒).

34) 이녹숭(李祿崇) : 본관은 전의이고, 1475년(성종 6) 친시 문과 등과자로 지평(持平), 장령(掌令)을 거쳐 사섬시정(司贍寺正)을 지냈다.

물고 늘어지자 왕도 할 수 없이 원래 의금부의 건의대로 시행하게 되었다. 비록 신분이 사유의 재산으로 취급되던 노비라 하드라도 인명은 귀중한 것이고, 선조(先祖)의 일이라 아쉬움은 있지만 왕조시대에도 인명을 얼마나 중요하게 다루었는지를 알 수 있는 사건이기도 하다.

사건이 마무리 되고 약 10개월 후인 성종 15년 7월 3일, 조선시대 역모에 관련된 사건이 아닌 죄에 연루되어 처벌된 많은 고위 관리의 징계 후 처리 방식과 마찬가지로 청릉군도 고신(告身)을 돌려받고 청릉군(淸陵君)의 자격으로 국가 원로로서의 지위를 회복하였다.

성종 16년(1485) 4월 13일 용산강의 막힌 물길에 대해 재상들에게 의논케 하였는데, 이 논의에 청릉군(淸陵君)이 참여한 것으로 복권되어 국가 원로로서의 역할을 수행하였음을 확인할 수 있다. 그러나 여하간 말 많은 세상에서 청릉군(淸陵君)의 이력을 조회하면 내수사 종의 처벌과정에서 문제가 발생하였다는 이 불명예스런 일이 꼭 따라 다니는 것은 참으로 아쉬운 일이 아닐 수 없다.

청릉군(淸陵君)께서는 약주(藥酒)를 즐기셨던 듯하다. 병조참판 시절(성종 9년 12월 10일)에도 청릉군이 약주를 드신 것에 대해 왕의 질책을 받았다는 기사가 한차례 있었다. 술(酒)이란 필요악인가? 조선시대에 수시로 금주령이 내리고 해제되기를 반복하였다. 술은 알곡으로 빚는 것이기에 금주는 흉풍(凶豊)과도 연관은 있다. 당시에 왜 금주령이 발동되었는지는 알 수 없으나 성종 17년(1486) 2월 29일 청릉군은 권감(權瑊) 이숭원(李崇元)과 함께 왕에게 술을 마셔서 금법(禁法)을 범하였으니 대죄(待罪)하기를 청한다고 하는 기록이 있다. 자세한 사정이야 알 길이 없지만 스스로 대죄를 청한 것은 아마도 금주령이 내려진 시기에 음주하였다고 관료들 간에는 이미 꽤 뒷말이 무성하였던 것으로 추측은 할 수 있다. 그러나 왕은 "인근의 재상(宰相)에게 문병(問病)하느라 서로 왕래하다가 함께 술 한 잔 마신 것을 모여서 술을 마시며 음주를 즐긴 것이라 할 수는 없으니 대죄하지 말도록 하라."고 관용을 베풀고자 하였다. 하지만 조선시대 관리들의 조그만 꼬투리라도 생기면 탄핵을 일삼던 언관(言官)들이 이런 문제에 대해 가만히 있을 리 없다. 지평(持平) 반우형(潘佑亨)[35], 대사헌(大司憲) 이경동(李瓊仝)[36] 등이 계속하여 사리를 아는 재상들이 금주의 법을 어겼다며 문제를 제기하였다. 그러자 왕은 그들이 법을 어기었는지 사람을 시켜 조사한

35) 반우형(潘佑亨): 본관은 거제(巨濟), 1474년(성종 5) 식년 문과 급제, 중종반정으로 정국공신 4등, 동지중추부사·한성부 좌윤·한성부 우윤 등에 올랐다. 갑자사화, 기묘사화로 유배되었다.

36) 이경동(李瓊仝) : 본관은 전주(全州), 1462년(세조 8) 식년 문과 급제, 호조참판, 예조참판 형조참판, 병조참판을 역임하고, 1486년에는 대사헌을 지냈다.

결과, 권감(權瑊)이 '병 때문에 약술(藥酒)을 마시는데 이웃에 사는 이숭원(李崇元)과 김순명(金順命)이 마침 왔으므로 한 잔을 함께 마시고 헤어졌다.'고 해명하였다며 언관들의 의견을 가납하지 아니하고 이 음주 문제는 더 이상 확대되지는 아니하였다. 하지만 모든 행동을 조심하여야 하는 관료로서 남의 입줄에 오른 사실은 유쾌한 일일 수 없는 것도 사실이다.

청릉군이 문병한 화천군(花川君) 권감(權瑊, 1423～1487)은 문평공 생전에 받았던 시(詩)를 청릉군에게 돌려주어 김종직(金宗直)이 서김판서소시후(書金判書小詩後)를 쓰게 만든 분으로 이미 '지극한 효자'에서 언급된 분이다. 그는 문과 출신이 아니면서 도승지가 된 인물로 병조와 이조판서를 지내셨다. 그는 남이(南怡)의 옥사(獄事)에도 관여하여 추충정난익대공신(推忠定難翊戴功臣) 3등에 책훈되기도 하였고, 성종 즉위 후에는 좌리공신(佐理功臣) 1등에 봉해졌다. 문병에 동행한 이숭원(李崇元, 1428～1491)은 본관이 연안(延安)이고 단종 1년 증광(增廣) 문과(文科) 급제 후 여러 관직을 거쳐 우참찬(右參贊)과 형조와 병조판서를 지냈다. 성종 즉위 후 좌리공신(佐理功臣) 3등에 책훈되었으며, 사후인 중종시기에 청백리(淸白吏)로 녹선(錄選)된 분이다. 세분 모두 좌리공신(佐理功臣)이시고, 연배는 다르시나 원만한 관계를 가지고 평생을 함께 우의를 나누며 사셨던 것 같다.

22. 생을 마감하시다

청릉군(淸陵君)은 조선 왕조에서 가장 안정적 시기이었던 세종 17년(1435) 식년 문과를 장원으로 급제하고, 장래가 촉망되던 낭관(郎官)이시던 문평공의 사남으로 유복한 가정에서 태어나시었다. 평이(平易)한 삶 속에서 천명(天命)을 기다리는 마음으로 19세 어린 나이에 사마시(司馬試)에 급제하였으나, 문과(文科)를 응시할 때에는 단종(端宗)이 강제로 퇴위당하고 새로운 권력 집단이 형성되는 혼란한 시기이었다. 이러한 권력의 큰 혼란기에 새롭게 집권한 세조(世祖)가 새로운 인재(人才)들을 구할 때인 세조 2년(1456) 청릉군(淸陵君)은 병자(丙子) 식년시(式年試)에 22세의 발랄한 청년이 되어 급제하며 꿈 많은 인생을 출발하였다. 세조의 총애를 받는 신진 사대부로서 출발한 인생은 여러 우여곡절을 겪으며 겨우 53년을 사시고 길지 않은 인생을 마감하시었다.

청릉군(淸陵君)과 동시대를 살았던 분들은 청릉군의 인생을 어떻게 평가하고 있는지 자못 궁금해진다. 청릉군과 함께 병자식년시 문과에 급제하고 대제학을 지낸 어세겸(魚世謙)의 평가는 매우 긍정적이다. 어세겸은 청릉군의 신도비문에서 청릉군의 인생을 아래와 같이 기술하고 있다.

'공(公)은 성품이 굳세고 바르며 욕심이 없고 마음이 깨끗하여 가무와 여색(女色)을 좋아하지 않았으며, 집안에는 첩(妾)을 두지 않았다. 효성(孝誠)은 하늘에 이르러 관직의 일로 바빠 아침저녁으로 짬을 내기 힘들어도 조석 문안을 거르는 일이 없었으며, 때를 맞추어 달고 맛있는 음식을 부모님께 드리고, 명이 없으면 집(私第)으로 돌아가서 잠자는 일이 없었다. 여러 형제들과는 우애가 돈독하여 사랑함과 순종함이 지극하여 사람들이 형제간을 이간하는 말을 할 수 없었다. 벗(朋友)들과는 믿음으로 사귀었고, 공무를 처리하는 데는 삼가고 정성(謹以恪)으로써 하였다. 의논(議論)하여 가부(可否)를 처결하는 데는 물 흐르듯 순리를 따랐고, 평생에 영리(營利)에 관련된 일을 하지 않았으며, 생활은 매우 검소하고 간략하였다. 돌아가신 후 염습하고 입관할 물자가 없었는데 이는 공의 지조와 청빈한 생활의 결과이었다. 아아! 슬프도다. 하늘은 어찌 이런 사람에게 천수(天壽)를 내려주시지 않았는가? 지위(地位) 또한 현달(顯達)하였다 말할 수 없으며, 가세는 궁색한 가운데 돌아가셨으니 하늘이 보답하고 베푸는 것이 어찌 이러하단 말인가? 비록 그러하다 할지라도 재주와 행실이 융성하

고 명성이 현저하니 이 또한 더 덧칠할 필요가 없는 성대로운 일인 것이다.'

비석에 새겨진 글이니 조금은 선의(善意)로 기술되었을 것이라는 사정을 감안하드라도 부모(父母)에게 효도(孝道)하고, 형제(兄弟)간에 우애(友愛)로우며, 벗들과는 믿음으로 사귀고, 재물(財物)을 탐하지 않으며, 공정한 일처리로 순리에 따르는 유학(儒學)의 가르침을 평생을 실천하신 모범적 인간상을 그리고 있다. 유학(儒學)의 명제(命題)가 과장(誇張)은 있을 수 있으나 거짓은 말하지 않는 규범을 생각한다면 대제학의 이 말씀은 실로 귀한 것이 아니라 할 수 없다.

주요 인사가 사망하면 왕조실록에 졸기(卒記)를 싣는다는 사실은 문평공 졸기에 관해 이야기 할 때 이미 기술한 바 있다. 졸기(卒記)의 기술 형식과 내용은 다양하다. 단순하게 사망 소식만을 싣는 경우도 있고, 사적(事蹟)과 평가(評價)까지도 싣는 등 다양하다. 원칙적 입장에서 보면 졸기가 사망한 분의 객관적 역사의 평가라고도 할 수 있으나 실제로는 꼭 그렇다고 하기엔 대부분 인사들의 졸기를 보면 문제가 많이 있음도 이미 지적한 바이다. 청릉군의 졸기는 아래와 같다.

'청릉군(淸陵君) 김순명(金順命)이 졸(卒)하니, 조제(弔祭)와 예장(禮葬)[37]을 예(例)대로 하였다. 김순명의 자(字)는 거이(居易)이고, 본관은 청풍(淸風)인데, 호조판서(戶曹判書) 김길통(金吉通)의 아들이다. 단종 원년(1453)에 나이 19세로 생원시(生員試)에 합격하고, 병자년(1456 세조 2년)에 식년(式年) 문과(文科)에 급제하여 교서관 정자(校書館正字)에 보임(補任)되었다. 세조 5년(1459)에 승정원 주서(承政院注書)로 전임(轉任)되고, 세조 7년(1461)에 성균 주부(成均注簿)로 승진하였으며, 세조 8년(1462)에 호조좌랑(戶曹佐郞)으로 전임되고, 세조 10년(1464)에 정랑(正郞)으로 승진하였다. 세조 13년(1467)에는 이시애(李施愛)의 반란 때 토벌에 참가하여 공을 세워서 정충출기적개공신(精忠出氣敵愾功臣)에 책록되고, 계급을 뛰어 올려 군자감정(軍資監正)을 제배(除拜) 받았다. 예종 원년(1469)에 통정대부(通政大夫) 장례원 판결사(掌隸院判決事)로 승진되고, 성종 원년(1470)에 승정원 동부승지(承政院同副承旨)를 제배 받고, 성종 2년(1471)에 좌부승지(左副承旨)로 전임되고, 순성좌리공신(純誠佐理功臣)에 녹훈되었으며, 가선대부(嘉善大夫) 예조참판(禮曹參判)으로 승진하고, 청릉군(淸陵君)에 봉(封)해졌다. 성종 7년(1475)에 전라도관찰사(全羅道觀察使)를 제배 받고, 성종 8년(1477)에 형조참판(刑曹參判)을 제배 받았고, 이어 호조(戶曹), 병조(兵曹), 예조(禮曹)의 참판(參判)을 역임하

37) 예장(禮葬) : 종친(宗親) 대신(大臣) 등이 죽었을 때 나라에서 예를 갖추어 거행하는 장사. 왕비(王妃)의 부모·빈(嬪) 귀인(貴人) 대군(大君) 왕자군(王子君) 및 그의 부인 공주, 옹주, 의빈(儀賓), 종친(宗親) 종2품 이상, 문무관 종1품 이상 및 공신(功臣)이 해당되고, 이외에는 임금의 특지(特旨)가 있는 경우에 한하였음.

였다. 성종 13년(1482)에 황해도 관찰사(黃海道觀察使)를 제배 받았다가 성종 14년(1483)에 사건으로 파직(罷職)되었으나, 성종 16년(1485)에 다시 청릉군(淸陵君)으로 봉작되었다. 오늘에 이르러 졸(卒)하였는데, 나이는 53세이다. 시호(諡號)는 공양(恭襄)이니 일을 조심해서 하여 윗사람을 받든 것(敬事供上)을 공(恭)이라 하고, 일로 인하여 공을 세운 것(因事有功)을 양(襄)이라고 한다. 사람됨이 평안하고 조용하여 성색(聲色, 가무와 여색)을 좋아하지 않았고, 스스로 생활해 나가는 데에 검약하여 가산(家產)을 늘리거나 생업(生業)을 하는 것을 일삼지 않았다. 그러나 가정에서의 처신이 법도가 없어 봉록(俸祿)이 조금도 아내에게 미치지 않았다.

졸기의 앞부분은 객관적 사실의 기록이고, 뒷부분은 평가라 할 수 있다. 평가 부분도 대체로 어세겸(魚世謙)의 비문과 궤를 같이한다. 그러나 마지막 한 구절이 이해하기 힘든 부분이다. 개인의 가정사를 어떻게 알고 국가 공식 문서인 왕조실록의 기사를 썼을까 의문을 제기하지 않을 수 없다. 졸기 끝에 붙인 사신(史臣)의 논평은 더욱 고약한 입에 담기도 부끄러운 지극히 불효자라는 참으로 어처구니없는 글을 남겨놓았다. 청릉군(淸陵君)의 졸기에 사관들의 이런 엉뚱한 코멘트를 보면서 청릉군이 돌아가신 이후 많은 선비들이 화를 입은 무오사화(戊午士禍)를 떠올리지 않을 수 없다. 사화(士禍)의 발생과정을 살펴보면 이 엄청난 사화가 소문에 불과한 일들을 객관적 검증 없이 사초(史草)에 싣는 관행(慣行)에서 비롯되었음을 알 수 있다.

성종실록의 편수관이 된 좌찬성(左贊成) 이극돈(李克墩)이 김일손(金馹孫)의 사초(史草)에 자신이 '전라도 관찰사 시절 정희왕후의 상중(喪中)에 장흥군 기생과 놀아났다.'는 등의 자신을 비아냥거리는 기록이 있음을 알고 이를 수정하여 달라고 요청했으나 거절당하였다 한다. 그러자 김일손(金馹孫)에게 압력을 가하기 위해 그의 스승인 김종직(金宗直)과 여러 문제로 앙숙 관계인 유자광(柳子光)을 부추기고, 소인배 유자광은 이틈을 타고 끼어들어 자신에게 모욕을 주었다고 앙앙불락 하던 김종직에게 복수할 기회로 삼게 된다. 유자광은 김종직의 조의제문(弔義帝文)을 김일손이 사초에 올린 것을 문제 삼아 당시 사림파들의 견제를 못마땅해 하던 연산군(燕山君)을 부추겨 많은 사류들에게 참화를 입히게 한 것이다.

사화(士禍)의 시초는 지극히 개인적인 것에서 시발하였다는 것은 아이러니가 아닐 수 없다. 개인적 원한을 풀기 위해서는 그럴듯한 명분이 필요하다. 이극돈과 유자광이 김종직 일파에게 타격을 가할 명분으로 찾은 것이 김종직이 쓴 조의제문이었다. 조의제문(弔義帝文)은 억울하게 죽은 중국 초(楚)나라 의제(義帝)를 조문하는 글인데, 이는 곧 단종(端宗)을 몰아낸 세조(世祖)를 비유하여 폄하하는 글이라고 정의하고, 이를 연산군에게 알려 사초로 올린 김일손과 이와 관련되거나 이를 알고도 왕에게 보고하지 않았다는 명분으로 광범위하게 사림의 신진사류를 제거하게 된다. 이 글을 쓴 김종직은 이미 죽었는데 부관참시하고 그 제자들 상당수가 큰 화를 당하게 된다. 무오사화 이후 사류들은 작당하여 서로가 물고 물리는 싸움을 하면서 이는 당쟁으로 발전하여 조선이 망할 때까지 당쟁으로 얼룩지게 된다. 그러나 다행스럽게도 청릉군은 물론이고 김일손과 긴밀하게 관계를 유지하던 청풍군도 사화에 피해를 입지 않고 잘 지나가셨다.

지극한 효자 편에서 언급한 바와 같이 청릉군(淸陵君)은 김종직(金宗直)이 공자(孔子)의 제자 중 지극한 효자(孝子)라는 증자(曾子)와 비견할 효자로 평가하였다고 이미 기술한 바 있다. 당시 대제학(大提學)이던 어세겸(魚世謙)도 비문에서 효자라고 평가와 더불어 시묘생활도 '아버님께서 돌아가시니 예도(禮度)가 지나쳐 몸이 상하도록 슬퍼하였다. 3년 동안의 시묘(侍墓)생활 중에는 몸소 찬구를 들고(躬操饌具) 새벽과 저녁에 묘에 올라갔는데, 날이 차거나 덥거나 또는 비가 오나 눈이 오나 한결같이 더욱 돈독하게 게으르지 않고 시묘하였으니 사람들이 모두 어려운 일을 하였다고 하였다.'라고 기록하고 있다.

이에 반해 왕조실록의 사관은 소문이라 핑계대면서 선비로서는 있을 수 없는 일을 암시하는 추잡한 언사를 졸기 뒷부분 사관의 평가란에 실은 것이 과연 객관적 역사의 평가일까 의문을 제기하지 않을 수 없다. 그런데 이러한 사실을 크게 놀라워 할 필요도 없다. 이러한 부정적 언사가 청릉군에 한정된 것이 아니라 왕조실록의 졸기의 대부분이 그러하다는 것은 이미 문평공 졸기를 평가하며 기술한 바 있기 때문이다. 언관들이나 사관들에게는 아마도 누구에게라도 칭송의 말뿐 아니라 꼭 결점도 포함시켜야 된다는 강박관념이 있지 않나 하는 의문도 제기하여 본다. 이러한 행태는 결코 과거의 일이 아니라 오늘날의 소위 식자라는 자들의 행태에서도 그런 류의 글을 심심치 않게 목도하며, 인간의 본성이 그런 것은 아닌가 하는 인간성에 대한 회의도 품어 본다.

졸기에 공양(恭襄)이라는 시호(諡號)가 내려졌는데, 일을 조심해서 하여 윗사람을 받든 것(敬事供上)을 공(恭)이라 하고, 일로 인하여 공을 세운 것(因事有功)을 양(襄)이라고 한다고 하였다. 그러나 비문과 족보에 의하면 어진 이를 밀고 사양할 수 있음(推賢讓能)을 공(恭)이라 하고, 전장에서 큰 공로가 있음(甲胄有勞)을 양(襄)이라 이른다 하여 졸기와는 차이가 있다. 이러한 차이는 아마도 새로운 논의과정을 통하여 비문과 같이 수정된 것으로 추론되며, 그 결과로 족보에서는 수정된 내용을 기록하였을 것으로 이해하는 것이 옳을 것 같다. 비문(碑文)에서는 시호(諡號)와 함께 생전에 얻으시길 원하셨을 예조판서(禮曹判書)의 증직(贈職)도 내리셨다고 기록하고 있다.

청릉군의 삶을 후손된 입장에서 되돌아보며 참으로 아쉬운 일은 황해도 관찰사 시절 천려일실(千慮一失)로 시작된 시련이 고신을 돌려받고 청릉군(淸陵君)에 복작(覆爵)되며, 끝난 것이 아니고 엉뚱하게도 문병을 갔다가 술 한 잔 하신 것이 또 문제가 되면서 남의 입줄에 오르게 된 것은 참으로 어처구니없는 일이었다. 그 때문인가? 복작되신 후로부터 1년도 되지 않아 53세를 일기(一期)로 한 많은 생을 마감하시게 된 점이다. 개인적인 문헌이 전해지고 있지 않아 청릉군께서 이 사태에 대해 무슨 소회를 가지고 계셨는지는 알 길이 없으나, 문과(文科) 동방(同榜)이신 대제학의 신도비(神道碑) 명문(銘文)이 후손들이 갖는 청릉군 전 생애에 대한 아쉬움을 잘 나타내 주고 있어 청릉군의 삶을 반추하는 기록의 마지막으로 싣는다.

영영군자 英英君子 공은 영걸스러운 군자이시니
정출이륜 挺出離倫 태어나며 다른 이와 다르셨도다.
분평문예 奮平文藝 분발하여 문예에 힘쓰셨고
양명입신 揚名立身 이름을 날리고 몸을 세우셨도다.
효우이가 孝友而家 효도와 우애로 집안을 다스리니
이순이친 以順以親 집안은 유순하고 친밀하였도다.
출입설로 出入設勞 조정에 들고 남에 노고가 많으셨고
극간극신 克艱克辛 어렵고 쓰라린 일 모두 극복하였도다.
재삽훈맹 再插勳盟 공신에 두 번이나 오르셨으니
윤의거린 允矣巨鱗 진실로 큰 인물이라 아니할 수 없도다.
유가유자 惟家有子 집에서는 아들의 도리를 다하시고
유국유신 惟國有臣 나라에서는 신하의 도리를 다하셨도다.
천불계년 天不畀年 하늘은 수명을 많이 주시지 않았으니
희오십춘 噫五十春 슬프도다. 겨우 오십 여년 춘추로다.
미종궐시 靡終厥施 마침내 그 베풀 것 다 못 푸시고
이부후인 以付後人 나머지는 후인에게 부탁하셨으니
불오자존 不朽者存 영구히 사라지지 않는 덕이 있어
미구이신 彌久而新 세월이 지날수록 더 새로워지리라.
아명비유 我銘丕諛 내 비명이 아첨함이 아니니
시차정민 視此貞珉 이를 보고 공을 본받을 지어다.

청릉군 이시여! 영원히 안식 하소서!

《문평공(월천군)과 청릉군(공양공)의 연대표》

서기	문평연세	공양연세	월천군/문평공	청릉군/공양공	주요 사건
1392					조선 건국, 1394 한양 천도
1398					제1차 왕자의 난, 9월 정종(방과) 등극
1400					1월 제2차 왕자의 난, 11월 태종(방원) 등극
1408	1		출생(出生)		5월 태조 이성계 사망
1409	2				태조실록 편찬
1410	3				
1411	4				
1412	5				
1413	6				거북선 기록 처음 등장
1414	7				8도 체계 완성/육조 직계제
1415	8				
1416	9				4군 설치(완성 1449)
1417	10				향약구급방 편찬
1418	11				8월 태종 세종에게 양위
1419	12				이종무 대마도 정벌, 정종(定宗) 사망
1420	13				집현전(集賢殿) 설치
1421	14				집현전 확대 개편
1422	15				5월 태종 이방원 사망
1423	16				조선통보(朝鮮通寶) 주조.
1424	17				
1425	18		장남(순경) 출생		2월 처음 동전을 사용, 4월 저화 사용을 금지
1426	19				

1427	20				
1428	21		차남(순리) 출생		
1429	22		사마시(생원)		정초(鄭招), 사직설(農事直說) 편찬
1430	23				
1431	24		3남(순생) 출생		
1432	25		문과 장원/의영고부사		세종실록지리지 편찬
1433	26				
1434	27		사헌부 감찰		장영실, 자격루 만듦, 동북면에 6진(六鎭) 설치
1435	28	1	4남 순명/병조좌랑	출생(出生)	비격진천뢰 발명
1436	29	2	진잠현감		
1437	30	3	5남(순중) 출생		
1438	31	4			
1439	32	5			
1440	33	6	6남(순성) 출생, 사간원 우헌납		
1441	34	7			측우기(測雨器) 설치
1442	35	8	이조정랑		
1443	36	9			훈민정음 창제
1444	37	10	7남(순상) 출생		
1445	38	11	예빈시(禮貧寺), 소윤(少尹)		용비어천가 편찬
1446	39	12	8남(순승) 출생		한글 반포(훈민정음)
1447	40	13	사헌부 장령(掌令)	찬성공(휘 효례) 졸	안견 「몽유도원도」 그림, 용비어천가 간행
1448	41	14			
1449	42	15			
1450	43	16	의정부 사인(舍人)		세종 사망 / 문종 즉위 고려사 완성

1451	44	17	지승문원사 대호군 평안・함길도 도체찰사 종사관		
1452	45	18	지사간원사(知司諫院事)		문종 사망 / 단종(12세) 즉위, 김종서 고려사절요
1453	46	19	판종부시사(判宗簿寺事) 우사간	사마시(생원)	계유정난(癸酉靖難), 이징옥(李澄玉)의 난
1454	47	20			
1455	48	21	황주목사		단종 퇴위/세조 즉위
1456	49	22	첨지중추원사	문과, 교서관 정자	사육신 처벌
1457	50	23	상호군		6월 노산군 강등 유배, 9월 성대군 단종 복위사건, 10월 단종 피살/성종 탄생
1458	51	24	전주부윤		
1459	52	25		승정원 주서=교감(校勘)	
1460	53	26	대사헌, 인수부윤 동지중추원사		
1461	54	27	황해도 도관찰사	성균관 주부	형전 개편 완성
1462	55	28	한성부윤, 예조참판	사간원 정언 호조좌랑	
1463	56	29	정경부인(벽진이씨) 졸	아들(世英) 출생	홍문관 설치
1464	57	30	형조참판 전라도관찰사	호조정랑, 딸(壻郞 元柱) 출생	
1465	58	31		5도경차관	
1466	59	32			
1467	60	33	의금부 제조, 원접사, 한성부 좌윤	수산회축, 都摠使 龜城君의 종사관, 敵愾功臣 2등, 군자감정	5월 이시애 반란 발발, 적개공신 책록
1468	61	34	의금부 지사, 세조 빈전도감 제조	통정대부 군자시정(軍資寺正)	세조 사망 /예종 즉위, 10월 남이 반역죄로 처형
1469	62	35	중추부동지사 예종 빈전도감 제조	통정대부 장예원판결사	예종 사망 / 성종 즉위
1470	63	36	한성판윤, 호조판서	동부승지 우부승지	경국대전교정본 완성, 귀성군 이준 유배

1471	64	37	좌리공신 4등	좌리공신 4등, 좌부승지	좌리공신(佐理功臣) 책록
1472	65	38		예조참판(가선대부)	
1473	66	39	월천군(月川君), 숭정대부 졸(卒, 8월 5일), 시(諡) 문평(文平)	시묘	
1474		40		시묘	
1475		41	묘갈명(墓碣銘) 이조판서 계림군(鷄林君) 정효상(鄭孝常) 찬(撰)	전라도관찰사	
1476		42			경국대전 완성
1477		43		형조 · 호조참판, 제용감제조(濟用監提調)	
1478		44			서거정 동문선 편찬발간
1479		45		병조참판, 청릉군(淸陵君)	야인정벌(윤필상)
1480		46		예조참판	
1481		47		의금부동지사	동국여지승람 출간
1482		48		황해도관찰사	폐비 윤씨 사약
1483		49			
1484		50		청릉군(淸陵君)	삼국사절요, 동문선 등 출간
1485		51			조선 법전 경국대전 발간
1486		52			
1487		53		졸(卒, 4월 3일), 시(諡) 공양(恭襄)	
1489				청릉군 비명문(碑銘文) 대제학 함종군(咸從君) 어세겸(魚世謙) 찬(撰)	

제2부

청릉군 관련 문헌

I. 조선왕조실록에 실린 김순명(金順命) 기사 목록

1435(세종 17)~1487(성종 18) 사이에 등재된 청릉군 관련 93개의 기사

II. 공양공 관련 고서 원문

1. 성현(成俔) : 용재총화(慵齋叢話) 제1권에 실린 청릉군 관련 사실
2. 김종직(金宗直) : 서수산회축(書守山會軸) 점필재집 제3권
3. 김종직(金宗直) : 서김판서소시후(書金判書小詩後)
4. 적개공신 교서
5. 순성좌리 공신 교서
6. 어세겸(魚世謙) : 청릉군 신도비명 유서
7. 김일손(金馹孫) : 이요루기(二樂樓記)
8. 부제학공(휘 수성)의 시무6조 상소문

Ⅰ. 조선왕조실록에 실린 김순명(金順命)의 기사 목록

1435(세종 17)～1487(성종 18)

1. 노비를 합집했다고 김중렴에게 고소당한 조무영이 목을 찔리다

《세조 5년(1459) 3월 14일 병신 2번째 기사》

처음에 김중렴(金仲廉) 등이 처남[妻弟] 조무영(趙武英)이 노비(奴婢)를 합집(合執)[1)]하고 있다고 고소하니, 의금부(義禁府)에 내려 이를 핵문(覈問)하였었다. 김중렴 등과 조무영이 함께 옥에 갇히게 되었는데, 조무영(趙武英)이 이달 12일 밤에 목을 찔리었으므로 석방하여 그 집으로 돌려보냈었다. 이날 밤에 이르러 교감(校勘)[2)] <u>김순명(金順命)</u>에게 명하여 조무영의 집에 가서 목을 찔린 이유를 물으니, 대답하기를, "그날 밤에 뒷간을 갔다가 돌아 나오는데 흰 옷을 입은 사람이 갑자기 목을 찔렀습니다. 신이 놀라고 두려워서 능히 붙잡지를 못하고 기둥에 의지하고 있다가, 수졸(守卒)이 뒤따라 이르러서 구원하여 보호하였습니다. 그 뒤의 일은 통증(痛症)으로 인하여 알지 못합니다." 하였다. <u>김순명(金順命)</u>이 이로써 아뢰니, 즉시 도성(都城)의 4문(四門)을 닫도록 명하고, 선전관(宣傳官) 박수장(朴壽長)과 부장(部將)에게 명하여 보졸(步卒) 2백 명을 거느리고 김중렴(金仲廉), 조선(趙選), 김유(金紐) 등의 집에 가서 남정(男丁)을 모조리 포박(捕縛)하여 가두게 하였다. 임금의 생각으로서는 김중렴 등이 비록 가까운 친척이지만 조무영(趙武英)을 원수와 같이 원망하였고, 또 사람이 스스로 찌를 도리는 없기 때문에 이러한 명(命)이 있었다. 그러나 당시의 의논은 조무영이 김중렴 등을 중상(中傷)하고자 하여 스스로 찔렀으므로 상처가 나지 않았다고 하였다.

[1)]합집(合執) : 남에게 나누어 주어야 할 노비와 전토(田土)를 강제로 혼자 차지하고 고 있는 것을 말함.

[2)]교감(校勘) : 조선 때 승문원(承文院)의 종4품의 관리.

○ 初, 金仲廉等告妻弟趙武英合執奴婢, 下義禁府覈之。仲廉等及武英俱被囚, 武英於本月十二日夜刺項, 放還其家。至是夜, 命校勘金順命往武英家, 問刺項之因, 對曰: "其夜如廁還出, 有白衣人猝然刺項。臣驚懼未能拘執, 依倚於柱, 守卒隨至救護。其後事, 因痛未知" 順命以啓, 卽命閉都城四門, 命宣傳官朴壽長及部將, 領步卒二百, 往仲廉、趙選、金紐等家, 盡縛男丁囚之。上意仲廉等雖切親, 怨武英如仇讎, 且人無自刺之理, 故有是命。 然時議武英欲中傷仲廉等, 自刺而不至於傷。

2. 필선 홍응·문학 노사신·좌랑 성윤문 등에게 법첩 1부씩을 내리다

《세조 5년(1459) 9월 20일 기해 1번째 기사》

필선(弼善) 홍응(洪應), 문학(文學) 노사신(盧思愼), 좌랑(佐郎) 성윤문(成允文), 소윤(少尹) 강미수(姜眉壽), 교리(校理) 조안정(趙安貞), 봉교(奉敎) 최한량(崔漢良), 대교(待敎) 이수남(李壽男)·정난종(鄭蘭宗), 교감(校勘) 김순명(金順命), 직강(直講) 이영은(李永垠) 및 사직(司直) 안혜(安惠) 등에게 법첩(法帖)을 각기 1부(部)씩 내려 주었다.

○ 己亥/賜弼善洪應、文學盧思愼、佐郎成允文、少尹姜眉壽、校理趙安貞、奉敎崔漢良、待敎李壽男·鄭蘭宗、校勘金順命、直講李永垠及司直安惠等法帖各一部

3. 윤사로·양성지 등에게 습진하게 하고, 경서·의서·한훈 등을 강하게 하다

《세조 5년(1459) 11월 22일 경자 1번째 기사》

충순당(忠順堂)에 나아가서 영천 부원군(鈴川府院君) 윤사로(尹師路)를 좌상 대장(左廂大將)으로 삼고, 행 호군(行護軍) 양성지(梁誠之)로써 우상 대장(右廂大將)으로 삼아 후원(後苑)에서 습진(習陣)하게 하였다. 《치평요람(治平要覽)》의 수찬관(修撰官)인 좌필선(左弼善) 이문형(李文炯), 우필선(右弼善) 홍응(洪應), 우문학(右文學) 노사신(盧思愼), 직강(直講) 윤자영(尹子濚), 봉례(奉禮) 허종(許琮), 부교리(副校理) 정효상(鄭孝常), 우사경(右司經) 이숙감(李淑瑊), 대교(待敎) 이수남(李壽男), 검열(檢閱) 김지(金漬), 이개보(李介甫) 등을 불러서 경서(經書)를 강(講)하게 하고, 내의(內醫) 조경지(曹敬智) 등 3인과 의서 습독관(醫書習讀官) 김의강(金義剛) 등 8인을 불러서 의서(醫書)를 강(講)하게 하고, 강이 생도(講肄生徒) 설주(薛柱) 등 8인을 불러서 한훈(漢訓)[1]을 강(講)하게 하였다. 홍응(洪應), 노사신(盧思愼), 이수남(李壽男)과 주서(注書)[2] **김순명(金順命),** 봉교(奉敎) 최한량(崔漢良), 좌랑(佐郎) 성윤문(成允文), 사직(司直) 안혜(安惠) 등은 해서(楷書)와 초서(草書)를 쓰게 하고, 상호군(上護軍) 구문신(具文信), 민발(閔發), 이비(李埤)와 행 호군(行護軍) 최적(崔適) 등은 사후(射侯)하게 하였다. 임금이 영의정(領議政) 강맹경(姜孟卿), 좌의정(左議政) 신숙주(申叔舟)에게 내구마(內廏馬) 각 1필씩을 내려 주고, 선전관(宣傳官), 위장(衛將), 부장(部將)과 군사들에게는 술과 고기를 내려 주었다.

[1] 한훈(漢訓) : 중국의 음훈(音訓).

2)주서(注書) : 조선 때 문하부와 승정원 소속의 정7품.

○ 庚子/御忠順堂, 以鈴川府院君尹師路爲左廂大將, 行護軍梁誠之爲右廂大將, 習陣于後苑。召《治平要覽》修撰官左弼善李文炯、右弼善洪應、右文學盧思愼、直講尹子濼、奉禮許琮、副校理鄭孝常、右司經李淑瑊、待敎李壽男、檢閱金漬·李介甫等講經書, 內醫曺敬智等三人、醫書習讀官金義剛等八人講醫書, 講肄生徒薛柱等八人講《漢訓》。應、思愼、壽男及注書金順命、奉敎崔漢良、佐郞成允文、司直安惠等寫眞草書, 上護軍具文信·閔發·李埤、行護軍崔適等射侯。賜領議政姜孟卿、左議政申叔舟內廐馬各一匹, 賜宣傳官、衛·部將、軍士酒肉

4. 이파·정난종 등을 한관에 제수하여 숙직하며 서로 강습토록 하다

《세조 8년(1462) 6월 10일 1번째 기사》

임금이 문신(文臣)을 권장(勸奬)하는 술책(術策)을 물으니, 도승지 홍응(洪應)이 대답하기를, "문신(文臣)을 가려 한관(閑官)에 제수하여 예문관(藝文館)의 직사(職事)를 겸(兼)하여 띠게 하고, 날마다 바꿔가며 숙직(宿直)하게 하여 서로 더불어 토론(討論) 강습(講習)하게 하소서." 하니, 임금이 말하기를, "승지(承旨)의 말이 심히 마땅하니, 그들을 속히 한관에 제수하라." 하고, 곧 이파(李坡)를 예문 직제학(藝文直提學)으로, 정난종(鄭蘭宗)을 수 이조 좌랑(守吏曹佐郞)으로, 이맹현(李孟賢)을 행 성균 주부(行成均注簿)로, 김종련(金宗蓮)을 성균 주부(成均注簿)로, 어세공(魚世恭)을 승문원 부교리(承文院副校理)로, 김종직(金宗直)을 행 승문원 박사(行承文院博士)와 아울러 겸 예문 봉교(兼藝文奉敎)로, 유문통(柳文通)을 행 승문원 정자(行承文院正字) 겸 예문 검열(兼藝文檢閱)로, 정영통(鄭永通)을 사헌장령(司憲掌令)으로, 송춘림(宋春琳)을 겸 장령(兼掌令)으로, **김순명(金順命)**을 사간원 정언(司諫院正言)[1]으로 삼았다.

1)사간원 정언(司諫院 正言) : 조선시대 사간원의 정6품 관직.

○ 癸酉/上問勸奬文臣之術, 都承旨洪應對曰: "擇文臣授閑官兼帶藝文, 更日直宿, 相與討論講習" 上曰: "承旨言甚當, 其速授閑官" 乃以李坡爲藝文直提學, 鄭蘭宗守吏曹佐郞, 李孟賢行成均注簿, 金宗蓮成均注簿, 魚世恭承文院副校理, 金宗直行承文院博士竝兼藝文奉敎, 柳文通行承文院正字兼藝文檢閱, 是政鄭永通爲司憲掌令, 宋春琳兼掌令, 金順命司諫院正言。

5. 호조에서 충주·금천 등의 조세 수납청을 가흥역리로 옮길 것을 건의하다

《세조 11년(1465) 1월 13일 4번째 기사》

호조(戶曹)에서 5도 경차관(五道敬差官)* **김순명(金順命)**의 계본(啓本)에 의거하여 아뢰기를, "충주(忠州), 금천(金遷), 신창(新倉)의 조세(租稅)를 수납(收納)하는 곳을 청컨대 가흥역리(可興驛里)에 옮기게 하소서." 하니, 그대로 따랐다.

*경차관(敬差官) : 태종 때 정승 하륜(河崙)의 건의에 따라 그 이름이 지어져 3~5품관 중에서 경차관을 뽑았다. 임무도 왜구대책 등 군사적인 것에서부터 전곡(田穀)의 손실조사 등 경제적 임무, 구황 등 재민(災民) 구제업무, 옥사(獄事)·추쇄(推刷)·추국(推鞫) 등 사법적 임무 등으로 크게 늘었다. 따라서 경차관에는 그 임무에 따라 재상(災傷)경차관, 황장(黃腸)경차관, 율목(栗木)경차관, 양전(量田)경차관, 군기점고(軍器點考)경차관, 군용(軍容)경차관, 대마도경차관, 여진경차관, 조전(漕轉)경차관 등의 이름이 붙었다. 또한 드물게는 중국에 보내는 공녀(貢女)를 뽑기 위한 경차내관(敬差內官)을 파견하기도 하였다.

○ 戶曹據五道敬差官**金順命**啓本啓: "忠州金遷新倉租稅收納處, 請移於可興驛里"從之。

6. 호조 정랑 김순명의 1자급을 강등하다

《세조 11년(1465) 6월 26일 2번째 기사》

처음에 한 외리(外吏)가 호조 정랑(戶曹正郎) **김순명(金順命)**한테 일을 소송하였는데 오래도록 판결하지 못하였다. 그 아전[吏]의 아우 권지훈련녹사(權知訓鍊錄事) 강윤(姜倫)이 의관(衣冠)을 갖추고 대신으로 법정[庭]에 소송하여 말이 자못 침포(侵暴)하니, 김순명이 노(怒)하여 사람을 시켜 강윤의 옷깃을 꺼두르고 그의 뺨을 쳐서, 강윤이 사헌부(司憲府)에 고발하였다. 이에 이르러 헌부(憲府)에서 김순명의 죄를 계청(啓請)하므로, 명하여 김순명에게 1자급(資級)을 강등하게 하였다.

○ 初, 有一外吏訴事于戶曹正郎**金順命**, 久不決。其吏之弟權知訓鍊錄事姜倫具衣冠代訴於庭, 語頗侵之, 順命怒, 使人捽倫衣領, 批其頰, 倫告於司憲府。至是, 憲府啓請順命之罪, 命降順命一級

7. 승지의 적임자를 선임하기 위해 후보자들을 불러 경술과 이치(吏治)를 묻다

《세조 13년 (1467) 4월 25일 2번째 기사》

집상전(集祥殿)에 나아가 승지(承旨)를 선임하려고 하는데, 그 적임자를 얻기가 어려워 예승석(芮承錫), 김영유(金永濡), 신말주(申末舟), 신후갑(愼後甲), 한치형(韓致亨), 신선경(愼先庚), 권감(權瑊), 구달충(具達忠), 이숭원(李崇元), 권맹희(權孟禧), 박안성(朴安性), 한치의(韓致義), 한치례(韓致禮), 민정(閔貞), 조추(趙秋), 이극기(李克基), 이서장(李恕長), 김영견(金永堅), 이극증(李克增), 이극돈(李

克墩), 정효상(鄭孝常), 이길보(李吉甫), **김순명(金順命),** 조안정(趙安貞), 최제남(崔悌男), 정숭조(鄭崇祖), 안훈(安訓) 등을 불러서 임금이 마루에 임하여 경술(經術)과 이치(吏治)를 물었다.

○ 御集祥殿, 欲選承旨, 而難其人, 召芮承錫、金永濡、申末舟、愼後甲、韓致亨、愼先庚、權瑊、具達忠、李崇元、權孟禧、朴安性、韓致義、韓致禮、閔貞、趙秋、李克基、李恕長、金永堅、李克增、李克墩、鄭孝常、李吉甫、**金順命**、趙安貞、崔悌男、鄭崇祖、安訓等。上臨軒, 問以經術吏治。

8. 도총사 이준이 종사관 등을 거느리고 하직하니 방략을 주고 전송하게 하다

《세조 13년 (1467) 5월 18일 임오 2번째 기사》

도총사(都摠使) 이준(李浚)과 부사(副使) 조석문(曹錫文)이 종사관(從事官) 사인(舍人) 이서장(李恕長), **정랑(正郞) 김순명(金順命)**·김관(金瓘), 군관(軍官) 구겸(具謙)·황사장(黃事長)·박식(朴埴)·양종항(梁從恒)·조윤문(曹允文)·오자치(吳自治)·양종생(梁從生)·유보(柳晡)·이귀존(李貴存)·이계림(李桂林)·유욱(柳郁)·김효조(金孝祖)·김봉증(金奉曾)·문처경(文處敬)·홍윤청(洪允淸)·매보남(梅輔男)·차운혁(車云革)·박맹손(朴孟孫)·서초(徐超)·오서(吳溠)·조종(趙琮), 조형손(曹亨孫)·노경손(盧敬孫)·황사윤(黃斯允)·김백겸(金伯謙)·지달한(池達漢)·한숙후(韓叔厚)·남이(南怡)·경유공(慶由恭)·정숭로(鄭崇魯) 등을 거느리고 계차(階次)에 따라 하직하니, 임금이 직접 방략(方略)을 주고, 중사(中使) 문중선(文仲善)을 보내어 선온(宣醞)을 가지고 가서 보제원(普濟院)에서 전송하였다.

○ 都摠使浚、副使曹錫文, 率從事官舍人李恕長、**正郞金順命**·金瓘、軍官具謙·黃事長·朴埴·梁從恒·曹允文·吳自治·梁從生·柳晡·李貴存·李桂林·柳郁·金孝祖·金奉曾·文處敬·洪允淸·梅輔男·車云革·朴孟孫·徐超·吳溠·趙琮、曹亨孫·盧敬孫·黃斯允·金伯謙·池達漢·韓叔厚·南怡·慶由恭·鄭崇魯等階辭。上面授方略, 遣中使文仲善, 賫宣醞餞于普濟院。

9. 안변 향리 등이 이시애의 반역 정상과 신면을 죽인 일을 아뢰다

《세조 13년(1467) 5월 24일 7번째 기사》

종사관(從事官) 김순명(金順命)이 안변 향리(安邊 鄕吏) 김수남(金壽男)과 내수사(內需司) 종 막동(莫同)을 거느리고 왔으므로 임금이 사정전(思政殿)에 나아가

알현하도록 허락하였다. 김수남이 아뢰기를, "신이 영리(營吏)[1]로서 함흥(咸興)에 이르렀더니, 신면(申㴐)이 이시애가 수령을 많이 죽였다는 소문을 듣고, 군사를 모아 미리 방어하였는데, 처음에 이시애가 함흥 사람 이중화(李仲和)를 시켜서 유향소(留鄕所)[2]에 이문(移文)하기를, '신임 관찰사(觀察使) 신면(申㴐)은 바로 난신(亂臣) 신숙주(申叔舟)의 아들이고, 또 이 간당(姦黨)이 저렇게 군사를 징발하니, 곧 죽여야 옳다.'고 한 까닭에 향중(鄕中)의 품관(品官)에서 노예(奴隷)에 이르기까지 함께 응하여 죽였으며, 정평 부사(定平府使) 이효석(李孝碩)도 또한 그 고을 사람에게 살해되었습니다." 하고, 막동은 아뢰기를, "향중의 사람들이 모두 이르기를, '계서(啓書)를 가지고 서울에 이르는 자는 문득 가두기 때문에 여러 차례나 치계(馳啓)하였어도 간 방향을 알 수 없으니, 이는 반드시 간신(姦臣)의 소위이다. 너는 본궁(本宮)의 종이니, 지금 가지고 가는 글을 만약 아뢸 수가 없게 되면 몰래 내종친(內宗親)[3]에게 부탁하여 그 글을 계달(啓達)하라.'고 하였습니다." 하였는데, 〈그 글은〉 역시 윤자운(尹子雲)이 협박을 당하여 서명(署名)한 것과 이시애가 함흥 유향소(咸興留鄕所)에 이문(移文)한 것이었다.

그 윤자운의 글에 이르기를, "신이 이 도의 인심을 살펴보니, 봄부터 왜선(倭船)의 뜬소문이 있은 뒤로 마침내 서로 놀라고 의혹하였는데, 지금 강효문(康孝文)이 반역을 꾀하여, 이시애가 그를 죽이고 길주(吉州)에 있으면서 조정(朝廷)의 처치(處置)를 기다리고 있으며, 제읍(諸邑)의 품관(品官)들이 그 지휘(指揮)를 받아 강효문의 여당(餘黨)인 관찰사(觀察使)와 수령(守令)들을 죽이므로 신이 곧 연유를 갖추어 치계(馳啓)하였으나 구처(區處)를 알지 못하고, 사람마다 모두 밤낮으로 근심하고 두려워하며, 신의 뜻도 또한 사세(事勢)가 이 지경에 이르렀으니, 원컨대 속히 종친·대신에게 특별히 명하여, 유서(諭書)를 가지고 와서 화복(禍福)을 개설(開說)하여 허물을 용서하고 위로해 안심시키며, 또 사람을 이시애에게 보내어 그 반역을 토벌한 공을 상 주셔서 한 도(道)의 백성을 편안하게 하소서." 하였고, 이시애의 이문(移文)에 이르기를, "강효문의 군관(軍官) 현득리(玄得利)의 공사(供辭)에 이르기를, '강효문이 황기곤(黃起崐)과 신숙주(申叔舟), 한명회(韓明澮) 등과 더불어 반역을 꾀하여 군사를 거느리고 북청(北靑)을 향하여 출발하다가 이미 주살(誅殺)되었으나, 오직 황기곤만이 스스로 그 죄를 알고 군사를 모아 난리를 꾸밀까 염려된다.'고 하였기 때문에 북청(北靑)의 유향소(留鄕所)에 이문(移文)하여 그를 추포(追捕)하게 하며, 더구나 신면(申㴐)도 또한 이들의 간당(姦黨)이니, 만약에 군사를 징집하는 일이 있거든 모름지기 곧 베어 없애고, 또 정평(定平) 이남의 여러 고을 군사들을 징집하여 한광(閑曠)한 땅에 복병(伏兵)시키고 명령을 기다리라." 하였다. 막동(莫同)

은 임금의 잠저(潛邸) 때의 근수(根隨)[4]이었다.

임금이 묻기를, "민심[民情]이 이시애를 충성한다고 하더냐? 어찌하여 이시애를 도와 내가 부리는 사람을 죽인 것이 이처럼 많으냐?" 하니, 대답하기를, "만약에 이시애의 반역한 정상을 일찍이 알았다면 내 힘으로도 넉넉히 그를 죽였을 것입니다. 다만 민심이 순역(順逆)을 알지 못하고 꾀임에 빠졌기 때문에 그 말을 듣고 따랐을 뿐입니다. 만약 유서(諭書)를 내려서 순역(順逆)을 명확하게 알게 한다면 그 형세는 곧 해이하여질 것입니다." 하니, 곧 막동에게 의복 등의 물건을 내려 주고, 어찰(御札)의 유서(諭書) 3통(通)을 주어서 도총사(都摠使) 이준(李浚)에게 송부하였다.

그 하나에 이르기를, "제읍(諸邑)의 관리(官吏), 군민(軍民) 등에게 유시한다. 이시애가 처음에 반적을 토벌한다고 성언(聲言)하여, 너희들이 곧이곧대로 듣고 따랐으나, 이제는 이시애가 절도사(節度使)를 사칭하여 그 스스로 반역하였음이 명확한데, 너희들은 어찌하여 한 사람도 충의(忠義)를 분발하여 속히 그를 잡아 오지 않느냐? 본도는 우리 조종(祖宗)의 고향(故鄕)이므로 내가 순행(巡幸)하려 한 지가 오래다. 이제 친정(親征)함으로 말미암아 겸하여 군민(軍民)을 순무(巡撫)할 것이니, 너희들은 이 뜻을 알고 속히 이시애를 잡아 목베어 군전(軍前)에 바치라." 하고,

그 하나에 이르기를, "함흥(咸興) 유향소(留鄕所)에 유시한다. 이시애(李施愛)의 반역한 정상이 명백하고, 너희들을 거짓으로 속여 꾀었는데, 너희들은 무슨 까닭으로 역적을 좇아 왕명(王命)을 받은 사람을 죽였느냐? 이것은 고금의 큰 죄악이며, 천지의 귀신이 용납하지 않는 바이다. 지금 이미 귀성군(龜城君) 준(浚)을 보내어 4도의 군사를 거느리고 가서 토벌하게 하고, 나도 친히 대병(大兵)을 가지고 뒤를 따를 것인데, 아직 너희들이 협종(脅從)하고 진위(眞僞)를 알지 못하니, 만약에 대병(大兵)을 한번 가하면 옥석(玉石)이 구분(俱焚)될까 염려하여 우선 준(浚)으로 하여금 군사를 머물러 출동하지 말고 어가(御駕)가 이르기를 기다리게 하고, 먼저 유서(諭書)를 보내어 이해(利害)를 효유(曉諭)하여 너희들로 하여금 끝내 적당(賊黨)에 빠지지 말게 하였다. 그런데도 너희들이 오히려 개오(改悟)하지 못하고 고집을 부리어 돌아오지 않으면 내 반드시 성(城)을 함락하여 생민(生民)이 하나도 남음이 없을 것이다. 너희들이 만약 다시 살려고 하거든 윤자운(尹子雲)을 속히 석방하고, 이시애를 잡아서 전과(前過)를 속죄하면 재앙을 뒤엎고 복을 이룰 것이다." 하고, 그 하나는 글의 내용이 경저인(京邸人)이 가지고 간 글과 같았다. 그리고 마침내 김수남을 의금부(義禁府)에 하옥하였다.

[1]영리(營吏) : 병영에 딸린 아전.

[2]유향소(留鄕所) : 고려 말 조선 초에 지방 수령의 정치를 돕고 백성들의 풍속을 교화하

기 위해 설치된 지방 자치기관. 나라의 정령(政令)을 백성에게 전달하고, 향리(鄕吏)의 횡포를 막고 조세의 부과와 징수를 도와 주었음.

[3]내종친(內宗親) : 동성(同性)의 종친을 말함.

[4]근수(根隨) : 종친(宗親)이나 문무백관(文武百官)에게 나라에서 내려 주던 관아의 구종(驅從). 관원이 외출할 때 따라다니며 시중을 들었고, 품계에 인원의 수가 정해져 있었음.

○ 從事官**金順命**, 率安邊鄕吏金壽男、內需司奴莫同來, 上御思政殿賜見。壽男啓曰: "臣以營吏到咸興。申㴐聞李施愛多殺守令, 會兵備禦。初, 施愛使咸興人李仲和, 移文留鄕所曰: '新觀察使申㴐, 乃亂臣叔舟之子, 亦是姦黨, 彼若徵兵, 可卽殺之' 故鄕中品官以至奴隷, 同應殺之。定平府使李孝碩, 亦爲其邑人所害" 莫同啓曰: "鄕中人皆云: '齎啓書到京者, 輒囚之, 故累次馳啓, 不知去向, 此必姦臣所爲。汝則本宮奴也, 今所齎書, 若不得啓, 則潛託內宗親, 以達其書' 亦尹子雲被脅署名, 及施愛移文咸興留鄕所者也。其子雲書曰: 臣觀此道人心, 自春浮言倭船之後, 遂相驚惑。今康孝文謀反, 李施愛誅之, 在吉州以待朝廷處置。諸邑品官承其指揮, 殺孝文餘黨觀察使、守令等, 臣卽具由馳啓, 未知區處, 人人日夜憂懼。臣意亦謂事勢至此, 願速特命宗親、大臣, 齎諭書, 開說禍福, 赦過存撫。又遣人于施愛, 賞其討反之功, 以安一道之民。其施愛移文曰: "康孝文軍官玄得利供辭云: '孝文與黃起崐、申叔舟、韓明澮等謀反, 領兵出向北靑, 已被誅殺。但慮起崐, 自知其罪, 聚兵構亂' 故移文北靑留鄕所, 使之追捕。況申㴐亦是姦黨, 如有徵兵之事, 須卽剪除。且徵定平以南諸邑兵, 設伏於閑曠之地, 待令" 莫同, 上之潛邸時根隨也。上問曰: "民情以施愛爲忠耶? 何助施愛, 殺我所使, 若是其多也?" 對曰: "若早知施愛反狀, 吾力足以殺之。但民情不知順逆, 惑於誑誘, 故聽從其言。若降諭書, 使明知順逆, 其勢卽解" 乃賜莫同衣服等物, 授御札諭書三通, 送付都摠使浚。 其一曰: "諭諸邑官吏軍民等。施愛初以討反聲言, 汝等固宜聽從, 今則施愛詐稱節度使, 其自反明矣。汝等何無一人奮厲忠義, 逮捕以來? 本道, 我祖宗故鄕, 予欲巡幸久矣。今因親征, 兼巡撫軍民, 汝等知此意, 速執施愛, 獻馘軍前" 其一曰: "諭咸興留鄕所。李施愛反狀明白, 誑誘汝等, 汝等何故從逆賊, 殺王人? 此古今大惡, 天地鬼神之所不容。今已遣龜城君 浚, 摠四道兵往討, 予親將大兵繼之。尙慮汝等脅從, 不知眞僞, 若大兵一加, 玉石俱焚。姑令浚按兵不動, 以待駕至, 先遣諭書, 曉諭利害, 使汝等終不陷於賊黨。汝等猶不改悟, 執迷不返, 則予必屠城, 噍類無遺矣。汝等如欲更生, 其速放尹子雲, 捕李施愛, 以贖前過, 飜禍成福." 其一書辭, 與京邸人齎去書同。遂下壽男于義禁府獄。

10. 신숙주 등의 형구를 허소하게 하여 하옥되었던 김길통·이함장 등을 석방하다

《세조 13년(1467) 5월 25일 2번째 기사》

김길통(金吉通)과 이함장(李諴長) 등을 석방하였다. 김길통의 아들 **김순명(金順命)**이 도총사(都摠使) 이준(李浚)의 종사관(從事官)이 되었는데, 이때에 이르러 일로 인하여 서울에 왔다가 상언(上言)하기를, "신의 아비 김길통이 옥에 갇혀서 신이 감히 안심하고 봉직(奉職)할 수 없으니, 청컨대 사직하게 하여 주소서." 하니, 전지하기를, "너의 아비는 본래 큰 죄가 없으나, 신숙주(申叔舟) 등은 내가 가두게 한 죄인인데, 남용신(南用信)이 함부로 제 마음대로 항쇄(項鎖)를 늦추어 준 것을 검거(檢擧)하지 못하였다."하고, 특별히 용서하여 주었다.

○ 釋金吉通、李誠長等。吉通子順命爲都摠使浚從事官, 至是, 以事來京, 上言曰: "臣父吉通就囚, 臣不敢安心奉職, 請辭" 傳曰: "汝父本無大罪, 然申叔舟等, 予所囚罪人也, 而南用信擅自緩鎖, 不能檢擧耳." 特原之。

11. 도총사의 종사관 김순명이 적과 대치하고 있는 사세를 아뢰다

《세조 13년(1467) 7월 21일 7번째 기사》

도총사(都摠使) 이준(李浚)의 종사관(從事官) <u>김순명(金順命)</u>이 와서 아뢰기를, "이시애(李施愛)가 군사를 주둔(駐屯)하여 홍원(洪原), 북청(北靑)의 땅 경계에 의지하고 있는데, 강순(康純)이 홍원(洪原)에 진을 치고, 준(浚)이 함흥(咸興)에 진을 치고 있으나, 원병(援兵)이 아직 오지 않고 군기(軍器)도 또한 적기 때문에 적(賊)과 서로 버티면서 즉시 들어가 공격하지 못합니다. 신이 길에서 군사(軍士)와 군기(軍器)를 보니 이만하면 풍족히 쓸 만합니다. 선운(先運)이 이미 도착하면 마땅히 들어가 공격하겠습니다." 하였다.

○ 都摠使浚從事官金順命來啓曰: "李施愛屯兵據洪原、北靑地界, 康純軍于洪原, 浚軍于咸興, 以援兵未至, 軍器亦少, 與賊相持, 未卽入攻。 臣路見軍士及軍器, 此可足用。先運旣至, 則當入攻矣."

12. 김순명이 하직하니 이준과 조석문에게 의복을 하사하다

《세조 13년(1467) 7월 22일 을유 2번째 기사》

<u>김순명(金順命)</u>이 하직하고 돌아가니, 임금이 글을 김순명에게 주어서 이준(李浚)과 조석문(曹錫文)에게 유시(諭示)하기를, "바람이 날로 점점 서늘해지니, 매양 경(卿)들을 생각한다. 이에 특별히 준(浚)에게 남단 겹철릭(藍段裌帖裏), 유과두(襦裹肚) 각각 1벌을 내려 주고, 조석문에게는 남단 유철닉(藍段襦帖裏) 1벌을 내려 주니, 이르거든 수령(受領)하고, 그 은혜를 사양치 말라." 하였다.

○ 金順命辭還, 上以書授順命, 諭浚及曺錫文曰: "風日漸涼, 每念卿等。 玆特賜浚藍段裌帖裏、襦裹肚各一領, 錫文藍段襦帖裏一領, 至可領也, 其勿謝恩."

13. 도총사 이준 등이 개선하여 복명하니 공신호와 전토 노비를 내리다

《세조 13년(1467) 9월 20일 1번째 기사》

도총사(都摠使) 이준(李浚), 부사(副使) 조석문(曹錫文) 등이 돌아오니, 무송군(茂松君) 윤자운(尹子雲)에게 명하여 선온(宣醞)을 가지고 일찍이 돌아온 정벌(征伐)에 종군하였던 제장(諸將)들과 더불어 동교(東郊)에서 맞이하였다.

이준(李浚)과 조석문(曹錫文) 등이 예궐(詣闕)하여 복명(復命)하니, 임금이 이준(李浚)의 손을 잡고 위로하였고, 임금이 조석문과 승지(承旨) 등을 불러 술자리를 베풀고, 조석문으로 하여금 술을 올리게 하였다. 이어서 여러 장수(將帥)들의 군공(軍功)의 등급(等級)을 의논하였는데 이준(李浚)과 조석문(曹錫文)·강순(康純)·어유소(魚有沼)·박중선(朴仲善)·허종(許琮)·윤필상(尹弼商)·김교(金嶠)·남이(南怡)·이숙기(李淑琦)를 일등공신(一等功臣)으로 삼고, 김국광(金國光)·허유례(許惟禮)·이운로(李雲露)·이덕량(李德良)·배맹달(裵孟達)·이형손(李亨孫)·이종생(李從生)·이서장(李恕長)·**김순명(金順命)**·김관(金瓘)·구겸(具謙)·박식(朴埴)·김백겸(金伯謙)·어세공(魚世恭)·오자치(吳自治)·정숭로(鄭崇魯)·장말손(張末孫)·손소(孫昭)·오순손(吳順孫)·심응(沈膺)·윤말손(尹末孫)·김면(金沔)·맹석흠(孟碩欽)을 **이등공신**(二等功臣)으로 삼고, 영순군(永順君) 이부(李溥)·율원부윤(栗元副尹) 이종(李徖)·한계미(韓繼美)·선형(宣炯)·민발(閔發)·오자경(吳子慶)·최유림(崔有臨)·우공(禹貢)·정종(鄭種)·정준(鄭俊)·이양생(李陽生)을 삼등공신(三等功臣)으로 삼고, 호(號)를 적개공신(敵愾功臣)이라고 내려 주고, 아울러 전토(田土)와 노비[臧獲]를 내려 주고, 관계(官階)를 올려 주고, 직사(職事)를 차등 있게 제수(除授)하였다.

그 나머지 장사(將士)들도 공을 나누어 4, 5등으로 삼고 상직(賞職)도 또한 차등 있게 하였다. 부(溥)와 김국광·윤필상은 비록 정벌(征伐)에 종군하지는 않았으나, 임금의 좌우에 있으면서 군기(軍機)를 모의(謀議)하여 출납(出納)하는 데에 공이 있었기 때문이었다. 임금이 이준(李浚)과 조석문, 김국광에게 명하여 군공(軍功)을 논하게 하니, 혹은 공이 있는 자가 참여하지 못하고, 공이 없는 자가 참여하였다. 박식은 적(賊)을 토벌하던 때를 당하여 병(病)이라 속이고 함흥(咸興)에 있으면서 날마다 기생(妓生)과 더불어 거처하고 일찍이 분촌(分寸)의 공도 없었는데도 조석문의 가까운 친척이기 때문에 참여할 수 있었으니, 사람들이 분하고 원통함을 품고서 혹은 눈물을 흘린 자까지도 있었다. 임금이 장차 내일 잔치를 베풀어 북정(北征)한 장수와 군졸을 위로하려고 하여 예조(禮曹)로 하여금 여러 가지 일을 준비하게 하였는데 많이 잘못해서 임금의 뜻을 거슬리니 임금이 급히 판서(判書) 강희맹(姜希孟)을 불렀다. 강희맹이 그때 태평관(太平館)에 있으면서 관(館)에서 명(明)나라 사신(使臣)에게 접대하는 여러 가지 일을 감독하여 다스리고는 즉시 부르는데 나오지 못하다가 재삼 부르니 그제서야 왔다. 임금이 묻기를, "명(明)나라 사신(使臣)이 온 것이 어느 날인가? 내일의 일을 버려두고 태평관에 돌아갔던가? 네가 말하기를, '신숙주(申叔舟)와 함께 갔다.'고 했는데, 신숙주가 갔다면 예의상 반드시 선온(宣醞)이 있을 터인데, 어찌하여 아뢰지 않고 사사로이 가서 술을 마셨는가? 술을 마시기 위하여 가고도 사신을 대접하는 여러 가지 일을 가지고 핑계하는 것이 가한가?" 하고, 즉시 그 직(職)을 파면하게 하였다. 임금이 강희맹을 파직(罷職)하고자 한 것이 오래였는데, 이때에 이르러 또 임금의 뜻에 맞지 아니하였으므로 이러한 명(命)이 있었다.

○ 壬午/都摠使浚、副使曺錫文等還, 命茂松君 尹子雲, 齎宣醞, 與曾來從征諸將, 迎于東郊。浚、錫文詣闕復命, 上握浚手勞慰。召錫文及承旨等置酒, 令錫文進酒。仍議諸將軍功等第。以浚、錫文、康純、魚有沼、朴仲善、許琮、尹弼商、金嶠、南怡、李淑琦爲一等功臣, 金國光、許惟禮、李雲露、李德良、裵孟達、李亨孫、李從生、李恕長、金順命、金瓘、具謙、朴植、金伯謙、魚世恭、吳自治、鄭崇魯、張末孫、孫昭、吳順孫、沈膺、尹末孫、金沔、孟碩欽爲二等功臣, 永順君 溥、栗元副尹 徖、韓繼美、宣炯、閔發、吳子慶、崔有臨、禹貢、鄭種、鄭浚、李陽生爲三等功臣。賜號敵愾, 竝賜土田臧獲, 進階除職有差。其餘將士, 分功爲四五等, 賞職亦有差。 溥、國光、弼商, 雖不從征, 在上左右, 於軍機謀議, 出納有功。上命浚、錫文、國光, 論軍功, 或有功不與, 或無功得參。朴植當討賊時, 詐病在咸興, 日與妓處, 曾無分寸功, 而以錫文切族得與, 人懷憤惋, 或有泣下者。上將於明日, 設宴勞北征將卒, 令禮曹預辦諸事, 多舛錯, 忤上旨, 上急召判書姜希孟。希孟時在太平館, 董治館待明使諸事, 未卽赴召, 召之再三乃至。上問: "明使之來何日? 舍明日事而歸太平館乎? 汝言: '與叔舟偕往。'叔舟往則禮必有宣醞, 何不啓而私往飮酒乎? 爲飮酒往, 而以待使臣諸事爲辭可乎?" 卽命罷其職。上欲罷希孟職久矣, 至是又不稱旨, 有是命。

14. 세자가 백관을 거느리고 임금의 탄신을 하례하니 제신에게 잔치를 베풀다

《세조 13년(1467) 9월 24일 병술 1번째 기사》

세자(世子)가 백관(百官)을 거느리고 임금의 탄신(誕辰)을 하례하니, 보경당(寶慶堂)에 나아가서 효령대군(孝寧大君) 이보(李補), 임영대군(臨瀛大君) 이구(李璆), 하동군(河東君) 정인지(鄭麟趾), 봉원군(蓬原君) 정창손(鄭昌孫), 고령군(高靈君) 신숙주(申叔舟), 능성군(綾城君) 구치관(具致寬), 상당군(上黨君) 한명회(韓明澮), 중추부 영사(中樞府領事) 심회(沈澮), 영의정(領議政) 최항(崔恒), 좌의정(左議政) 조석문(曹錫文), 남양군(南陽君) 홍달손(洪達孫), 무송군(茂松君) 윤자운(尹子雲), 좌찬성(左贊成) 김국광(金國光), 한성부윤(漢城府尹) 이석형(李石亨), 중추부판사(中樞府判事) 김수온(金守溫), 지사(知事) 윤사흔(尹士昕)・성봉조(成奉祖), 좌참찬(左參贊) 김개(金漑), 은천군(銀川君) 이찬(李穳), 옥산군(玉山君) 이제(李躋), 중추부동지사(中樞府同知事) 홍응(洪應), 대사헌(大司憲) 양성지(梁誠之), 행호군(行護軍) 구종직(丘從直)・안철손(安哲孫), 병조참판(兵曹參判) 윤흠(尹欽), **적개공신(敵愾功臣)** 오자경(吳子慶)・선형(宣炯)・민발(閔發)・박식(朴埴)・구겸(具謙)・김관(金瓘)・**김순명(金順命)**・손소(孫昭)・장말손(張末孫)・이양생(李陽生)과 숭의전사(崇義殿使) 왕순례(王循禮), 승지(承旨) 등을 불러서 잔치를 베풀었다. 임금이 왕세자(王世子)에게 명하여 술을 올리게 하고, 여러 종친(宗親), 재추(宰樞)에게 명하여 번갈아 일어나서 축수(祝壽)하게 하였다. 날이 어두워지자 파하였다.

○ 丙戌/世子率百官, 賀誕辰。御寶慶堂, 召孝寧大君 補、臨瀛大君 璆、河東君 鄭麟趾、蓬原君 鄭昌孫、高靈君 申叔舟、綾城君 具致寬、上黨君 韓明澮、中樞府領事沈澮、領議政崔恒、左議政曹錫文、南陽君 洪達孫、茂松君 尹子雲、左贊成金國光、漢城府尹李石亨、中樞府判事金守溫、知事尹士昕・成奉祖、左參贊金漑、銀川君 穳、玉山君 躋、中樞府同知事洪應、大司憲梁誠之、行護軍丘從直・安哲孫、兵曹參判尹欽、敵愾功臣吳子慶・宣炯・閔發・朴埴・具謙・金瓘・金順命・孫昭・張末孫・李陽生及崇義殿使王循禮、承旨等設宴。命王世子進酒, 命諸宗宰, 迭起爲壽。日暮乃罷。

15. 은천군 이찬 등에게 새로 지은 형전을 수교하게 하다

《세조 13년(1467) 9월 26일 무자 1번째 기사》

은천군(銀川君) 이찬(李穳), 옥산군(玉山君) 이제(李躋), 모양도정(牟陽都正) 이직(李稙), 복성부수(福城副守) 이영(李穎), 하동군(河東君) 정인지(鄭麟趾), 봉원군(蓬原君) 정창손(鄭昌孫), 능성군(綾城君) 구치관(具致寬), 영의정(領議政) 최항(崔恒), 인산군(仁山君) 홍윤성(洪允成), 무송군(茂松君) 윤자운(尹子雲), 한성부윤(漢城府尹) 이석형(李石亨), 대사헌(大司憲) 양성지(梁誠之), 행호군(行護軍) 구종직(丘從直), 중추부동지사(中樞府同知事) 홍응(洪應), 문신(文臣) 이극기(李克基)・손소(孫昭)・**김순명(金順命)**・유진(兪鎭)・최호원(崔灝元)・유희익(兪希益)・유윤겸(柳允謙)・이맹현(李孟賢)・이육(李陸)・유권(柳眷)・이경동(李瓊仝)・김유(金紐)・김관(金瓘)과 안효례(安孝禮)・배경흥(裵敬興)에게 명하여 새로 지은 형전(刑典)을 수교(讎校)[1)]하게 하였다.

[1]수교(讎校) : 책을 서로 교합(校合)하여 틀린 것을 바르게 고치는 것.

○ 戊子/命銀川君 穳、玉山君 躋、牟陽都正 稙、福城副守 穎、河東君 鄭麟趾、蓬原君 鄭昌孫、綾城君 具致寬、領議政崔恒、仁山君 洪允成、茂松君 尹子雲、漢城府尹李石亨、大司憲梁誠之、行護軍丘從直、中樞府同知事洪應、與文臣李克基·孫昭·**金順命**·兪鎭·崔灝元·兪希益·柳允謙·李孟賢·李陸·柳睠·李瓊仝·金紐·金瓘及安孝禮·裵敬興, 讎校新制刑典。

16. 도성의 지도를 만들게 하고, 『북정록』에 기록할 만한 일을 아뢰게 하다

《세조 13년(1467) 10월 13일 을사 1번째 기사》

안효례(安孝禮), 유희익(兪希益), 이육(李陸), 김유(金紐), 이익배(李益培)에게 명하여 도성(都城)을 자[尺]로 재어서 지도(地圖)를 만들게 하고, 또 양성지(梁誠之), 박안성(朴安性), 이극기(李克基), **김순명(金順命)**, 이경동(李瓊仝), 안호(安瑚), 박양(朴良), 유종준(柳宗濬) 등에게 명하여 실록(實錄)과 여러 문적(文籍)을 상고하여, 그 중에 『북정록(北征錄)』[1]에 기록할 만한 일을 표(標)하여서 아뢰게 하였다.

[1]북정록(北征錄) : 조선조 세조 6년(1460)에 육진(六鎭)의 북쪽 모련위(毛憐衛)에서 여진족을 정벌한 내용을 적은 책. 세조 14년(1468) 신숙주(申叔舟), 이극감(李克堪) 등이 왕명에 따라 편찬함.

○ 乙巳/命安孝禮、兪希益、李陸、金紐、李益培, 尺量都城作地圖。又命梁誠之、朴安性、李克基、**金順命**、李瓊仝、安瑚、朴良、柳宗濬等, 考《實錄》及諸文籍中, 標可記《北征錄》之事以啓。

17. 공신연을 베풀다. 적개공신 귀성군 이준 등이 치사하니, 교서[1]를 반사하다

《세조 13년(1467) 11월 2일 갑자 1번째 기사》

인정전(仁政殿)에 나아가서 공신연(功臣宴)을 베푸니 세자(世子)가 술을 올렸다. 적개공신(敵愾功臣) 귀성군(龜城君) 이준(李浚) 등이 치사(致詞)하기를, "이제 천재일우(千載一遇)의 운수를 만나니 바람이 범을 따르고 구름이 용(龍)을 따릅니다. 요망한 기운이 하늘에 가득 찼으나 한 차례의 정벌로 빨리 쓸어버렸습니다. 신무(神武)를 받들어 선양(宣揚)하니 큰 공(功)을 능히 이루었습니다. 총응(寵膺)을 내려 주시니 수운(需雲)의 은혜가 무르익습니다. 대려(帶礪)를 어찌 잊겠으며, 다시 단충

(丹衷)을 다하겠습니다. 신들이 절하여 머리를 숙이니 만복(萬福)이 같을 것입니다." 하였다. 읽기를 끝마치자, 교서(敎書)를 반사(頒賜)하였다.

정충 출기 적개공신(精忠出氣敵愾功臣) 통훈대부(通訓大夫) 군자감정(軍資監正) 김순명(金順命)에게 하교(下敎)하기를, "왕은 이르노라. 난(難)을 이기고 적개(敵愾)하는 것은 신하의 지극한 충성이요, 덕(德)을 높이고 수고를 갚는 것은 나라를 가진 임금의 영전(令典)이다. 지난번에 적신(賊臣) 이시애(李施愛)가 부육(覆育)의 은혜를 저버리고 굴혈(窟穴)의 견고함을 믿고서 뜬소문[浮言]을 선동하여 군중(群衆)을 유혹하여서 관리를 죽이고 군사를 일으켰다. 난(亂)이 이미 지극[極]하였고, 만연(蔓延)하여 도모하기가 어려웠다. 내가 귀성군(龜城君) 이준(李浚)에게 명하여 여러 장수를 지휘하여 이를 토벌(討伐)하게 하였는데, 그대가 좌막(佐幕)이 되었다. 군기(軍機)의 일은 비밀히 하므로 멀리서 듣기가 어려운데, 그대가 자주 와서 계달(啓達)하니 털끝만큼도 빠뜨리지 않았다. 돌아와서 성산(成算)을 받들고 장사(將士)에게 밝게 교유(敎諭)해서 그들로 하여금 마음과 힘을 합하여 기회를 살펴 나아가 공격하게 하였다. 큰 괴수(魁首)가 낭패(狼狽)하여 스스로 천주(天誅)에 나아왔도다. 그대의 공(功)을 가상히 여기는데, 내가 어찌 감히 잊겠는가? 이에 그대를 책훈(策勳)하여 적개 2등 공신(敵愾二等功臣)을 삼고, 그 부모와 처(妻)에게 벼슬을 주고 사유(赦宥)가 영세(永世)에 미치게 한다. 인하여 노비 10구(口), 전지(田地) 1백 결(結), 은 25냥(兩), 의복 1습(襲), 내구마(內廐馬)를 내려 주니, 이르거든 수령(受領)할지어다. 아아! 단서(丹書)와 백마(白馬)로 한 마음을 길이 보전하도록 기약하고, 태산(泰山)과 황하(黃河)에 만세토록 잊지 않기를 맹세하라." 하였다.

[1]교서는 공양공 부분만 발췌함.

敎精忠出氣敵愾功臣通訓大夫軍資監正金順命 :

王若曰 : 戡難敵愾, 爲臣之至忠; 崇德酬勞, 有國之令典。 頃者賊臣李施愛, 辜覆育之恩, 負窟穴之固, 扇浮言以惑衆, 殺官吏而擧兵。亂旣極矣, 蔓難圖焉。予命龜城君 浚, 節度將諸討之, 汝爲佐幕。軍機事秘, 難於遙聞, 汝數來啓達, 纖毫不遺。 還奉成算, 明諭將士, 俾一心力, 審幾進攻。渠魁狼狽, 自就天誅。 嘉汝之功, 予何敢忘? 肆策卿爲敵愾二等功臣, 爵其父母妻, 宥及永世。仍賜奴婢十口、田一百結、銀二十五兩、衣一襲、內廐馬, 至可領也。於戲! 丹書、白馬, 期永保於一心; 泰山、黃河, 誓毋忘於萬世。

18. 중궁과 선정전에서 효령대군 이보와 부인에게 위로 잔치를 베풀다

《세조 13년(1467) 12월 12일 갑진 1번째 기사》

임금이 중궁(中宮)과 더불어 선정전(宣政殿)에 나아가서 효령대군(孝寧大君) 이보(李補)와 부인(夫人)을 불러서 위로하는 잔치를 베풀고, 세자(世子)와 하동군(河

東君) 정인지(鄭麟趾), 고령군(高靈君) 신숙주(申叔舟), 능성군(綾城君) 구치관(具致寬), 영의정(領議政) 최항(崔恒), 남양군(南陽君) 홍달손(洪達孫), 중추부지사(中樞府知事) 윤사분(尹士昐)·성봉조(成奉祖)·윤사흔(尹士昕)·임원준(任元濬), 무송군(茂松君) 윤자운(尹子雲), 호조판서(戶曹判書) 노사신(盧思愼), 좌참찬(左參贊) 유수(柳洙), 사헌부대사헌(司憲府大司憲) 양성지(梁誠之), 중추부동지사(中樞府同知事) 홍응(洪應), 이조판서(吏曹判書) 성임(成任), 행호군(行護軍) 구종직(丘從直), 형조판서(刑曹判書) 서거정(徐居正), 성균대사성(成均大司成) 김예몽(金禮蒙), 행호군(行護軍) 이파(李坡), 병조참판(兵曹參判) 윤흠(尹欽), 행중추부첨지사(行中樞府僉知事) 이효상(李孝常)과 승지(承旨) 등을 불러서 시연(侍宴)하게 하였다. 세자(世子)가 술을 바치고 효령대군(孝寧大君) 이하 여러 신하(臣下)들이 번갈아 일어나서 축수(祝壽)하였다. 좌찬성(左贊成) 김국광(金國光)이 겸판병조(兼判兵曹)를 사직(辭職)하겠다고 애걸하니, 임금이 허락하지 아니하고 말하기를, "다시 말하지 말라" 하였다.

김순명(金順命), 이길보(李吉甫), 김견수(金堅壽), 양진손(梁震孫), 이평(李枰), 이극돈(李克墩), 김유(金紐), 이의형(李義亨), 조간(曹幹), 최연명(崔延命) 등을 불러서 앞으로 나오게 하여 좌편·우편으로 나누어 활[弓]을 만드는 방법을 강(講)하게 하고, 이어서 명하여 술을 먹이었다. 그때 도승지(都承旨) 권맹희(權孟禧)를 함길남도절도사(咸吉南道節度使)로 삼고, 좌승지(左承旨) 한치형(韓致亨)을 이조참판(吏曹參判)으로 삼았으나, 임금이 그 교대(交代)하는 것을 어렵게 여겨서 장차 새로 고르고자 하였다. 성균사성(成均司成) 성윤문(成允文), 사재첨정(司宰僉正) 한계순(韓繼純), 훈련첨정(訓鍊僉正) 이숭원(李崇元)을 부르니, 성윤문·한계순은 모두 이르렀으나, 이숭원(李崇元)은 날이 저물어도 오히려 이르지 아니하니, 이에 성윤문·한계순으로서 대신하게 하였다.

○ 甲辰/上與中宮, 御宣政殿, 召孝寧大君 補及夫人, 設慰宴。 世子與河東君 鄭麟趾、高靈君 申叔舟、綾城君 具致寬、領議政崔恒、南陽君 洪達孫、中樞府知事尹士昐·成奉祖·尹士昕·任元濬、茂松君 尹子雲、戶曹判書盧思愼、左參贊柳洙、司憲府大司憲梁誠之、中樞府同知事洪應、吏曹判書成任、行護軍丘從直、刑曹判書徐居正、成均大司成金禮蒙、行護軍李坡、兵曹參判尹欽、行中樞府僉知事李孝常、承旨等侍宴。世子進酒, 孝寧大君以下諸臣, 迭起爲壽。左贊成金國光, 乞辭兼判兵曹, 上不許曰: "勿復言" 召金順命、李吉甫、金堅壽、梁震孫、李枰、李克墩、金紐、李義亨、曹幹、崔延命等, 就前分左、右邊, 講造弓法, 仍命饋酒。 時都承旨權孟禧爲咸吉南道節度使, 左承旨韓致亨爲吏曹參判, 上難其代, 將欲新擇。 召成均司成成允文、司宰僉正韓繼純、訓鍊僉正李崇元, 允文、繼純皆至, 崇元日暮猶不至, 乃以允文、繼純代之。

19. 구종직 등에게 『시경』을 교정케 하고, 이길보 등에게 활 만드는 법을 논하게 하다

《세조 13년(1467) 12월 13일 을사 1번째 기사》

보경당(寶慶堂)에 나아가서 중추부 첨지사(中樞府僉知事) 구종직(丘從直), 성균대사성(成均大司成) 김예몽(金禮蒙), 공조참판(工曹參判) 정자영(鄭自英) 등을 불러서 시경(詩經)의 구결(口訣)을 교정(校正)하게 하고, 또 이길보(李吉甫), 조간(曹幹), 김유(金紐), 이의형(李義亨), 양진손(梁震孫), 이극돈(李克墩), 김견수(金堅壽), **김순명(金順命)**, 최연명(崔延命), 이평(李枰) 등을 불러서 활[弓]을 만드는 법(法)을 논(論)하게 하였다.

○ 乙巳/御寶慶堂, 召中樞府僉知事丘從直、成均大司成金禮蒙、工曹参判鄭自英等, 校正《詩》口訣。又召李吉甫、曹幹、金紐、李義亨、梁震孫、李克墩、金堅壽、金順命、崔延命、李枰等, 論造弓法。

20. 새로 지은 형전과 호전의 잘못된 곳을 상고하여 아뢰게 하다

《세조 13년(1467) 12월 21일 계축 2번째 기사》

임금이 명하여 집의(執義) 이극돈(李克墩), 군자감정(軍資監正) **김순명(金順命)**, 선전관(宣傳官) 최연명(崔延命)・이의형(李義亨)을 우편으로 삼고, 성균직강(成均直講) 김유(金紐), 헌납(獻納) 조간(曹幹), 한성판관(漢城判官) 양진손(梁震孫), 사인(舍人) 이길보(李吉甫)를 좌편으로 삼아, 새로 지은 『형전(刑典)』, 『호전(戶典)』의 잘못된 곳을 상고하여 아뢰게 하니, 이극돈 등이 찾아낸 것이 많았는데 표피(豹皮)를 각각 1장(張)씩 내려 주었다.

○ 命執義李克墩、軍資監正金順命、宣傳官崔延命・李義亨爲右, 成均直講金紐、獻納曹幹、漢城判官梁震孫、舍人李吉甫爲左, 攷新《刑》、《戶典》謬誤處以啓。克墩等所得居多, 賜豹皮各一張。

21. 강옥 등이 금강산에 가는 문제로 노사신 등에게 관직을 제수하다

《세조 14년(1468) 4월 14일 계묘 4번째 기사》

호조판서(戶曹判書) 노사신(盧思愼)을 지대사(支待使)로 삼고, 군자감정(軍資監正) **김순명(金順命)**을 종사관(從事官)으로 삼으니, 강옥(姜玉)[1] 등이 장차 금강산에 가려 하기 때문이었다.

[1]강옥(姜玉) : 중국의 태감(太監), 강옥은 조선 출신으로 명나라의 요구에 의해 어린 나이

에 명나라에 보내져 환관으로 복무하였던 자이다. 조선에 사신으로 나오기도 하고, 명나라 조정에서 조선과의 외교에 깊이 관여하면서 극심한 위세와 탐욕으로 많은 재물을 요구하고, 사적으로 무리한 청탁을 하여 많은 폐해를 끼쳤다. 1480년 정동과 강옥이 조선에서 가져간 물품 목록은《성종실록》11년 7월 22일 기사에 실려 있다.

○ 以戶曹判書盧思愼爲支待使,軍資監正**金順命**爲從事官, 以姜玉等將往金剛山也。

22. 김순명·권건·권인·이신효 등에게 당상관을 제수하다

《세조 14년(1468) 6월 28일 병진 6번째 기사》

능성군(綾城君) 구치관(具致寬), 호조판서 노사신(盧思愼), 이조판서 성임(成任), 승지(承旨) 등을 불러 강녕전(康寧殿)에 들어와 정사를 의논하게 하고, 술자리를 베풀었다. 글을 관반(館伴)에게 보이고, 강옥 등에게 말하게 하기를, "분예빈시(分禮賓寺) 관원(官員)인 녹사(錄事)와 통사(通事), 감조궁전관(監造弓箭官), 장단군수(長湍郡守)에게 가직(加職)하는 일과 정자주(鄭自周)에게 복호(復戶)하는 일을 이미 명하여 유사(有司)가 시행하였습니다." 하였다. 당시에 강옥 등이 분예빈시 관리의 작위를 청하므로 임금이 어렵다 하니, 강옥 등이 굳이 청하므로, 명하여 군자정(軍資正) **김순명(金順命)**, 훈련첨정(訓鍊僉正) 권건(權健), 도총부진무(都摠府鎭撫) 권인(權引), 장단군수(長湍郡守) 이신효(李愼孝)에게 아울러 당상관(堂上官)을 제수하고, 나머지도 각각 가자(加資)하니, 이로부터 자궁자(資窮者)는 반드시 이 예(例)를 이끌어서 당상관을 희망하는 자가 더욱 많았다.

○ 召綾城君 具致寬、戶曹判書盧思愼、吏曹判書成任、承旨等, 入康寧殿議事, 設酌。 以書示館伴, 使言於姜玉等曰: "分禮賓寺官員錄事及通事, 監造弓箭官、長湍郡守加職事, 鄭自周復戶事, 已命有司施行" 時, 玉等請爵分禮賓寺官吏, 上難之, 玉等固請, 命以軍資正**金順命**、訓鍊僉正權健、(者) 摠府鎭撫權引、長湍郡守李愼孝, 竝授堂上官, 餘各加資。 自後凡資窮者, 必援引此例, 希望堂上官者益衆。

23. 정침·김순명·권정·권인 등에게 관직을 제수하다

《세조 14년(1468) 7월 2일 기미 2번째 기사》

이조(吏曹)에 명(命)하여 예빈시정(禮賓寺正) 정침(鄭忱), 군자시정(軍資寺正) **김순명(金順命)**, 훈련원첨정(訓鍊院僉正) 권정(權侹), 의금부진무(義禁府鎭撫) 권인(權引), 장단군수(長湍郡守) 이신효(李愼孝)를 모두 당상관(堂上官)으로 승진시키고, 상의원첨정(尙衣院僉正) 문수덕(文修德), 군기시첨정(軍器寺僉正) 조준(趙嶟), 사역원첨정(司譯院僉正) 김유경(金由敬), 판관(判官) 김계박(金繼朴), 이조정랑(吏曹正郞) 김익령(金益齡), 충훈부도사(忠勳府都事) 김사원(金嗣源), 부호군(副護軍) 신지(申沚), 전 사의(司議) 김초(金軺), 전 도사(都事) 윤기반(尹起磻), 별제(別提) 이지선(李之善)·하중호(河仲浩)를 각각 1자급씩 올려 주었는데, 중국 사신의 청에 따른 것이다.

○ 命吏曹, 禮賓寺正鄭忱、軍資寺正**金順命**、訓鍊院僉正權侹、義禁府鎭撫權引、長湍郡守李愼孝, 竝陞堂上官; 尙衣院僉正文修德、軍器寺僉正趙嶟、司譯院僉正金由敬、判官金繼朴、吏曹正郞金益齡、忠勳府都事金嗣源、副護軍申沚、前司議金軺、前都事尹起磻、別提李之善·河仲浩, 各陞一階, 從明使請也。

24. 이영은·윤자·이극돈·권감·김순명·김종순 등에게 관직을 더해 주다

《예종 1년(1469) 4월 30일 계미 2번째 기사》

이영은(李永垠)을 형조참판으로, 윤자(尹滋)를 한성부 좌윤(漢城府左尹)으로, 이극돈(李克墩)을 우윤(右尹)으로, 김지경(金之慶)을 이조참의(吏曹參議)로, 양순석(梁順石)을 예조참의(禮曹參議)로 삼고, 도승지(都承旨) 권감(權瑊)은 자헌대부(資憲大夫)를 더하고, **김순명(金順命)**은 장례원 판결사(掌隷院判決事)로 삼고, 경상도 관찰사(慶尙道觀察使) 김종순(金從舜)은 자헌대부를 더하였는데, 이극돈·권감에게는 제집사(祭執事)를 내려 주고 아울러 1급(級)을 올리었다.

○ 以李永垠爲刑曹參判, 尹慈漢城府左尹, 李克墩右尹, 金之慶吏曹參議, 梁順石禮曹參議, 都承旨權瑊加資憲大夫, 金順命掌隷院判決事, 慶尙道觀察使金從舜加資憲大夫。克墩、瑊, 以賜祭執事, 竝進一級。

25. 허계지가 허안석의 비첩의 소생이라고 칭하여서 관에 소송하다

《예종 1년(1469) 7월 22일 계묘 6번째 기사》

허계지(許繼智)의 본명(本名)은 모지리(毛知里)인데, 허안석(許安石)의 비첩(婢妾)의 소생이라고 칭하여서 관(官)에 소송하였다. 허안석의 산업(產業)이 있는 것에 의거하여 귀인(貴人)이나 요인(要人)과 교결(交結)하여, 무릇 대납(代納)하는 가운데 유리한 것이 있으면 솔선하여 하니, 수년이 되지 못하여 집에 누거만(累鉅萬)이 되었다. 집을 성명방(誠明坊)에다 지었는데, 동우(棟宇)[1]를 붉은 빛으로 채색하여 참람하고 사치함이 비할 수 없었고, 조사(朝士)로서 명망이 있는 자도 또한 그 집에 출입하였다. 일찍이 사람과 더불어 소송하였는데, 장례원(掌隷院)에서 곡진하게 다스리므로 이기지 못할 것을 두려워하여서 판결사(判決事) **김순명(金順命)**에게 뇌물을 행하고자 하여 집에서 사후(伺候)[2] 하였다가 대간의 관리에게 잡히는 바가 되었다.

헌부에서 국문하여 형조(刑曹)에 옮겨서 장을 때려 유배시키려고 하였는데, 허계지가 지키는 자에게 후하게 뇌물을 주고서 도망하였다. 형조에서 아뢰기를, "사민(徙民)하는데 도망한 자는 법으로 마땅히 참(斬)하여야 하고, 처자(妻子)는 영속(永屬)시키며, 가산(家產)은 적몰(籍沒)하여야 합니다. 이제 허계지가 도망 중에 있는데, 또 그 집과 잠자리[牀褥]·의복이 참람하게도 궁궐과 흡사하니, 청컨대 잡아서 참(斬)하고 그 처자도 법대로 처단하소서." 하니, 그대로 따랐다. 사헌부에서 아뢰기를, "허계지가 도망 중에 있으니, 먼저 처자를 죄주고 가산(家產)을 적몰(籍沒)하소서." 하니, 임금이 말하기를, "허계지의 죄가 정해지지 않았는데 먼저 처자를 좌죄(坐罪)하는 것은 옳지 않다." 하였다. 허계지가 용서해 줄 것을 미리 헤아리고 옥(獄)에 나아왔고, 또 임금의 보모(保母)에게 의지하여 죄를 면하고자 하여 살폈다. 임금이 매우 노하여 반드시 주살(誅殺)하고자 하였으나, 후에는 마침내 사형(死刑)을 감하고 변방에 옮겼다.

[1]동우(棟宇) : 집의 마룻대와 추녀 끝.
[2]사후(伺候) : 손윗사람의 안부를 물음.

○ 許繼智本名毛知里, 稱許安石婢妾出, 訟於官。據有安石産業, 交結貴要, 凡如代納之有大利者, 率先爲之, 不數年, 家累鉅萬。起第誠明坊, 棟宇丹雘, 僭侈無比, 朝士有名望者, 亦多出入其家。嘗與人訟掌隷院, 理曲懼不勝, 欲行貨於判決事金順命, 伺候於家, 爲臺吏所執。 憲府鞫移刑曹, 將杖流之, 繼智厚遺守者而逃。 刑曹啓: "徙民逃者, 法當斬, 妻孥永屬, 家産籍沒。今繼智在逃, 且其家牀褥服用, 僭擬宮禁, 請捕斬之, 其妻孥亦依法斷之" 從之。司憲府啓: "繼智在逃, 請先罪妻孥, 籍沒家産" 上曰: "不正繼智之罪, 而先坐妻孥不可" 繼智預料有赦, 詣獄, 又依上保母, 窺欲脫免。上怒甚, 必欲誅之, 後竟減死徙邊。

26. 정인지·정창손·노사신·권감·이극증 등에게 관직을 제수하다

《성종 1년(1470) 9월 16일 신묘 7번째 기사》

정인지(鄭麟趾)를 대광보국숭록대부(大匡輔國崇祿大夫) 하동부원군(河東府院君) 겸 영경연사(領經筵事)로, 정창손(鄭昌孫)을 대광보국숭록대부 봉원부원군(蓬原府院君) 겸 영경연사로, 노사신(盧思愼)을 숭록대부 의정부 좌찬성(議政府左贊成) 겸 이조판서(吏曹判書)로, 권감(權瑊)을 정헌대부(正憲大夫) 화천군(花川君)으로, 이극증(李克增)을 자헌대부(資憲大夫) 이조판서로, 윤계겸(尹繼謙)을 가정대부(嘉靖大夫) 호조참판(戶曹參判)으로, 송문림(宋文琳)을 가선대부(嘉善大夫) 병조참판(兵曹參判)으로, 정효상(鄭孝常)을 가정대부 승정원 도승지(承政院都承旨)로, 한계순(韓繼純)을 가정대부 좌승지로, 이숭원(李崇元)을 통정대부(通政大夫) 우승지로, 신정(申瀞)을 통정대부 좌부승지(左副承旨)로, **김순명(金順命)**을 **통정대부 우부승지**로, 유지(柳輊)를 통정대부 동부승지(同副承旨)로, 최영린(崔永潾)을 통정대부 장례원판결사(掌隷院判決事)로, 손순효(孫舜孝)를 통훈대부(通訓大夫) 사헌부집의(司憲府執義)로 삼았다.

○ 以鄭麟趾爲大匡輔國崇祿河東府院君兼領經筵事, 鄭昌孫大匡輔國崇祿蓬原府院君兼領經筵事, 盧思愼崇祿議政府左贊成兼吏曹判書, 權瑊正憲花川君, 李克增資憲吏曹判書, 尹繼謙嘉靖戶曹參判, 宋文琳嘉善(兵書) 參判, 鄭孝常嘉靖承政院都承旨, 韓繼純嘉靖左承旨, 李崇元通政右承旨, 申瀞通政左副承旨, 金順命通政右副承旨, 柳輊通政同副承旨, 崔永潾通政掌隷院判決事, 孫舜孝通訓司憲府執義。

27. 공조, 상의원, 사복시에 전지하여 신하들에게 말 등을 내려주게 하다

《성종 1년(1470) 12월 19일 임술 4번째 기사》

공조(工曹), 상의원(尙衣院), 사복시(司僕寺)에 전지(傳旨)하기를, "종묘(宗廟)의 아헌관(亞獻官) 덕원군(德源君) 이서(李曙), 종헌관(終獻官) 영의정(領議政) 윤자운(尹子雲)과 문소전(文昭殿)의 헌관(獻官) 옥산군(玉山君) 이제(李躋), 예조겸 판서(禮曹兼判書) 신숙주(申叔舟)에게 안구마(鞍具馬) 각각 1필씩을 주고, 종묘의 진폐 찬작관(進幣瓚爵官) 우찬성(右贊成) 윤필상(尹弼商), 천조관(薦俎官) **호조판서(戶曹判書) 김길통(金吉通)**, 예의사(禮儀使) 예조판서(禮曹判書) 김겸광(金謙光), 전폐 찬작관(奠幣瓚爵官) 동지중추부사(同知中樞府事) 정난종(鄭蘭宗)과 영창전(永昌殿)의 찬례(贊禮) 우참찬(右參贊) 서거정(徐居正), 예조참판(禮曹參判) 이승소(李承召), 참의(參議) 김영유(金永濡), 정랑(正郎) 김춘경(金春卿)에게 말 각각 1필씩 주고, 도승지(都承旨) 정효상(鄭孝常), 좌승지(左承旨) 한계순(韓繼純), 우승지(右承旨) 이숭원(李崇元), 좌부승지(左副承旨) 신정(申瀞), **우부승지(右副承旨) 김순명(金順命)**, 당상(堂上) 집례(執禮) 행 사과(行司果) 강로(姜老), 좌통례(左通禮) 윤효손(尹孝孫), 우통례(右通禮) 송의(宋衣), 섭판통례(攝判通禮) 예빈시정(禮賓寺正) 노유신(盧由愼), 군자감정(軍資監正) 정괄(鄭佸)에게 각각 표리(表裏) 한 벌씩을 주고, 예조 가낭청(禮曹假郞廳) 정인형(鄭仁炯), 공조정랑(工曹正郎) 남구(南俅)·이숙문(李叔文)·노선경(盧善卿), 좌랑(佐郎) 조평(趙枰)·정치소(鄭致韶), 전 좌랑(佐郎) 김치리(金致利), 상의원정(尙衣院正) 윤귀산(尹龜山), 판관(判官) 우연(禹埏), 별좌(別坐) 김태경(金泰卿), 주부(主簿) 조영휘(趙永輝), 직장(直長) 김언신(金彦辛), 선공감정(繕工監正) 신지(申沚), 부평부사(富平府使) 김원윤(金元潤) 및 자궁(資窮)[1]한 모든 집사에게 아마(兒馬) 각각 한 필씩을 주고, 동부승지(同副承旨) 유지(柳輊)는 궁(宮)을 지키는 일로써 집사(執事)의 열(列)에 참여하지 못하였으니 특별히 표리(表裏)를 주게 하라." 하였다.

[1]자궁(資窮) : 조선시대 당하관(堂下官)으로서 제일 높은 품계(品階)에 오른 벼슬자리, 곧 정3품 통훈대부의 벼슬자리를 이르는 말. [유사어] 계궁(階窮).

○ 傳旨工曹、尙衣院、司僕寺曰: "宗廟亞獻官德源君 曙·終獻官領議政尹子雲、文昭殿獻官玉山君 躋·禮曹兼判書申叔舟, 給鞍具馬各一匹。 宗廟進幣瓚爵官右贊成尹弼商·薦俎官**戶曹判書金吉通**·禮儀使禮曹判書金謙光·奠幣瓚爵官同知中樞府事鄭蘭宗、永昌殿贊禮右參贊徐居正·禮曹參判李承召·參議金永濡·正郎金春卿, 給馬各一匹。都承旨鄭孝常、左承旨韓繼純、右承旨李崇元、左副承旨申瀞、右副承旨**金順命**、堂上執禮行司果姜老、左通禮尹孝孫、右通禮宋衣、攝判通禮禮賓寺正盧由愼、軍資監正鄭佸, 各一表裏。禮曹假郎廳鄭仁烱、工曹正郎南俅·李叔文·盧善卿、佐郎趙枰·鄭致韶、前佐郎金致利、尙衣院正尹龜山、判官禹埏、別坐金泰卿、主簿趙永輝、直長金彦辛、繕工監正申沚、富平府使金元潤及資窮諸執事, 給兒馬各一匹。 同副承旨柳輊, 以守宮, 不與執事之列, 特賜表裏."

28. 신숙주·한명회·윤자운·김국광·한백륜 등에게 물건을 내려주다

《성종 2년(1471) 2월 20일 계해 2번째 기사》

명하여 고령부원군(高靈府院君) 신숙주(申叔舟), 상당부원군(上黨府院君) 한명회(韓明澮), 영의정(領議政) 윤자운(尹子雲), 좌의정(左議政) 김국광(金國光), 우의정(右議政) 한백륜(韓伯倫), 하성부원군(河城府院君) 정현조(鄭顯祖), 청송부원군(靑松府院君) 심회(沈澮), 지중추부사(知中樞府事) 윤사흔(尹士昕), 예조판서(禮曹判書) 김겸광(金謙光)에게 각각 말 1필(匹)씩을 내려 주고, 판중추부사(判中樞府事) 이석형(李石亨), 좌참찬(左參贊) 이극배(李克培), 공조판서(工曹判書) 양성지(梁誠之), 지중추부사(知中樞府事) 임원준(任元濬), 우찬성(右贊成) 윤필상(尹弼商), 우참찬(右參贊) 서거정(徐居正), 진산군(晉山君) 강희맹(姜希孟), 예조참판(禮曹參判) 이승소(李承召), 동지중추부사(同知中樞府事) 성윤문(成允文), 호조참의(戶曹參議) 정침(鄭忱), 대사성(大司成) 유권(柳睠), 예조참의(禮曹參議) 김영유(金永濡), 행 사직(行司直) 남질(南軼), 전주부윤(全州府尹) 조근(趙謹), 도승지(都承旨) 정효상(鄭孝常), 좌승지(左承旨) 한계순(韓繼純), 우승지(右承旨) 이숭원(李崇元), 좌부승지(左副承旨) 신정(申瀞), **우부승지(右副承旨) 김순명(金順命)**, 동부승지(同副承旨) 유지(柳輊)에게 각각 아마(兒馬) 1필(匹)씩을 내려 주었으니, 봉숭(封崇)[1]할 때 집사관(執事官)이었기 때문이었다.

[1]봉숭[封崇] : 작위(爵位)나 존호(尊號)를 높여 주는 일.

○ 命賜高靈府院君申叔舟、上黨府院君韓明澮、領議政尹子雲、左議政金國光、右議政韓伯倫、河城府院君 鄭顯祖、青松府院君 沈澮、知中樞府事尹士昕、禮曹判書金謙光, 各馬一匹; 判中樞府事李石亨、左參贊李克培、工曹判書梁誠之、知中樞府事任元濬、右贊成尹弼商、右參贊徐居正、晋山君姜希孟、禮曹參判李承召、同知中樞府事成允文、戶曹參議鄭忱、大司成柳睠、禮曹參議金永濡、行司直南軼、全州府尹趙謹、都承旨鄭孝常、左承旨韓繼純、右承旨李崇元、左副承旨申瀞、右副承旨**金順命**、同副承旨柳輊, 各兒馬一匹, 以封崇執事也。

29. 이조에 전지하여 신숙주 등에게 좌리 공신호를 내려 주게 하다

《성종 2년(1471) 3월 27일 경자 3번째 기사》

이조(吏曹)에 전지(傳旨)하기를, "호천(昊天)이 불쌍하게 여기시지 아니하심인가? 우리 세조 대왕(世祖大王)께서 갑자기 군신(群臣)을 버리시었고, 얼마 아니 되어 예종 대왕(睿宗大王)께서 빈천(賓天)하시니, 후사(後嗣)를 이을 자가 병들고 어리므로 온 나라가 황황(遑遑)[1] 하였는데, 우리 자성대왕대비(慈聖大王大妃)[2]께서 세조 대왕을 추념(追念)하시고 여 소자(予小子)[3]를 돌아보시고 이에 큰 책명(策命)을 정하시니, 내가 들어와 큰 왕업(王業)을 잇게 되었다. 나는 부탁(付托)한 책임이 중하기 때문에 밤낮으로 오로지 몸을 삼갔는데, 이때에 고굉(股肱)의 신료(臣僚)들이 좌우에서 분주하게 마음을 다하고 힘을 써서 금일(今日)에 이르러 인심(人心)이 크게 안정되고 국가가 태평하여지니, 내가 그 공(功)을 가상히 여겨서 이에 상전(賞典)을 거행한다.

신숙주(申叔舟)·한명회(韓明澮)·최항(崔恒)·홍윤성(洪允成)·조석문(曺錫文)·정현조(鄭顯祖)·윤자운(尹子雲)·김국광(金國光)·권감(權瑊)을 <u>좌리 1등 공신(佐理一等功臣)</u>으로 삼고, 이정(李婷)·이침(李琛)·정인지(鄭麟趾)·정창손(鄭昌孫)·심회(沈澮)·김질(金礩)·한백륜(韓伯倫)·윤사흔(尹士昕)·한계미(韓繼美)·한계희(韓繼禧)·송문림(宋文琳)을 <u>좌리 2등 공신(佐理二等功臣)</u>으로 삼고, 성봉조(成奉祖)·노사신(盧思愼)·강희맹(姜希孟)·임원준(任元濬)·박중선(朴仲善)·이극배(李克培)·홍응(洪應)·서거정(徐居正)·양성지(梁誠之)·김겸광(金謙光)·강곤(康袞)·신승선(愼承善)·이극증(李克增)·한계순(韓繼純)·정효상(鄭孝常)·윤계겸(尹繼謙)·한치형(韓致亨)·이숭원(李崇元)을 <u>좌리3등 공신(佐理三等功臣)</u>으로 삼고, 김수온(金守溫)·이석형(李石亨)·윤필상(尹弼商)·

허종(許琮)·황효원(黃孝元)·유수(柳洙)·어유소(魚有沼)·함우치(咸禹治)·이훈(李塤)·**김길통(金吉通)**·선형(宣炯)·우공(禹貢)·김교(金嶠)·오백창(吳伯昌)·박거겸(朴居謙)·이철견(李鐵堅)·한치인(韓致仁)·구문신(具文信)·이숙기(李淑琦)·정난종(鄭蘭宗)·정숭조(鄭崇祖)·이승소(李承召)·한치의(韓致義)·한보(韓堡)·김수녕(金壽寧)·한치례(韓致禮)·한의(韓嶬)·이극돈(李克墩)·이수남(李壽男)·이현(李鉉)·신정(申瀞)·**김순명(金順命)**·유지(柳輊)·심한(沈澣)·신준(申浚)을 좌리 4등 공신(佐理四等功臣)으로 삼는다." 하였다.

[1]황황(遑遑) : 마음이 급하여 허둥지둥하는 것.
[2]자성대왕대비(慈聖大王大妃) : 세조(世祖) 비(妃) 정희왕후(貞熹王后) 윤씨(尹氏).
[3]여 소자(予小子) : 임금 자신[成宗]을 가리키는 말임.

○ 傳旨吏曹曰: "昊天不弔, 我世祖大王奄棄群臣, 未幾睿宗大王賓天, 繼嗣病幼, 一國遑遑, 我慈聖大王大妃追念世祖、眷予小子, 乃定大策, 命予入纘丕緖。予以付托之重, 夙夜惟寅, 于時股肱臣僚, 奔走左右, 盡心效力, 以至今日, 人心大定, 國家盤安, 予嘉乃功, 爰擧賞典。以申叔舟、韓明澮、崔洹、洪允誠、曺錫文、鄭顯祖、尹子雲、金國光、權瑊 爲佐理一等,以婷、琛、鄭麟趾、鄭昌孫、沈澮、金礩、韓伯倫、尹士昕、韓繼美、韓繼禧、宋文琳 爲佐理二等, 以成奉祖、盧思愼、姜希孟、任元濬、朴仲善、李克培、洪應、徐居正、梁誠之、金謙光、康袞、愼承善、李克增、韓繼純、鄭孝常、尹繼謙、韓致亨、李崇元 爲佐理三等,以金守溫、李石亨、尹弼商、許琮、黃孝元、柳洙、魚有沼、咸禹治、李塤、**金吉通**、宣炯、禹貢、金嶠、吳伯昌、朴居謙、李鐵堅、韓致仁、具文信、李淑琦、鄭蘭宗、鄭崇祖、李承召、韓致義、韓堡、金壽寧、韓致禮、韓嶬、李克墩、李壽男、鉉、申瀞、**金順命**、柳輊、沈瀚、申浚 爲佐理四等功臣."

30. 사직제의 각 집사자들에게 말을 하사하다

《성종 2년(1471) 8월 8일 무신 5번째 기사》

사복시(司僕寺)에 전지(傳旨)하여 사직제(社稷祭)의 아헌관(亞獻官)인 봉원부원군(蓬原府院君) 정창손(鄭昌孫)과 종헌관(終獻官)인 우의정(右議政) 한백륜(韓伯倫)에게 각각 말 1필(匹)씩을, 진폐 작주관(進幣爵酒官)인 좌참찬(右參贊) 이극배(李克培)와 천조관(薦俎官)인 진산군(晉山君) 강희맹(姜希孟)과 전폐 작주관(奠幣爵酒官)인 우참찬(右參贊) 서거정(徐居正)과 예의사(禮儀使)인 예조판서(禮曹判書) 김겸광(金謙光)과 단상 집례(壇上執禮)인 호조참의(戶曹參議) 정침(鄭忱)과 근시(近侍)인 도승지(都承旨) 정효상(鄭孝常), 좌승지(左承旨) 이숭원(李崇元), 우승지(右承旨) 신정(申瀞), 좌부승지(左副承旨) **김순명(金順命)**, 우부승지(右副承旨) 유지(柳輊), 동부승지(同副承旨) 심한(沈瀚)과 집사관(執事官)인 통례원 좌통례(通禮院左通禮) 윤효손(尹孝孫), 우통례(右通禮) 최호(崔灝), 장악원정(掌樂院正) 고태정(高台鼎), 예문관 직제학(藝文館直提學) 김유(金紐), 겸승문원 참교(兼承文院參校) 이지(李墀), 군기시정(軍器寺正) 박숙진(朴叔蓁), 한성부 서윤(漢城府庶尹) 윤기반(尹起磻), 장원서 별제(掌苑署別提) 이석(李晳), 돈녕부 첨정(敦寧府僉正) 최정(崔侹), 군자감 첨정(軍資監僉正) 최흔(崔昕), 장악원 부정(掌樂院副正) 한한(韓僩), 통례원 봉례(通禮院奉禮) 김신몽(金信蒙), 찬의(贊儀) 이계신(李繼信), 사복시 부정(司僕寺副正) 정숙(鄭俶)에게 아마(兒馬) 각각 1필(匹)씩을 하사하게 하였다.

○ 傳旨司僕寺, 賜社稷祭亞獻官蓬原府院君鄭昌孫、終獻官右議政韓伯倫馬各一匹, 進幣爵酒官左參贊李克培、薦俎官晋山君姜希孟、奠幣爵酒官右參贊徐居正、禮儀使禮曹判書金謙光、壇上執禮戶曹參議鄭忱、近侍都承旨鄭孝常、左承旨李崇元、右承旨申瀞、左副承旨**金順命**、右副承旨柳輊、同副承旨沈瀚、執事官通禮院左通禮尹孝孫、右通禮崔灝、掌樂院正高台鼎、藝文館直提學金紐、兼承文院參校李墀、軍器寺正朴叔蓁、漢城府庶尹尹起磻、掌苑署別提李晳、敦寧府僉正崔侹、軍資監僉正崔昕、掌樂院副正韓僩、通禮院奉禮金信蒙、贊儀李繼信、司僕寺副正鄭俶兒馬各一匹。

31. 《세조대왕실록》의 수찬관들에게 상을 내리다

《성종 2년(1471) 12월 18일 을유 5번째 기사》

명하여《세조대왕실록(世祖大王實錄)》의 수찬관(修撰官)인 영춘추관사(領春秋館事) 신숙주(申叔舟)・한명회(韓明澮)・최항(崔恒)에게 각각 안구마(鞍具馬) 1필(匹), 표리(表裏) 1습(襲), 향다합단자(鄉茶合段子) 1필(匹)씩을, 지춘추관사(知春秋館事) 강희맹(姜希孟)・양성지(梁誠之), 동지춘추관사(同知春秋館事) 이승소(李承召)・김수녕(金壽寧), 관찰사(觀察使) 정난종(鄭蘭宗), 대사헌(大司憲) 김지경(金之慶), 졸(卒)한 동지중추부사(同知中樞府事) 이영은(李永垠)에게 각각 안구마(鞍具馬) 1필(匹), 표리(表裏) 1습(襲)씩을, 형조참판(刑曹參判) 이극돈(李克墩), 동지성균관사(同知成均館事) 예승석(芮承錫), 도승지(都承旨) 정효상(鄭孝常), 좌부승지(左副承旨) **김순명(金順命)**, 첨지중추부사(僉知中樞府事) 조익정(趙益貞)에게 각각 아마(兒馬) 1필씩을, 고(故) 형조참의(刑曹參議) 조안정(趙安貞), 수찬관(修撰官) 유권(柳睠), 형조참의(刑曹參議) 손순효(孫舜孝), 편수관(編修官) 김유(金紐)・임사홍(任士洪)・고태정(高台鼎)・김계창(金季昌)・성숙(成淑), 전 편수관(編修官) 최경지(崔敬止), 기주관(記注官) 노공필(盧公弼)・홍귀달(洪貴達)・정휘(鄭徽)・이경동(李瓊仝), 기사관(記事官) 김윤종(金潤宗), 전 내섬시정(內贍寺正) 정영통(鄭永通), 사섬시 부정(司贍寺副正) 박미(朴楣), 익산 군사(益

山郡事) 김신(金新)에게 각각 아마(兒馬) 1필(匹), 향표리(鄕表裏) 1습(襲)씩을, 편수관(編修官) 김영견(金永堅)·현석규(玄碩圭), 좌통례(左通禮) 윤효손(尹孝孫), 전 판관(判官) 김성원(金性源), 장령(掌令) 박숭질(朴崇質), 형조정랑(刑曹正郎) 허선(許譔), 전 첨정(僉正) 최명손(崔命孫), 검상(檢詳) 이칙(李則), 공조좌랑(工曹佐郎) 유조(兪造), 의금부경력(義禁府經歷) 안처량(安處良), 성균전적(成均典籍) 이인석(李仁錫), 기사관(記事官) 남윤종(南潤宗)·박처륜(朴處綸), 전 좌랑(佐郎) 조평(趙枰)에게 각각 향표리(鄕表裏) 1습(襲)씩을, 도사(都事) 김극검(金克儉), 기주관(記注官) 최숙정(崔淑精)·유자분(柳自汾)·박시형(朴時衡), 예조정랑(禮曹正郎) 김자정(金自貞), 이조정랑(吏曹正郎) 손비장(孫比長)·박효원(朴孝元), 병조좌랑(兵曹佐郎) 윤현손(尹顯孫), 기사관(記事官) 채수(蔡壽)·양수사(楊守泗)·최철관(崔哲寬)·김중연(金仲演)·김윤(金崙)·안침(安琛)·손창(孫昌)·양자유(楊子由)·김예원(金禮源)·김종(金悰)·김미(金楣)·안진생(安晉生)·정이교(鄭以僑), 군수(郡守) 김종직(金宗直), 전 기사관(記事官) 강거효(姜居孝)에게 각각 1자급[資]을 더하고, 화원(畫員) 배연(裵連) 등 3인에게 1자급을 더하였으며, 1등 수록 서원(一等受祿書員) 2인, 서리(書吏) 22인에게 매일 별사(別仕) 3을 주게 하였다.

대왕대비(大王大妃)가 신숙주(申叔舟) 등에게 아다개(阿多介) 1좌(坐)씩을, 강희맹(姜希孟) 등에게 호피(虎皮) 1장(張)씩을, 이극돈(李克墩) 이하에게 녹비(鹿皮) 1장씩을 더 내려 주고, 서리(書吏) 등도 또한 녹비(鹿皮) 1장씩을 더 내려 주며 전교하기를, "내가 《실록(實錄)》을 보니, 당시의 명령(命令)과 정교(政敎)가 갖추 실리지 않음이 없어 황연(恍然)히 세조(世祖)를 뵙는 것과 같다. 내 경(卿) 등이 마음을 다하여 수찬(修撰)한 것을 가상히 여기어 이제 주상(主上)께 청하여 박물(薄物)을 내려 주니, 경 등은 이를 받도록 하라." 하였다.

○ 命賜《世祖大王實錄》修撰官領春秋館事申叔舟、韓明澮、崔恒,各鞍具馬一匹、表裏一襲、鄕茶合段子一匹; 知春秋館事姜希孟·梁誠之、同知春秋館事李承召·金壽寧、觀察使鄭蘭宗、大司憲金之慶、卒同知中樞府事李永垠,各鞍具馬一匹、表裏一襲; 刑曹參判李克墩、同知成均館事芮承錫、都承旨鄭孝常、左副承旨金順命、僉知中樞府事趙益貞, 各兒馬一匹; 故刑曹參議趙安貞、修撰官柳睠、刑曹參議孫舜孝、編修官金紐·任士洪·高台鼎·金季昌·成淑、前編修官崔敬止、記注官盧公弼·洪貴達·鄭徵·李瓊仝、記事官金潤宗、前內贍寺正鄭永通、司贍寺副正朴楣、益山郡事金新, 各兒馬一匹、鄕表裏一襲; 編修官金永堅·玄碩圭、左通禮尹孝孫、前判官金性源、掌令朴崇質、刑曹正郎許譔、前僉正崔命孫、檢詳李則、工曹佐郎兪造、義禁府經歷安處良、成均典籍李仁錫、記事官南潤宗·朴處綸、前(左) 郎趙枰, 各鄕表裏一襲; 都事金克儉、記注官崔淑精·柳自汾·朴時衡、禮曹正郎金自貞、吏曹正郎孫比長·朴孝元、兵曹佐郎尹顯孫、記事官蔡壽·楊守泗·崔哲寬·金仲演·金崙·安琛·孫昌·楊子由·金禮源·金悰·金楣·安晋生·鄭以僑、郡守金宗直、前記事官姜居孝, 各加一資; 畫員裵連等三人, 各加一資; 一等受祿書員二人、書吏二十二人, 每日給別仕三。大王大妃加賜叔舟等阿多介各一坐, 希孟等虎皮各一張, 克墩以下鹿皮各一張, 書吏等亦賜鹿皮各一張。傳曰: "予見《實錄》, 當時命令、政教, 無不備載, 怳然如見世祖。予嘉卿等盡心修撰, 今請于主上, 將薄物以賜之, 卿等其受之"

32. 부묘제의 각 담당관들에게 상을 하사하다

《성종 3년(1472) 1월 14일 신해 6번째 기사》

명하여 종묘(宗廟)에 부제(祔祭)할 때의 아헌관(亞獻官) 영의정(領議政) 신숙주(申叔舟), 종헌관(終獻官) 좌의정(左議政) 최항(崔恒)과 문소전(文昭殿)에 부제(祔祭)할 때의 헌관(獻官) 운산군(雲山君) 계(誡)에게 각각 안구마(鞍具馬) 1필을 하사하고, 종묘(宗廟)의 진폐 찬작관(進幣瓚爵官) 한성군(韓成君) 이훈(李壎), 전폐 찬작관(奠幣瓚爵官) 하남군(河南君) 정숭조(鄭崇祖), 예의사(禮儀使) 예조판서(禮曹判書) 이승소(李承召), 천조관(薦俎官) 동지중추부사(同知中樞府事) 성윤문(成允文)과 환조(桓祖)를 영녕전(永寧殿)에 부제(祔祭)할 때의 초헌관(初獻官) 무송부원군(茂松府院君) 윤자운(尹子雲), 아헌관(亞獻官) 우의정(右議政) 성봉조(成奉祖), 종헌관(終獻官) 우찬성(右贊成) 윤필상(尹弼商)과 장순묘(章順廟)에 동가(動駕)를 고(告)할 때의 헌관(獻官) 제천군(堤川君) 온(薀)과 경안전(景安殿)의 찬례(贊禮) 판한성부윤(判漢城府尹) 김겸광(金謙光)에게 각각 말[馬] 1필(匹)을 하사하고, 영녕전(永寧殿)의 천조관(薦俎官) 행 사과(行司果) 이계전(李季專), 종묘(宗廟)의 당상 집례(堂上執禮) 대사성(大司成) 이극기(李克基), 도승지(都承旨) 정효상(鄭孝常), 좌승지(左承旨) 이숭원(李崇元), 우승지(右承旨) 신정(申瀞), **좌부승지(左副承旨) <u>김순명(金順命)</u>,** 우부승지(右副承旨) 유지(柳輊), 좌통례(左通禮) 윤효손(尹孝孫), 우통례(右通禮) 최호(崔灝)와 종묘(宗廟)·문소전(文昭殿)·영녕전(永寧殿)·경안전(景安殿)·장순묘(章順廟)의 제집사(諸執事)의 자궁자(資窮者)와 경안전(景安殿)의 제위 판관(題位版官) 등에게 각각 아마(兒馬) 1필(匹)을 내려 주게 하였다.

○ 命賜祔宗廟祭亞獻官領議政申叔舟、終獻官左議政崔恒、祔文昭殿祭獻官雲山君誡, 各鞍具馬一匹; 宗廟進幣瓚爵官韓成君 李壎、奠幣瓚爵官河南君 鄭崇祖、禮儀使禮曹判書李承召、薦俎官同知中樞府事成允文、桓祖祔永寧殿祭初獻官茂松府院君 尹子雲、亞獻官右議政成奉祖、終獻官右贊成尹弼商、章順廟告動駕祭獻官提川君 薀、景安殿贊禮判漢城府尹金謙光, 各馬一匹; 永寧殿薦俎官行司果李季專、宗廟堂上執禮大司成李克基、都承旨鄭孝常、左承旨李崇元、右承旨申瀞、左副承旨**金順命**、右副承旨柳輊、左通禮尹孝孫、右通禮崔灝、宗廟·文昭殿·永寧殿·景安殿·章順廟諸執事資窮者、景安殿題位版官等, 各兒馬一匹。

33. 김질·홍응·권감·권경·어세겸·김순명·한보 등에게 관작을 제수하다

《성종 3년(1472) 11월 16일 무신 5번째 기사》

김질(金礩)을 대광보국숭록대부(大匡輔國崇祿大夫) 상락부원군(上洛府院君)으로, 홍응(洪應)을 숭정대부(崇政大夫) 익성군(益城君)으로, 권감(權瑊)을 숭정대부(崇政大夫) 행 사헌부 대사헌(行司憲府大司憲)으로, 권경(權擎)을 자헌대부(資憲大夫) 영가군(永嘉君)으로, 어세겸(魚世謙)을 가정대부(嘉靖大夫) 함종군(咸從君)으로, **김순명(金順命)**을 가선대부(嘉善大夫) 예조참판(禮曹參判)으로, 한보(韓堡)를 가선대부 한성부우윤(漢城府右尹)으로, 손소(孫昭)를 가선대부 계천군(雞川君)으로, 최영린(崔永潾)을 통정대부(通政大夫) 형조참의(刑曹參議)로, 유지(柳輊)를 통정대부 승정원 좌부승지(承政院左副承旨)로, 심한(沈澣)을 통정대부 승정원 우부승지(承政院右副承旨)로, 유권(柳睠)을 통정대부 승정원 동부승지(承政院同副承旨)로 삼았다.

○ 以金礩爲大匡輔國崇祿上洛府院君, 洪應崇政益城君, 權瑊崇政行司憲府大司憲, 權擎資憲永嘉君, 魚世謙嘉靖咸從君, **金順命**嘉善禮曹參判, 韓堡嘉善漢城府右尹, 孫昭嘉善雞川君, 崔永潾通政刑曹參議, 柳輊通政承政院左副承旨, 沈瀚通政承政院右副承旨, 柳睠通政承政院同副承旨。

34. 월천군 김길통의 졸기 / 성종 4년(1473) 8월 5일 갑자 1번째 기사

월천군(月川君) 김길통(金吉通)이 졸(卒)하였다. 조회를 폐하고, 조제(弔祭)와 예장(禮葬)을 전례대로 하였다. 김길통의 자(字)는 숙경(叔經)이며, 청풍인(淸風人)으로, 증 의정부 좌찬성(贈議政府左贊成) 김효례(金孝禮)의 아들이다. 선덕(宣德) 기유년[1]에 생원시(生員試)에 합격하였고, 임자년[2]에 문과(文科) 제1인에 뽑히어 처음으로 의영고 부사(義盈庫副使)에 제수되고, 사헌부 감찰(司憲府監察)·병조좌랑(兵曹佐郞)을 역임하여, 정통(正統) 병진년[3]에 외직으로 나아가 진잠현감(鎭岑縣監)이 되었다. 경신년[4]에 사간원 우헌납(司諫院右獻納)으로 바꾸어 제배(除拜)되고, 임술년[5]에 이조정랑(吏曹正郞)에 제배되었으며, 여러 번 사헌부 장령(司憲府掌

令)·성균 사예(成均司藝)와 의정부의 검상(檢詳)·사인(舍人)을 역임하였다. 경태(景泰) 신미년[6]에 수 지승문원사(守知承文院事)가 되었다가 곧 대호군(大護軍)으로서 지사간원사(知司諫院事)가 되고, 임신년[7]에 판종부시사(判宗簿寺事)가 되고, 얼마 있다가 우사간 대부(右司諫大夫)로 옮기었다. 갑술년[8]에 황주목사(黃州牧使)로 나아갔고, 병자년[9]에 통정대부(通政大夫) 첨지중추원사(僉知中樞院事)에 오르고, 천순(天順) 무인년[10]에 가선대부(嘉善大夫) 전주부윤(全州府尹)으로 오르고, 경진년[11]에 대사헌(大司憲)에 제배되었으며, 황해도(黃海道)·전라도(全羅道) 양도의 관찰사(觀察使), 예조(禮曹)·형조(刑曹)의 참판(參判), 한성부 좌윤(漢城府左尹)을 역임하였다. 기축년[12]에 자헌대부(資憲大夫)에 올라 행 중추부 동지사(行中樞府同知事)가 되었다가 곧 정헌대부(正憲大夫)로 가자(加資)되었다. 경인년[13]에 중추부 지사(中樞府知事)로 오르고, 한성부 판윤(漢城府判尹)·호조판서(戶曹判書)로 전직(轉職)하였다. 신묘년[14]에 순성좌리 공신(純誠佐理功臣)으로 사호(賜號)되고, 숭정대부(崇政大夫)로 가자(加資)되어 월천군(月川君)으로 봉해졌다. 이때에 이르러 졸하였는데, 나이는 66세이다. 시호는 문평(文平)인데, 경직(敬直)하고 자혜(慈惠)스러운 것이 문(文)이고, 직무를 행함에 절제가 있는 것이 평(平)이다.

김길통(金吉通)은 성품이 청간(淸簡)하여 치산(治產)하기를 좋아하지 않았으며, 관직에 있으면서 일을 처리할 때에 한결같이 공도(公道)로써 시행하였는데, 단지 지나치게 조급(躁急)하여 비록 동료 좌랑이라 하더라도 조금만 뜻에 맞지 않으면 문득 그를 꾸짖고 욕하였다. 아들은 **김순명(金順命)**이다.

1) 선덕(宣德) 기유년 : 1429 세종 11년.
2) 임자년 : 1432 세종 14년.
3) 정통(正統) 병진년 : 1436 세종 18년.
4) 경신년 : 1440 세종 22년.
5) 임술년 : 1442 세종 24년.
6) 경태(景泰) 신미년 : 1451 문종 원년.
7) 임신년 : 1452 문종 2년.
8) 갑술년 : 1454 단종 2년.
9) 병자년 : 1456 세조 2년.
10) 천순(天順) 무인년 : 1458 세조 4년.
11) 경진년 : 1460 세조 6년.
12) 기축년 : 1469 예종 원년.
13) 경인년 : 1470 성종 원년.
14) 신묘년 : 1471 성종 2년.

○ 甲子/月川君 金吉通卒。 輟朝、弔祭、禮葬如例。 吉通字叔經, 淸風人, 贈議政府左贊成孝禮之子也。宣德己酉, 中生員試, 壬子擢文科第一人, 初授義盈庫副使, 歷司憲監察、兵曹佐郎, 正統丙辰, 出爲鎭岑縣監。庚申遞拜司諫院右獻納, 壬戌拜吏曹正郎, 累歷司憲掌令、成均司藝、議政府檢詳、舍人, 景泰辛未, 守知承文院事, 尋以大護軍, 知司諫院事, 壬申判宗簿寺事, 俄遷右司諫大夫。甲戌出牧黃州, 丙子陞通政僉知中樞院事, 天順戊寅, 陞嘉善全州府尹, 庚辰拜大司憲, 歷黃海·全羅兩道觀察使、禮·刑曹參判、漢城府左尹。己丑陞資憲行中樞府同知事, 尋加正憲, 庚寅陞中樞府知事, 轉漢城府判尹、戶曹判書, 辛卯賜純誠佐理功臣號, 加崇政封月川君, 至是卒, 年六十六。謚文平, 敬直慈惠文, 執事有制平。吉通性清簡, 不喜營産, 居官處事, 一以公道行之, 但過於躁急, 雖同僚郎佐, 少不如意, 輒罵辱之。子順命。

35. 이형원의 건의로 전라도 광양 등의 전복 공납을 감하여 변경 분쟁을 막다

《성종 5년(1474) 9월 11일 계해 2번째 기사》

경연(經筵)에 나아갔다. 강(講)하기를 마치자 집의(執義) 이형원(李亨元)이 아뢰기를, "신이 상(喪)을 입고 전라도에 있으면서 듣건대 광양(光陽)·낙안(樂安)·순천(順天) 등 고을에서 해마다 세인복(細引鰒)을 공납(貢納)하는데, 경내에는 큰 복어(鰒魚)가 없어서 외딴 섬에 깊이 들어가서 잡다가 갑자기 고기 잡는 왜인을 만나면 그 힘이 강하고 약한데 따라 서로 이기기도 하고 지기도 합니다. 관리가 비록 이를 안다고 할지라도 숨기고 보고하지 아니하여 변경의 분쟁이 항상 소홀하게 하는 데에서 일어나니, 청컨대 금방(禁防)을 엄하게 세워서 가서 캐지 못하게 하고, 또 큰 전복은 외딴 섬에서만 생산되니, 청컨대 광양 등 고을의 세인복(細引鰒) 공납(貢納)을 감하게 하소서. 또 지금 국문(鞫問)하는 수적(水賊)은 그것이 고기 잡는 왜인으로서 문인(文引)이 없는 자를 가지고 해적으로 오인(誤認)한 것인지 어찌 알겠습니까? 요컨대 마땅히 실정을 캐내어서 처리할 것입니다." 하니, 임금이 말하기를, "이 말은 과연 그러하나, 다만 세인복(細引鰒)은 곧 천신(薦新)하는 물건이므로 다 감할 수는 없다." 하였다.

영사(領事) 조석문(曺錫文)이 아뢰기를, "신도 변경의 백성들이 큰 전복을 잡는 일로 인하여 변경의 분란을 일으킬까 염려됩니다. 청컨대 이 공납을 적당히 감하소서. 이제 국문하는 수적(水賊)은 갖추 자세히 캐어물어서 그들이 도둑질하는 왜인인가를 분명하게 안 뒤에 도주(島主)에게 통유(通諭)하여 그 근본 원인을 밝게 알도록 하는 것이 좋겠습니다. 세종조에 최완(崔完)이 고성군수(固城郡守)가 되어 왜선(倭船)을 잡아서 아뢰었는데, 세종께서 공을 구하는 짓인가 의심하여 조사하였던 바, 과연 문인(文引)이 있는 자였습니다. 명하여 최완을 참형(斬刑)에 처하여 왜사(倭使)로 하여금 보게 하여서 그 마음을 풀게 하였습니다." 하니, 임금이 말하기를, "광양 등 고을에서 공납하는 인복(引鰒)은 적당하게 감하는 것이 좋겠다." 하였다.

이형원이 또 아뢰기를, "조운(漕運)은 각포(各浦)의 병선(兵船)을 쓰고, 또 선군(船軍)을 조졸(漕卒)[1]로 삼아서 왕복에 거의 반년(半年)이 걸리는데 만호(萬戶)만 홀로 빈 영(營)을 지키니, 갑자기 불의의 변(變)이 있으면 어떻게 방어하겠습니까?

또 예전에 사선(私船)을 쓸 때에는 패몰(敗沒)하는 배가 없었는데, 이제 병선(兵船)을 쓰자 자주 엎어져서 침몰(沈沒)하는데, 그러한 까닭은 병선은 몸체가 커서 운행하기가 어렵고 사선(私船)은 가볍고 작아서 부리기가 쉽기 때문입니다. 조졸(漕卒)이 된 자는 거개 호강(豪强)한 자가 많아서 조운(漕運)할 즈음에 반드시 가난하고 의지할 데 없는 사람으로 대신시키니 모두 물길[水路]에 익숙하지 못하여 뒤집혀서 침몰하기에 이르니, 청컨대 수군(水軍)에게 원패(圓牌)[2]를 만들어 주는 예에 의하여 그 나이와 용모를 새기고, 이것에 의하여 안(案)을 만들어서 배가 떠날 때에 빙고(憑考)하여 이름을 점호해서 보내면 대역(代役)의 폐단이 없고, 모두 뱃길에 익숙한 자가 될 것입니다." 하였는데, 임금이 말하기를, "병선(兵船)을 써서 조운(漕運)하는 것은 선왕(先王)께서 이룩한 법이니 갑자기 고칠 수 없다." 하니,

조석문이 말하기를, "반드시 병선(兵船)을 써서 조운하는 까닭은 배를 운행하는 것을 시험하고자 하는 것이고, 수군(水軍)으로 하여금 물길을 익히게 하려고 하는 것입니다. 조종조(祖宗朝)에 일찍이 사선(私船)을 써서 운반하였는데, 세조(世祖)께서 사선은 값을 주는데 낭비가 많은 것을 걱정하여 공선(公船)을 쓰도록 명하였습니다. 그 뒤에 조운하는데 엎어져서 패몰(敗沒)함이 많으므로 사람들이 그 불편함을 많이 말하였는데, 그 때 신이 호조 판서(戶曹判書)가 되어서 낭청(郎廳) **김순명(金順命)**을 보내어 조선(漕船)을 감독하고 보호하도록 청하였더니, 김순명이 물길의 멀고 가까움과 험하고 평탄함을 헤아려서 배가 정박할 곳을 미리 정하여 지나쳐 가지 못하게 하고, 순한 바람이 아니면 배를 출발하지 못하게 하며, 또 자신이 배가 정박할 곳에 가서 배가 이르기를 기다리면서 고찰하였습니다. 이 때문에 패몰(敗沒)하는 것이 없었는데, 이제 삼도(三道)의 경차관(敬差官)은 천호(千戶)로 하여금 배를 몰고 가게 하고, 자신은 육로(陸路)로 해서 곧 질러 서울에 도착하여 기다리며, 천호(千戶)인 자도 배를 즉시 출발시키지 아니하고 관기(官妓)를 끼고 날마다 술 마시기를 일삼다가, 서울에 올라갈 기한이 급박하면 밤낮으로 배를 운행하므로 패몰(敗沒)하는 일이 많습니다.

신의 생각으로는 삼도의 경차관을 혁파하고 특별히 본조(本曹)의 낭청(郎廳)을 보내어 배를 몰고 오게 하면 거의 실패할 걱정이 없을 것입니다. 그리고 공선(公船)의 조운(漕運)은 세조(世祖)의 법이므로 갑자기 고칠 수는 없을지라도 공선을 써서 부족하면 사선을 겸하여 써서 그 이해(利害)를 시험하는 것도 좋겠습니다. 신이 듣건대 전조(前朝)[3] 말기에 왜적(倭賊)이 침략하였으나 그때 병기(兵器)가 갖추지 못하여 숫제 대적하지를 못했고, 또 우리나라 병선(兵船)은 크고 느린데 왜선은 작고 가벼워 빠르기 때문에 언제나 갑자기 우리 배의 밑으로 들어와서 배 밑바닥을 도끼로써 구멍

을 뚫으니, 이로 말미암아 우리 군사의 실패가 많았는데, 선군(船軍) 김잉길(金仍吉)이란 자가 있어서 모책(謀策)을 바쳐서 거철(拒鐵)[4]과 구철(拘鐵)[5]을 만들어 왜선으로 하여금 들어왔다가 물러가지 못하게 하고, 또 철질려(鐵蒺藜)[6]를 만들어 배 안에 던지니, 이로부터 그런 걱정은 드디어 없어졌다고 합니다. 신이 일찍이 각 포구(浦口)를 순행해 본즉 병기가 매우 허술하였으니, 만일 변경(邊警)[7]이 있으면 장차 어떻게 적을 대응하겠습니까? 작은 연고가 아닙니다. 바닷가의 여러 고을에 모두 성자(城子)[8]와 연대(煙臺)가 없으니 매우 미편합니다. 청컨대 여러 고을로 하여금 점차적으로 읍성(邑城)을 스스로 쌓게 하여 2, 3년을 기한하면 완성할 수 있을 것입니다." 하였다.

[1]조졸(漕卒) : 조선조 때 조운선(漕運船)을 부려 조운에 종사하던 사람. 조군(漕軍), 수부(水夫).

[2]원패(圓牌) : 선군(船軍)의 신분증명서. 한 면에는 부모의 성명, 본인의 이름, 나이, 생김새를 새기고, 다른 한 면에는 거주지와 소속 포(浦)·영(領)의 소속을 새기고, 전자로 선군(船軍)이란 낙인을 찍었음.

[3]전조(前朝) : 고려. [4]거철(拒鐵) : 버팀쇠. [5]구철(拘鐵) : 걸림쇠. [6]철질려(鐵蒺藜) : 마름쇠. [7]변경(邊警) : 변방의 경보. [8]성자(城子) : 성.

○ 御經筵. 講訖, 執義李亨元啓曰: "臣服喪在全羅道聞, 光陽、樂安、順天等邑歲貢細引鰒, 以境內無大鰒, 深入絶島採之, 猝遇釣魚倭, 以强弱相勝負。官吏雖或得知, 匿不以報, 邊釁常起於所忽, 請嚴立禁防, 使不得往採, 且大鰒只産於絶島, 請減光陽等邑細引鰒之貢. 且今所鞫水賊, 安知其釣倭無文引者而誤認爲賊乎? 要當得情以處之耳." 上曰: "此言果然, 但細引鰒乃薦新之物, 不可盡減." 領事曺錫文啓曰: "臣亦慮邊氓因採大鰒, 以構釁隙。請量減此貢。今見鞫水賊, 備細推詰, 明知其爲賊倭, 然後通諭島主, 使之洞知根因可也。世宗朝崔完爲固城郡守, 獲倭船以聞, 世宗疑其邀功驗之, 果有文引者也。命斬崔完, 令倭使見之以釋其心." 上曰: "光陽等邑所貢引鰒, 可量減也." 亨元又啓曰: "漕運用各浦兵船, 而又用船軍爲漕卒, 往返幾至半年, 萬戶獨守空營, 猝有不虞, 何以禦之? 且舊用私船時無敗船, 今用兵船, 數致覆沒, 所以然者, 兵船體大難行, 而私船輕小易使也。爲漕卒者, 類多豪强, 漕運之際, 必雇貧窮無賴之人代之, 皆不慣水路, 以致覆沒, 請依水軍作圓牌, 刻其年貌, 依此成案, 當發船時, 憑考點名以送, 則無代役之弊, 而皆爲慣習水路者矣." 上曰: "用兵船漕運, 先王成法, 不可遽革." 錫文曰: "必用兵船漕運者, 欲試行船, 而欲使水軍慣習水路耳。祖宗朝嘗用私船漕轉, 世祖患私船給價多費, 命用公船。其後漕運多覆敗, 人多言其不便, 時臣爲戶曹判書, 請遣郞廳金順命, 監護漕船, 順命計水程遠近險夷, 預定泊船之所, 使不得過行, 若非順風勿令發船, 且身到泊船處, 以待船至而考察。以故船無敗者, 今三道敬差官則使千戶押船而行, 身由陸路, 徑到于京而待之, 爲千戶者, 不卽發船, 擁官妓日事飮酒, 及迫上京之期, 則晝夜行船, 多致敗沒。臣意以爲, 革三道敬差官, 特遣本曹郞廳押來, 則庶無敗船之患。且公船漕運, 世祖之法, 不可遽改, 用公船不足則兼用私船,以試利害爲可。臣聞前朝之季，倭賊侵掠，其時兵器不備，莫敢支梧，且我國兵船大而遲，倭船小而輕迅，故常猝入我船下，用斧鑿穴船底，由是我兵多敗，有船軍金仍吉者，獻謀作拒鐵、拘鐵，使倭船不得進退，又作鐵蒺藜，以投船中，自是其患遂絶。臣嘗巡見各浦，兵器甚疏虞，萬有邊警，將何以應敵? 非細故也。沿海諸邑皆無城子煙臺，甚未便。請令諸邑漸次自築邑城，期至二三年，則可成矣.”

36. 한치형 · 윤흠 · 한치례 · 성윤문 · 예승석 · 이인충 등에게 관작을 제수하다

《성종 6년(1475) 11월 10일 을묘 7번째 기사》

한치형(韓致亨)을 자헌대부(資憲大夫) 청성군(淸城君) 겸 경기관찰사(京畿觀察使)로, 윤흠(尹欽)을 자헌대부(資憲大夫) 판한성부윤(判漢城府尹)을, 한치례(韓致禮)를 자헌대부(資憲大夫) 행 병조참판(行兵曹參判)으로, 성윤문(成允文)을 가정대부(嘉靖大夫) 한성부좌윤(漢城府左尹)으로, 예승석(芮承錫)을 가선대부(嘉善大夫) 한성부우윤(漢城府右尹)으로, 이인충(李仁忠)을 봉정대부(奉正大夫) 사간원 헌납(司諫院獻納)으로, 이세광(李世匡)을 봉직랑(奉直郞) 사간원 정언(司諫院正言)으로, 이전수(李全粹)를 가선대부(嘉善大夫) 겸 충청도 관찰사(忠淸道觀察使)로, **김순명(金順命)**을 가선대부(嘉善大夫) 겸 전라도 관찰사(全羅道觀察使)로, 강자평(姜子平)을 통정대부(通政大夫) 진주목사(晉州牧使)로, 권체(權體)를 통정대부(通政大夫) 성주목사(星州牧使)로, 이신효(李愼孝)를 통정대부(通政大夫) 강릉대도호부사(江陵大都護府使)로 삼았다.

○ 以韓致亨爲資憲淸城君兼京畿觀察使，尹欽資憲判漢城 府尹，韓致禮資憲行兵曹參判，成允文嘉靖漢城府左尹，芮承錫嘉善漢城府右尹，李仁忠奉正司諫院獻納，李世匡奉直司諫院正言，李全粹嘉善兼忠淸道觀察使，**金順命**嘉善兼全羅道觀察使，姜子平通政晉州牧使，權體通政星州牧使，李愼孝通政江陵大都護府使。

37. 전라도 관찰사 김순명에게 광주목사 문수덕의 복직과 천례 등의 방면을 명하다

《성종 7년(1476) 1월 19일 갑자 4번째 기사》

전라도 관찰사(全羅道觀察使) **김순명(金順命)**에게 하서(下書)하기를, “이맹현(李孟賢)이 국문(鞫問)한 광주목사(光州牧使) 문수덕(文修德)은 이미 사유(赦宥)를 지났으니, 그로 하여금 공무(公務)를 집행하도록 하라. 다만 풍문(風聞)의 일은 실상을 취(取)하여 추국(推鞫)하는 것이 옳지 않으니, 그 교수(敎授)와 천례(天禮)와 유해(庾諧)는 즉시 놓아주도록 하라.” 하였다.

○ 下書全羅道觀察使**金順命**曰: 李孟賢所鞫光州牧使文修德, 已經赦可令行公. 但風聞之事, 取實推鞫不可, 其教授、天禮、庾諧可卽放也.

38. 주강에서 도승지 현석규가 민발이 성균관의 노비를 사패로 받은 일을 문제 삼다

《성종 7년(1476) 12년 5월 15일 정사 5번째 기사》

주강(晝講)에 나아갔다. 강(講)하기를 마치자, 도승지(都承旨) 현석규(玄碩圭)가 아뢰기를, "여산군(驪山君) 민발(閔發)이 성균관(成均館) 비(婢) 도치(都致)와 노(奴) 장생(長生)으로 공신(功臣)의 노비(奴婢)를 삼아 사패(賜牌)를 받았습니다. 성균관의 노비는 본래 고려(高麗)의 안향(安珦)이 바친 것입니다. 그래서 본관(本館)에서는 다른 사람에게 줄 수가 없다고 주장했습니다. 그런데 민발은 다른 사람이 사패를 받은 것을 인용하여 상언(上言)하니, 이를 장례원(掌隷院)에 회부하여 현재 분간(分揀)하고 있는 중입니다. 신(臣)은 들으니, **김순명(金順命)**이 판결사(判決事)가 되었을 때에는 사패(賜牌)를 고칠 수 없다고 하였고, 손순효(孫舜孝)가 판결사가 되어서는 '안향이 자기의 노비(奴婢)를 가지고 성균관에 바친 것은 국가를 위하고 만세(萬世)토록 사문(斯文)을 위하려는 계획이었는데 어떻게 빼앗을 수 있겠는가?' 하였으며, 김극유(金克怈)가 판결사가 되어서는 '마땅히 다른 노비(奴婢)를 선택하여 성균관(成均館)에 충당하면 선왕(先王)의 사패(賜牌)를 고치지 않아도 되고, 관(館)의 노비(奴婢)도 줄지 않을 것이다.' 하였습니다. 신의 생각으로는 성균관의 노비는 그 수가 많지 않아 공세(貢稅)를 거두어 양현(養賢)의 수용(需用)에 보충하고 있는데, 지금 이를 빼앗는 것은 불가(不可)합니다." 하니, 임금이 말하기를, "안향(安珦)은 사문(斯文)을 중하게 여기는 뜻이 지극하였다. 그러니 손순효(孫舜孝)의 의논(議論)을 따르는 것이 어떻겠는가?" 하니, 현석규(玄碩圭)가 말하기를, "다만 민발(閔發)이 왕지(王旨)에 의거(依據)하여 사패(賜牌)를 고칠 수 없다고 합니다." 하니, 임금이 말하기를, "그렇다면 성균관에는 바꾸어 주는 것이 좋겠다."

○ 御晝講. 講訖, 都承旨玄碩圭啓曰: "驪山君 閔發, 初以成均館婢都致、奴長生爲功臣奴婢受賜牌, 成均館奴婢, 本高麗 安珦所納。故本館以爲不可與人爭之。閔發援引他人受賜者上言, 下掌隷院時方分揀. 臣聞 **金順命**爲判決事, 以爲賜牌不可改, 及孫舜孝爲判決事, 謂: '安珦以己奴婢(婢)納成均館者, 將爲國家萬世斯文之計, 而可奪乎?' 至金克怈爲判決事, 謂: '當擇他奴婢充給成均館, 則先王賜牌不改而館奴婢亦無虧損。'臣意謂成均館奴婢, 其數不多, 收其貢以補養賢之需, 今奪之不可." 上曰: "安珦重斯文之意至矣. 從舜孝之論, 如何?" 碩圭曰: "但閔發據王旨, 以爲不可改." 上曰: "然則可換給成均館."

39. 전라도 곡성·동복의 산사태와 수재

《성종 7년(1476) 8월 15일 을유 4번째 기사》

호조(戶曹)에서 전라도 관찰사(全羅道觀察使) **김순명(金順命)**의 계본(啓本)에 의거하여 아뢰기를, "곡성(谷城)·동복(同福) 등의 고을에 산이 무너지고 물이 넘쳐서 압사(壓死)하거나 표몰(漂沒)된 자가 매우 많으니, 무릇 조제(弔祭)하고 존휼(存恤)하는 일은, 청컨대 안동(安東)·영천(榮川)의 사상인(死傷人)의 예(例)에 의하여 시행하도록 하소서." 하니, 그대로 따랐다.

○ 戶曹據全羅道觀察使金順命啓本啓: "谷城、同福等縣, 山崩水溢, 壓死漂沒者甚多. 凡弔祭存恤之事, 請依安東、榮川死傷人例施行." 從之.

40. 장례원 판결사 김극유의 성균관 노비 건에 대한 법사 변명을 윤허하지 않다

《성종 7년 (1476) 8월 18일 무자 2번째 기사》

장례원 판결사(掌隷院判決事) 김극유(金克忸)가 와서 아뢰기를, "성균관(成均館)의 노비는 **김순명(金順命)**이 판결사가 되었을 때 사패(賜牌)를 고치기가 어렵다 하여 아뢰어서 민발(閔發)에게 주었고, 손순효(孫舜孝)가 판결사가 되었을 때에는 안유(安裕)가 사사로이 바친 것이라고 하여 아뢰어서 본관(本館)에 환속(還屬)하게 하였습니다. 지금 신도 또한 선왕(先王)의 사패(賜牌)를 고치기가 어려워 다른 관사의 노비로써 충당하여 주었습니다. 안유가 시납(施納)한 일은 나라 사람들이 알고 있는 바인데, 신이 어찌 홀로 알지 못하겠습니까? 지금 유생(儒生)들이 신을 지목(指目)하여 간사(奸詐)하다고 하였는데, 간사한 것은 인신(人臣)의 큰 죄입니다. 빌건대 법사(法司)에 내려서 변명(辨明)하게 하여 주소서." 하였으나, 윤허하지 않았다.

○ 掌隷院判決事金克忸來啓曰: "成均館奴婢, 金順命爲判決事, 以賜牌難改, 啓給閔發, 孫舜孝爲判決事, 以安裕私納, 啓還本館. 今臣亦以先王賜牌難改, 以他奴婢充給。若安裕施納事, 國人所知, 則臣何獨不知? 今儒生等指臣爲奸詐, 奸詐人臣大罪, 乞下法司辨明." (辨明)不許。

41. 전라도 관찰사 김순명에게 하서하여 음풍 상속에 대하여 잘 바로 잡도록 명하다

《성종 7년(1476) 9월 10일 경술 5번째 기사》

전라도 관찰사(全羅道觀察使) **김순명(金順命)**에게 하서(下書)하기를, "민풍(民

風)과 국속(國俗)은 예의(禮義)로써 우선을 삼아야 할 것인데, 한번 간사하고 음탕한 행위가 있는 것을 곧 바로잡지 아니한다면 백성들이 서로 버릇이 되어 더욱 거리낌이 없게 될 것이니, 어찌 작은 일이라 하겠는가? 옛 정국(鄭國)과 위국(衛國)의 습속은 음탕한 기풍이 크게 유행하다가 끝내 위망(危亡)하기에 이르렀으니, 나쁜 조짐을 자라게 해서는 안 되는 것이 이와 같은 것이다. 이제 경의 아뢴 바를 보니, 절간에 놀러 다니는 여자들이 떼를 지어 돌아다니는 것이 습관으로 예사가 되고, 심지어는 사람들이 본처(本妻)를 팔아먹는 자가 생기기에 이르렀다는 것을 알았다. 그러나 개혁(改革)함에 있어서는 반드시 고치고 난 다음에야 믿게 되는 것이니, 소요(騷擾)하여 놀라게 해서는 아니 된다. 경은 나의 뜻을 본받아 수령(守令)들에게 깨우쳐 이르고, 듣는 대로 체포하게 하여 내가 풍기를 바로잡고 습속을 고치고자 하는 뜻에 부응하도록 하라." 하였다.

○ 下書全羅道觀察使**金順命**曰: 民風國俗, 以禮義爲先, 一有邪淫之行, 而不有以正之, 則民相狃習, 無復忌憚, 豈細故哉? 鄭、衛之俗, 淫風大行, 終至於危亡, 漸之不可長也如此。今見卿啓, 乃知遊寺之女, 成群橫行, 習以爲常, 至有賣妻而食之者。 然革必已日乃孚, 不可騷擾而驚駭之也。 卿體予意, 曉諭守令, 隨聞卽捕, 以副予移風易俗之意。

42. 전라 감사 김순명에게 금산군에 안치된 영의 신과 그릇들의 개선을 명하다

《성종 7년(1476) 9월 16일 병진 2번째 기사》

전라도 관찰사(全羅道觀察使) **김순명(金順命)**에게 하서(下書)하기를, "지금 듣건대 금산군(錦山郡)에 안치(安置)시킨 영(瓔)이 신고 다닐 신이 없어서 맨발로 다니고, 먹을 물을 담아 두는 그릇이 또한 더러워져서 물을 먹을 수도 없다 하니, 그 삶이 가련하다. 마땅히 본관(本官)으로 하여금 자주 개선하게 하여 일정한 법을 삼도록 하라." 하였다.

○ 下書全羅道觀察使**金順命**曰: 今聞錦山郡安置瓔無履可躡, 徒跣而行, 貯水器亦汚穢, 不可飮, 其生可憐。 宜令本官屢改之, 以爲常式。

43. 전라도 관찰사 김순명에게 하서하여 본도의 장문시를 엄격히 금하게 하다

《성종 7년(1476) 12년 10월 23일 계사 2번째 기사》

전라도 관찰사(全羅道觀察使) **김순명(金順命)**에게 하서(下書)하기를, "일찍이 본도(本道)의 장문시(場門市)를 금(禁)하게 했는데, 지금 들으니, '이익을 좋아하는 백성이 다투어 나아가서 그치지 않는다.' 하니, 이는 본업(本業)을 버리고 이익만을 좇는 자가 많기 때문이니 매우 아름다운 일이 못된다. 지금부터는 엄하게 금하도록 하라." 하였다.

○ 下書全羅道觀察使金順命曰: 曾令禁本道場門市, 今聞民之喜利者, 爭就不已, 因此棄本逐利者多, 甚非美事. 自今嚴加痛禁。

44. 경기 및 하삼도 관찰사·절도사 등에게 군사 점검을 확실히 하게 하다

《성종 7년(1476) 11월 1일 신축 5번째 기사》

경기 관찰사(京畿觀察使) 한치형(韓致亨), 충청도 관찰사(忠淸道觀察使) 이전수(李全粹), 충청도 절도사(忠淸道節度使) 이종생(李從生), 전라도 관찰사(全羅道觀察使) **김순명(金順命)**, 전라도 절도사(全羅道節度使) 하숙부(河叔溥), 경상도 관찰사(慶尙道觀察使) 유지(柳輊), 경상좌도 절도사(慶尙左道節度使) 신주(辛鑄), 경상우도 절도사(慶尙右道節度使) 구겸(具謙)에게 하서(下書)하기를, "근년에 사졸(士卒)이 승평(昇平)한 데에 익숙해져서 군장(軍裝)과 기마(騎馬)·태마(駄馬)에 전혀 뜻을 두지 아니하여, 혹 번상(番上)을 당하거나 습진(習陣)할 때에는 남을 대신 시켜서 점검(點檢)을 받는 자가 흔히 있으니, 장차 대신(大臣)을 보내어 점검하고 또 낱낱이 검열(檢閱)하도록 하겠다. 경은 이 뜻을 다 알아서 신칙(申飭)하여 도내의 군사(軍士)로 하여금 하나하나 정비(整備)하게 하라. 만약 혹시라도 어김이 있을 때는 특히 수령(守令)뿐 아니라 경(卿) 또한 그 책임을 사피(辭避)할 수 없을 것이다." 하였다.

○ 下書京畿觀察使韓致亨、忠淸道觀察使李全粹·節度使李從生、全羅道觀察使金順命·節度使河叔溥、慶尙道觀察使柳輊、左道節度使辛鑄、右道節度使具謙曰: 近年士卒狃於昇平, 軍裝騎駄, 全不致意。或當番上習陣時, 借點者比比有之, 將遣大臣點檢, 且令簡閱。卿悉此意, 勑令道內軍士, 一一整備. 如或有違, 非特守令, 卿亦不得辭其責。

45. 감사 김순명을 유임시키고 민형은 개차하다

《성종 7년(1476) 12월 5일 갑술 3번째 기사》

호조판서(戶曹判書) 이극증(李克增)이 와서 아뢰기를, "삼도(三道)의 전세(田稅)의 수량이 지난해보다 많으므로 조전(漕轉)에 관한 일을 더 포치(布置)하여야 하는데, 전에는 경차관(敬差官)과 관찰사(觀察使)와 수사(水使)가 힘을 같이 하여 미리 조선(漕船)을 수리하였으나, 지금은 경차관 민형(閔亨)이 시기에 임하여 병중에 갔으며, 감사(監司) **김순명(金順命)**도 임기가 차서 갈릴 것이니, 조전에 관한 일이 아마도 예전과 같지 못할 듯합니다. 더구나 연분 등제(年分等第)가 임박하면 감사는 일이 끝나고서 체임하라는 수교(受敎)가 이미 있으며, 또 조전이 등제보다 중요하니, 일이 끝날 때까지 **김순명**을 갈지 말고 곡진(曲盡)하게 조치하라고 하유(下諭)하시는 것이 어떠합니까?" 하니, 전교하기를, "**김순명**은 조전이 끝날 때까지 체임시키지 말고 민형은 개차(改差)하도록 하라." 하였다.

○ 戶曹判書李克增來啓曰: "三道田稅之數, 多於往年, 漕轉事宜加布置, 在前則敬差官、觀察使、水使共力預先修葺漕船, 今則敬差官閔亨臨時輿疾而往, 監司**金順命**考滿當遞, 漕轉之事, 恐不如古。況年分等第臨近, 則監司事畢而遞, 已有受教, 且漕轉重於等第, 限事畢勿遞**金順命**, 諭以曲盡措置何如?" 傳曰: "**金順命**限漕轉勿遞, 閔亨可改差"

46. 이서장 · 윤효손 · 유지 · 김순명 · 어세겸 · 권찬 등에게 관작을 제수하다

《성종 8년(1477) 3월 12일 기묘 3번째 기사》

이서장(李恕長)을 가선대부(嘉善大夫) 전라도 관찰사(全羅道觀察使)로, 윤효손(尹孝孫)을 가선대부 경상도 관찰사(慶尙道觀察使)로, 유지(柳輊)를 가정대부(嘉靖大夫) 호조참판(戶曹參判)으로, **김순명(金順命)**을 가선대부 형조참판(刑曹參判)으로, 어세겸(魚世謙)을 가정대부 함종군(咸從君)으로, 권찬(權攢)을 가정대부 현복군(玄福君)으로 삼았다.

○ 以李恕長爲嘉善全羅道觀察使, 尹孝孫嘉善慶尙道觀察使, 柳輊嘉靖戶曹參判, **金順命**嘉善刑曹參判, 魚世謙嘉靖咸從君, 權攢嘉靖玄福君.

47. 이극증 · 윤흠 · 어세종 · 김순명 · 유지 · 권경우 등에게 관직을 제수하다

《성종 8년(1477) 성화(成化) 13년 4월 18일 을묘 5번째 기사》

이극증(李克增)을 정헌대부(正憲大夫) 광천군(廣川君) 겸 전라도 관찰사(全羅道觀察使)로, 윤흠(尹欽)을 자헌대부(資憲大夫) 호조판서(戶曹判書)로, 어세종(魚世恭)을 자헌대부(資憲大夫) 한성부판윤(漢城府判尹)으로, **김순명(金順命)**을 가선대부(嘉善大夫) 호조참판(戶曹參判)으로, 유지(柳輊)를 가정대부(嘉靖大夫) 형조참판(刑曹參判)으로, 권경우(權景祐)를 통선랑(通善郞) 행 사간원 정언(行司諫院正言)으로 삼았다. 권경우는 조숭손(趙崇孫)의 범한 것을 적발하였기 때문에 특별히 네 계급을 뛰어 올려 주었다.

○ 以李克增爲正憲廣川君兼全羅道觀察使, 尹欽資憲戶曹判書, 魚世恭資憲漢城府判尹, 金順命嘉善戶曹參判, 柳輕嘉靖刑曹參判, 權景祐通善行司諫院正言, 以景祐發摘趙崇孫所犯, 特超四階。

48 전직 정승·의정부·육조·양사 등이 보명의 죄에 대해 의논하다

《성종 8년(1477) 7월 21일 병술 5번째 기사》

일찍이 정승(政丞)을 지낸 이와 의정부(議政府), 육조(六曹), 사헌부(司憲府), 사간원(司諫院)이 모여서 보명(寶明)의 죄(罪)를 의논하게 하니, 상당부원군(上黨府院君) 한명회(韓明澮), 영의정(領議政) 정창손(鄭昌孫), 우의정(右議政) 윤자운(尹子雲), 파천부원군(坡川府院君) 윤사흔(尹士昕)은 의논하기를, "먼저 의논[前議]에 의하여 교형(絞刑)에 처함이 어떻겠습니까?" 하고, 광산부원군(光山府院君) 김국광(金國光)은 의논하기를, "보명(寶明)이 본주(本主)인 이씨(李氏)의 더럽고 악한 행위를 꾸며서 조작하여 말이 심히 박절하고 독살스러웠으니 극형(極刑)에 둠이 마땅합니다. 그러나 오로지 박인창(朴仁昌)의 지휘로써 말한 것인즉, 전과(全科)로 논단(論斷)할 수는 없으니 감사(減死)함이 어떻겠습니까?" 하고,

우찬성(右贊成) 홍응(洪應)은 의논하기를, "보명(寶明)의 사단(事端)은 비록 박인창의 지휘에 말미암았다 하더라도 그 사이에 무함(誣陷)을 꾸며 조작하고 심히 참혹한 꾀를 썼으니, 율(律)에 의하여 극형하지 않을 수 없습니다. 만약 박인창(朴仁昌)의 비(婢)가 이씨(李氏)에게 미침이 없었다면 비록 1일이라도 노비와 주인의 분수는 이미 엄격하고 또 중하니, 이것을 문란하게 할 수는 없습니다." 하고, 이조판서(吏曹判書) 강희맹(姜希孟), 예조판서(禮曹判書) 허종(許琮), 호조판서(戶曹判書) 윤흠(尹欽), 형조판서(刑曹判書) 윤계겸(尹繼謙)은 의논하기를, "보명(寶明)이 주인의 처(妻) 이씨(李氏)가 노복[奴]을 간통한 일을 무고(誣告)하고, 그 사이에 비록 스스로 박절하고 독살스러운 말이 있었더라도 모두 박인창(朴仁昌)의 뜻을 받은 것이고, 본시 보명이 조작한 뜻이 아니거늘, 하물며 박인창이 이미 이씨를 버렸은 즉 오로지 본주(本主)를 무고(誣告)한 율(律)로써 논단할 수 없습니다. 또 이씨는 박인창으로 더불어 형세가 구적(仇敵)이 되었으니, 그 주인의 승부(勝否)가 그의 말에 있다면, 본주를 버리고 이씨를 돕는 것도 또한 어려우니 면사(免死)하는 것이 어떻겠습니까?" 하고,

좌참찬(左參贊) 임원준(任元濬), 병조판서(兵曹判書) 어유소(魚有沼)는 의논하기를, "보명(寶明)이 비록 박인창(朴仁昌)의 뜻을 받았더라도 박절하고 독살스러운 말이 대단하고 모두 그 스스로 조작하였으니 용정(用情)한 것이 참혹합니다. 비록 타

인(他人)에게 있다 하더라도 또한 마땅히 율외(律外)에 과죄(科罪)해야 하거늘, 하물며 이미 이씨(李氏)의 비자(婢子)가 되어 10여년을 우러러 역사하였은 즉 본시 이씨의 비자가 아니라고 논하기도 어려우니 율(律)에 의하여 과단(科斷)함이 어떻겠습니까?"하고, 우참찬(右參贊) 이승소(李承召), 공조판서(工曹判書) 이예(李芮), 참의(參議) 이육(李陸)은 의논하기를, "박인창(朴仁昌)이 그 처(妻)를 박대한 것은 비록 죄줄 만하더라도 그 처(妻)도 또한 추문(醜聞)이 있어, 부부(夫婦)가 반목한 것이 오늘에 그친 것이 아니며, 일가(一家)의 노비(奴婢)가 눈으로 본 것이 오래이었으니, 보명(寶明)은 바로 박인창의 비(婢)입니다. 의사(疑似)한 일로 말미암아서 그 본주를 돕는 것은 이는 미혹하여 사리를 알지 못하는 자의 상사(常事)이며, 이 비의 죄는 나라 사람이 모두 죽일 수가 없다고 하니, 가벼운 죄를 따라 처단함이 편하겠습니다." 하고,

이조참판(吏曹參判) 이파(李坡)는 의논하기를, "보명(寶明)은 박인창(朴仁昌)의 비(婢)이며, 다만 그 본주(本主)를 도왔을 따름입니다. 오형(五刑) 가운데에 대벽(大辟)이 가장 중하고, 옛사람도 반드시 언옥(讞獄)[1)]을 신중히 하였습니다. 죄상의 경중(輕重)을 판단하기 어려울 때에는 경하게 처단한다고 하였으니, 면사(免死)함이 어떻겠습니까?" 하고, 병조참판(兵曹參判) 박건(朴楗), 참의(參議) 노공필(盧公弼)은 의논하기를, "노비와 주인의 분수[分]는 하늘과 같은 것이므로 결단코 문란할 수가 없습니다. 노비가 주인에게 비록 고(告)한 것이 실지로 있는 것이라 하더라도 나라에 상형(常刑)이 있거늘, 하물며 죄악을 더하여 무고(誣告)한 것이겠습니까? 박인창(朴仁昌)이 이씨(李氏)로 더불어 뜻이 어그러져 무함하려고 계획한 지 날이 오래되었는데, 보명(寶明)은 바로 먼저 마음에 들도록 하여 그 사이에 교묘하게 꾸민 말이 박인창이 사주한 것 외에 나온 것이 많으며, 무함(誣陷)한 계략이 박인창 보다 심함이 있으니, 박인창의 악함을 기른 것은 참으로 보명이 인도한 것입니다. 사실을 추구하여 율(律)에 의하면, 타인을 무고하는 것보다 심함이 있거늘, 하물며 조정에서 이미 박인창이 처(妻)를 버린 것은 옳지 못하다 하여 다시 합하게 함이겠습니까? 또 보명을 이씨(李氏)의 비(婢)가 아니라 하여서 말감(末減)하면, 정법(情法)에 둘 다 의거할 바가 없습니다. 신 등은 강상(綱常)을 부지(扶持)하는 것은 그 분수를 엄히 하는 것이라 여겨지니, 만약 비자가 그 주인을 무함한 것이라면, 이것은 풍속(風俗)을 크게 무너뜨림이라 크게 징계(懲戒)하지 않을 수 없으니, 계본(啓本)에 의하여 시행함이 어떻겠습니까?" 하고,

예조참판(禮曹參判) 이극돈(李克墩), 이조참의(吏曹參議) 최한정(崔漢禎)은 의논하기를, "사형(死刑)은 지극히 중하여 비록 옥사(獄辭)가 이미 갖추었더라도 반드

시 살리는 도리를 강구해야 합니다. 일호(一毫)라도 살릴 만한 이치가 있으면 가벼운 죄를 따라 논단(論斷)하여야 하니, 이는 삼복(三覆)하는 법이 설치되게 된 연유입니다. 보명(寶明)의 죄는 말[言語]에 의거하여 논죄하면 비록 극형(極刑)에 두더라도 옳겠지만, 정상을 연유하여 살피고 궁구하면 죽일 만한 이치가 만무(萬無)합니다. 의논하는 자는, '보명은 박인창의 비자이고, 기별(棄別)한 뒤에 비로소 이 말을 발설한 것이니, 노비와 주인으로써 논할 수 없다.'고 하나, 신의 뜻으로 생각하기에는 박인창이 처(妻)와 더불어 비록 부처(夫妻)의 정의(情意)가 어그러졌다 하더라도 진실로 하루 만에 서로 의심하여 분(憤)을 하루아침에 발한 것이 아니라면 부도(不道)한 말은 모두 박인창의 말이며, 보명의 말로 말미암아서 이 흔단(釁端)을 이룬 것은 아니라 여겨집니다. 보명이 처음에는 본주(本主)에게 의지하고 아부하는 마음에서 말을 만들었고, 나중에는 본주의 죄를 구(救)하고자 증명한 데에 지나지 않았으며, 그 밖에 발설한 것은 모두 유사(有司)의 문초에 인한 것이니, 어찌 노비가 주인을 고발한 것으로써 논단할 수 있겠습니까? 정상이 가긍(可矜)할 뿐만 아니라 율(律)도 또한 편하지 못합니다. 죄가 의심스러운 것은 모두 종경(從輕)하는데, 더구나 의심할 만한 것이 없음이겠습니까? 엎드려 생각하건대, 성상께서 재단(裁斷)하소서." 하고,

대사헌(大司憲) 김영유(金永濡), 집의(執義) 이경동(李瓊仝), 장령(掌令) 경준(慶俊)·이명숭(李命崇), 지평(持平) 김제신(金悌臣)은 의논하기를, "보명(寶明)의 무고(誣告)가 비록 박인창(朴仁昌)의 사주[指嗾]를 받은 것이라 하더라도 그 사이에 큰 절목(節目) 중에 정리(情理)가 박절하고 독살스러운 곳은 모두 보명 스스로가 꾸민 것이니, 율(律)에 의하여 과죄(科罪)하여도 의심할 것이 없습니다. 의논하는 자가 말하기를, '보명은 바로 박인창의 비자이며, 그 거짓을 꾸민 것은 모두 기별(棄別)한 뒤에 나왔으니, 비록 무고(誣告)하였다 하더라도 주인을 고발한 율(律)로써 논단할 수는 없다.'고 하나, 신 등은 그윽이 생각하건대, 그렇지 않다고 여기옵니다. 박인창이 비록 기처(棄妻)할 마음이 있었더라도 만약 보명의 말이 없었다면 착공(鑿空)을 만들어 지을 연유가 없었을 것입니다. 이제 보명이 그 주인의 뜻에 영합(迎合)하여, 이미 막동(莫同)을 적(賊)으로 삼아, 박인창으로 하여금 버리게 하였고, 또 따라서 실지로 그 말을 거짓 꾸민 절차(節次)는 모두 인정(人情)으로 헤아릴 것이 못되니, 이로써 의거하여 보건대, 박인창이 기처(棄妻)한 것은 비록 보명이 주인을 위하여 도모한 것이라면 오히려 옳겠습니다만, 이제 만약 박인창의 비자가 이씨(李氏)를 고발한 것은 용서할 만하다고 하면 이제 사대부(士大夫)의 집 노비(奴婢)가 각각 스스로 붕당(朋黨)을 나누어 짓고 남자주인[男主]을 위하여 여자주인[女主]을 해(害)하고, 상하가 서로 원망스럽게 바라보며 서로 보존하지 못하게 될 것이니, 이는 이

법의 작용(作俑)[2)]이 아님이 없을 것입니다. 또 비록 기별(棄別)하였다 하더라도 수일 사이에 노비(奴婢)와 재산(財産)을 서로 둘로 쪼개지 못하니, 이씨는 보명으로 더불어 명분(名分)이 오히려 있거늘, 어찌 이씨를 길가는 사람과 같이 볼 수 있겠습니까? 더구나 기별(棄別)하게 된 것은 바로 보명이 무고하여 지칭한 데서 나왔은 즉 보명은 참으로 이씨가 무함 당하는 것을 알면서도 오히려 거침이 없는 교언(巧言)으로 그 악함과 그 죄를 증명하였으니, 다른 사람의 무고(誣告)보다 심함이 있습니다. 조정에서도 이미 박인창이 기별(棄別)한 것을 옳지 못하다고 하여 다시 합하게 하였으니, 또 보명을 이씨의 비자가 아니라 하여 그 무고(誣告)한 죄를 용서하면, 그 정법(情法)에 둘 다 의거할 바가 없습니다. 또 이씨는 아들이 있어 나이가 10세(歲)를 지났은 즉 바로 그 주인은 아들이 있는 아내이며, 아들도 역시 그 주인이니 어찌 허위(虛僞)의 말로써 그 주인인 아들이 있는 아내를 이간(離間)할 수 있겠습니까? 신 등은 상량(商量)하건대, 다시 의심할 만한 것이 없으니 본부(本府)의 계목(啓目)에 의함이 어떻겠습니까?" 하고,

호조참판(戶曹參判) **김순명(金順命)**, 참의(參議) 정은(鄭垠), 병조참지(兵曹參知) 김승경(金升卿)은 의논하기를, "노비와 주인은 스스로 정한 분수가 있어 결단코 문란할 수가 없습니다. 박인창(朴仁昌)은 이씨(李氏)와 16년을 같이 살았고, 보명(寶明)은 비자(婢子)로써 섬기기를 이에 6, 7년이 되었으니 어찌 박인창이 어느 날 기별(棄別)하였다 하여, 노주(奴主)의 분수가 갑자기 끊어질 수 있겠습니까? 더구나 박인창은 언제나 이씨를 버리고자 하였으나 별달리 허물할 흔구(痕咎)가 없더니, 도적을 만난 이튿날, 보명(寶明)이 박인창의 모자(母子)에게 도적의 모습이 정히 막동(莫同)과 같다고 고발하고, 또 연전에 온돌(溫突)을 수리(修理)할 때에 여자 주인[女主]이 막동으로 더불어 함께 치마를 벗고 마주하였다고 말을 꾸미고 조작하여 박인창에게 기별(棄別)할 마음을 아뢰어, 여자 주인을 무함(誣陷)하였으니, 죽어도 여죄(餘罪)가 있습니다. 그러니 계본(啓本)에 의거하심이 어떻겠습니까?" 하고,

대사간(大司諫) 손비장(孫比長), 사간(司諫) 박효원(朴孝元), 헌납(獻納) 김괴(金塊), 정언(正言) 김맹성(金孟性)은 의논하기를, "삼가 율명례(律名例)를 상고하니, 이르기를, '무릇 함께 죄를 범한 자는 조의(造意)[3)]를 수범(首犯)으로 하니, 수종자(隨從者)[4)]는 한 등을 감(減)하고, 만약 집안사람이 공범이면 단지 존장(尊長)만을 좌죄한다.' 하였고, 간명범의조(干名犯義條)에는 '무릇 자손(子孫)으로 조부모(祖父母)와 부모를 고발한 자는 장(杖) 1백 대에 도(徒) 3년을 처하되, 다만 무고(誣告)한 자는 교형(絞刑)에 처한다. 노비(奴婢)가 가장(家長)과 자손(子孫)을 고발함과 같은 것도 같다.' 하였으며, 《대전(大典)》의 고존장조(告尊長條)에는 '자손(子

孫)・처첩(妻妾)・노비(奴婢)가 부모와 가장(家長)을 고발한 것은 모반(謀叛)・반역(反逆)을 제(除)한 외에는 교형에 처한다.' 하고, 주(註)에 이르기를, '노비가 늙은 어른을 고발한 자는 가장(家長)을 고발한 율(律)에 2등을 감(減)하여 논죄한다.'고 하였습니다. 이제 보명(寶明)이 이씨를 무고(誣告)한 것은 실로 박인창의 사주[持嗾]로 말미암았고, 공초(供招)할 때에 그 간교를 꾸민 것이 비록 다 박인창에게서 나오지는 않았더라도 또한 박인창을 위한 계략에 불과(不過)한 것입니다. 그렇다면 이씨(李氏)를 해하려고 한 자는 박인창이며 또 존장(尊長)입니다. 이제 박인창은 단지 배역(配役)에만 좌죄(坐罪)하였으니, 보명의 죄가 비록 중하더라도 어찌 조의(造意)[3)]한 존장(尊長)보다 더하겠습니까? 그 죽일 수 없는 것이 명백합니다. 혹은 말하되, '박인창(朴仁昌)은 이씨(李氏)와 이미 부부(夫婦)가 되었으니, 그 보명(寶明)에게는 모두 가장(家長)이 되어, 처음에는 피차(彼此)의 분별이 없거늘, 보명이 박인창에게 아부하여 이씨를 무함하려 하였으니, 이런 풍습은 자라게 할 수 없는 것이다. 마땅히 가장(家長)을 무고(誣告)한 율(律)로써 좌죄해야 한다.'고 합니다마는 신 등의 생각에는 박인창이 이씨로 더불어 부부(夫婦)가 되었을 때에는 진실로 보명의 가장이었으나, 그 이미 이별한데 미치어서는 이씨는 옛 가장이 된 데에 불과할 뿐이니 이 율(律)로써 논단할 수 없음이 명백합니다. 옛사람의 말에 있기를, '죄상의 경중을 판단하기 어려울 때는 오직 경한 것으로 한다.' 하였고, 또 말하기를, '그 죄 없는 사람을 죽일진대 차라리 죄 있는 자를 용서하여 법[經]을 깨는 일이 있어도 할 수 없다.' 하였습니다. 진실로 끊어진 것은 다시 이을 수가 없고 죽은 자는 다시 살릴 수가 없으니, 만일 죄가 아닌데 죽게 되면 혹 성인(聖人)의 호생(好生)하는 덕을 상할 것입니다. 신 등은 생각하건대 보명의 죄는 마땅히 《대전》의 옛 가장(家長)을 고발한 법에 의하여 논단함이 편할 것으로 여겨집니다." 하니, 명하여 감사(減死)하게 하였다.

정창손(鄭昌孫) 등이 아뢰기를, "보명(寶明)은 사천(私賤)인 까닭으로 감사(減死)하게 되면, 결장(決杖) 1백 대를 속(贖)바치고, 유(流) 3천 리(里)에 처해야 하는데, 보명은 이씨로 더불어 도로 비자와 주인이 되기가 어려우니, 극변(極邊)의 관비(官婢)로 정속(定屬)함이 어떻겠습니까?" 하니, 그대로 따랐다.

[1)]언옥(讞獄) : 옥사(獄事)를 의논함.

[2)]작용(作俑) : 허수아비를 만든다는 말. 여기서는 법을 적절하게 사용하지 못하여 그 법 자체가 허수아비 구실밖에 안 된다는 뜻임.

[3)]조의(造意) : 범의(犯意)를 먼저 낸 자.

[4)]수종자(隨從者) : 따라다니며 곁에서 심부름 따위를 한 자.

○ 會曾經政丞、議政府、六曹、司憲府、司諫院議寶明罪, 上黨府院君 韓明澮、領議政鄭昌孫、右議政尹子雲、坡川府院君 尹士昕議: "依前議, 處絞何如?" 光山府院君 金國光議: "寶明造飾本主李氏穢惡, 言甚切害, 當置極刑。然專以仁昌指揮言之, 則不可全科論斷. 減死何如?" 右贊成洪應議: "寶明事端, 雖因仁昌指揮, 其間造飾誣陷, 用謀深慘, 不可不依律極刑。若曰仁昌之婢, 於李氏無與焉, 則雖一日奴主之分旣嚴且重, 是不可紊也." 吏曹判書姜希孟、禮曹判書許琮、戶曹判書尹欽、刑曹判書尹繼謙議:"寶明誣告主妻李氏奸奴之事, 其間雖有自造切害之言, 皆承仁昌之意, 本非寶明造意也。況仁昌旣棄李氏,則不可專以誣告本主之律論斷.且李氏與仁昌勢爲仇敵, 其主之勝否在其言, 則舍本主而右李氏亦難矣, 免死何如?" 左參贊任元濬、兵曹判書魚有沼議:"寶明雖承仁昌之意, 大段切害之言, 皆其自造, 用情慘酷。雖在他人, 亦當律外科罪, 況旣爲李氏婢子十餘年仰役, 則難可以本非李氏婢子論也, 依律科斷何如?" 右參贊李承召、工曹判書李芮、參議李陸議: "朴仁昌之薄其妻雖可罪,其妻亦曾有醜聲, 夫婦反目非止今日, 一家奴婢目見久矣, 寶明乃仁昌之婢也。因疑似之事而助其本主, 此迷惑不識事理者之常事也, 此婢之罪, 國人皆曰不可殺, 從輕爲便." 吏曹參判李坡議: "寶明 仁昌之婢也, 但右其本主而已. 五刑之中, 大辟最重, 古人必讞者, 所以愼之重也。罪疑惟輕, 免死何如?" 兵曹參判朴楗、參議盧公弼議: "奴主之分如天建地設, 斷不可紊. 奴之於主, 雖所告有實, 國有常刑, 況誣加罪惡乎? 仁昌與李氏情睽, 欲以計陷之爲日久矣, 而寶明乃先意逢迎, 其間巧飾之言, 出於仁昌指嗾之外者甚多, 而誣陷之計有甚於仁昌, 仁昌之長惡, 實寶明啓之也。原情依律, 則其罪有甚於他人之誣告, 況朝廷旣以仁昌之棄妻爲不可而復合之? 又以寶明非李氏之婢而末減, 則於情法兩無所據. 臣等謂扶持綱常, 當嚴其分, 若婢陷其主, 是風俗大壞, 不可以不大懲, 依啓本施行何如?" 禮曹參判李克墩、吏曹參議崔漢禎議: "死刑至重, 雖獄辭已具, 必求所以生之之道。有一毫可生之理, 則從輕論斷, 此三覆之法所由設也. 寶明之罪, 據言語論之, 則雖置極刑可也, 而緣情審究, 則萬無可死之理. 議者謂: '寶明 朴之婢也, 而於棄別之後, 始發此言, 不可以奴主論。'臣意以爲朴之與妻, 雖曰夫妻情意乖隔, 固非一日互相疑貳, 發憤於一朝, 則不道之說, 皆朴之言也, 非因寶明之言而致此釁端也。寶明不過始則依阿本主之心而造言, 終則欲救本主之罪而證明, 其發於外者, 皆因有司之問也, 豈可以奴之告主論之? 非但情之可矜, 律亦不便. 罪之可疑者尙且從輕, 況無可疑乎? 伏惟上裁。"大司憲金永濡、執義李瓊仝、掌令慶俊、李命崇、持平金悌臣議:"寶明誣告雖承朴仁昌之指嗾, 其間大節目情理切害處, 皆寶明所自飾, 依律科罪, 無可疑者。議者曰: '寶明乃仁昌婢子, 其所誣飾, 皆出於棄別之後, 雖爲誣告, 不可論以告主之律.'臣等竊以爲不然. 仁昌雖有棄妻之心, 若無寶明之言, 無緣鑿空撰造. 今寶明逢迎其主之意, 旣以賊人爲莫同, 使仁昌棄之, 又從而實其言誣飾節次, 皆非人情所臆料, 據此觀之, 仁昌棄妻, 雖以寶明爲謀主猶可也, 今若以仁昌之婢告李氏爲可貰, 則今士大夫家奴婢各自分朋黨, 男主而害女主, 上下相盻盻, 莫相保持, 未必非此法作俑也。且雖云棄別, 數日之間, 奴婢財產不相離析, 李氏與寶明名分猶在, 豈可以李氏視同路人乎? 況此棄別乃出於寶明之誣指, 則寶明眞知李氏之被誣, 猶喋喋巧言, 證成其惡, 其罪有甚於他人之誣告也。朝廷旣以仁昌棄別爲不可而使之復合, 又以寶明爲非李氏之婢而寬其誣告之罪, 則其於情法, 兩無所據. 且李氏有子, 年過十歲, 則乃其主有子之妻, 其子亦是其主, 豈可以虛僞之言離間其主有子之妻乎? 臣等商量, 更無可疑, 依本府啓目何如?" 戶曹參判金順命、參議鄭垠、兵曹參知金升卿議: "奴主自有定分, 斷不可紊. 朴仁昌與李氏同住十六年, 寶明以婢事之六七年于玆, 豈可以仁昌一日棄別而奴主之分遽絶乎? 況仁昌平昔欲棄李氏, 別無痕咎, 逢賊翌日, 寶明告仁昌母子以賊貌正似莫同, 又告以年前溫突修理時, 女主與莫同俱脫裙相對, 造飾形言, 以啓仁昌棄別之心, 誣陷女主, 死有餘辜。依啓本何如?" 大司諫孫比長、司諫朴孝元、獻納金塊、正言金孟性議: "臣等謹按《律名例》云: '凡共犯罪者, 以造意爲首, 隨從者減一等, 若家人共犯, 只坐尊長.' 干名犯義條云: '凡子孫告祖父母父母者, 杖一百・徒三年, 但誣告者絞. 若奴婢告家長與子孫同.'《大典》告尊長條云: '子孫妻妾奴婢告父母家長, 除謀叛反逆外絞' 註云:'奴婢告舊長者, 減告家長律二等論' 今寶明誣告李氏, 實因朴仁昌指嗾, 供招之時, 其所巧飾, 雖非盡出於仁昌, 亦不過爲仁昌計耳. 然則欲害李氏者, 仁昌而且尊長也. 今仁昌只坐配役, 寶明之罪雖重, 豈加於造意之尊長乎? 其不可死明矣。或言: '仁昌與李氏旣爲夫婦, 其於寶明俱是家長, 初無彼此之分, 寶明附於仁昌欲陷李氏, 此風不可長也。當坐以誣告家長律.' 臣等以爲仁昌與李氏爲夫婦之時, 李氏固寶明之家長也, 及其旣別, 李氏不過爲舊家長耳, 其不可以此律斷明矣. 古人有言: '罪疑惟輕' 又曰: '與其殺不辜,寧失不經.' 誠以斷者不可復續, 死者不可復生,如有死於非辜,則或傷聖人好生之德也。臣等以爲寶明之罪,當依《大典》告舊家長之法論斷爲便."命減死.昌孫等啓:"寶明私賤, 故減死, 則決杖一百、贖、流三千里矣, 寶明難與李氏還爲婢主, 極邊官婢定屬何如?" 從之。

49. 의정부・육조 등에서 수령의 전최, 천서의 편의에 대하여 의논하다

《성종 8년(1477) 9월 21일 을유 4번째 기사》

일찍이 정승(政丞)을 지낸 사람과 의정부(議政府)와 육조(六曹)의 참판(參判) 이상과 대간(臺諫)을 명소(命召)하여 수령의 전최(殿最)[1]와 천서(遷敍)의 편의를 의논하게 하였다. 정인지(鄭麟趾)가 의논하기를, "법이 오래 되면 폐단이 반드시 생깁니다. 지금 상등(上等)이 많고 중등(中等)이 적으므로 10고 10상(十考十上)을 포상(褒賞)하는 법을 행하기 어려우니 거행하지 마는 것이 어떠합니까?" 하고, 정창손(鄭昌孫)・한명회(韓明澮)・심회(沈澮)・윤자운(尹子雲)・윤사흔(尹士昕)・김국광(金國光)이 의논하기를, "10고 10상(十考十上)[2] 중에서 자궁(資窮)[3]한 사람으로서 다섯 차례 수위(首位)를 차지한 사람은 승직(陞職)하는 것이 어떠합니까?" 하고,

홍응(洪應)・임원준(任元濬)・어유소(魚有沼)・윤흠(尹欽)・이예(李芮)・현석규(玄碩圭)・신정(申瀞)은 의논하기를, "십고 십상인 사람을 포상하는 법이《대전(大典)》에 갖추 실려 있으니, 가볍게 고칠 수 없습니다. 다만 여러 차례 수위를 차지한 사람은 마땅히 탁용하여야 하는데, 만일 법을 세워서 수를 정하면 요행의 문을 열어 놓을까 두려우니 해조(該曹)에서 임시하여 명을 받아서 인품(人品)에 따라 쓰

는 것이 어떠합니까?" 하고, 강희맹(姜希孟)・김영유(金永濡)・**김순명(金順命)**은 의논하기를, "근래 포폄(褒貶)에 10고 10상인 자가 너무 많아서 한결같이《대전》에 의하여 승직하기가 어려우니 다시 절목(節目)을 세우되, 여러 도의 수령의 수가 많고 적은 것이 같지 않아서 상(上)을 차지하는 데에 어렵고 쉬운 것이 있으니 경상도는 7인 경기・충청도・전라도는 5인, 황해도・강원도・평안도・영안도(永安道)는 3인으로 수를 정하고, 10고 10상 중에서 다섯 차례 정한 수안에 든 사람은 승직을 허락하는 것이 어떠합니까?" 하고,

박건(朴楗)은 의논하기를, "10고 10상인 사람을 가자(加資)하고 우천(優遷)하는 법은 조종(祖宗)으로부터 행한 지가 이미 오래니 어지럽게 고칠 수 없습니다. 신의 생각은 이러합니다. 때때로 윤유(綸諭)를 내리어, 감사(監司)로 하여금 양리(良吏)를 물어서 현저하게 성적(聲績)이 있는 자는 그 정적(政迹)을 기록하여 아뢰게 하여 발탁하여 쓰고, 또 10고 중에 대여섯 번 수위를 차지하거나 오고 중에 서너 번 수위를 차지한 사람은 아울러 여러 사람의 의논을 들어서 가자(加資)하고 우천(優遷)하여, 현능한 사람을 표창하고 후래를 권하는 것이 어떠합니까?" 하고,

대사헌(大司憲) 이숭원(李崇元), 대사간(大司諫) 임사홍(任士洪), 집의(執義) 이집(李諿), 사간(司諫) 김계창(金季昌), 장령(掌令) 구자평(仇自平), 지평(持平) 이우보(李佑甫), 헌납(獻納) 안침(安琛)은 의논하기를, "《대전(大典)》에 10고 10상인 자는 1계(階)를 상가(賞加)하되 계궁(階窮)한 자는 승직(陞職)하고 일중(一中)인 자는 평천(平遷)하게 되어 있는데, 지금 10고 10상인 자는 많고 자리가 빈 것은 적으므로 5인 혹은 10인 이상에 한하여 상주면 나머지는 마땅히 규례에 따라 평천하여야 하니, 일중(一中)인 자와 다름이 없습니다. 경상(慶尙) 한 도를 가지고 말한다면 고을이 모두 60여 고을인데, 마음을 다하여 정치를 하는 사람이 또한 10인에 그치지 않습니다. 똑같이 최(最)를 받았는데도 10인 안에 들지 않은 사람은 권장할 것이 없습니다. 그렇다면 상・중・하(上中下) 3등 외에 다시 한 등을 두어 권장하는 법을 세워야 하겠으니, 예전대로 하는 것이 편합니다. 다만 여러 차례 수위를 차지한 자는 그 정치가 반드시 다른 사람보다 다른 것이 있을 것이니 마땅히 탁용하여야 합니다. 만일 정한 법을 세운다면 간혹 요행으로 얻는 자가 있을 것이니 마땅히 전조(銓曹)로 하여금 인품에 따라 임시로 품지(稟旨)하여 시행하게 해야 합니다. 또, 법이 서면 폐단이 생기는 것인데, 어찌 폐단 없는 법이 있습니까? 다만 쓰는 것이 어떠하냐에 달려 있습니다. 지금 한때의 이해와 한 일의 편부(便否)로 문득 성법(成法)을 고치는 것은 미편(未便)합니다." 하였다.

의논이 들어가니, 전교하기를, "내가 감히 성법을 어지럽게 고치려 하여 이 의논이

있는 것이 아니다. 만일 시험 삼아 큰 도는 5인, 다음 도는 3인으로 하여 매고(每考)에 수(數) 안에 든 사람만 승직하면 현저한 공이 없는 자는 반드시 상등에 함부로 들지 못할 것이다. 그러면 중등인 자도 많아지고 빈자리도 부족하지 않을 것이다. 도의 고을 수가 많고 적은 것에 따라 승정원(承政院)에서 의논하여 정해서 아뢰라." 하였다.

또 전교하기를, "전일에 헌의(獻議)하는 자가 말하기를, '극성(棘城)을 쌓아야 한다.' 하므로 이극배를 보내어 형세를 살피고자 하였는데, 지금 모두 불가하다고 말하기에 아직은 정지시켰다. 성을 쌓은 것이 편한지 편치 않은지를 의논하여 아뢰라." 하니, 정인지(鄭麟趾)가 의논하기를, "중국에 거용관(居庸關)·산해관(山海關)이 있는데 모두 여러 위(衛)의 안에 있습니다. 험한 것을 거듭하여 나라를 지키는 것은 성인의 법인데, 전조(前朝) 때에는 극성 땅에 성이 없었으므로 홍적(紅賊)이 무인지경에 들어오듯 하였습니다. 성은 하루아침에 쌓는 것도 아니고 또 조석에 급한 것도 아니니, 마땅히 먼저 척수를 측량하여 매양 풍년을 당하면 백척씩만 쌓으면 10년에 성취할 수 있을 것입니다." 하고, 정창손(鄭昌孫)이 의논하기를, "의주(義州)로부터 세 관(關)을 거친 연후에 극성에 이르니, 여러 관에 비하면 덜 급합니다. 그러나 극성은 심히 요해(要害)의 땅이니 성을 쌓지 않을 수 없습니다. 만일 쌓고자 한다면 먼저 인부(人夫)를 의논하여 정한 연후에야 쌓을 수 있습니다. 평안도(平安道)는 방어가 가장 긴급하고 황해도(黃海道)는 인물이 조잔(凋殘)하니, 반드시 쌓고자 한다면 크게 하삼도(下三道)의 인부를 써야 합니다. 그러나 그 일이 심히 중하니, 아직은 후일을 기다리는 것이 편합니다." 하고,

심회(沈澮)는 의논하기를, "극성은 중국의 산해관과 같으니, 경기(京畿)를 다 포괄하여 쌓는다면 비록 인력을 수고롭게 하여도 가하지마는, 그렇지 않으면 백성을 수고롭힐 뿐 아니라 국가에 이익이 없으니 쌓지 않는 것이 편합니다." 하고, 윤자운(尹子雲)·윤사흔(尹士昕)·김국광(金國光)·어유소(魚有沼)·홍응(洪應)·박건(朴楗)은 의논하기를, "극성은 참으로 큰 관방(關防)이 되나, 사방의 요해의 땅이 쌓지 않은 곳이 많으니 점차로 다 쌓은 연후에 쌓아도 늦지 않습니다." 하고, 강희맹(姜希孟)·임원준(任元濬)은 의논하기를, "서쪽에 다섯 큰 관방이 있는데, 첫째는 압록(鴨綠)이고, 둘째는 박천(博川)이고, 셋째는 청천(淸川)이고, 넷째는 대동(大同)이고, 다섯째는 극성(棘城)입니다. 국가의 비어(備禦)에 있어서 경계할 것은 크게 관방을 설치하여 뜻하지 않은 일에 대비하여야 하는 것이겠으나, 본도의 백성만을 부리면 힘이 미약하여 성취하기 어렵고, 만일 타도의 백성을 역사시키자면 남방 여러 고을의 산성(山城)·읍성(邑城)을 쌓아야 할 것을 쌓지 않아서 비록 예전 터는 있으나 허물

어지고 수축하지 않은 것이 또한 많을 것인데, 형세를 따져 본다면 극성보다 급한 것이 하나뿐이 아니니, 먼저 하삼도의 산성·읍성을 수축한 연후에 다음으로 극성의 역사를 의논하는 것이 편합니다." 하고,

이예(李芮)는 의논하기를, "극성의 형세는 쌓을 수 없을 뿐만 아니라 한 가지 유익한 것이 없음을 신이 전일에 이미 진달하였습니다. 황해도의 백성은 악한 병이 일어난 곳이라 하여 거처하기를 어렵게 여기고, 평안도의 백성은 소외한다 하여 동요하는 마음을 가지니, 이것은 두 도의 백성을 버리는 것입니다. 전조(前朝)의 임금은 평양(平壤)을 서경(西京)이라 하여 두 서울 사이에 일찍이 요새를 설치하지 않았으나, 우리 세종(世宗)의 태평한 30년 동안에 변비(邊備)의 방책을 강구하지 않은 것이 없어서 여러 도의 읍성과 양계(兩界)의 장성(長城)을 두루 쌓았는데 극성에는 미치지 않았습니다. 신의 망령된 생각으로는 쌓지 않는 것이 편할 듯합니다." 하고, 윤흠(尹欽)·현석규(玄碩圭)·김영유(金永濡)·신정(申瀞)·**<u>김순명(金順命)</u>**은 의논하기를, "극성을 쌓는 데에 황해도의 백성만을 부리면 비록 수십 년이 걸려도 끝나지 않을 것이고, 부득이하여 평안도의 백성을 아울러 부린다면 방어하는 일이 허술하여질 것입니다. 또 적이 들어오는 길이 하나뿐이 아니니 어떻게 다 쌓겠습니까? 쌓지 않는 것이 편합니다." 하였다. 의논이 들어갔으나 내리지 않았다.

[1]전최(殿最) : 전조(銓曹)에서 도목정사(都目政事)를 할 때 각 관사의 장(長)이 관리의 근무 성적을 상·하로 평정하던 법. 상이면 최(最), 하이면 전(殿)이라 한 데에서 나온 말로, 매년 6월 15일과 12월 15일 두 차례에 걸쳐 시행하였음.

[2]10고 10상(十考十上) : 관리 근무 성적이 10차례 평정하여 10번 모두 상등(上等)인 것을 말함.

[3]자궁(資窮) : 당하관(堂下官)의 품계가 다시 더 올라갈 자리가 없이 됨.

○ 命召曾經政丞、議政府、六曹參判以上、臺諫, 議守令殿最遷敍便宜。鄭麟趾議: "法久則弊必生。方今上等多而中等少, 十考十上褒賞之法, 所以難行, 勿擧行何如?" 鄭昌孫、韓明澮、沈澮、尹子雲、尹士昕、金國光議: "十考十上內, 資窮人五次居首者, 陞職何如?" 洪應、任元濬、魚有沼、尹欽、李芮、玄碩圭、申瀞議: "十考十上者褒賞之法, 備載《大典》, 不可輕改. 但累次居首者, 固宜擢用, 若立法定數, 則恐開僥倖之門, 該曹臨時取旨, 因人品用之何如?" 姜希孟、金永濡、**金順命**議: "近來褒貶, 十考十上者猥多, 一依《大典》陞職爲難, 置更立節目, 諸道守令之數多寡不同, 居上有難易, 慶尙道則七人, 京畿、忠淸道、全羅道則五人, 黃海、江原、平安、永安道(人)三 定數, 於十考十上內, 須五次居數內者許令陞職何如?" 朴楗議: "十考十上加資優遷之法, 自祖宗行之已久, 不可紛更。臣以爲時降綸諭, 令監司詢問良吏, 顯有聲績者, 錄其政迹啓聞, 超擢用之, 且十考內五六等居首、五考內三四等居首者, 幷採衆議加資優遷, 以旌賢能, 以勸後來何如? 大司憲李崇元、大司諫任士洪、執義李諿、司諫金季昌、掌令仇自平、持平李佑甫、(議)

納安琛議: "《大典》內, 十考十上者賞加一階, 階窮者陞職, 一中者平遷, 今以十考十上者多而窠闕之狹, 限五人或十人以上賞之, 則餘當隨例平遷, 與一中者無異. 以慶尙一道言之, 州凡六十餘, 其盡心爲理者, 亦不止十人。等是居最, 而不在十人之內者, 無所勸勵. 然則上中下三等之外, 須更立一等, 勸奬之法方可, 仍舊爲便。但累次居首者, 其治必有異於人者, 所宜擢用。 若立定法, 間或有僥倖而得之者, 宜令銓曹因人品臨時稟旨施行. 且法立則弊生, 豈有無弊之法? 只在用之如何耳. 今以一時利害一事便否, 輒改成法未便." 議入, 傳曰: "予非敢紛更成憲而有是議也。若試大道則五人, 次道則三人, 每考居數內者陞職, 則無顯顯之功者必不得冒居於上等。然則中等者亦多而窠闕亦非不足矣。其以道之邑數多寡, 承政院議定以啓." 又傳曰: "前日獻議者有言棘城可築, 故欲遣李克培察形勢, 今皆曰不可, 故姑停之。其築城便否, 議啓." 鄭麟趾議: "中國有居庸關、山海關, 皆在諸衛之內. 重險守國, 聖人之法, 前朝時, 棘城之地無城, 紅賊如入無人之境. 城非一朝可築, 且非朝夕之急, 宜先尺量, 每當稔年築不過百尺, 十年可以成就." 鄭昌孫議: "自義州歷三關然後至棘城, 視諸關稍緩。然棘城甚要害之地, 不可不築. 若欲築之, 須先議定人夫, 然後可以築之.平安道防禦最緊, 黃海道人物凋殘, 若必欲築之, 則大擧下三道人夫可也。然其事甚重, 姑待後日爲便." 沈澮議: "棘城, 若中國之山海關, 盡包京畿而城之, 則雖勞人力可矣, 不然則非徒勞民, 無益於國家, 不築爲便." 尹子雲、尹士昕、金國光、魚有沼、洪應、朴楗議: "棘城誠爲大關防, 然四方要害之地, 未築處多, 漸次畢築, 然後爲之未晩." 姜希孟、任元濬議: "西有五大關, 一曰鴨綠, 二曰博川, 三曰淸川, 四曰大同, 五曰棘城. 國家備禦之戒, 當大設關防, 以備不虞. 然只役本道之民, 則力微難就, 若役他道之民, 則南方諸邑山城邑城當築而不築, 雖有舊趾, 夷漫不葺者亦多, 計其形勢, 有急於棘城者非一, 須先令修葺下三道山城邑城, 然後次議棘城之役爲便." 李芮議: "棘城形勢, 非徒不可築, 無一有益, 臣於前日已陳之矣. 黃海之民, 以惡病所起之地, 難於寢處, 平安之民, 自謂外之而有動搖之心, 是棄二道之民也. 前朝之君, 以平壤爲西京, 兩京之間曾不設險, 我世宗昇平三十年, 邊備之策無不講究, 遍築諸道邑城、兩界長城, 而棘城則不之及. 臣妄意謂不築爲便." 尹欽 玄碩圭 金永濡 申瀞 **金順命**議: "棘城之築, 只役黃海之民, 則雖數十年不能畢也. 不得已竝役平安之民, 則防禦踈虞, 且賊路非一, 安能盡築? 不築爲便." 議入, 不下。

50. 인정전에 나가 의정부·육조에서 진연하며, 양성지의 사건에 대해 의논토록 하다

《성종 85권 8년(1477) 10월 14일 무신 1번째 기사》

임금이 인정전(仁政殿)에 나아가니, 의정부(議政府)와 육조(六曹)에서 진연(進宴)하였다. 종정국(宗貞國)이 특별히 보낸 구난도로(仇難都老) 등도 또한 참여하였다. 임금이 시연(侍宴)한 재상(宰相)들에게 이르기를, "양성지(梁誠之)가 다시 상서(上書)하여 자기의 일을 발명(發明)하고자 하는데, 일이 허망(虛妄)한 데 관계되니, 김제신(金悌臣)도 또한 잘못이다. 어떻게 이를 처리할 것인지 그것을 의논하여서 아뢰라."하고, 잔치를 파(罷)할 때 왜인(倭人)에게 물건을 차등 있게 내려 주었다.

정창손(鄭昌孫)·한명회(韓明澮)·윤자운(尹子雲)·윤사흔(尹士昕)·김국광(金國光)·김수온(金守溫)·이극배(李克培)·강희맹(姜希孟)·서거정(徐居正)·임원준(任元濬)이 의논하기를, "대간(臺諫)이 대신(大臣)의 과실을 탄핵(彈劾)하는 것이 비록 그 직분(職分)이라고 하지만, 그러나 근거도 없이 사실도 아닌 일을 가지고 천총(天聰)에 상달(上達)하는 것은 불가(不可)합니다. 세종조(世宗朝)에 홍심(洪深)이 장령(掌令)이 되어 이조(吏曹)의 당상관(堂上官)이 사람을 쓰는 데 적당함을 잃었다고 탄핵하고, 또 말하기를, '아무개[某人]의 서대(犀帶)[1]를 받고 그 관직을 주었다.'고 하니, 유사(攸司)에 내려서 그 허실(虛實)을 핵문(劾問)해서 홍심은 그 고신(告身)을 거두었고, 대간(臺諫)은 모두 좌천(左遷)되었습니다. 성상께서 재결(裁決)하소서." 하고,

노사신(盧思愼)·김개(金漑)·유수(柳洙)·어유소(魚有沼)·선형(宣炯)·윤흠(尹欽)이 의논하기를, "양성지 사건은 이미 변별(辨別)되었으니 다시 의논할 것도 없습니다. 김제신이 근거 없이 사실이 아닌 일을 가지고 주워듣고서 상주(上奏)하였으니 진실로 죄를 줄 만합니다. 그러나 대관(臺官)의 말은 비록 적중(的中)하지 않더라도 죄를 줄 수는 없는 것입니다." 하고, 이숭원(李崇元)·윤계겸(尹繼謙)이 의논하기를, "민수(閔粹)가 사초(史草)를 추가하여 고쳐 쓴 사건 때문에 추핵(推覈)을 당할 때 신 등이 승지(承旨)가 되었는데, 공초(供招)한 글에 한 마디도 양성지가 뇌물을 받았다는 일에는 언급(言及)이 없었으나, 외인(外人)들이 이를 시끄럽게 떠들었습니다. 김제신도 이미 그 들은 출처(出處)를 분명히 말하지 못하였고, 실록(實錄)에도 또한 기재(記載)되어 있지 않으니, 양성지가 이런 일을 범(犯)하였다고 할 수 없는데, 김제신이 근거 없는 말을 가지고 이에 의거해서 아뢴 것은 잘못이었습니다. 그러나 스스로 이런 말을 만든 것은 아니니, 죄줄 수는 없습니다." 하고,

이계손(李繼孫)이 의논하기를, "김제신이 본래 이 말을 만든 것이 아니고, 그 당시 사림(士林)에서 시끄럽게 떠들던 말을 전(傳)해서 듣고 계달(啓達)하였으니 마땅치 않다고 생각합니다. 풍헌(風憲)은 이것이 대간(臺諫)의 직책입니다. 양성지는 사초(史草)를 상고하여도 이러한 말이 없었으니, 이미 발명(發明)한 셈이므로 모름지기 다시 변명할 것도 없습니다."하고, 허종(許琮)·유자광(柳子光)·권감(權瑊)·홍도상(洪道常)·이극돈(李克墩)·김영유(金永濡)·김영견(金永堅)이 의논하기를, "양성지는 애매한 말 때문에 비방(誹謗)을 당하였습니다. 그러나 김제신의 말은 옛날에 들은 것에서 나왔으니, 대간(臺諫)이 대신(大臣)을 탄핵하다가 도리어 죄책(罪責)을 당한다면 언로(言路)에 방해가 될까 두렵습니다. 여러 사초(史草)를 상고하여도 이

미 그러한 일이 없었다면 양성지에게도 또한 혐의(嫌疑)가 없어졌으니, 양쪽을 그대로 두는 것이 어떠하겠습니까?" 하고, 이예(李芮)가 의논하기를, "옳고 그른 것은 양립(兩立)하지 못하니, 말한 자가 옳다면 양성지의 누(累)는 자손에게까지 미칠 것이요, 말한 자가 그르다면 법대로 마땅히 반좌(反坐)해야 할 것입니다. 언관(言官)이 비록 중(重)하지만, 대신(大臣)도 또한 가볍지 아니하니 신의 망령된 생각으로써는 두 사람을 유사(攸司)에 회부하여 대면(對面)시켜 끝까지 추문(推問)하여 정상을 캐내고 죄를 주는 것이 어떠하겠습니까?" 하고, **김순명(金順命)** · 심응(沈膺)은 의논하기를, "애매한 일은 변명(辨明)하지 아니할 수가 없으니, 말의 근원(根源)을 끝까지 찾아내는 것이 어떠하겠습니까?" 하니, 임금이 허종 등의 의논한 것에 따랐다.

[1]서대(犀帶) : 무소뿔로 만든 관대.

○ 戊申/上御仁政殿, 議政府、六曹進宴. 宗貞國特送仇難都老等亦與焉. 上謂侍宴宰相曰: "梁誠之再上書欲發明己事, 事涉虛妄, 金悌臣亦非矣。何以處之? 其議啓" 宴罷, 倭人賜物有差。鄭昌孫、韓明澮、尹子雲、尹士昕、金國光、金守溫、李克培、姜希孟、徐居正、任元濬議: "臺諫彈劾大臣過失, 雖其職分, 然以無根不實之事, 上達天聰不可。世宗朝洪深爲掌令, 彈吏曹堂上用人失當, 且曰: '受某人犀帶授某職' 下攸司劾虛實, 洪深收告身, 臺諫皆左遷. 上裁." 盧思愼、金漑、柳洙、魚有沼、宣炯、尹欽議: "梁誠之事已得辨, 更無可議. 金悌臣以無根不實之事捃摭上奏, 誠爲可罪. 然臺官之言, 雖有不中, 不可加罪." 李崇元、尹繼謙議: "閔粹以史草追改事被推時, 臣等爲承旨, 供招之辭, 無一言以及誠之受賂之事, 而外人喧騰之. 悌臣旣不明言所聞之處, 《實錄》亦不載焉, 不可以誠之爲犯此事, 悌臣以不根之言, 據以爲啓過矣, 然非自作此言, 不可罪也." 李繼孫議: "金悌臣本非造言, 其時士林喧說之言, 傳聞啓達, 以爲不宜. 風憲此臺諫職也. 梁誠之則考史草無此言, 已發明矣, 不須更辨." 許琮、柳子光、權瑊、洪道常、李克墩、金永濡、金永堅議: "梁誠之以曖昧之言被謗. 然金悌臣之言, 出於舊所聞, 則以臺諫彈大臣而顧被罪責, 恐妨言路. 考諸史草旣無其語, 則於誠之亦無嫌, 兩置之何如?" 李芮議: "是非不兩立, 言者是, 則誠之累及子孫, 言者非, 則法當反坐. 言官雖重, 大臣亦不輕, 臣妄謂將二人下攸司, 對面窮推, 得情抵罪何如?" **金順命**、沈膺議: "曖昧之事, 不可不辨, 窮探言根何如?" 從許琮等議。

51. 의정부·육조 당상 등이 일본국에의 통신사 파견에 대하여 의논하다

《성종 8년(1477) 10월 18일 임자 3번째 기사》

명하여 일찍이 정승(政丞)을 지낸 자와 의정부(議政府) · 육조(六曹)의 당상관(堂上官)과 대간(臺諫)을 불러서 전지하기를, "일본국(日本國)에 통신사(通信使)를 혹은 '보내야 한다.'고 하고 혹은 '보낼 수 없다.'고 하여 여러 사람들의 의견이 일치되지 않고 있다. 대마도(對馬島)에서도 또 말하기를, '본국(本國)[1]에서 바야흐로 병란(兵

亂)이 일어나서 통신(通信)할 수 없다.'고 하는데, 내 생각에는 '비록 병란(兵亂)이 있다고 하더라도 어찌 통신사(通信使)를 죽이기야 하겠는가?'고 한다. 경(卿) 등은 각각 이것을 말하라. 오늘 이것을 결정하고자 한다." 하니, 정창손(鄭昌孫)·한명회(韓明澮)·심회(沈澮)·윤자운(尹子雲)·김국광(金國光)·윤사흔(尹士昕)이 의논하기를, "전일에 신 등이 통신사(通信使)를 보내는 것이 불가(不可)하다고 자세히 말씀드렸는데, 통신사는 정기적인 것이 아니니, 병란(兵亂)이 가라앉기를 기다렸다가 들여보내는 것이 어떠하겠습니까?" 하고,

강희맹(姜希孟)·허종(許琮)·어유소(魚有沼)·윤흠(尹欽)·김영유(金永濡)가 의논하기를, "교린(交隣)의 예(禮)는 폐지할 수가 없습니다. 그러나 근년에 본국(本國)에서 병란(兵亂)이 일어나 서로 버티는 것이 이미 10년이 지났습니다. 그들이 자구(自救)도 할 겨를이 없을 터인데, 어느 겨를에 관(館)에서 이웃 나라의 사신을 대접(待接)하겠습니까? 더구나 이로 인하여 해적(海賊)들이 함부로 마구 날뛰니 사람을 보내어 위험한 나라에 들어가게 할 수는 없습니다. 만약 변고(變故)가 있다면 반드시 국가에 수치를 줄 것이며, 또 길을 안내하고 호송(護送)하는 것은 반드시 대마주(對馬州)의 힘을 입는데, 도주(島主)가 이를 하고자 하지 아니하니 또한 강요하기도 어렵습니다. 통신사는 정기적인 것이 아니니 아직 병란이 평정(平定)되기를 기다려도 늦지 않을 것입니다." 하고,

임원준(任元濬)·이승소(李承召)·이예(李芮)가 의논하기를, "병란(兵亂)이 벌어져 양쪽으로 나누어질 때 사신(使臣)이 그 사이에 있으면 본국(本國)의 난(亂)도 족히 염려할 것이 없습니다. 다만 길이 반드시 대마도(對馬島)를 경유해야 하는데, 도주(島主)가 이를 막으니, 그 길을 안내하고 호송(護送)하는데 반드시 마음을 다하지 않으므로 끝내 혹시 목적지에 도달(到達)하지 못한다면 아마 국가의 수치가 될 것입니다. 명년 봄에 사신을 보내어 먼저 도주(島主)를 달래보고 다시 거스르는 태도가 없다면 가(可)할 것이나, 만약 전과 같이 고집(固執)한다면 아직 사신을 보내는 것을 정지시키는 것이 어떠하겠습니까?" 하고,

현석규(玄碩圭)·임사홍(任士洪)·정은(鄭垠)은 의논하기를, "보빙(報聘)은 예(禮)인 것입니다. 일본(日本)이 우리나라와 더불어 대대로 통호(通好)하여 왔는데, 전하께서 즉위(卽位)하시면서부터 여러 번 사신을 보냈으나 한 번도 보빙(報聘)하지 아니하였으니 아마 신의(信義)에 어긋나는 듯합니다. 다만 도주(島主)가 아마 우리나라에서 그 속이는 것을 알까봐 두려워하여 병란(兵亂)이라고 핑계대어 말하고 이를 막는 것인데, 혹은 성심껏 호송(護送)하지 아니한다면 변(變)이 일어날는지 의심스럽기도 합니다. 그러나 옛날에 병란이 벌어져 양쪽으로 나누어질 때 사신(使臣)이

그 사이에 있었습니다. 정구(正球)가 올 때에도 이미 병란(兵亂)이 있었는데도 또한 사신 보내기를 청하여 그와 더불어 함께 가고자 하였으니 병란(兵亂)이 사신 보내는 것과는 관계가 없는 것입니다. 저들도 또한 이를 헤아려 알고 있습니다. 이로써 도주(島主)를 개유(開諭)하고 통신(通信)의 사신을 보내게 하소서." 하고,

김순명(金順命)이 의논하기를, "통신사(通信使)가 가는 것은 우리에게만 손해가 있으니, 송처검(宋處儉)이 갔을 때 이미 경험한 것입니다. 한번 왕래(往來)하는 사이에 저들의 정위(情僞)를 어찌 다 알 수 있겠습니까? 사신을 보내지 않는 것이 편하겠습니다." 하고, 박건(朴楗)은 의논하기를, "교린(交隣)에는 도(道)가 있고 보빙(報聘)에는 예(禮)가 있습니다. 일본국(日本國)에서는 조종조(祖宗朝)부터 통호(通好)한 지가 이미 오래 되었습니다. 지난번에 일본(日本)의 사신(使臣)을 인견(引見)하고서 사신을 보내겠다고 허락하셨는데, 지금 비록 '병란(兵亂)으로 막혀서 다 통신(通信)할 수가 없다.'고 하지만, 그러나 또한 도주(島主)의 저지(沮止)하는 계책에 빠질 수도 없는 것입니다. 사신을 보내는 것이 어떠하겠습니까?" 하고,

이계손(李繼孫)·김자정(金自貞)·이칙(李則)·경준(慶俊)·이세광(李世匡)·김괴(金塊)는 의논하기를, "일본국(日本國)은 대대로 우리나라와 통호(通好)하여 신사(信使)가 끊어지지 아니하였습니다. 그러나 조정(朝廷)에서도 오랫동안 보빙(報聘)의 예(禮)를 궐(闕)하여 왔으니, 진실로 마땅히 사신을 보내어 통호(通好)하기를 도모해야 합니다. 다만 지금 병란(兵亂)이 아직 그치지 않고 있으며, 대마도(對馬島) 주(主)도 또한 이르기를, '해적(海賊)이 가득히 차고 널려져 있어서 길이 많이 막혀서 갈 수가 없습니다.'고 하는데, 만약 강제로 이를 보낸다면 저들이 속이는 모책(謀策)이 많으므로 전의 말을 실증(實證)하고자 하려고 사신을 일부러 위험한 지경에 두게 될까 두렵습니다. 그렇지 않으면 길이 막혔다고 핑계하고 즉시 향도(向道)[2] 하지 아니하고서 억지로 머물러 두고서 계달(啓達)하지 않는다면 보빙(報聘)을 닦는 예(禮)를 궐(闕)하여 국가의 위신이 깎이게 될 것이니, 한 가지라도 옳은 점이 없습니다. 아직 본국(本國)의 병란(兵亂)이 가라앉기를 기다리고 도주(島主)의 정상(情狀)을 잘 살피고서 다시 의논하여서 사신을 보내는 것이 어떠하겠습니까?" 하고,

손순효(孫舜孝)·노공필(盧公弼)·이공(李拱)은 의논하기를, "교린(交隣)의 도(道)는 신의(信義)가 큰 것이니, 저들이 이미 왕래(往來)에 부지런한데도 우리나라에서 끝내 보빙(報聘)하지 않는다면 진실로 불가(不可)한 것입니다. 그러나 시기가 어렵고 쉬운 때가 있고 사정이 변통(變通)하는 수가 있으니, 또한 한 가지 의논만을 고집할 수도 없습니다. 근래 듣건대, 그 나라에 병란(兵亂)이 그치지 아니하고 대마주(對馬州)에서도 또한 통신사(通信使)가 가는 것을 꺼려하여 어렵다는 말로써 핑

계한다고 하니, 변고(變故)를 헤아릴 수가 없습니다. 천천히 일의 형세를 보아가며 그 병란(兵亂)이 가라앉기를 기다린 다음에 사신을 보내어 통문(通問)하여도 늦지는 않을 것입니다." 하니, 정창손 등의 의논한 것에 따랐다.

[1]본국(本國) : 일본.
[2]향도(向道) : 길을 안내함.

○ 命召曾經政丞、議政府、六曹堂上、臺諫, 傳曰: "日本國通信使, 或曰: '可遣', 或曰: '不可遣', 群議不一。 對馬島又言 '本國方構兵不可通信。' 予謂雖有兵亂, 豈殺通信使乎? 卿等各言之。 欲於今日決之" 鄭昌孫、韓明澮、沈澮、尹子雲、金國光、尹士昕議: "前日臣等備陳通信之不可, 通信無定期, 待兵亂寢息, 入送何如?" 姜希孟、許琮、魚有沼、尹欽、金永濡議: "交隣之禮, 不可廢也。 然近年本國構兵, 相持已過十年, 自救不暇, 何暇館待隣使? 況因此海賊縱橫, 不可遣人以入危邦。 脫有變故, 必貽國家之羞, 且指路·護送, 必賴對馬州, 而島主不欲之, 亦難强焉。 通信無定期, 姑待平定未晩" 任元濬、李承召、李芮議: "兵交, 使在其間, 則本國之亂不足慮。 但路必由對馬島, 而島主沮之, 其指路護送, 必不盡心, 終或不達, 則恐爲國家之羞。 明春遣使, 旣曉島主, 更無違忤則可矣, 若如前固執, 則姑停遣使何如?" 玄碩圭、任士洪、鄭垠議: "報聘禮也。 日本與我世世通好, 自殿下卽位, 累遣使价, 一不報聘, 恐虧信義。 但島主恐我知詐僞, 託言兵亂以沮之, 或不誠心護送, 生變可疑。 然古者兵交, 使在其間。 正球來時, 已有兵亂, 而亦請使臣, 欲與之偕往, 則兵亂之無關於使臣, 彼亦料之審矣。 以此開諭島主, 通信爲便" 金順命議: "通信之行, 有損於我, 宋處儉之行, 已有驗矣。 一往來之間, 彼之情僞焉得盡知? 勿遣爲便" 朴楗議: "交隣有道, 報聘有禮。 日本國自祖宗朝通好已久。 往者引見日本使臣, 許以遣使, 今雖曰阻兵, 未可盡信, 而亦不可陷於島主沮止之計也, 遣之何如?" 李繼孫、金自貞、李則、慶俊、李世匡、金塊議: "日本國世與我國通好, 信使不絶, 而朝廷久闕報聘之禮, 固當遣使講好。 但今兵亂未戢, 對馬島主亦云: '海賊充斥, 道路多梗, 不可往。' 若强而遣之, 則彼多詐謀, 恐欲實前言, 故置危地也。 不然托梗以路, 不卽向道, 拘留不達, 闕修聘之禮, 損國家之威, 無一可者也。 姑待本國兵息, 熟察島主情狀, 更議遣之何如?" 孫舜孝、盧公弼、李拱議: "交隣之道, 信義爲大, 彼旣勤於往來而我終不報聘, 固不可也。 然時有難易, 事有變通, 亦不可執一論也。 近聞其國兵戈不戢, 對馬州亦憚通信之行, 托以難辭, 變故難測。 徐觀事勢, 待其兵息, 然後遣使通問, 未爲晩也." 從昌孫等議。

52. 제용감 제조 김순명이 흑마포 진헌에서 그 올 수[升數]를 다시 정할 것을 건의하다

《성종 8년(1477) 10월 27일 신유 5번째 기사》

제용감 제조(濟用監提調) <u>김순명(金順命)</u>이 와서 아뢰기를, "전일에 김정광(金廷光)이 제용감 첨정(濟用監僉正)이 되어서 흑마포(黑麻布)를 진헌(進獻)하는데 모두 굵은 것을 바치니 그 때 국가에서 다시 정하였으나, 그러나 그 올 수[升數]가 가는 것에 치우쳐서 바치는 자가 대개 적습니다. 만약 진헌(進獻)할 일이 있으면 넉넉하지 못할 폐단이 있을까 두려우니, 그 올 수[升數]를 짐작하여 다시 정하는 것이 어떠하겠습니까? 또 여러 관사(官司)에서 환납(還納)하는 유장(帷帳)의 유(類)가 쓸데가 없어 쌓여서 썩어 빠지는 지경에 이르니, 세조조(世祖朝)의 예(例)에 의하여 옷을 만들어서 양계(兩界)의 수졸(戍卒)들에게 하사하는 것이 어떠하겠습니까?" 하니, 그대로 따랐다.

○ 濟用監提調**金順命**來啓曰: "前日金廷光爲濟用監僉正, 進獻黑麻布皆以麤者納之, 其時國家更定, 然數過於細密, 納者蓋寡。 如有進獻事, 恐有不給之弊, 其升數斟酌更定何如? 且諸司還納帷帳之類, 積於無用, 至於腐朽, 依世祖朝例, 製衣賜兩界戍卒何如?" 從之。

53. 창원군 이성의 죄를 의논하게 하다

《성종 9년(1478) 2월 10일 계묘 3번째 기사》

명해서 창원군(昌原君) 이성(李晟)의 죄를 의논하게 하였다. 월산대군(月山大君) 이정(李婷)과 밀성군(密城君) 이침(李琛)은 의논하여 아뢰기를, "세종(世宗) 때에 익녕군(益寧君) 이치(李袳)가 그 종의 불알을 깐 죄로 제천현(堤川縣)에 부처(付處)되었습니다. 지금 성(晟)이 한 짓은 참혹하기가 익녕군(益寧君)보다 심하고, 또 친히 물으셨을 때에 실정대로 말하지 않았으며, 삼사(三司)[1)]의 낭청(郎廳)[2)]이 전교(傳敎)를 받들어 그 집을 수색하려고 하였으나 성(晟)이 또 거절하고 들이지 아니하였으므로 불경하기가 더없이 큽니다. 청컨대 직첩(職牒)을 거두고, 먼 지방에 부처하소서." 하고,

영의정 정창손(鄭昌孫), 상당부원군(上黨府院君) 한명회(韓明澮), 좌의정 심회(沈澮), 영중추부사(領中樞府事) 김국광(金國光), 이조참판 신정(申瀞), 병조참판 박건(朴楗), 예조참판 김영유(金永濡), 호조참판 **김순명(金順命)**, 한성부 우윤(漢城府右尹) 심한(沈瀚)은 의논하여 아뢰기를, "익녕군(益寧君)은 다만 종의 불알을 깐 것만으로도 외방(外方)에 부처되었는데, 지금 성(晟)의 죄는 익녕군(益寧君)보다 심합니다. 예전에 한(漢)나라 문제(文帝) 때에 회남왕(淮南王) 장(長)이 어머니의 원수 때문에 심이기(審食其)를 살해하고 대궐에 나아가서 자수하니, 임금은 그 뜻이 어버이를 위한 것임을 마음 아프게 생각해서 죄주지 아니하였는데, 그 뒤에 모반(謀叛)하여 멀리 촉(蜀) 땅에 귀양 가다가 길에서 죽었으므로 임금이 매우 후회하였습니다. 당초에 임금이 만일 그 죄를 밝게 바로잡았으면 뒤에 반드시 모반하기에 이르

지는 않았을 것입니다. 대저 인정(人情)이라는 것은 전에 징계된 바가 없으면 뒤에 경계하는 바가 없는 것이니, 지금 만일 엄중하게 논죄하지 않으면 뒤에 큰 죄에 빠지게 되어서 처치하기가 곤란하게 될 것입니다. 청컨대 직첩을 거두고 먼 지방에 부처하소서." 하고,

영돈령부사(領敦寧府事) 노사신(盧思愼)은 의견을 아뢰기를, "창원군 성의 죄는 비록 중하나, 종묘(宗廟)와 사직(社稷)에 관계되는 것이 아니고, 또 존속 지친(尊屬至親)이므로 율문(律文)대로 다 할 수 없습니다. 의논드리는 자가 다들 말하기를, '외방으로 부처해야 한다.'고 하나, 신의 생각으로는 성(晟)이 나이가 젊고 성품이 굳세므로 만일 외방에 있으면 출입을 막을 것이 없어서 의롭지 못한 일을 많이 행할 것이고, 수령도 금할 수 없을 것이며, 만일 엄격하게 막아서 유사(有司)가 구속하여 가두면 혹 근심하고 분하게 생각하여 병이 나서 의외의 변고가 일어나는 데까지 이를지도 알 수 없습니다. 예전에 회남왕(淮南王)이 모반하였으므로 문제(文帝)가 멀리 촉(蜀) 땅으로 옮겼는데, 도중에서 사망하니 문제가 통곡하고 크게 후회해서 거느려 보낸 자를 목 베었습니다. 그때에 의논하는 자 중에는 승상(丞相)과 어사(御史)를 목 베어서 천하에 사과하고자 하는 자까지 있었습니다. 회남왕이 모반하였어도 문제는 오히려 이러하였는데, 성의 죄는 여기에는 이르지 아니하였으니, 다만 직첩을 거두고 집에 있으면서 스스로 반성하게 하면 그 족친을 친애하고 왕법을 지키는 데에 있어서 거의 둘을 다 얻을 것입니다." 하고,

좌찬성 윤필상(尹弼商), 판중추부사 이극배(李克培), 이조판서 강희맹(姜希孟), 좌참찬 임원준(任元濬)은 의논하여 아뢰기를, "성(晟)의 죄는 불경에 관계되므로 도성(都城)에 두어서는 안 되겠으나, 나이가 젊고 성품이 굳세어서 만일 먼 지방에 귀양 보내면 회남 여왕(淮南厲王)과 같은 일이 일어날까 또한 염려스럽습니다. 그러니 파직하고 가족과 함께 경기(京畿) 고을에 두고, 데리고 있는 사람 수도 되도록 적게 하여 그 소재관(所在官)을 시켜 식량을 대어 주게 해서 마음을 움직여 성질을 참게 하는 것이 어떠합니까?" 하고, 병조판서 어유소(魚有沼), 계림군(鷄林君) 정효상(鄭孝常), 공조판서 양성지(梁誠之), 한성부 판윤 어세공(魚世恭), 호조판서 윤흠(尹欽), 예조판서 이승소(李承召), 형조판서 윤계겸(尹繼謙)은 의논하여 아뢰기를, "성(晟)은 다만 사람을 함부로 죽였을 뿐 아니라 불경(不敬)의 죄도 크니, 청컨대 직첩을 거두고 외방에 부처(付處)하소서." 하고,

형조참판 이극균(李克均)은 의견을 아뢰기를, "세종(世宗) 때에 익녕군(益寧君)이 종의 불알을 깠으므로 외방에 부처되었으니, 지금의 창원군 사건도 이 전례에 의거하는 것이 오히려 가합니다. 그러나 신의 생각으로는 익녕군(益寧君)은 사리도 좀

알고 또 자기 죄도 알았었는데, 창원군은 그렇지 않습니다. 모든 증거가 명백한데도 숨기고 승복하지 않았으니, 이는 반드시 그 마음에 세조(世祖)의 친아들이요 전하의 지친(至親)이라고 생각해서 다만 이것만 믿고 예의가 중하다는 것을 알지 못하는 것입니다. 지금 법으로만 논하여 너그럽게 용서하지 않으면 마음으로 원망하고 분함을 품을 것이니, 전하의 은혜가 더 없이 크게 손상될 것입니다. 예전 한(漢)나라 문제(文帝) 때에 회남왕(淮南王)이 한(漢)나라 고조(高祖)의 어린 아들로서 지친이고 총애 받는 것을 믿고 점점 더욱 교만하여져서 마침내 모반하기에 이르니, 승상(丞相)과 종정(宗正)과 어사(御史) 등이 촉(蜀) 땅에 부처(付處)하기를 청하였는데, 원앙(袁盎)이 간하기를, '회남의 사람됨은 성품이 굳센데 지금 심하게 꺾으면 마침내 안개와 이슬을 만나서 병들어 죽을 것이니, 폐하(陛下)는 아우를 죽였다는 이름이 있게 됩니다.' 하였으나, 문제가 끝내 듣지 않았으므로 회남왕이 마침내 먹지 않고 길에서 죽으니, 문제가 애달파서 곧 거느리고 간 자를 목 베었으나 문제의 한이 풀리지 않았습니다. 하물며 창원군은 나이 젊고 성품이 본래 굳세고 사나우니 그 귀양간 곳에서 만일에 뜻하지 않은 일이 있으면 성덕(聖德)의 누(累)가 되지 않겠습니까? 신의 생각으로는 서울 집에서 담을 높게 하고 그 종을 줄이고, 그 술과 음식을 절제하여 생명을 손상하는 데까지 이르지 않게 하여서 그 스스로 반성하기를 기다린다면 정(情)과 법(法)에 있어서 다 마땅할 것이며, 그렇지 않으면 성밖에 따로 두는 것이 적당할 듯합니다." 하고,

대사헌 이계손(李繼孫), 대사간 김자정(金自貞), 집의(執義) 이칙(李則), 사간(司諫) 경준(慶俊), 장령(掌令) 박숙달(朴叔達), 지평(持平) 이세광(李世匡), 헌납(獻納) 김괴(金塊), 정언(正言) 성담년(成聃年)은 의논하여 아뢰기를, "성(晟)의 죄악(罪惡)은 비록 중하나, 종묘(宗廟)와 사직(社稷)에 관계되는 것이 아니니 직첩을 거두고 먼 지방에 두는 것이 좋겠습니다. 다만 성은 성품이 본래 광포하여 도성(都城)에서도 오히려 이와 같은데, 외방(外方)에 두어서 만일 먹는 것이 없으면 반드시 방자하여 꺼리는 것이 없어서 큰 죄에 빠질 것이니, 전하께서 비록 보전하고자 하여도 되지 않을 것입니다. 모름지기 막는 방법을 세워서 마음대로 출입하거나 잡인과 교통하지 못하게 해야 합니다." 하니, 노사신(盧思愼)의 의견에 따랐다.

[1]삼사(三司) : 법을 맡은 세 관사(官司). 곧 형조(刑曹)·한성부(漢城府)·사헌부(司憲府)의 통틀어 일컬음. 삼법사(三法司).

[2]낭청(郎廳) : 낭관(郎官).

○ 命議昌原君 晟罪。月山大君 婷、密城君 琛議: "世宗祖, 益寧君 袳坐割勢其奴, 付處堤川縣。今晟所爲, 慘酷甚於益寧, 且親問時不輸情, 三司郎廳承傳搜其家, 晟又拒不納, 不敬莫大。請收職牒, 遠方付處" 領議政鄭昌孫、上黨府院君 韓明澮、左議政沈澮、領中樞府事金國光、吏曹參判申瀞、兵曹參判朴楗、禮曹參判金永濡、戶曹參判金順命、漢城府右尹沈瀚議: "益寧君只以奴子割勢, 付處外方, 今晟之罪, 甚於益寧。昔漢 文帝時, 淮南王 長爲母讎殺審食其詣闕自首, 帝傷其志爲親不之罪, 其後謀叛, 遠配蜀道死, 帝悔甚。當初帝若明正其罪, 則後必不至於叛。大抵人情無所懲於前, 則無所戒於後。今若不重論, 則後陷大罪, 處置爲難。請收職牒, 遠方付處" 領敦寧府事盧思愼議: "昌原君晟罪雖重, 非關宗社, 且尊屬至親, 不可盡律。議者皆謂: '宜外方付處', 臣意以爲晟年少性剛, 若在外方, 出入無防, 多行不義, 守令亦不得禁。若嚴加禁防, 有(同) 拘囚, 或憂憤成疾, 至如意外變故, 亦未可知。 昔淮南王謀叛, 文帝遠徙於蜀, 道死, 文帝痛哭大悔, 斬將送者。其時議者至有欲斬丞相御史, 以謝天下者。淮南謀叛, 文帝尙且如此, 晟之罪不至於此, 只收職牒, 令在家自警, 其於親親王法, 庶幾兩得矣" 左贊成尹弼商、判中樞府事李克培、吏曹判書姜希孟、左參贊任元濬議: "晟罪涉不敬, 不宜在輦轂之下, 然年少性剛, 若配遠方, 淮南厲王之事, 亦可慮也。 宜罷職, 竝家眷置諸畿縣, 帶率人口亦令從約, 使所在官繼給廩餼, 使之動心忍性何如?" 兵曹判書魚有沼、雞林君 鄭孝常、工曹判書梁誠之、漢城府判尹魚世恭、戶曹判書尹欽、禮曹判書李承召、刑曹判書尹繼謙議: "晟非徒擅殺人, 不敬之罪亦大, 請收職牒, 外方付處" 刑曹參判李克均議: "世宗朝, 益寧以奴子割勢, 外方付處, 今昌原事, 據此例猶可也。然臣謂益寧稍識事理, 且知己罪, 昌原則不然。 衆證明白, 而猶諱不服, 其心必以謂世祖親子・殿下至親, 徒恃此而不識禮義之重。今以法論不少寬假, 則心懷怨憤, 傷恩莫大。昔漢 文帝時, 淮南王以高帝少子, 恃親且寵, 漸益驕竟至謀叛, 丞相・宗正・御史等請處蜀郡, 袁盎諫曰, '淮南爲人性剛, 今暴折之, 卒逢霧毒病死, 陛下有殺弟之名', 帝終不聽, 淮南竟不食道死, 文帝傷悼, 卽斬將送者, 然帝恨未釋。況昌原年少, 性本剛悍, 於其配所萬有不意之事, 則其不爲聖德之累乎? 臣意謂於京家高其藩垣, 約其婢僕, 節其酒食, 使不至傷生, 待其自艾, 則於情法似得, 不然則於城外別置爲便。"大司憲李繼孫・大司諫金自貞・執義李則・司諫慶俊・掌令朴叔達・持平李世匡・獻納金塊・正言成聃年議: "晟之罪惡雖重, 然非關宗社, 收職牒置之遠方爲便。 但晟性本狂暴, 輦轂之下尙如此, 處外而若無防禁, 則必縱恣無忌, 陷於大罪, 殿下雖欲保全, 不可得也。須嚴立禁防, 使不得任情出入, 交通雜人." 上從思愼議。

54. 해주진의 설치에 대해 의논하게 하다

《성종 9년(1478) 2월 10일 계묘 4번째 기사》

명해서 해주(海州)에 진(鎭)을 두는 것이 적당한지를 의논하게 하였다. 정창손(鄭昌孫)이 의견을 아뢰기를, "해주는 바다 어귀의 요해지(要害地)이므로 진을 두는 것이 매우 마땅합니다. 만일 큰 진을 두려면 먼저 유방(留防)하는 군사의 수를 의논하여 하는데, 본도(本道)는 인물이 조잔(彫殘)하니, 청컨대 병조(兵曹)로 하여금 마련해서 시행하게 하소서." 하고,

심회(沈澮)・김국광(金國光)・노사신(盧思愼)・윤필상(尹弼商)・이극배(李克

培)·홍응(洪應)·서거정(徐居正)·임원준(任元濬)·윤흠(尹欽)·이승소(李承召)·윤계겸(尹繼謙)·김영유(金永濡)·**김순명(金順命)**이 의논하여 아뢰기를, "해주에 진을 두는 것은 방어(防禦)하는 계책으로서는 마땅합니다. 그러나 황해도는 인물이 조잔하여 해마다 평안도의 방어와 중국으로 가는 사행(使行)의 사람을 태우거나 짐을 실어 가는 일도 오히려 감당하지 못하는데, 어떤 사람으로 하여금 또 해주의 유방군(留防軍)에 충당하겠습니까? 하물며 해주는 강령(康翎)·장연(長淵)·풍천(豐川) 등의 진에 비교하면 땅의 형세가 좀 완만하고, 또 용매(龍媒)와 가을포(茄乙浦)의 수어(戍禦)하는 곳이 가까우니, 진을 둘 필요가 없습니다." 하고, 어유소(魚有沼)·양성지(梁誠之)·신정(新瀞)·박건(朴楗)은 의논하여 아뢰기를, "해주는 황해도의 큰 진이므로 수군(水軍)을 적당히 두어서 위급한 때에 대비하는 것이 좋겠습니다." 하고, 강희맹(姜希孟)은 의견을 아뢰기를, "해주의 유방군을 폐지한 것은 그 용매와 가을포 등의 수어가 있기 때문입니다. 그런데 안을 허하게 해놓고 바깥을 방비함은 병가(兵家)의 방책이 아니니 적당하게 군사를 두는 것이 어떠합니까?" 하고,

이극균(李克均)은 의견을 아뢰기를, "신의 생각으로는 다만 해주에 군사를 둘 뿐만 아니라, 연변의 독진(獨鎭)에 다 두고자 합니다. 세조(世祖)께서 대신을 보내어 모든 도의 독진의 연혁(沿革)의 편부(便否)를 살피게 하였더니, 당시에 의논을 아뢰는 자가 말하기를, '군사를 나누면 힘이 약해지니 독진을 두는 것은 가하지 못합니다.' 하였는데, 신은 그 이유를 알지 못하겠습니다. 도적이 만일 불의에 수군을 돌파하고 육지에서 횡행하여 인물을 침노하면 본전에서 어찌 능히 제때에 구하겠습니까? 신은 연변의 독진에 예전과 같이 다 군사를 두기 바랍니다." 하고,

이계손(李繼孫)은 의견을 아뢰기를, "해주는 용매와 강령의 두 진 사이에 있으니, 만일 두 진이 실패하여 능히 대항하지 못하면 무인지경(無人之境)에 들어오는 것 같아서 황해도 한 도는 다 우리의 소유에서 벗어납니다. 또 그 성이 다른 진에 비해서 넓고도 견고하고 인민 또한 많으니, 한둘의 여(旅)를 두어서 모든 진의 성원(聲援)이 되게 해야 합니다." 하고, 김자정(金自貞)·이칙(李則)·경준(慶俊)·박숙달(朴叔達)·이세광(李世匡)·김괴(金塊)는 의논하여 아뢰기를, "해주는 비록 예전에 왜구(倭寇)가 침입한 땅이기는 하나, 도적이 늘 들어오는 길이 아닙니다. 다만 그 때에는 남쪽 연해에 방어하는 군사를 두지 아니하였으므로 왜구가 왔다 갔다 하기를 스스로 방자하게 할 수 있었지마는 지금은 연해의 요해지에 다 진을 설치해서 왜구를 지키니, 왜구가 비록 오더라도 갑자기 해주에 이를 수가 없습니다. 또 황해도는 인민이 많지 않은데 요역(徭役)은 다른 도보다 배나 되니, 선왕(先王)께서 그 완급(緩急)을 참작해서 강령 등 요해지에는 유방군을 두고 해주에는 두지 않으셨습니다. 이제 비록

두고자 하더라도 인민이 부족하니 어떻게 합니까? 예전대로 하는 것이 좋겠습니다." 하니, 전지하기를, "병조로 하여금 유방군의 수를 마련해서 아뢰게 하라." 하였다.

○ 命議海州置鎭便否。鄭昌孫議: "海州, 海門要害之地, 置鎭甚當。若置巨鎭, 當先議留防軍士之數。本道人物彫殘, 請令兵曹磨鍊施行." 沈澮・金國光・盧思愼・尹弼商・李克培・洪應・徐居正・任元濬・尹欽・李承召・尹繼謙・金永濡・**金順命**議: "海州置鎭, 於防禦之策得矣。然黃海道人物彫殘, 每年平安道防禦及赴京之行, 騎載尙不能當, 以何者而又充海州留防軍乎? 況海州視康翎・長淵・豐川等鎭, 則地勢稍緩, 且近龍媒・茄乙浦戍禦處, 不必置鎭." 魚有沼・梁誠之・申瀞・朴楗議: "海州 黃海道巨鎭, 量置水卒以備緩急爲便" 姜希孟議: "革海州留防軍, 以其有龍媒・茄乙浦等戍禦也。虛內以備外, 非兵家之策, 量宜置軍何如?" 李克均議: "臣意以爲不獨海州置兵, 於沿邊獨鎭皆欲置之。世祖遣大臣審諸道獨鎭沿革便否, 當時議者云, '兵分力弱, 獨鎭未可', 臣未知其可。賊若出其不意, 突破水軍, 跳梁陸地, 搶擄人物, 則主鎭何能及救乎? 臣願沿邊獨鎭如舊皆置兵." 李繼孫議: "海州在龍媒・康翎兩鎭之間, 若兩鎭蹉跌, 不能枝梧, 則如入無人之境, 黃海一道, 皆非我有。且其城子視他鎭廣且固, 人民亦多, 宜置一二旅, 以爲諸鎭聲援." 金自貞・李則・慶俊・朴叔達・李世匡・金塊議: "海州雖古倭寇侵入之地, 然非賊路門戶。但其時南方沿海不置防禦, 故倭寇得以來往自恣, 今則沿海要害之地率皆設鎭以守倭寇, 寇雖來固不得遽至海州。且黃海道人民不繁, 徭役倍於他道, 先王酌其緩急, 於康翎等要害處置留防軍, 於海州不置。今雖欲置之, 乃人民不足何? 仍舊爲便." 傳曰: "令兵曹磨鍊留防軍數以啓"

55. 해착선이 무리를 짓도록 하는 것을 의논하게 하다

《성종 9년(1478) 2월 10일 계묘 5번째 기사》

이손(李蓀)이 아뢴 바, 해착선(海錯船)[1]이 무리를 짓도록 하는 것을 의논하였다. 정창손・한명회・노사신・윤필상・이극배・홍응・강희맹・서거정・임원준・어유소・양성지・윤흠・이승소・윤계겸・이극균・신정・박건・김영유・**김순명**이 의논하여 아뢰기를, "연변의 해산물을 채취하는 사람들이 바다로 나갈 때에 무리를 지어서 배를 운행하는 법은 지극히 세밀한데, 다만 수령(守令)이 게을리 하여 주의하지 않고 폐기해서 실행하지 아니하니 매우 불가합니다. 청컨대 해사(該司)로 하여금 더욱 밝혀서 거행하게 하고, 어기는 자는 엄하게 징계하도록 하소서." 하고,

심회・김국광이 의논하여 아뢰기를, "연해의 각 고을의 해산물을 캐고 잡는 배가 무리를 짓는다는 것은 이미 법으로 되어 있습니다. 그러나 한 고을의 캐고 잡는 배는 많지 않으므로 부근의 여러 진과 약속해서 기일을 정하여 무리를 지어 바다로 나가면, 비록 도적의 배를 만나더라도 힘을 합하여 서로 구원해서 반드시 패하지 않을 것입니다. 청컨대 관찰사(觀察使)와 절도사(節度使)에게 하유(下諭)하여 더욱 밝게

살피도록 하고, 만일 어기는 자가 있으면 엄중히 논죄하소서." 하니, 전교하기를, "하삼도(下三道)의 관찰사와 수군절도사(水軍節度使)에게 무리를 짓는 법을 밝게 하도록 하유하라." 하였다.

[1]해착선(海錯船) : 어로에 종사하는 배.

○ 議李蓀所啓海錯船作綜事。昌孫・明澮・思愼・弼商・克培・洪應・希孟・居正・元濬・有沼・誠之・尹欽・承召・繼謙・克均・申瀞・朴楗・永濡・順命議: "沿邊海錯人下海時作綜行船之法, 至爲纖悉。但守令慢不加意, 廢閣不行, 甚不可。請令該司申明擧行, 違者痛懲." 沈澮・國光議: "沿海各邑採捕船作綜事, 已立法。然一邑採捕船不多, 約與附近諸鎭定期, 作綜下海, 則雖遇賊船, 竝力相救, 必不見敗。請下諭觀察使・節度使, 申明檢察, 如有違者重論." 傳曰: "其諭下三道觀察使・水軍節制使, 申明作綜之法."

56. 이숭원・이준・이극돈・윤효 등에게 관작을 제수하다

《성종 9년(1478) 4월 8일 기해 3번째 기사》

이숭원(二崇元)을 자헌대부(資憲大夫) 연원군(延原君)으로, 준(浚)을 가정대부(嘉靖大夫) 호조참판(戶曹參判)으로, 이극돈(李克墩)을 가선대부(嘉善大夫) 병조참판으로, 윤호(尹壕)를 가선대부 한성부좌윤(漢城府左尹)으로, 김순명(金順命)을 가선대부 청릉군(淸陵君)으로, 김자정(金自貞)을 통정대부(通政大夫) 이조참의로, 강자평(姜子平)을 통정대부 형조참의로, 임사홍(任士洪)을 통정대부 승정원 도승지(承政院都承旨)로, 홍귀달(洪貴達)을 통정대부 승정원 좌부승지(承政院左副承旨)로, 안관후(安寬厚)를 통정대부 사간원 대사간(司諫院大司諫)으로 삼았다.

○ 李崇元爲資憲延原君, 浚嘉靖戶曹參判, 李克墩嘉善兵曹參判, 尹壕嘉善漢城府左尹, 金順命嘉善淸陵君, 金自貞通政吏曹參議, 姜自平通政刑曹參議, 任士洪通政承政院都承旨, 洪貴達通政承政院左副承旨, 安寬厚通政司諫院大司諫。

57. 이극돈을 광원군으로, 김순명을 병조참판으로 삼다

《성종 9년(1478) 4월 13일 갑진 3번째 기사》

이극돈(李克墩)을 가선대부(嘉善大夫) 광원군(廣原君)으로, 김순명(金順命)을 가선대부 병조참판(兵曹參判)으로 삼았다.

○ 以李克墩爲嘉善廣原君, 金順命嘉善兵曹參判。

58. 정승들이 임사홍의 처벌에 대해 의논하다

《성종 9년(1478) 5월 6일 정묘 7번째 기사》

한명회(韓明澮)·심회(沈澮)·윤사흔(尹士昕)·윤필상(尹弼商)·홍응(洪應)·허종(許琮)·어유소(魚有沼)·양성지(梁誠之)·윤흠(尹欽)·신정(申瀞)·신준(申浚)·홍도상(洪道常)·김영유(金永濡)·유지(柳輊)·안관후(安寬厚)·김춘경(金春卿)·경준(慶俊)·박숙달(朴叔達)·강거효(姜居孝)·유인호(柳仁壕)는 의논하기를,"율(律)에 의하여 과단(科斷)하소서." 하고, 윤계겸(尹繼謙)·이극균(李克均)은 의논하기를, "《율학해이(律學解頤)》의 간당조(姦黨條)에 '간(姦)이란 것은 간사한 무리이고, 당(黨)이란 것은 붕당(朋黨)의 사람이다. 만약에 사람이 본래 죄가 없거나 혹은 죄가 있어도 사형에 이르지 아니하였는데, 모두 이들 간사한 붕당의 사람이 망령되게 올린 참소(讒訴)의 말을 입어서 사람을 잘못 죽이게 한 자는 참(斬)한다.'고 하였습니다. 임사홍과 유자광·박효원·김언신은 단지 현석규(玄碩圭)를 소인(小人)이라고 모함하였을 뿐이고, 사람을 죽이는 데에는 이르지 아니하였으니, 성상께서 재결하시어 시행하시고, 김괴(金塊)와 김맹성(金孟性)·표연말(表沿沫)·손비장(孫比長)의 죄상은 계달한 바에 의하여 시행하소서." 하고,

김순명(金順命)은 논하기를, "예로부터 붕당은 그 해가 반드시 큽니다. 임사홍은 임금을 업신여기고 대간과 교결하였으니, 그 실정을 안자도 죄가 또한 같습니다. 표연말과 김괴·김맹성·손비장의 조율(照律)이 심히 가벼우니 마땅히 중한 율에 따라 과단(科斷)하소서. 이를 징계하지 않으면 뒤에 경계하는 바가 없을 것입니다." 하니, 전교하기를, "윤계겸과 이극균의 의논이 옳다. 임사홍 등은 사형을 감하라." 하였다. 한명회 등이 아뢰기를, "예로부터 제왕(帝王)은 사람을 죽이기를 좋아하지 아니하였으니, 지금 임사홍 등에게 사형을 감하신 것은 진실로 아름다운 일입니다. 그러나 이들은 붕당을 교결하여 조정을 문란하게 하였으니, 그 조짐이 가히 두렵습니다. 청컨대 율에 의하여 논단하시면 매우 다행하겠습니다." 하고,

대간은 아뢰기를, "법이란 것은 천하에서 공평하게 함께 하는 바이고, 임금이 사사로이 할 수 있는 것이 아닙니다. 임사홍 등은 죄악이 깊고 중하며, 율(律)이 정조(正條)가 있는데, 전하께서 특별히 사형을 감하심은 매우 옳지 못합니다. 청컨대 율에 의해 과단하시어 여러 사람의 마음을 쾌하게 하소서." 하였는데, **김순명(金順命)**이 더욱 굳게 청하였다. 전교하기를, "경 등이 아무리 말할지라도 나는 듣지 않겠다." 하고, 또 명하여 유자광에게 결장(決杖)할 가부를 의논하게 하니, 한명회 등이 의논하기를, "유자광에게 사형을 감하심은 성상의 은혜가 지극히 중하니, 공신(功臣)을 삭적(削籍)[1] 하고 결장하는 것이 어떻겠습니까?" 하였다. 주서(注書) 양희지(楊熙止)에게 명하여 오늘 모이지 아니한 재상들에게 가서 의논하게 하니, 정인지(鄭麟趾)는

의논하기를, "유자광이 이미 성상의 은혜를 입어 사형이 감해졌으니, 결장을 없애고 먼 지방에 부처(付處)하는 것이 어떠하겠습니까?" 하고,

정창손(鄭昌孫)·노사신(盧思愼)·이승소(李承召)는 의논하기를, "유자광은 그 죄가 깊고 중하니, 율에 의하여 처결하는 것이 적당하나, 사직(社稷)에 관계되는 죄가 아니고 또 익대 공신(翊戴功臣)이니, 사형을 감하는 것이 마땅합니다. 가의(賈誼)[2]가 이르기를, '대신이 죄가 있더라도 사도(司徒)의 소리(小吏)가 꾸짖고 매질하는 것은 여러 서민에게 보이게 할 바가 아니다.'고 하였으니, 그 장(杖)을 속(贖)하는 것이 어떠하겠습니까?" 하고, 윤자운(尹子雲)·서거정(徐居正)은 의논하기를, "유자광이 붕당을 교결하여 생각이 그 지위를 벗어나서 함부로 외람되게 글을 올려 임금을 속였으므로 죄를 범한 것이 지극히 큰데, 지금 사형을 감하였으니 성은(聖恩)이 깊고 중합니다. 공신(功臣)을 삭적(削籍)하고 결장(決杖)하는 것이 어떠하겠습니까?" 하고, 김국광(金國光)은 의논하기를, "유자광의 죄악은 율(律)에 정조(正條)가 있는데, 특별히 사형을 감하기를 명하였으니 성상의 은혜가 분수에 지나칩니다. 유자광이 공신으로서 성상을 속였으니, 이제 마땅히 삭적하고 결장하여 먼 지방에 유치(流置)시켜서 영구히 서용(敍用)하지 아니할 것입니다. 만약에 공신을 삭적하지 않으면 종신토록 서용하지 아니하기가 어려우니, 이는 삭적하지 않을 수 없습니다. 또 이 같은 소인은 보기가 어려우니, 네 사람 중에서 죄의 괴수 한 사람은 율에 의해 시행하여 널리 보여서 뒷사람을 경계함이 어떠하겠습니까?" 하고,

강희맹(姜希孟)은 의논하기를, "유자광은 서자(庶子)의 몸으로 지위가 극품(極品)에 이르렀으니, 진실로 마땅히 성은(聖恩)의 만분의 일이라도 보답하기를 도모해야 할 것인데, 붕당을 교결하여 시비(是非)를 변란(變亂)시켜 성총(聖聰)을 모독하고, 겉으로는 충직(忠直)함을 가장하며, 안으로는 실로 간사하니, 이는 바로 소인(小人)의 가장 큰 것입니다. 그 죄를 밝게 바루지 않을 수 없으니 마땅히 공신을 삭적(削籍)하고, 먼 변방에 내쳐서 종신토록 서용(敍用)하지 않아야 합니다. 만약에 결장(決杖)이라면 형벌이 대부(大夫)에게 이르지 아니하는 것이 성주(成周)[3]의 아름다운 법인데, 유자광이 비록 무상(無狀)할지라도 이미 대부가 되었으니 그 몸에 형장(刑杖)을 받을 수 없습니다. 속장(贖杖)하는 것이 어떻겠습니까?" 하였는데,

명하여 임사홍과 유자광·김언신·박효원은 사형을 감하고, 표연말과 김맹성·김괴·손비장은 율(律)에 의하게 하였다. 대간이 다시 아뢰기를, "신 등은 임사홍 등에게 사형을 감하신 명령을 듣고 결망(缺望)을 이기지 못하겠습니다. 임사홍은 소인의 정상이 모두 드러났고, 그 당류도 이미 찾았으니, 청컨대 모두 율에 의하여 과단(科斷)하소서. 옛사람도 말하기를, '알고도 다스리지 않는 것은 알지 못하는 것만 못하

다.'고 하였으니, 청컨대 법을 무너뜨리지 마소서." 하니, 전교하기를, "이미 사정(事情)을 헤아려서 적당하게 결정하였으니 경 등의 청을 듣지 않겠다." 하였다.

대간이 또 아뢰기를, "사정은 진실로 사형이 마땅합니다. 붕당(朋黨)은 국가의 흥망과 사직(社稷)의 안위(安危)가 달렸습니다. 유향(劉向)[4]이 말하기를, "붕당의 친밀함은 나라를 망하게 하는 도적이다."고 하였으니, 신은 청컨대 붕당의 신하를 기르지 마소서." 하였으나 듣지 않았다. 승정원에 전교하기를, "박시형(朴時衡)의 탐오(貪汚)한 일을 윤호(尹壕)가 말하지 아니하였으면 내가 어찌 알겠는가? 조정 안의 대신이 모두 말하지 아니하였으니, 내가 매우 그르게 여긴다. 경 등은 어찌하여 말하지 아니하였는가?" 하니, 홍귀달(洪貴達)과 김승경(金升卿)이 대답하기를, "신 등이 만약 들었을 것 같으면 어찌 감히 아뢰지 않았겠습니까?" 하였다. 사신이 논평하기를, "박시형은 성품이 인색(吝嗇)하여서 집에 있을 때에는 비록 음식과 같은 작은 물건일지라도 반드시 스스로 출납(出納)하여 처첩(妻妾)이 마음대로 쓰지 못하게 하였고, 밀양 부사(密陽府使)가 되어 부임하던 날에는 새벽에 바로 들어가서 아전들이 미처 영알(迎謁)하지 못한 자가 많았었는데, 모두 연포(練布)로써 속(贖)하게 하였으니, 그 행한 일이 대개 이와 같았으므로 백성들이 매우 원망하였다." 하였다.

[1]삭적(削籍) : 명부에서 이름을 삭제함.
[2]가의(賈誼) : 전한(前漢) 때의 문인(文人).
[3]성주(成周) : 주공(周公)이 세운 주나라.
[4]유향(劉向) : 전한(前漢) 때의 문장가.

○ 韓明澮、沈澮、尹士昕、尹弼商、洪應、許琮、魚有沼、梁誠之、尹欽、申瀞、申浚、洪道常、金永濡、柳輊、安寬厚、金春卿、慶俊、朴叔達、姜居孝、柳仁壕議: "依律科斷." 尹繼謙、李克均議: "《律學解頤》姦黨條: '姦者, 姦回之儔, 黨者, 朋黨之人也. 若人本無罪, 或有罪不至死者, 俱被此等姦邪朋黨之人妄進讒譖之言, 而左使殺人者斬.'任士洪、柳子光、朴孝元、金彦辛, 只以玄碩圭爲小人誣陷, 而不至殺人, 上裁施行. 金塊、金孟性、表沿沫、孫比長罪狀, 依所啓施行." **金順命**議: "自古朋黨其害必大。任士洪不有其君, 與臺諫交結, 其知情者罪亦同。表沿沫、金塊、金孟性、孫比長照律甚輕, 宜從重科斷。 此而不懲, 後無所戒." 傳曰: "繼謙、克均之議是矣。士洪等其減死." 明澮等啓曰: "自古帝王不嗜殺人, 今士洪等減死, 誠美矣。 然此輩交結朋黨, 紊亂朝政, 其漸可懼。請依律論斷幸甚" 臺諫啓曰: "法者天下之所公共, 非人主之所得私. 士洪等罪惡深重, 律有正條, 而殿下特減死甚不可。 請依律科斷, 以快衆心" **金順命**請之愈堅。傳曰: "卿等雖言, 予不聽也" 又命議柳子光決杖可否, 明澮等議曰: "柳子光減死, 上恩至重, 功臣削籍, 決杖何如?" 命注書楊熙止就議今日不會宰相。鄭麟趾議: "柳子光已蒙上恩減死, 除杖遠方付處何如?" 鄭昌孫、盧思愼、李承召議: "柳子光其罪深重, 依律處決爲便. 然非關係社稷之罪, 且翊戴功臣, 減死允當。賈誼云: '大臣有罪, 司徒小吏罵慢而榜笞之,非所以令衆庶見也.' 贖其杖何如?" 尹子雲、徐居正議: "柳子光交結朋黨, 思出其位, 冒濫上書, 欺君罔上, 罪犯至大, 今減死, 聖恩深重。功臣削籍, 決杖何如?" 金國光議: "柳子光罪惡, 律有正條, 而特命減死, 上恩過分。子光以功臣欺罔聖上, 今宜削籍決杖, 流置遠方, 永不敍用. 如不削籍, 則終身不敍爲難, 此不可不削也。且如此小人, 得之不易, 四人中罪魁一人, 依律施行, 廣示戒後何如?" 姜希孟議: "子光身爲孽息, 位至極品, 固當圖報聖恩之萬一, 交結朋黨, 變亂是非, 冒瀆聖聰, 外假忠直, 內實姦回, 此正小人之尤者也, 不可不明正其罪。 宜削勳籍, 迸邊遠終身不齒. 若其決杖, 則刑不上大夫, 成周之令典, 子光雖爲無狀, 旣爲大夫, 則不可身受刑杖。 贖杖何如?" 命士洪、子光、彦辛、孝元減死, 沿沫、孟性、塊、比長依律. 臺諫更啓曰: "臣等聞士洪等減死之命, 不勝缺望。 士洪小人之狀畢露, 其黨亦已得之, 請皆依律科斷。古人亦曰: '與其知而不治, 不若不知之爲愈也', 請勿壞法." 傳曰: "業已較計事情, 酌宜而定之, 故不從卿等之請." 臺諫又啓曰: "事情固當死矣。朋黨, 國家興亡社稷安危係焉。劉向曰: "朋黨比周, 亡國之賊。'臣請勿畜朋黨之臣." 不聽。傳于承政院曰: "朴時衡貪汚之事, 微尹壕言之, 予焉知之? 朝中大臣皆不言, 予甚非之。卿等何不言耶?" 洪貴達、金升卿對曰: "臣等如有聞, 敢不上聞?"

【史臣曰: "時衡性吝嗇, 居家雖飮食微物, 必自出納, 妻妾不得擅用。爲密陽上官日, 冒曉經入, 吏多不及迎謁, 皆贖以練布, 其行事類此, 民甚怨之"】

59. 정난종이 야인들이 쫓겨와 동량북과 무을계 등지에서 살기를 요청한다고 치계하다

《성종 9년 5월 14일 을해 3번째 기사》

영안북도 절도사(永安北道節度使) 정난종(鄭蘭宗)이 치계(馳啓)하기를, "수주(愁州)에 사는 올량합(兀良哈) 유상동합(柳尙同哈)이 와서 말하기를, "알타리(斡朶里) 보을가대(甫乙加大) 등 10인이 와치안(臥致安)에 이르러 말하기를, '우리들이 군사 1천여 기(騎)를 거느리고 요동(遼東)에서 도둑질하여 사람과 가축을 사로잡아 군사가 돌아올 때에 중국 군사 5만여 명이 찾아 쫓아와서 그날 밤에 협격(挾擊)을 당하여 우리 군사가 모두 피살되고, 오직 10여 인만 겨우 포주(蒲州) 방면으로 몸을 빠져 나왔는데, 사는 사람이 적어서 이제 처자(妻子)를 이끌고 동량북(東良北)과 무을계(無乙界) 등지로 옮겨와 살려고 한다.'고 합니다.' 하므로 삼가 계달합니다." 하니, 임금이 증경 정승(曾經政丞)과 병조(兵曹)에 보이도록 명하였다.

정인지(鄭麟趾)는 의논하기를, "야인(野人)이 회령(會寧) 등지에 오는가 안 오는가는 천천히 그 형세를 보아서 다시 의논하는 것이 어떻겠습니까?" 하고, 정창손(鄭昌孫)과 한명회(韓明澮)·심회(沈澮)·윤사흔(尹士昕)은 의논하기를, "보을가대(甫乙加大) 등이 본토에서 불안하여 동량북 등지로 와 살려고 하니, 우리나라에 이롭지 아니합니다. 변장(邊將)이 마땅히 거절해야 하고, 만약에 억지로 청한다면 마땅히 답하기를, '너희들이 중국[上國]에 죄를 지었으니, 변장이 마음대로 살기를 허락할 수 없다.'고 하라는 뜻으로 하유(下諭)하심이 어떻겠습니까?" 하고, 김국광(金國光)은 의논하기를, "보을가대 등이 만약 회령에 오면 반드시 변장에게 고할 것이니, 변장이 계문(啓聞)하여 결정하게 하고, 그 나머지 동량북(東良北) 등지와 같은 데는 우리나라 지경이 아니므로 형편이 금하기 어렵습니다. 또 신의 뜻으로는 망령되게 생각하건대, 건주위(建州衛)가 모두 비게 되면 우리나라 평안도 후문(後門)의 방수(防戍)는 반드시 쉴 수 있을 것이니, 저 보을가대 등이 모두 동량북 등지로 옮겨 오는 것도 무방하다고 여깁니다." 하고,

어유소(魚有沼)와 **김순명(金順命)**·노공필(盧公弼)·이길보(李吉甫)는 의논하기를, "포주(蒲州)의 알타리(斡朶里) 등이 중국에서 도둑질하다가 피살된 진위(眞僞)는 유상동합(柳尙同哈)이 전해들은 말을 가지고는 취신(取信)할 수 없으니, 그 도(道)의 절도사(節度使)로 하여금 피살된 추장(酋長)의 성명과 사람과 가축의 수(數)를 비밀히 탐문하여 아뢰게 하고, 또 평안도의 만포(滿浦)는 바로 포주(蒲州)의 알타리(斡朶里)가 내왕하는 곳이므로 역시 그 도의 절도사로 하여금 보고 들은 것을 번거롭게 계문(啓聞)하지 못하도록 하유(下諭)하는 것이 편하겠습니다. 포주의 알타리는 영안도(永安道)의 후문(後門) 알타리와 올량합(兀良哈)과 연족(連族)이어서 서로 옮기며, 또 니마거 올적합(尼麻車兀狄哈)의 백성과 혐의가 있으니, 이제 만약 모두 옮겨 와서 우리의 울타리[藩籬]를 만들면 올적합이 우리 변경을 자주 침범하지 못할 것이므로 평안도의 방어가 조금 완화될 것입니다. 지금 저쪽 땅에 옮겨와 살려고 하는 것은 우리에게 해로움이 없지마는, 만약에 이쪽 변지(邊地)에 와서 살려고 하는 자가 있으면 권도(權道)의 말로 들어주지 아니함이 어떻겠습니까?" 하였다.

○ 永安北道節度使鄭蘭宗馳啓: "愁州住兀良哈 柳尙同哈來言: '斡朶里 甫乙加大等十人到臥致安云: 「我等領兵千餘騎, 做賊遼東, 擄得人畜回兵時, 中朝軍士五萬餘兵根尋追逐, 當夜挾擊, 我軍盡數被殺, 唯十餘人僅得解脫, 蒲州地面, 居人鮮少, 玆欲挈帶妻子, 東良北、無乙界等處移來住活.'」得此謹啓" 上命示曾經政丞及兵曹。鄭麟趾議: "野人 會寧等處來否, 徐觀其勢, 更議何如?" 鄭昌孫、韓明澮、沈澮、尹士昕議: "甫乙加大等不安本土, 欲來居東良北等處, 非我國之利, 邊將宜絶之。若强請之, 宜答云: '汝等得罪於上國, 邊將不可擅便許接', 以此下諭何如?" 金國光議: "甫乙加大等若來會寧, 則必告邊將, 而邊將啓聞發落矣, 其餘若東良北等處, 非我國界, 勢難禁之。且臣意妄謂建州衛盡空, 則我國平安道後門防戍必歇, 彼甫乙加大等盡數移來東良北等處, 亦無妨也." 魚有沼、**金順命**、盧公弼、李吉甫議: "蒲州 斡朶里等中朝作賊被殺眞僞, 不可以柳尙同哈傳聞之說取信, 令其道節度使, 被殺酋長姓名及人畜之數, 秘密探問以啓。又平安道 滿浦, 乃蒲州 斡朶里來往處, 亦令其道節度使, 不煩聞見啓聞事, 下諭爲便。蒲州 斡朶里與永安道後門斡朶里及兀良哈連族, 互相遷徙, 且與尼麻車兀狄哈有嫌, 今若盡數移來, 作我藩籬, 則兀狄哈不得數犯我邊鄙, 平安道防禦稍歇. 今欲移居彼土者, 無害於我, 若有欲來居此邊者, 權辭勿聽何如?"

60. 증경 정승과 의정부 당상, 육조의 참판 이상과 대간에게 임원준을 국문하게 하다

《성종 9년(1478) 6월 20일 경술 2번째 기사》

명하여, 증경 정승(曾經政丞)과 의정부 당상(議政府堂上), 그리고 육조(六曹)의 참판(參判)이상과 대간(臺諫)을 불러 빈청(賓廳)에 모여서 임원준(任元濬) 등을 국문(鞫問)하게 하였다. 임금이 선정전(宣政殿)에 나아가 우부승지(右副承旨) 이경동(李瓊仝)을 인견(引見)하고 이르기를, "유진(兪鎭)·유순(柳洵)·이형원(李亨元)·김흔(金訢)과 채수(蔡壽) 등은 의논(議論)이 합하지 않으면 별도로 임사홍(任士洪)의 일을 상소(上疏)하여 아뢰는 것이 옳을 것인데, 끝내 채수의 의논에 따랐으니, 마치 바람에 쓸리듯이 추종한 것 같다." 하니, 이경동이 말하기를, "의논이 합하면 합사(合辭)하여 아뢰고, 합하지 않으면 각각 의견대로 아뢰는 것이 관례입니다."하였다.

임금이 말하기를, "이것은 큰 허물은 아니다. 다만 차오(差誤)가 있을 뿐이다. 그러나 유진은 동료(同僚) 중에서 동의(同議)한 일을 가지고 임원준에게 전하여, 자신이 수모자(首謀者)가 아니라는 뜻을 밝혔으니 잘못이다. 그리고 채수가 성담년(成聃年)에게 부탁하여 상소(上疏)를 보고자 한 것은 사실이 아니고 이에 추측으로 한 말인데, 이는 임원준의 잘못이다. 그러니 채수·이창신은 모두 거론(擧論)하지 말 것이며, 안윤손(安潤孫)의 일은 마땅히 사증(辭證)을 끝까지 추국(推鞫)하여 아뢰라." 하였다. 임원준(任元濬)의 공초(供招)에 이르기를, "이계산(李季山)이 신(臣)의 집에 이르러 말하기를, '공(公)이 탄핵(彈劾)을 당한 데 대해서는 누가 안타까와 하지 않겠습니까? 그리고 홍문관 정자(弘文館正字) 김수동(金壽童)이 나에게 말하기를, 안윤손의 말이 이조(吏曹)에서 나를 두 번이나 주서(注書)로 주의(注擬)하였으나, 내가 낙점(落點)을 얻지 못하였는데, 이는 반드시 임금이 임사홍(任士洪)을 죄주었지만 임사홍을 잊지 못하고 내가 일기(日記)를 써서 보여준 일을 허물하기 때문이다. 하였습니다." 하였고, 이계산(李季山)의 공초에 이르기를, "신(臣)이 김지동(金智童)의 말을 듣고 나름대로 생각하기를, '임금은 안윤손이 사초(史草)를 써서 동료(同僚)에게 보여준 것으로 인하여 주서(注書)에 낙점(落點)하시지 않았을 것이다.'라고 여긴 것을 임원준에게 말해 주었고, 안윤손이 말했다는, '평생의 영화(榮華)와 명리(名利)를 다시 얻을 수 없다. 임금이 비록 임사홍을 죄주었으나 임사홍을 잊지 못한다.'는 등의 말은 신이 말한 것이 아닙니다." 하였다.

전교(傳敎)하기를, "유진・유순・이형원・김흔은 모두 채수의 꾀에 말려든 것이다. 모든 일은 사람들과 의논(議論)이 합해야만 그것을 공론(公論)이라고 하는데, 만약 남의 말에 겁이 나서 한 것이라면 어떻게 공론이라고 할 수 있겠는가? 국문하는 것이 어떤가? 이계산이 비록 안윤손의 말에 가감(加減)을 하였으나, 안윤손이 신자(臣子)로서 인주(人主)의 마음을 추측하는 것은 크게 옳지 않은 것이니 국문하라." 하였다. 안윤손(安潤孫)의 공초에 이르기를, "신이 김지동(金智童)과 대화(對話)하는 중에 김지동이 주서(注書)를 낙점 받지 못한 이유를 묻기에, 신이 대답하기를, '내가 어찌 임금의 뜻을 알겠는가? 그러나 근시(近侍)하는 신하로서 낙점을 받지 못하였으니, 임사홍의 일을 성상께서는 어떻게 여기셨겠는가?' 하였습니다. 다만 마음은 늘 황공(惶恐)하였습니다." 하였다.

임금이 말하기를, "안윤손(安潤孫)이 비록 분명하게 말하지는 않았으나 그 사실은 이미 여기에 갖추어졌다. 또 유진(兪鎭)이 본관(本館)[1]에서 동의한 일을 가지고 임원준(任元濬)에게 누설(漏說)한 것은 잘못이다." 하였다. 의금부(義禁府)에서 아뢰기를, "유진이 본관(本館)에서 동의한 일을 가지고 임원준에게 누설한 죄는 율(律)이 장(杖) 80대에 고신(告身) 3등을 삭탈(削奪)하는 데에 해당하고, 안윤손이 주서(注書)가 되지 못한 것을 가지고 임금의 뜻을 추측하여 김지동(金智童)에게 말해준 죄는 율이 장 1백 대에 고신을 모두 추탈(追奪)하는 데에 해당합니다." 하니, 전교(傳敎)하기를, "유진은 율에 따라 죄줄 것이며, 안윤손의 죄는 희구진용율(希求進用律)에 합당하지 아니하다. 그리고 임원준의 일은 정승(政丞)이 의논하여 아뢰고, 안윤손의 일은 정승 이하가 의논하여 아뢰라." 하였다.

정창손(鄭昌孫)・한명회(韓明澮)・심회(沈澮)는 의논하기를, "임원준은 파직(罷職)시키는 것이 어떻겠습니까?" 하였고, 정창손・한명회・심회와 옥산군(玉山君) 이제(李躋)・어유소(魚有沼)는 의논하기를, "안윤손이 임금의 뜻을 추측대로 헤아려 사적으로 다른 사람에게 말한 것은 매우 옳지 못하지만, 다만 황공하다고 말했을 뿐 별로 원망한 뜻은 없었고, 또 임원준의 상서(上書)는 일이 보복(報復)에 해당되는 것이니, 성상(聖上)이 재결(裁決)해야 하겠습니다." 하였으며, 홍응(洪應)・이극증(李克增)・양성지(梁誠之)・이승소(李承召)・어세공(魚世恭)・이숭원(李崇元)・윤계겸(尹繼謙)・강자순(姜子順)・신승선(愼承善)・이극균(李克均)・이극돈(李克墩)・<u>**김순명(金順命)**</u>・안관후(安寬厚)・정은(鄭垠)・이맹현(李孟賢)・김춘경(金春卿)・경준(慶俊)・임수경(林秀卿)・이세광(李世匡)・유인호(柳仁濠)는 의논하기를, "안윤손의 말은 진실로 죄가 있습니다. 그러나 임원준의 부자(父子)가 처음에 안윤손으로 인하여 논박(論駁)을 당했으니, 지금 임원준의 고언(告言)을 가지고 또 다시 안윤손을 거론(擧論)함은 옳지 않습니다." 하였고, 김자정(金自貞)은 의논하기를, "안윤손의 일은 비록 임원준이 고언한 것이라 하더라도 자신이 복직(復職)되지 못한 것을 가지고 임금의 뜻을 추측으로 헤아려 다른 사람에게 말하였으니, 그 일은 불경(不敬)에 해당됩니다. 율(律)에 따라 시행하는 것이 어떻겠습니까?" 하였다.

전교(傳敎)하기를, "임원준은 파직시키고 유진과 안윤손은 율에 따라 시행하라. 그리고 이계산의 공사(供詞)는 임원준의 공사와 저촉됨이 많고, 또 그 말이 이원좌(李元佐)와 연관되었으니, 형신(刑訊)하여 아뢰라." 하였다. 이계산(李季山)이 장신(杖訊)의 공초에 이르기를, "안윤손(安潤孫)이, '평생에 영화와 명리를 다시 얻을 수 없다. 임금이 비록 임사홍을 죄주었으나 임사홍을 잊지 못한다.'고 한 말은 신이 사실 임원준에게 말하였으나, 이원좌의 이름을 빌려서 상언(上言)한 것은 신에게 그러한 사실이 없습니다." 하였다.

[1]본관(本館) : 홍문관·예문관.

○ 命召曾經政丞、議政府堂上、六曹參判以上、臺諫, 會賓廳, 鞫任元濬等. 上御宣政殿引見右副承旨李瓊仝, 謂曰: "兪鎭、柳洵、李亨元·金訢與蔡壽等論議不合, 則別疏士洪事以啓可矣, 而卒附蔡壽之議, 似乎靡然從之矣." 瓊仝曰: "議合則合辭以啓, 不合則各以意啓之, 例也." 上曰: "此非大過, 但有差誤耳. 但兪鎭以司中同議之事, 傳于元濬, 以明己非首謀之意, 此則非矣。 蔡壽屬成聃年請見其疏, 非實事, 乃臆料之言, 元濬非矣。蔡壽、李昌臣皆置勿論, 安潤孫之事, 宜窮推辭證以啓." 任元濬供曰: "李季山到臣家言: '公之被劾, 誰不曰可憐? 弘文正字金壽童與我云: 「潤孫言吏曹以我再擬於注書, 而我不得受點, 是必上雖罪士洪, 不忘士洪, 故過我書示日記之事耳.」" 李季山供曰: "臣聞金智童之言, 竊料 '上以潤孫書史草示同僚之故, 不落點於注書', 說與元濬耳, 若 '潤孫平生榮顯名利不復得矣上雖罪士洪, 不忘士洪' 等語, 非臣之說也." 傳曰: "兪鎭、柳洵、李享元、金訢皆入蔡壽術中矣. 凡事與人議合然後謂之公論, 若怯於人言而爲之, 則豈可謂公論? 鞫問何如? 季山雖增減潤孫之言, 潤孫以臣子, 揣度人主之心, 大不可. 其鞫之." 潤孫供曰: "臣與金智壽閑話, 智童問注書未受點之由, 臣答曰: '予安知天意? 以近侍之臣未受點, 士洪事, 上鑑以爲何如', 心常惶恐." 上曰: "潤孫雖不明言, 其情已具於此. 且兪鎭以本館同議之事, 與元濬漏說非矣." 義禁府啓: "兪鎭以本館同議之事漏說於元濬罪, 律該杖八十、奪告身三等, 安潤孫不得爲注書, 臆料君上之, 言於金智童罪, 律該杖一百、告身盡行追奪." 傳曰: "鎭, 依律罪之, 潤孫之罪, 不合希求進用之律. 元濬事, 政丞議啓, 潤孫事, 政丞以下議啓." 鄭昌孫、韓明澮、沈澮議: "任元濬罷職何如?" 昌孫、明澮、沈澮及玉山君 躋、魚有沼議: "潤孫臆料上意, 私語於人, 甚不可. 然只言惶恐耳, 別無怨懟之情. 且元濬上書, 事涉報復, 上裁." 洪應、李克增、梁誠之、李承召、魚世恭、李崇元、尹繼謙、姜子順、愼承善、李克均、李克墩、金順命、安寬厚、鄭垠、李孟賢、金春卿、慶俊、林秀卿、李世匡、柳仁濠議: "潤孫之言, 固爲有罪. 然元濬父子初因潤孫被論, 則今不可以元濬之告又論潤孫." 金自貞議: "潤孫之事, 雖元濬告擧, 自以不復職, 臆料上意, 揚言于人, 情涉不敬. 依律施行何如?" 傳曰: "元濬罷職; 鎭、潤孫竝依律施行. 季山供詞, 與元濬所供多有牴牾, 且辭連李元佐, 其刑訊以啓." 季山受訊杖, 供云: "安潤孫 '平生榮顯名利不復得. 上雖罪士洪, 不忘士洪' 等語, 臣實言於元濬, 假托元佐名上言, 則臣實無之."

61. 진장과 군대의 장비를 엄격하게 하는 등의 병무에 관한 정사를 보다

《성종 9년(1478) 7월 16일 을해 1번째 기사》

상참(常參)을 받고 정사를 보았다. 좌부승지(左副承旨) 김승경(金升卿)이 아뢰기를, "병조(兵曹)에서 전라도 관찰사(全羅道觀察使) 이극증(李克增)의 계본(啓本)에 의거하여 아뢰기를, 그곳 여러 포(浦)의 수군(水軍)으로서 한 진(鎭)의 인원수(人員數)가 1천 5백여 인 정도 되는데, 모두 정병(正兵)으로 바꿔 정한다면 소요(騷擾)의 폐단이 없지 아니할 것이니, 진장(鎭將)으로 하여금 늘 습사(習射)하게 하여 그 잘하고 잘못하는 자를 기록하였다가 연말(年末)에 그 쏘아 맞힌 수효를 통틀어 계산하여 1등 세 사람, 2등 일곱 사람, 3등 열 사람으로 하고, 1등은 별사(別仕)[1] 30, 2등은 20, 3등은 10을 주어서 장려(奬勵)하고 태만[懶慢]한 자는 과죄(科罪)하며, 마음을 쓰지 않는 진장(鎭將)은 파면하여 내쫓도록 하기를 청하였습니다." 하였는데, 그때에 이극증이 우참찬(右參贊)으로서 입시(入侍)하여 아뢰기를, "신이 관찰사가 되었을 때 친히 여러 포(浦)에 나가서 방어(防禦)하는 형편[形勢]을 보니, 선군(船軍)으로서 사관(射官)으로 호칭되는 사람이 각 포에 10여 인씩인데, 활을 잡고 화살을 쏘는 사람은 겨우 두세 사람씩이고, 그 나머지는 다 잔열(殘劣)하여 쏘아야 1백 보(步)에도 미치지 못하므로 완급(緩急)할 때에 무슨 소용이 되겠습니까? 비록 무재(武才)가 있는 사람이라도 그 고역(苦役)을 꺼려서 다 정병(正兵)의 보인(保人)[2]이 되어 나갑니다. 신은 생각하건대 오랑캐의 장기(長技)는 칼[劍]과 창[戟]에 있고 우리의 장기는 활쏘기[射]와 말달리기[御]에 있는데, 장기를 버리고 익히지 않는 것은 매우 옳지 않습니다. 신은 원컨대 정병의 보인(保人) 가운데 무재(武才)가 있는 사람은 가려내어 사관(射官)을 삼아서 선군(船軍)의 재주 없는 자하고 바꾸어 정하는 것이 좋겠습니다." 하니,

임금이 말하기를, "여러 진(鎭)의 병졸 가운데 어찌 한두 사람의 활 잘 쏘는 사람이 없겠는가? 다만 진장(鎭將)이 태만하여 조련(操鍊)하지 않았기 때문에 이렇게까지 흐지부지된 것이다. 만일 다 바꾸어 정한다면 반드시 소요가 일어나게 될 것이니, 그 사관(射官) 가운데 우수한 자는 품계(品階)를 더하여 주도록 하는 절목(節目)을 해당 조(曹)로 하여금 의논하여 아뢰도록 하라." 하였다.

이극증(李克增)이 또 아뢰기를, "여러 포(浦)에 소장된 것은 다 목궁(木弓)인데, 목궁으로 쇠 화살[鐵箭]을 쏘면 반드시 수십 보(步)밖에 못 나가니, 그것으로 능히 적을 방어할 수 있겠습니까? 청컨대 군기시(軍器寺)의 각궁(角弓)을 나누어 주어 그것으로써 완급(緩急)에 대비하도록 하소서." 하고, 광산 부원군(光山府院君) 김국광(金國光)이 아뢰기를, "경상우도(慶尙右道)와 전라좌도(全羅左道)의 여러 진(鎭)에도 각궁(角弓)을 주어서 보관하도록 하는 것이 어떻겠습니까?" 하고, **병조참판(兵曹參判) 김순명(金順命)**이 아뢰기를, "전부터 외방(外方)에 보관하고 있는 각궁(角弓)도 이미 많은데, 진장(鎭將)이 조심해 지키지 않음으로 인해서 이렇게 된 것이니, 다시 보낼 필요는 없겠습니다." 하니, 임금이 이르기를, "여러 포(浦)에 전에 보냈던 각궁(角弓)의 수를 조사해서 아뢰라." 하였다.

이극증이 또 아뢰기를, "여러 포에 대(大)·중(中)·소(小)의 맹선(猛船)[3] 및 비거도선(鼻居刀船)[4]과 무군선(無軍船)을 설치한 것은 창졸(倉卒)간에 일어나는 변란에 대응하고자 한 것인데, 신이 행선(行船)하는 것을 보니 주장(主將)의 지휘[節度]에 따를 수 있는 자가 적어서 혹은 동쪽을 가리키면 서쪽으로 가고, 서쪽을 가리키면 동쪽으로 가서 전후좌우에 기율(紀律)이 없으니 평상시에 있어서도 그러한데, 하물며 창졸의 경우이겠습니까? 대맹선(大猛船)에 있어서는 그 선체(船體)가 지극히 무거워서 거의 운용(運用)할 수가 없고, 그 대맹선에 타게 되는 군사가 80명인데, 80명을 쓸데없는 배에다 가두어 두는 것은 매우 옳지 못하니, 대맹선에 타는 군졸을 무군선(無軍船)과 소맹선(小猛船) 두 척에 나누어 태워 가지고 운용하기에 편리하게 하는 것만 같지 못합니다." 하니, 김국광과 **김순명**이 말하기를, "대맹선이 비록 운용하기는 어렵다 하더라도 그것을 설치한 지가 이미 오래이며, 만일 변고가 있게 되면 군사[戰卒]·군량[糧餉]·병기(兵器) 등을 갖추어 싣고서 한 모퉁이를 진압할 수 있고, 그 선체(船體)가 높고 커서 적선(賊船)이 대항(對抗)을 못할 것이니, 개혁해서 내버리는 것은 옳지 못합니다." 하므로, 이극증이 말하기를, "비록 대선(大船)이기는 하나 탈 수 있는 사람 80명과 한 달 양식에 불과할 뿐인데, 소용될 때에 무슨 도움이 되겠습니까?" 하니, 임금이 말하기를, "배[船]의 체제[體制]를 내가 눈으로 보지 못해서 마땅한지를 모르겠다." 하였다.

이극증이 또 아뢰기를, "여러 포(浦)에 소장한 화포(火砲)는 포 쏘기를 익히는 자가 한두 사람밖에 안되고, 또 그 화약의 힘이 이따금 화살[箭]을 내쏘지 못하니, 필시 약을 넣는 것을 법(法)대로 하지 않는 소치일 것입니다. 더구나 포(浦)마다 병선(兵船)이 7, 8척이나 되는데 한두 약장(藥匠)으로 어떻게 각 배에 나누어 탈 수 있겠습니까? 이렇게 되면 화포(火砲)가 한갓 쓸모없는 기구가 되니, 신은 원컨대 군기시(軍

器寺)의 약장(藥匠)들을 나누어 보내어서 모든 진(鎭)으로 하여금 널리 익히도록 하소서." 하니, 임금이 말하기를, "가하다." 하였다. 이극증이 또 아뢰기를, "여러 포(浦)에 소장하고 있는 기(旗)·휘(麾)·징[錚]·고(鼓)가 다 규격[制]에 맞지 않아서 완급(緩急)에 쓸 수 없으니, 청컨대 하나의 견양을 만들어 여러 도(道)에 나누어 보내어서 각각 견양에 따라 고쳐서 갖추도록 함으로써 군대의 장비를 엄격하게 하소서.' '하니, 임금이 말하기를, "가하다." 하였다.

이극증이 또 아뢰기를, "신이 관찰사(觀察使)가 되었을 때 황효산(黃孝山)이 적제(嫡弟) 황이경(黃以經)을 죽인 일이 있어서 신이 추국(推鞫)하여 죄를 주었는데, 율(律)에 적서(嫡庶)의 상살(相殺)에 관한 조항이 없기 때문에 장유(長幼)에 관한 율로써 논단(論斷)하여 다만 충군(充軍)시키기만 하였으므로 마음이 실로 편치 않습니다. 중국에는 적서(嫡庶)의 분별이 없기 때문에 율(律)에 그 조항이 없지만, 우리나라는 적서의 분별이 매우 엄하여서 서얼(庶孽)에 걸리면 비록 현능(賢能)한 자라도 사판(仕版)[5]에 끼지 못하니, 이는 신분이 정해져 있기 때문입니다. 그런데 근래에는 인심(人心)과 풍속(風俗)이 점차 옛날과 같지 않게 되어, 낮은 자가 높은 자를 업신여기는 일이 많으니, 청컨대 따로 과죄(科罪)하는 조문을 세워서 다스리게 하소서." 하니, 예조 판서(禮曹判書) 이승소(李承召)가 말하기를, "황효산과 같은 자를 일률적으로 장유(長幼)의 법에 따라 다스린다면, 비록 비첩(婢妾)의 소생이라도 형(兄)이 되었을 경우에는 반드시 업신여기는 마음이 생겨서 못하는 짓이 없게 되는 자까지 있게 될 것입니다. 황효산에게는 이미 죄를 주었다니 추론(追論)할 수 없지만, 마땅히 따로 과죄(科罪)하는 조문을 세워서 적서(嫡庶)의 분별을 명백히 하소서." 하였다. 지평(持平) 안선(安璿)이 아뢰기를, "병조(兵曹)·도총부(都摠府) 등 각 아문(衙門)에 사후(伺候)를 설치한 것은 근수(根隨)로 삼기 위한 것이 아니고 군문의 방비를 위해서입니다. 더구나 여러 관사(官司)의 근수(根隨)와 차비노(差備奴)[6]를 상정(詳定)할 때 병조는 보충대(補充隊)로써 충정(充定)하도록 되어 있는데, 이제 병조에서 보충대를 거느리고 있으면서 또 사후를 거느리는 것은 옳지 못합니다." 하니, 임금이 말하기를, "이름은 비록 사후(伺候)라고 하나 사실은 사령(使令)이니, 그대로 데리고 다니는 것이 관례이다." 하였다.

<u>김순명(金順命)</u>이 말하기를, "보충대(補充隊)로서 지필묵(紙筆墨)을 담당하는 외에 남은 수가 많지 않아서 당상관(堂上官)과 낭청(郎廳)의 근수(根隨)가 태반이 부족하고, 더구나 군문(軍門)은 위엄을 주로 하는데, 만일 일을 맡겨 부릴 사람이 부족하면 모든 군기(軍機)와 호령(號令)이 반드시 지체될 것입니다." 하니, 안선(安璿)이 말하기를, "상정(詳定)할 때 지필묵(紙筆墨)의 담당자와 근수를 계산하지 아니한

것이 아니고 보충대가 부족한 것도 아닌데, 다시 또 사후(伺候)를 거느리는 것이 옳은 일입니까?" 하고, 김국광이 말하기를, "보충대는 다른 군사(軍士)의 예(例)와 달라서 혹은 많기도 하고 혹은 적기도 하니, 당상과 낭청의 근수(根隨)가 과연 부족할 때도 있을 것입니다. 그러나 사후를 데리고 다니는 것은 실로 마땅하지 못한 일이니, 따로 근수를 정하는 것이 어떻겠습니까?" 하니, 임금이 말하기를, "사후는 그전대로 두고, 데리고 다니는 것이 온당한가 온당치 아니한가와 근수를 더 주는 일 같은 것은 해당 사(司)로 하여금 의논해서 아뢰도록 하라." 하였다.

안선(安璿)이 또 아뢰기를, "승려(僧侶)의 도리는 청정(淸淨)함을 숭상하여 세속에 구하는 일이 없어야 하는 것입니다. 그런데 요즈음 양종(兩宗) 의 판사(判事)와 모든 사찰의 주지(住持)를 전조(銓曹)에서 제수하고, 또 원각사(圓覺寺)에는 조라치(照剌赤)[6]라는 것이 있는데, 여러 절의 노복(奴僕)들이 본사(本司)에서 역사하기를 꺼리어 몸이 건강하고 집이 부유한 자들은 모두 그곳으로 가게 되니, 청컨대 다 없애버리소서." 하니, 임금이 말하기를, "그런 것은 조종조(祖宗朝) 때의 일인데, 어찌 갑자기 없앨 수 있겠는가?" 하므로, 안선이 말하기를, "만일 조종조 때의 일이라고 하여 갑자기 없앨 수 없다면, 신은 원컨대 승려(僧侶)를 벼슬시키는 일은 해당 조(曹)에서 관리하지 말고 양종(兩宗)[7]으로 하여금 이 일을 주관하도록 하여, 원각사(圓覺寺)의 조라치(照剌赤)[8]는 지금부터 빈자리가 있어도 채우지 말도록 하소서." 하였으나, 들어주지 아니하였다.

[1]별사(別仕) : 나라에서 공로가 있는 하급 관료나 군인들에게 주던 2일 이상의 사도(仕到: 근무 일수). 이들은 근무 일수가 차면 거관(去官)하였기 때문임.

[2]보인(保人) : 조선조의 보법(保法)에 정군(正軍)으로 번상(番上)한 집의 남은 가족을 재정적으로 도와주던 여정(餘丁). 대개 한 달에 포목(布木) 1필을 주었음.

[3]맹선(猛船) : 조선조 때 전쟁에 쓰던 배의 한 가지. 초엽에 사용된 기본적 전선(戰船)으로, 대맹선·중맹선·소맹선의 세 종류가 있었음. 큰 배는 수백 명이, 작은 배는 수십 명이 탔음.

[4]비거도선(鼻居刀船) : 거룻배와 같게 만든 작고 빠른 병선(兵船).

[5]사판(仕版) : 벼슬아치의 명단.

[6]차비노(差備奴) : 각 관사에서 특별한 일을 맡기기 위하여 두던 노비.

[7]양종(兩宗) : 선종(禪宗), 교종(敎宗).

[8]조라치(照剌赤) : 궁중이나 나라에서 세운 절이나 불당(佛堂)들의 뜰을 청소하는 하예(下隷 = 종).

○ 乙亥/受常參, 視事. 左副承旨金升卿啓: "兵曹據全羅道觀察使李克增啓本啓: '諸浦水軍一鎭之數, 不下千五百餘人, 悉與正兵換定, 則不無騷擾之弊。請令鎭將常(川) 習射,錄其能否, 於歲終通計中數, 一等三人, 二等七人, 三等十人, 一等則給別仕三十, 二等二十, 三等一十, 以奬勸之, 其懶慢者科罪, 不用心鎭將罷黜."" 時克增以右參贊入侍, 啓曰: "臣爲觀察使時, 親到諸浦見防禦形勢, 船軍稱射官者各十餘人, 而執弓發矢者僅二三, 餘皆殘劣, 射不及百步, 緩急何用? 雖有武才者, 憚其役苦, 皆投屬正兵保人. 臣謂虜之長技在劒戟, 我之長技在射御, 而舍長技不習, 甚不便. 臣願正兵保人有武才者, 刷出爲射官, 以船軍無才者換定爲便." 上曰: "諸鎭之卒, 豈無一二能射者? 只緣鎭將謾不操鍊陵夷至此耳。 若皆換定, 則必至騷擾, 其射官優等者加階節目, 令該曹商議以啓." 克增又啓曰: "諸浦所藏皆木弓, 以木弓射鐵箭, 必不過數十步, 其能禦敵乎? 請分給軍器寺角弓, 以備緩急" 光山府院君 金國光啓曰: "慶尙右道、全羅左道諸鎭, 亦給角弓藏之, 何如?" 兵曹參判金順命啓曰: "前此外方所藏角弓, 亦已多矣. 緣鎭將不能謹(寺), 致令如是, 不必更送." 上曰: "諸浦前送角弓之數考啓." 克增又啓曰: "諸浦設大中小猛船及鼻居刀無軍船, 欲應倉卒之變也. 臣見行船, 能應主將節度者蓋寡, 或指東向西, 指西向東, 前後左右無有紀律, 在平時尙爾, 況倉卒乎? 至於大猛船, 則其體至重, 殆不可運用, 其大船所騎軍八十名, 置八十名於無用之船, 甚不可, 莫若以大船所騎之卒, 分騎無軍、小猛船二隻, 以便運用." 國光、順命曰: "大猛船, 雖曰難運, 其設已久, 若有變, 則俱載戰卒糧餉兵器, 可鎭一隅, 其體高大, 賊船不能抗矣, 革去未便." 克增曰: "雖大船, 不過載所乘八十人一朔糧耳, 何益於用?" 上曰: "船之體制, 予不目覩, 未知便否." 克增又啓曰: "諸浦所藏火砲, 習放者不過一二人, 其藥力或未能發箭, 必是藏藥不依法所致. 況每浦兵船不下七八隻, 以一二藥匠, 安能分騎各船乎? 是則火砲徒爲無用之具也, 臣願分遣軍器寺藥匠, 令諸鎭廣習." 上曰: "可" 克增又啓曰: "諸浦所藏旗、麾、錚、鼓, 皆不中制, 緩急無用, 請一件製造, 分送諸道, 使各依樣改備, 以嚴軍容." 上曰: "可" 克增又啓曰: "臣爲觀察使時, 有黃孝山殺嫡弟黃以經, 臣推鞫科罪, 律無嫡庶相殺條, 故以長幼律論斷, 只令充軍, 心實未穩。 中國無嫡庶之分, 故律無其條, 我國嫡庶之分甚嚴, 係干庶孼則雖賢能, 不齒仕版, 分定故也. 近來人心風俗, 寖不如古, 以卑陵尊者多有之. 請別立科條以治之." 禮曹判書李承召曰: "如孝山者一從長幼律, 則雖婢妾產爲兄, 必生陵慢之心, 至有無所不爲者矣. 孝山業已科罪, 不可追論, 宜別立科條, 以明嫡庶之分" 持平安璿啓曰: "兵曹、都摠府等各衙門伺候之設, 非爲根隨也, 爲軍防也. 況諸司根隨差備奴詳定時, 兵曹則以補充隊充定, 今兵曹旣率補充隊, 又率伺候未便." 上曰: "名雖伺候, 實則使令. 其帶行例也." 順命曰: "以補充隊備紙筆墨外, 餘數不多, 堂上郞廳根隨太半不足。 況軍門主嚴, 若任使不足, 則凡軍機號令, 必至稽緩" 璿曰: "詳定時非不計紙筆墨之費及根隨也, 補充隊不爲不足, 而又率伺候可乎?" 國光曰: "補充隊非他軍士之例, 或多或少, 堂上郞廳根隨, 果有不足時矣. 然伺候帶行, 實未穩, 別定根隨何如?" 上曰: "伺候仍舊帶行便否及根隨加給事, 令該司議啓" 璿又啓曰: "僧道尙清淨, 無求於世, 今者兩宗判事、諸寺住持, 銓曹除授. 且圓覺寺有照刺赤, 諸寺奴子憚於本司之役, 凡身健家富者, 竝皆投屬, 請竝革之." 上曰: "此皆祖宗朝事, 何可遽革?" 璿曰: "若謂祖宗朝事未可遽革, 則臣願僧人除職勿管該曹, 令兩宗主之, 圓覺寺照剌赤, 自今有闕勿充." 不聽。

62. 병조참판 김순명이 외방 수령이 공무에 사마를 타지 말게 할 것을 청하다

《성종 9년(1478) 7월 19일 무인 1번째 기사》

병조참판(兵曹參判) **김순명(金順命)**이 와서 아뢰기를, "외방(外方)의 수령(守令)들이 공무(公務)로 출장[出使]할 때 하루 일정(日程)이면 관례대로 역마(驛馬)를 타지 못하게 되어 있습니다. 그런데 역마를 탄다면 말이 2, 3필에 불과하고 복종(僕從) 2, 3명에 불과한데, 사마(私馬)를 탄다면 그 종과 마필(馬匹)이 수십이 되니, 공억(供億)의 비용이 헤아릴 수 없이 많습니다. 또 사마(私馬)로 갔다가 돌아올 때 인근 고을의 관원들이 말을 증정하는 폐단이 없지 아니하니, 청컨대 사마를 타지 말도록 하소서." 하니, 전지하기를, "이와 같이 폐단되는 법이 당초에 어째서 만들어졌는가? 그 해당 관사(官司)로 하여금 상고하여 아뢰도록 하라." 하였다.

○ 戊寅/兵曹參判金順命來啓曰: "外方守令因公務出使時, 一日程則例不許乘馹。 然乘馹則馬不過二三匹, 僕從不過二三; 騎私馬, 其僕從馬匹不下數十, 供億之費不貲, 且私馬往還之時, 隣官不無贈遺之弊, 請勿騎私馬." 傳曰: "如此弊法, 初何以設立歟? 其令該司考啓."

63. 증경 정승·의정부 등의 관원과 전라도 관찰사·절도사를 지낸 이들을 불러 정사를 논의하다

《성종 9년 7월 20일 기묘 1번째 기사》

증경 정승(曾經政丞), 의정부(議政府), 육조(六曹), 한성부(漢城府), 대간(臺諫) 및 일찍이 전라도(全羅道)의 관찰사(觀察使)와 절도사(節度使)를 지낸 자를 불러서 여러 가지 일을 의논하였다.

1. 경상도(慶尙道) 흥해(興海)의 죄수 이두생(李斗生)이 손득문(孫得文)을 시켜 이방(李方)을 결박해서 구타하여 죽게 한 일이다.

본도(本道)[1]의 감사(監司)는 주사율(主使律)로써 이두생을 사형으로 논하고, 형조(刑曹)에서는 중하수율(重下手律)로써 손득문을 사형으로 논하였다. 정창손(鄭昌孫) · 한명회(韓明澮) · 심회(沈澮) · 윤사흔(尹士昕) · 김국광(金國光)은 의논하기를, "권농관(勸農官)[2]인 이두생(李斗生)이 권농(勸農)이며 통주(統主)[3]로서, 이방(李方)이 관청의 일을 지체시킨다고 하여 손득문을 시켜서 결박하고 구타하여 죽게 하였으므로, 이두생이 실상 주사(主使)한 사람인데, 이제 투구살(鬪毆殺)로만 조율하는 것은 옳지 못하니, 마땅히 위력제박율(威力制縛律)로써 논단(論斷)해야 합니다.” 하고, 노사신(盧思愼)·윤필상(尹弼商)·이극배(李克培)는 의논하기를, “이두생이 손득문을 시켜서 이방을 결박하게 하였고, 손득문이 이방을 4,5차례나 발로 차는데, 이두생이 한마디도 그러지 말라는 말을 하지 않았으며, 손득문이 공술(供述)할 때의 말로는 제가 자진해서 발로 찬 것이지 이두생이 차라고 명령하였기 때문이 아니라고 하니, 마땅히 다시 국문해서 말이 일치하게 된 뒤에 죄를 정하여야 합니다.” 하고, 홍응(洪應)·강희맹(姜希孟)·서거정(徐居正)은 의논하기를, “이두생이 손득문을 시켜서 이방을 결박할 때, 손득문은 이방이 결박을 받지 않으려고 하기 때문에 아랫배와 갈빗대를 너댓 번 걷어찬 것인지도 모르겠습니다. 이두생이 만일 그런 뜻이 아니었다면 마땅히 이때에 그렇게 하지 못하도록 했어야 할 것인데, 그냥 난타(亂打)하는 것이 마음에 만족해서 결박·곤핍(困逼)하게 하여 그로 하여금 죽게 하였으니, 죄를 손득문에게만 돌려서는 안 되고, 마땅히 다시 국문해서 죄를 정하는 것이 좋겠습니다.” 하고, 어유소(魚有沼)·허종(許琮)·양성지(梁誠之)·이극증(李克增)은 의논하기를, “손득문이 발로 이방의 갈빗대를 걷어찬 것이 이두생이 시킨 것인지 제 스스로 한 것인지 공초(供招)한 말이 분명하지 않으니, 관찰사로 하여금 다시 국문해서 아뢰도록 하소서.” 하고, 이승소(李承召)·**김순명(金順命)**·윤호(尹壕)·어세공(魚世恭)·윤흠(尹欽)·신정(申瀞)·김유(金紐)·안관후(安寬厚)·성담년(成聃年)·유인호(柳仁濠)는 의논하기를, “형조에서 아뢴 바에 따라 시행하는 것이 좋겠습니다.” 하고, 유지(柳輊)·신준(申浚)은 의논하기를, “이두생이 만일 그를 결박하게 하지 않았다면 손득문이 어떻게 손을 대었겠습니까? 그러므로 중죄(重罪)는 이두생에게 있으니, 마땅히 주사율(主使律)로써 논단하여야 합니다.” 하고, 박양신(朴良信)·정은(鄭垠)·김극유(金克忸)·김자정(金自貞)·이맹현(李孟賢)·이길보(李吉甫)·임수경(林秀卿)·최반(崔潘)·안선(安璿)·이세광(李世匡)은 의논하기를, “이방이 죽은 것은 손득문이 처음에 이두생의 말을 듣고 결박하여 구타해서 죽게 된 것이니, 투구(鬪毆)의 치명상(致命傷)으로써 중론(重論)해서는 안됩니다. 이두생은 주사율(主使律)로 하고, 손득문은 종범(從犯)으로서 하수자(下手者)이니, 마땅히 위력제박율(威力制縛律)로써 논단하여야 합니다.” 하였는데, 임금이 노사신(盧思愼) 등의 의논에 따랐다.

1. 율문(律文) 안에 ‘난신(亂臣)에 연좌(緣坐)된 사람 가운데 숙질(叔姪)은 멀리 귀양 보내고, 나이가 차지 않은 친자식은 노비(奴婢)로 삼는다.’ 하였는데, 만일 본계(本系)가 천인(賤人)일 경우에는 비록 노비로 삼는다 하더라도 숙질(叔姪)의 벌보다 도리어 가벼우니, 경중(輕重)에 마땅함을 잃었다는 일이다.

정창손(鄭昌孫)·한명회(韓明澮)·심회(沈澮)·윤사흔(尹士昕)·김국광(金國

光)·노사신(盧思愼)·윤필상(尹弼商)·이극배(李克培)·홍응(洪應)·강희맹(姜希孟)·서거정(徐居正)은 의논하기를, "석을금(石乙金)은 반역자(反逆者)인 만자(萬自)의 조카자식이라 하여 극변(極邊)으로 귀양 보냈고, 친자식은 나이가 어리므로 공신(功臣)의 집에 주어서 노비로 삼았는데, 만일 양인(良人)이면 노비에 소속시키는 것이 옳으나, 본래 천인(賤人)이면 비록 천인에 소속시키더라도 달리 악(惡)을 징계하는 뜻이 없으니, 경중(輕重)이 차례를 잃은 것이 됩니다. 그러나 율문(律文)이 이와 같으니, 옛날 그대로 하는 것이 어떻겠습니까?" 하고, 허종(許琮)·어유소(魚有沼)·이극증(李克增)·양성지(梁誠之)는 의논하기를, "난신(亂臣)의 숙질(叔姪)을 멀리 귀양 보내면서 친자식을 본도(本道)에 안거(安居)함은 경중이 마땅함을 잃는 것이니, 자녀들로 나이가 차지 않은 자도 만일 천인이면 멀리 귀양 보내는 것이 어떻겠습니까?" 하고, 어세공(魚世恭)·윤흠(尹欽)·이승소(李承召)·윤계겸(尹繼謙)·이극균(李克均)·신준(申浚)·신정(申瀞)은 의논하기를, "천인의 연좌(緣坐)는 율문(律文)에 구분된 것이 없어서 계유년[4]·병자년[5]·무자년[6]에는 난신(亂臣)의 연좌로 처첩(妻妾)과 자녀들을 공신(功臣)의 집에 급부(給付)하였고, 정해년[7]에 이시애(李施愛)의 연좌로는 모두 극변(極邊)의 관노비(官奴婢)로 소속시켰으며, 조종조(祖宗朝)에 있어서도 일률적으로 과죄(科罪)하지 않고 때에 따라 죄를 정하였습니다." 하고, 강자평(姜子平)·박양신(朴良信)·김극유(金克忸)·정은(鄭垠)·김자정(金自貞)·이맹현(李孟賢)·이길보(李吉甫)는 의논하기를, "율문(律文)에 무릇 반역자들의 자식으로 나이 15세 이하와 모녀(母女)·처첩(妻妾)·조손(祖孫)·형제(兄弟)·자매(姊妹)와 그 자식의 처첩들은 공신(功臣)의 집에 주어서 노비로 삼고, 백숙부(伯叔父)와 형제(兄弟)의 자식은 호적(戶籍)이 같고 다름에 상관없이 모두 유(流) 3천 리에 안치(安置)로 하였습니다. 그러나 이것은 양인(良人)에 의거한 이야기이고, 만일 천인(賤人)일 경우 백숙부와 형제의 자식은 유(流) 3천 리에 정역(定役)시키면서 친자녀로 나이가 차지 않은 자는 혹 공신의 집에 급부(給付)하기도 하고, 혹은 그전대로 천인으로 만들어서 편한 대로 살게 한 것이 되므로 친자녀가 도리어 조카자식들보다 가벼워 달리 악을 징계하는 뜻이 없게 됩니다. 그러므로 사족(士族)과 양인(良人)이면 율문대로 시행하고, 천인이면 율(律)에 응당 노비가 될 자는 모두 극변(極邊)의 관노(官奴)로 영속(永屬)시키도록 하소서." 하고, 유지(柳輊)·**김순명(金順命)**·윤호(尹壕)는 의논하기를, "난신(亂臣)의 친자식 중 〈15세까지〉 나이가 차기를 기다리는 자로서 만일 천인(賤人) 계통이면 다른 도(道) 잔읍(殘邑)의 관노비(官奴婢)로 영속(永屬)시키는 것이 좋겠습니다." 하고, 김유(金紐)·안관후(安寬厚)·임수경(林秀卿)·최반(崔潘)·안선(安璿)·이세광(李世匡)·성담년(成聃年)·유인호(柳仁濠)는 의논하기를, "난신의 친자식 가운데 나이가 〈15세에〉 차지 않은 자로서 천인 계통이면 다만 관노비로 소속시켜 본고장에 있게 하고, 그 아우와 조카들은 먼 지방으로 유배 보내어 정속(定屬)시키니, 이는 아우와 조카를 도리어 무겁게 벌하고, 친자식을 도리어 가볍게 벌하는 것이 됩니다. 그러나 율(律)에 이르기를, '난신의 자식으로 나이가 차지 않은 자를 공신에게 급부하여 노비로 삼으라.'고 하였습니다.

이 법의 본뜻은, 한편으로는 공신에게 상주는 것이 되고, 한편으로는 난신 적자(亂臣賊子)를 징계하는 것이 됩니다. 이제 만자(萬自)의 아들을 마침 공신에게 주지 않았습니까? 공신에게 주는 법은 진실로 폐할 수 없으며, 친자식이 조카보다 도리어 가벼운 죄를 받게 되는 것을 꺼려서 다른 도(道)의 관노(官奴)로 옮겨 정하는 법을 세워 가지고 공신에게 주지 않는 예(例)를 만드는 것도 좋지 아니하니, 율문(律文)대로 두고 고치지 않는 것이 어떠하겠습니까?" 하니, 전지하기를, "난신의 자녀에 친인(賤人) 계통으로서 나이가 차지 않은 자는 나이가 차기를 기다려서 멀리 귀양 보내는 것이 어떻겠는가? 그것을 다시 의논해서 아뢰도록 하라." 하였는데, 정창손(鄭昌孫)·한명회(韓明澮)·심회(沈澮)·김국광(金國光)·노사신(盧思愼)·윤필상(尹弼商)·이극배(李克培)·서거정(徐居正)·허종(許琮)·어유소(魚有沼)·이극증(李克增)·어세공(魚世恭)·이승소(李承召)·윤계겸(尹繼謙)·윤흠(尹欽)·양성지(梁誠之)·**김순명(金順命)**·신정(申瀞)·신준(申浚)·이극균(李克均)·유지(柳輊)·윤호(尹壕)·정은(鄭垠)·김극유(金克忸)·김자정(金自貞)·이맹현(李孟賢)·이길보(李吉甫)가 대답하기를, "진실로 마땅합니다." 하고, 홍응(洪應)·강희맹(姜希孟)·김유(金紐)·안관후(安寬厚)·임수경(林秀卿)·최반(崔潘)·안선(安璿)·성담년(成聃年)·이세광(李世匡)·유인호(柳仁濠)는 말하기를, "옳지 못합니다." 하니, 임금이 정창손 등의 대답한 바에 따랐다.

1. 황효산(黃孝山)이 적제(嫡弟) 황이경(黃以經)을 죽인 것을 장유(長幼)의 율(律)로 논단(論斷)한 것에 대한 일이다.

정창손·한명회·심회·윤사흔·김국광·노사신·윤필상·이극배가 의논하기를, "중국(中國)에서는 첩의 자식도 다 과거에 나아가 벼슬을 할 수 있기 때문에 율문(律文)에 적서(嫡庶)를 헤아리지 아니하고, 다 장유(長幼)의 법으로써 논단하지만, 우리나라에서는 적서의 분별이 매우 엄하므로 장유(長幼)로 논하지 말고 적서(嫡庶)로써 논단하여 그로써 명분(名分)을 엄하게 하는 것이 옳겠습니다. 해당 관사(官司)를 시켜서 분명하게 법례(法例)를 만들게 하소서." 하고, 홍응·강희맹·서거정은 의논하기를, "황효산이 적제(嫡弟)를 죽였는데, 몸은 비록 연장(年長)으로 되어 있으나, 존귀(尊貴)의 분수는 아우에게 있는 것이니, 실로 이 적체(嫡體)를 비유(卑幼)[8]

로써 대우하여서는 안됩니다. 더구나 적자(嫡子)가 미약하여 서장(庶長)[9]에게 기탁(寄托)해 있는 자가 세상에 많이 있는데, 만일 비유(卑幼)라고 해서 가볍게 이런 무리들을 내버려둔다면 적서(嫡庶)가 문란해져서 은연중 경함(傾陷)[10] 할 생각을 품게 되어 장차 그 폐단이 이루 말할 수 없을 것입니다. 원컨대 황효산을 법(法)대로 처치하게 하소서. 이렇게 하면 뒤에 비록 이런 일이 있더라도 이것으로 인연해서 준례(遵例)가 될 것이니, 반드시 따로 과조(科條)를 세우지 않아도 되겠습니다." 하고, 이승소는 의논하기를, "《좌전(左傳)》에서 천(賤)한 사람이 귀(貴)한 사람을 방해하고, 연소자(年少者)가 연장자(年長者)를 능멸하는 것을 육역(六逆)[11]의 으뜸으로 삼았는데, 이른바 귀천(貴賤)이란 곧 적서(嫡庶)요, 소장(少長)이란 곧 존비(尊卑)를 말한 것으로서 그 분별이 매우 엄합니다. 우리나라 적서의 분별은 더욱 엄하여서 향당(鄕黨)의 서차(序次)와 조정(朝廷)의 작위(爵位)에서 서얼(庶孽)의 붙이는 적자(嫡子) 축에 들지도 못하는데, 강포(强暴)하게 능범(陵犯)까지 하는 것을 장유(長幼)의 법으로써 논단하는 것은 매우 정리(情理)에 어긋납니다. 이제부터는 서얼이 적자를 능멸한 자는 양천상구율(良賤相毆律)에 견주어 시행하도록 하소서." 하고, 허종·어유소·양성지는 의논하기를, "우리나라는 적서의 분별이 매우 엄한데, 이제 황효산(黃孝山)이 적제(嫡弟)를 때려죽인 것을 두고 형이나 누이가 아우나 여동생을 때려죽인 법으로써 논단해서 사형(死刑)을 면하게 된다면, 서(庶)로서 적(嫡)을 능멸하는 풍습이 이로부터 생겨날 것이니, 비유(卑幼)로서 존장(尊長)을 때려죽인 법으로 논단하는 것이 어떻겠습니까?" 하고, 유지·윤흠·어세공·윤계겸·이극균·신정·신준·**김순명**·윤호는 의논하기를, "율문에는 비록 적서의 분별이 없어도 우리나라에서는 적서의 분별이 매우 엄하니 율문에 구애되어 따를 것이 아니라, 범인(凡人)이 사람을 때려죽인 율에 의거하여 시행하는 것이 마땅하겠습니다." 하고, 강자평(姜子平)·박양신(朴良信)·김극유(金克忸)·정은(鄭垠)·김자정(金自貞)·이맹현(李孟賢)·이길보(李吉甫)는 의논하기를, "우리나라에서는 적서(嫡庶)의 분별이 엄하고 존비(尊卑)가 확연하여 재산을 나누는데 있어서도 다 등급이 있어서 중국과 다릅니다. 이제부터는 서얼(庶孽)이 적제(嫡弟)를 능멸하여 때려죽이는 자는 양천상구율(良賤相毆律)에 의거하여 과단(科斷)하는 것이 마땅하겠습니다." 하고, 김유·안관후·임수경·최반·안선·이세광·성담년·유인호는 의논하기를, "적서의 분별은 《춘추(春秋)》에서도 중하게 여긴 것이니, 엄하게 하지 아니할 수 없는데, 적서가 서로 구타한 데에 대한 과죄(科罪)의 법이 율문에 실려 있지 않으니, 이제 마땅히 따로 과죄의 조항을 세워야 하겠습니다." 하였는데, 전지하기를, "적제(嫡弟)와 서형(庶兄)이 서로 죽인 자는 투구살(鬪毆殺)로써 논단하는 것이 어떻겠는가? 다시 의논해서 아뢰도록 하라." 하였다. 김국광·노사신·윤필상·홍응·강희맹·서거정·허종·어유소·양성지·이극균·**김순명**·신정·유지·신준·윤호·김유·안관후·정은·김극유·김자정·이맹현·이길보·임수경·최반·안선·이세광·성담년·유인호가 의논하기를, "서형이 적제를 죽이는 것은 비(卑)로서 존(尊)을 죽인 것이고, 적제가 서형을 죽이는 것은 유(幼)로서 장(長)을 죽인 것이어서 서로가 존비(尊卑)와 장유(長幼)의 분별만 있을 뿐이니, 그 서로 때려 죽인 자는 다 사형(死刑)으로 처단하는 것이 좋겠습니다." 하고, 정창손·한명회·심회·윤사흔·이극배·어세공·이승소·윤계겸·윤계겸·윤흠은 의논하기를, "무슨 일이든지 인정(人情)에 맞고 본토 풍속에 마땅하게 된 뒤에라야 보고 듣는 사람들을 놀라게 하지 않는 것입니다. 우리나라는 적서(嫡庶)의 분별이 매우 엄하여 농민[田民]들까지도 모두 품삯을 감하여 주니, 그 유래가 이미 오래 되었습니다. 서형이 적제를 죽인 것을 만일 장유(長幼)의 법으로만 논단하여 사형에 처하지 않는다면, 재리(財利)를 전부 차지하고자 적자(嫡子)를 죽이는 자가 간혹 있게 될 것이니, 이것은 작은 문제가 아닙니다. 적자(嫡子)가 비록 어릴지라도 존속(尊屬)으로써 논하고 첩자(妾子)가 비록 연장자(年長者)라도 비속(卑屬)으로써 논해야 할 것이며, 적제(嫡弟)가 서형(庶兄)을 죽인 자는 법에 의거하여 존장(尊長)이 비유(卑幼)를 구살(毆殺)한 것으로 논한다면, 적서(嫡庶)의 분별이 엄정해져서 강상(綱常)이 펴지게 될 것입니다." 하였는데, 전교하기를, "승정원(承政院)에서도 의논하여 아뢰도록 하라." 하니, 손순효(孫舜孝)·홍귀달(洪貴達)·이경동(李瓊仝)·김계창(金季昌)은 의논하기를, "김국광 등의 의논에 따르기를 청합니다." 하고, 김승경(金升卿)은 의논하기를, "서형(庶兄)이 비록 연장자(年長者)이기는 하나 존속(尊屬)이 아니고, 적제(嫡弟)가 비록 존속이기는 하나 연장자가 아니므로 율문 중의 존비(尊卑)·장유(長幼)의 일컬음과는 어긋남이 있어서 그 구살(毆殺)의 죄를 율문에 의하여 논단할 수가 없으니, 이제 따로 천살(擅殺)의 조항을 세워서 다 함께 사형으로 처리하도록 하여, 장유와 존비의 분별을 더욱 엄하게 하는 것이 마땅하겠습니다." 하니, 임금이 김국광 등의 나중 의논에 따랐다.

1. 전라도(全羅道) 순천부(順天府)에 석보(石堡)와 군인(軍人)을 더 설치하는 것과 어란(於蘭)·달량(達梁) 두 포(浦) 사이에 보(堡)를 설치하는 일이다.

정창손·한명회·심회·윤사흔·김국광·노사신·윤필상·이극배·신정은 의논하기를, "처음 석보(石堡)를 만들게 된 것은 해변의 거민(居民)들이 왜구(倭寇)의 돌입(突入)을 당할 때 우선 여기에 의지하여 그 예봉(銳鋒)[12]을 피하고자 한 것이지 연해(沿海)의 거민들을 다 투입(投入)시키려는 것은 아니었습니다. 이같이 조그마한 보(堡)는 장원(長遠)한 계책이 아니니, 적(賊)이 만일 함부로 들어온다면 거민들이 어찌 능히 이 보(堡)를 지켜서 그 수난(受難)을 피할 수 있겠습니까? 비록 보를 만든다 하더라도 한갓 쓸모없는 물건이 될 것이고, 수졸(戍卒)을 골라 뽑아낼 도리도 없으니, 만일 여러 진(鎭)에서 뽑아낸다면 본진(本鎭)은 단약(單弱)해져서, 동쪽을 지탱하면 서쪽이 기울어지고 옷깃을 잡으면 팔꿈치가 드러나서 그 폐단이 다단(多端)할 것이므로 읍성(邑城)을 견고하게 쌓았다가 만일 완급(緩急)한 일이 있게 되면 문득 들어가서 고수(固守)함만 같지 못합니다. 이렇게 하는 것이 실로 만대(萬代)의 원대한 계책이고 석보(石堡)를 더 설치한다는 것은 옳지 못합니다." 하고, 홍응・강희맹・서거정은 의논하기를, "석보를 만드는 것은 진실로 유리한 일이기는 하나 이미 본 고을에 있는 것을 지키지 아니할 수 없는데, 그 외에 또 석보를 둔다면 지키기가 또한 어려워질 것이고, 또 석보를 만들 만한 땅은 소재(所在)가 다 그러합니다. 다만 백성의 힘으로는 할 수가 없겠으나, 여력(餘力)만 있다면 〈석보를〉 둔들 무슨 상관이 있겠습니까?" 하고, 허종(許琮)・어유소(魚有沼)・양성지(梁誠之)・유수(柳洙)는 의논하기를, "회령포(會寧浦)・마도(馬島)・달량(達梁)・어랑(於蘭) 등지의 해변에는 거민(居民)이 매우 많은데, 본 고을의 성(城)에서 거리가 너무 멀어 혹시 완급(緩急)이 있게 되면 의지할 만한 곳이 없으니, 그 사이에 보를 쌓는 것이 매우 마땅한 일입니다. 다만 주진(主鎭)의 병사를 나누어서 지킨다면 병사가 나뉘어 힘이 약해질까 두려우니 성을 쌓을 만한 형편이 되는 땅과 군사를 조발(調發)하는 것의 마땅함을 본도(本道)의 관찰사와 절도사로 하여금 함께 의논해서 계문(啓聞)하도록 하고, 순천(順天)의 석보(石堡)에 수병(戍兵)을 더 두고 창고를 두도록 하는 것이 마땅할 것 같습니다." 하고, 어세공・윤흠・윤계겸・이극균・신준은 의논하기를, "순천부 석보에 군인을 더 두는 것과 어란(於蘭)・달량(達梁) 두 포(浦) 사이에 보를 두는 것은 다 마땅하니, 병영(兵營)의 수졸(戍卒)들을 빼내어 옮겨 정하는 것이 어떻겠습니까? 마도(馬島)와 회령(會寧) 두 포의 사이는 산이 험준하고 수목이 빽빽하여 백성들이 또한 드물게 살기 때문에 보루를 둘 필요는 없겠고, 여러 보루에 병기(兵器)가 적어 고단(孤單)하니 창고를 두는 것도 마땅하지 못합니다." 하고, 김지경(金之慶)・박식(朴埴)・**김순명(金順命)**・윤호(尹壕)・조간(曺幹)・강곤(康袞)・임자번(林自蕃)은 의논하기를, "회령포(會寧浦)와 마도(馬島)의 사이 및 달량(達梁)과 어란(於蘭)의 사이에 각각 석보를 두어서 병영(兵營)에 유방(留防)하는 정병(正兵)을 두 대(隊)로 나누어 수자리 살게 하고, 순천(順天)의 석보에는 본부에 유방하는 정병 한 대(隊)로써 수자리 살게 하고, 각각 군관(軍官)을 보내어 이를 영솔하도록 하는 것이 좋겠습니다. 만일 수군(水軍)일 경우라면 대・중・소의 병선(兵船)에 각각 정원[定額]이 있어서 감하여 뺄 수가 없고, 또 왜구(倭寇)가 아무리 성보(城堡)를 에워싼다 하더라도 오랜 시일을 견디지는 못할 것이니, 창고를 만들어 양식을 저축해 둘 필요는 없겠습니다. 세조조(世祖朝)에 일찍이 사창(社倉)[13]을 설치한 일이 있었는데, 본 고을과는 아주 멀리 떨어져 있어서 감수(監守)하는 자가 거리낌 없이 제멋대로 하여 염산(斂散)할 때 줄어든 것이 많고 불을 놓고는 도망한 자까지 있었습니다. 이제 만일 보(堡) 안에 창고를 설치하면 폐단이 반드시 이와 같이 될 것이니, 거행하지 않는 것이 좋겠습니다." 하고. 김유는 의논하기를, "순천의 석보에 군인을 더 두고, 회령과 마도, 달량과 어란 사이에 보를 만들고서 양식을 저장해 두는 것이 좋겠습니다. 다만 수영군(水營軍)만은 배의 수효가 많고 적음에 따라 설치하고, 다른 곳에 나누어 소속시켜서는 안될 것이며, 병영군(兵營軍)은 다만 3려(旅)를 두되 역시 인원수를 감해서는 안되며, 가까운 고을에서 번상군(番上軍) 1백 명을 내어다가 새로 설치한 두 보에 나누어 지키게 하는 것이 어떻겠습니까?" 하고, 유지는 의논하기를, "근래에 남쪽에 왜구(倭寇)들이 몰래 나타나는 일이 잦은데, 방어(防禦)가 허술하니, 계청한 바에 따라 시행하는 것이 어떻겠습니까?" 하였는데, 임금이 정창손(鄭昌孫) 등의 의논에 따랐다.

1)본도(本道) : 경상도.

2)권농관(勸農官) : 관내(管內)의 농업을 권과(勸課)하며, 농업에 관한 일을 힘쓰는 것을 임무로 하고, 수령(守令)이 근근(勤謹)한 자를 선택하여 임명하되, 매면(每面)에 1인씩을 둠.

3)통주(統主) : 민호(民戶)를 편제(編制)한 통(統)의 어른임.

4)계유년 : 1453 단종 원년. 5)병자년 : 1456 세조 2년.

6)무자년 : 1468 세조 14년. 7)정해년 : 1467 세조 13년.

8)비유(卑幼) : 항렬이 낮거나 나이가 어림.

9)서장(庶長) : 서출(庶出)의 장자(長子).

10)경함(傾陷) : 남을 모함하여 넘어뜨림.

11)육역(六逆) : 인륜(人倫)의 도리에 어긋나는 여섯 가지 행동. 곧 귀(貴)한 사람을 방해하며[賤妨貴], 연장자를 능모(陵侮)하며[少陵長], 가까운 사람을 이간(離間)하며[遠間親], 오래 된 사람을 갈라 놓으며[新間舊], 큰 사람을 침범하며[小加大], 음탕한 짓을 하는 일[淫破義] 등임.

12)예봉(銳鋒) : 날카로운 창 끝.

13)사창(社倉) = 司倉? : 조선조 때 환곡(還穀)을 저장해 두던 각 고을의 곳집.

○ 己卯/命召曾經政丞、議政府、六曹、漢城府、臺諫及曾經全羅道觀察使、節度使者議事: 一。慶尙道 興海囚李斗生使孫得文結縛李方毆打致死. 本道監司則以主使律論, 死斗生, 刑曹則以爲重下手律論, 死得文。 鄭昌孫、韓明澮、沈澮、尹士昕、金國光議: "勸農官李斗生, 以勸農統主李方稽緩官事, 使孫得文結縛毆打致死, 斗生實是主使之人。今以鬪毆殺照律未便, 宜以威力制縛論斷." 盧思愼、尹弼商、李克培議: "李斗生使孫得文縛李方, 而得文足踢李方至四五度, 斗生無一言禁之. 得文供稱則云: '我自足踢, 非因斗生之令也.' 宜更鞫歸一, 然後定罪." 洪應、姜希孟、徐居正議: "李斗生使孫得文結縛李方, 得文以方不肯就縛, 虛脅處蹴踢四五度. 斗生若非其意, 則當於此時禁之, 乃亂打足心, 結縛困逼, 使之殞命, 則不可歸罪得文。宜更鞫定罪." 魚有沼、許琮、梁誠之、李克增議: "得文足踢李方脅肋, 斗生使之歟? 其自爲之歟? 其招辭不明, 令觀察使更鞫以啓." 李承召、金順命、尹壕、魚世恭、尹欽、申瀞、金紐、安寬厚、成聃年、柳仁濠議: "依刑曹所啓施行." 柳輊、申浚議: "李斗生若不使之結縛, 則孫得文何爲下手乎? 然則重在斗生, 宜以主使律論." 朴良信、鄭垠、金克忸、金自貞、李孟賢、李吉甫、林秀卿、崔潘、安璿、李世匡議: "李方之死, 孫得文初聽李斗生之言而結縛毆打, 則不可以鬪毆致命傷爲重論也。斗生主使, 而得文爲從下手者也, 宜斷以威力制縛律." 上從思愼等議。

一。律文內: '亂臣緣坐者, 叔姪則遠徙, 年未滿親子則爲奴' 若本系賤人, 則雖屬爲奴, 反輕於叔姪之罪, 輕重失宜事。昌孫、明澮、沈澮、士昕、國光、思愼、弼商、克培、洪應、希孟、居正議: "石乙金以反逆萬自之姪子, 而置于極邊, 親子年幼者, 給付功臣之家爲奴, 若良人, 則屬奴婢可也, 本是賤人, 則雖屬賤, 殊無(徵) 惡之義, 輕重失序。然律文如是, 仍舊何如?" 許琮、有沼、克增、誠之議: "亂臣叔姪遠徙, 而親子安居本道, 輕重失宜。子女年未滿者, 若賤人遠徙何如?" 世恭、尹欽、承召、繼謙、克均、申浚、申瀞議: "賤口緣坐, 於律文不分, 而癸酉、丙子、戊子年亂臣緣坐妻妾子女, 則給付功臣之家, 丁亥年李施愛緣坐, 則竝屬極邊官奴婢, 在祖宗朝, 亦不一概科罪, 在臨時定罪耳." 姜子平、良信、克忸、鄭垠、自貞、孟賢、吉甫議: "律文: '凡反逆者, 子年十五以下及母女、妻妾、祖孫、兄弟、姊妹若子之妻妾, 給付功臣之家爲奴, 伯叔父兄弟之子, 不限籍之同異, 皆流三千里置。此據良人而言也, 若係賤人, 則伯叔父兄弟之子, 流三千里定役, 親子女年未滿者, 或給付功臣, 或依舊爲賤, 任便居住, 親子女反輕於姪子, 殊無懲惡之義。士族良人則依律文施行, 賤人則律應爲奴者, 竝永屬極邊官奴" 柳輊、順命、尹濠議: "亂臣親子待年者, 若賤系, 則永屬他道殘邑官奴婢" 金紐、寬厚、秀卿、崔潘、安濬、世匡、聃年、仁濠議: "亂臣親子年未滿者, 賤系則只屬官奴在本土, 其弟姪則流于遠道定屬, 是弟姪反重而親子反輕。然律云, '亂臣子年未滿者給付功臣爲奴,' 則是其本意, 一以賞功臣, 一以懲亂賊。今萬自之子, 適不給功臣耳。給功臣之法, 誠不可廢, 不可以親子反輕於姪爲嫌, 而立移定他道官奴之法, 以成不給功臣之例, 依律文勿改何如?" 傳曰: "亂臣子女賤(係) 年未滿者, 待年遠徙何如? 其更議以啓" 昌孫、明澮、沈澮、國光、思愼、弼商、克培、居正、許琮、有沼、克增、世恭、承召、繼謙、尹欽、誠之、順命、申瀞、申浚、克均、柳輊、尹壕、鄭垠、克忸、自貞、孟賢、吉甫對曰: "允當" 洪應 希孟 金紐、寬厚、秀卿、崔潘、安璿、聃年、世匡、仁濠曰: "不可" 上從昌孫等所對。

一。黃孝山殺嫡弟黃以經, 以長幼律論斷事。昌孫、明澮、沈澮、士昕、國光、思愼、弼商、克培議: "中朝則妾子皆得赴擧從仕, 故律文不計嫡庶, 皆以長幼論之, 本國則嫡庶之分甚嚴, 勿論長幼, 論以嫡庶, 以嚴名分可也. 令該司著爲法例" 洪應、希孟、居正議: "黃孝山殺嫡弟, 身雖居長, 尊則在弟, 實是(敵) 體, 不可待以卑幼。 況嫡子微弱, 寄托庶長者, 世多有之, 若以卑幼輕釋此輩, 嫡庶紊亂, 潛懷傾陷, 將不勝其弊矣。願將孝山置法如此, 則後雖有是事, 可緣此而起例, 不必別立科條" 承召議, "《左傳》以 '賤妨貴' '少陵長' 爲六逆之首. 所謂 '貴賤' 卽嫡庶, '少長' 卽尊卑, 其分甚嚴。我國嫡庶之分尤嚴, 鄕黨序次、朝廷爵位, 庶孽之屬不得加於嫡子, 至於强暴陵犯, 則以長幼論之, 甚逆情理。今後庶孽陵嫡者, 比良賤相毆律施行" 許琮、有沼、誠之議: "我國嫡庶之分甚嚴, 今黃孝山毆殺嫡弟, 若以兄姊毆殺弟妹律論而免死, 則以庶淩嫡之風, 從此起矣, 以卑幼毆殺尊長律論之何如?" 柳輊、尹欽、世恭、繼謙、克均、申瀞、申浚、順命、尹壕議: "在律文雖無嫡庶之辨, 我國嫡庶之分甚嚴, 不可苟從律文, 依凡人毆殺律施行爲便" 子平、良信、克忸、鄭垠、自貞、孟賢、吉甫議: "我朝嫡庶分嚴, 尊卑截然, 至於分財皆有等級, 異於中朝。自今以孽陵嫡弟而毆殺者, 依良賤相毆律科斷爲便" 金紐、寬厚、秀卿、崔潘、安璿、世匡、聃年、仁濠議: "嫡庶之分, 《春秋》所重, 不可不嚴, 而嫡庶相毆科罪之法, 律文不載, 今宜別立科條" 傳曰: "嫡弟庶兄相殺者, 以鬪毆殺論斷何如? 其更議以啓" 國光、思愼、弼商、洪應、希孟、居正、許琮、有沼、誠之、克均、順命、申瀞、柳輊、申浚、尹壕、金紐、寬厚、鄭垠、克忸、自貞、孟賢、吉甫、秀卿、崔潘、安璿、世匡、聃年、仁濠議: "庶兄殺嫡弟, 此以卑殺尊, 嫡弟殺庶兄, 此以幼殺長, 互有尊卑長幼之分, 其相毆殺者, 皆處以死爲便" 昌孫、明澮、沈澮、士昕、克培、世恭、承召、繼謙、尹欽議: "凡事合於人情、宜於土俗, 然後不駭聽聞。我國嫡庶之分甚嚴, 田民亦皆減給, 其來已久。庶兄殺嫡弟者, 若論以長幼之律, 不處以死, 則謀欲全財利殺嫡子者, 容或有之, 此非細故也。 嫡子雖幼, 以尊屬論, 妾子雖長, 以卑屬論, 嫡弟殺庶兄者, 依律尊長毆殺卑幼論, 則嫡庶分嚴, 綱常得敍矣" 傳曰: "承政院亦議啓" 孫舜孝、洪貴達、李瓊仝、金季昌議: "請依金國光等議" 金升卿議: "庶兄雖長而非尊, 嫡弟雖尊而非長, 則有違律文尊卑長幼之稱, 其毆殺之罪, 不可依律論斷, 今宜別立擅殺之條, 俱處之以死, 益嚴長幼尊卑之分" 上從國光等後議。

一。全羅道順天府石堡軍人加設及於蘭、達梁兩浦間置堡事。昌孫、明澮、沈澮、士昕、國光、思愼、弼商、克培、申瀞議: "初設石堡, 欲海邊居民, 當倭寇突入之時, 姑依此以避其鋒耳, 非沿海居民皆令投入也。若此小堡, 非長遠之計, 賊若闌入, 則居民安能守此堡以避其難哉? 雖設堡, 徒爲無用之虛器, 而戍卒無從調發, 若於諸鎭抽出, 則本鎭單弱, 撑東西傾, 捉衿肘現, 其弊多端。莫若堅築邑城, 儻有緩急, 輒入固守, 實萬世之長第。不宜加設石堡" 洪應、希孟、居正議: "石堡之設, 誠爲有利, 然旣有本邑, 不可不守, 而又有石堡, 守之亦難, 且可設堡之地, 所在皆然。但無民力可爲也, 有餘力, 則置之何妨?" 許琮、有沼、誠之、柳洙議: "會寧浦、馬島、達梁、於蘭等處濱海, 居民甚多, 而去本邑城甚遠, 脫有緩急, 無所可依, 其間築堡甚當。但分主鎭之兵而守之, 則恐兵分力弱, 其築城形便之地、軍卒調發之宜, 令本道觀察使、節度使同議啓聞, 順天石堡加設戍兵置倉事似便" 世恭、尹欽、繼謙、克均、申浚議: "順天府石堡加設軍人、於蘭、達梁兩浦間置堡俱便, 抽出兵營戍卒, 移定何如? 馬島、會寧兩浦之間, 山險樹密, 民居亦稀, 不須置堡, 諸堡兵少孤單, 置倉不便" 金之慶、朴埴、金順命、尹壕、曹幹・康衮、林自蕃議: "會寧浦、馬島之間, 及達梁、於蘭之間各置石堡, 以兵營留防正兵二隊分戍, 順天石堡, 則以本府留防正兵一隊戍之, 各遣軍官領之爲便。若水軍則大中小船各有定額, 不可除出, 且倭寇雖圍城堡, 不能曠日持久, 不須設倉儲糧也。世祖朝嘗設社倉, 與本邑絶遠, 監守者縱恣無忌, 斂散之際, 多致耗損, 至有縱火逃避者。今若堡內設倉, 弊必如此,勿擧行爲便" 金紐議: "順天石堡加設軍人, 會寧、馬島、達梁、於蘭之間, 設堡儲糧爲便。但水營軍, 從船數多少而設, 不可割屬他所, 兵營軍只三旅, 亦不可減量, 出傍邑番上軍百名, 分守新設二堡何如?" 柳輊議: "近來南方倭寇竊發者屢矣, 而防禦踈虞, 依所啓施行何如?" 上從昌孫等議。

64. 의정부·육조·대간들을 불러 절도죄의 처벌과 광릉을 견고하게 수축할 방안을 논의하다

《성종 9년(1478) 7월 23일 임오 2번째 기사》

증경정승(曾經政丞)과 의정부(議政府)·육조(六曹)·대간(臺諫)들을 불러서 정사를 의논하였다.

1. 어떤 이는 말하기를, '절도죄(竊盜罪)는 3범(犯)이면 마땅히 사형(死刑)에 처해야 한다.'고 하고, 어떤 이는 말하기를, '재범(再犯)하면 마땅히 사형에 처해야 한다.'고 하며, 또 어떤 이는 말하기를 '재범일 경우 장물(贓物)의 많고 적음을 계산해서 사형에 처해야 한다.'는 것에 관한 일이다.

정창손(鄭昌孫)·한명회(韓明澮)·신준(申浚)·고태필(高台弼)·<u>**김순명(金順命)**</u>은 의논하기를, "절도죄는 장물의 많고 적은 것을 막론하고 3범이면 사형에 처한다는 것이 율문(律文)에 기재되어 있는데, 근래에 와서 도적이 점차 성하여지므로 재범자를 사형에 처하도록 한 것은 다만 폐단을 덜 생기게 하려는 한때의 방책인 것이니, 만일 도둑이 차차 병식(屛息)되면 3범에서 사형에 처하는 법을 도로 시행하는 것이 옳겠습니다. 예로부터 창고의 돈이나 곡식을 도둑질한 외에는 장물의 다소(多少)를 계산한다는 일을 들어보지 못하였습니다. 청컨대 도둑이 잠잠해질 때까지 한정해서 장물의 다소를 계산할 것 없이 재범이면 사형에 처하되, 그 가운데 정상이 불쌍한 사람은 임금이 재량껏 하도록 하는 것이 어떻겠습니까?" 하고,

심회(沈澮)·윤필상(尹弼商)·이극배(李克培)·홍응(洪應)·강희맹(姜希孟)·허종(許琮)·어유소(魚有沼)·이극증(李克增)·양성지(梁誠之)·어세공(魚世恭)·윤흠(尹欽)·윤계겸(尹繼謙)·이극균(李克均)·신정(申瀞)·유지(柳輊)·강자평(姜子平)은 의논하기를, "재범의 절도를 사형에 처한다는 것이 《속록(續錄)》에 실려 있고, 또 지금 도둑이 너무 극성하니 잠잠해질 때까지는 장물의 다소를 막론하고 사형에 처하는 것이 좋겠습니다." 하고, 윤사흔(尹士昕)·김국광(金國光)·노사신(盧思愼)은 의논하기를, "절도 3범을 교수형에 처한다는 것이 율문(律文)에 있으나, 우리나라에서 도둑이 너무 극성한 까닭에 재범을 교수형에 처한다는 법을 특별히 세운 것은 역시 일시적인 임시 편법일 뿐입니다. 다만 오늘 한 푼의 돈을 도둑질

하고 내일 한 개의 참외[瓜]를 도둑질했다고 해서 다 사형에 처한다면, 생사(生死)가 지극히 중한 일인데, 어찌 애석하지 아니할 수 있겠습니까? 법에 관(官)의 물건을 도둑질한 자는 장물의 다소(多少)를 계산해서 사형에 처한다는 것이 있는데, 이제 부득이하여 재범을 사형에 처하기로 한다면 재범의 장물이 1관(貫) 이상에 달하는 자만 사형에 처하는 것이 어떻겠습니까?" 하고, 박양신(朴良信)·김자정(金自貞)은 의논하기를, "장물의 다소는 인가(人家)에 재물이 많은가 적은가에 관계되는 것이지, 도둑질하는 자의 마음에 본래 많고 적은 것을 계산해서 훔치는 것이 아니니, 장물의 다소를 계산하지 말고 사형에 처하는 것이 좋겠습니다." 하고, 정은(鄭垠)·김극유(金克忸)는 의논하기를, "절도(竊盜) 3범을 사형에 처한다는 것은 율문에 상법(常法)으로 있으나, 우리나라에서 도둑이 점점 극성하기에 특별히 재범(再犯)을 사형에 처한다는 법을 세워서 일시적인 폐단을 막으려고 한 것입니다. 이제 만일 장물의 관(貫) 수의 다소를 막론하고 다 사형에 처한다면 호생(好生)의 덕(德)에 어긋남이 있으니, 장물을 계산하는 것이 마땅합니다." 하고,

이맹현(李孟賢)은 의논하기를, "절도 3범을 교수형에 처한다는 것이 율문에 실려 있어 우리나라에서도 이 법을 시행하여 온 지가 또한 오래인데, 요즈음 도둑이 점점 극성하므로 시폐(時弊)를 막고자 하여 장물의 관(貫) 수의 다소를 막론하고 재범자를 모두 사형에 처하는 것은 호생(好生)의 덕(德)에 어긋나는 일이 됩니다. 하물며 형벌이 어떤 세대에서는 가볍게 되기도 하고, 어떤 세대에서는 무겁게 되기도 하여 형벌을 공평하게 해야 하는데, 우리나라는 중국의 법을 쓰고 있으므로 시폐(時弊)를 막기 위한 임시 편법을 가지고 만세의 법으로 삼을 수는 없는 것입니다. 율문에 따라 3범을 교수형에 처하는 것이 마땅하겠고, 이제 만일 가볍게 고칠 수 없다면 모름지기 재범에서는 장물의 다소를 계산해서 교수형에 처하도록 하소서." 하고, 김유(金紐)·안관후(安寬厚)·최반(崔潘)·안선(安璿)·이세광(李世匡)·유인호(柳仁濠)는 의논하기를, "1전(錢)을 훔친 것 따위는 비록 재범이라도 장물이 지극히 적고, 남에게 해를 입힌 것도 적으며, 또 사람마다 범하기 쉬운 일이므로 비록 아침에 죽이고 저녁에 죽인다고 해도 역시 금지하기가 어려울 것이니, 모름지기 재범으로서 장물을 통틀어 계산해서 총액 10관 이상인 자만을 사형에 처하는 것이 좋겠습니다." 하였는데, 전지하기를, "그전대로 하는 것이 좋겠다." 하였다.

1. 광릉(光陵)[1)]의 사토(莎土)가 해마다 무너지는 것을 견고하게 수축하는 것에 관한 일이다.

정창손·한명회·심회·윤사흔·김국광은 의논하기를, "예로부터 능실(陵室)은 모두 안에는 석실(石室)을 만들고, 밖에는 대석(臺石)을 두게 한 것이 실로 만세의 영

구한 방법입니다. 우리 세조(世祖)께서 유교(遺敎)로 석실과 대석을 금하신 것은 검소한 덕을 숭상하도록 하신 소이(所以)이므로, 이는 영구한 계책이 아닐 뿐만 아니라 훗날 신서(臣庶)들의 분묘(墳墓)와 구별이 없게 될 것이니 대체(大體)에 어긋남이 있습니다. 그러나 지금 고쳐서 할 수는 없습니다. 다만 능 위가 무너지는 까닭은 오로지 석회(石灰)·세사(細沙)·황토(黃土)의 삼물(三物)[2]로 딴딴하게 쌓아 놓아서 잔디뿌리가 깊이 뻗어 들어갈 수 없기 때문이니, 이제 마땅히 삼물을 좀 얇게 깍아 내리고 황토를 두껍게 쌓은 연후에 사토(莎土)로 덮으면 잔디뿌리가 깊이 들어가 얽혀서 붕괴(崩壞)될 염려가 거의 없을 것입니다. 비록 삼물을 깎아 버린다 해도 빗물이 스며들 까닭은 없습니다." 하고, 노사신(盧思愼)은 의논하기를, "옛날에 제왕(帝王)의 능실은 다 구릉(丘陵)처럼 만들어서 거의 한 길이나 되게 하였기 때문에 무너질 염려가 없었습니다. 세조께서 이런 형편을 깊이 생각하셔서 사대(莎臺)와 석실(石室)을 버리고 다만 토릉(土陵)을 만들게 하셨으니 이는 만세(萬世)의 계책이며, 또한 검소를 숭상하는 아름다운 뜻이기도 하였던 것입니다. 당시 능을 만드는 사람이 삼물(三物)로써 단단하게 쌓고 사토(莎土)를 입혔기 때문에 잔디뿌리가 깊이 들어가지 못해서 자연지세(自然之勢)로 무너지지 않을 수 없게 된 것입니다. 이제 마땅히 삼물을 조금 깎아내고 흙을 두껍게 덮어서 너무 높지만 않게 하면 거의 옛 제도에 맞고 무너질 염려도 없을 것이며, 또한 유교(遺敎)에도 어긋나지 않을 것입니다." 하고,

윤필상(尹弼商)·김극배(金克培)·홍응(洪應)·강희맹(姜希孟)·허종(許琮)·어유소(魚有沼)·이극증(李克增)·양성지(梁誠之)·어세공(魚世恭)·윤흠(尹欽)·윤계겸(尹繼謙)·이승소(李承召)·신정(申瀞)·유지(柳輊)·신준(申浚)·고태필(高台弼)·**김순명(金順命)**·이맹현(李孟賢)은 의논하기를, "광릉(光陵)의 사토가 해마다 무너진 것은 능히 지형(地形)이 높고 가파른데다가 안에 삼물이 견고하게 높이 쌓여 있어서 밖에 쌓은 사토가 잘 붙어 있을 수가 없기 때문에 흙비[霾雨]가 스며들면 쉽게 무너지게 된 것입니다. 대체로 지형이 높고 가파르면 무너지기가 쉽고, 그 터가 넓고 두터우면 견고한 것이니, 마땅히 삼물을 깎아 내고 사토를 쌓아서 그 터는 넓게 하고 위는 높고 가파르지 않도록 하면 무너질 염려가 거의 없을 것입니다. 석실(石室)과 사대석(莎臺石)을 쓰지 말라는 유교(遺敎)가 매우 엄하여 광릉(光陵)뿐만 아니라 영릉(英陵)[3]·창릉(昌陵)[4]·공릉(恭陵)[5]·순릉(順陵)[6] 등의 여러 능도 다 그러하니, 이제 경솔하게 의논할 수는 없습니다." 하고,

이극균(李克均)·강자평(姜子平)·박양신(朴良信)·김극유(金克忸)·정은(鄭垠)·김자정(金自貞)은 의논하기를, "세조(世祖)께서 평일(平日)에 사대석을 설치하는 것을 금하셨고, 예종(睿宗)께서 그 유교(遺敎)를 이어받았는데, 어찌 감히 어기

겠습니까? 또 능침(陵寢)을 모신 지가 이미 오래 되었는데, 이제 와서 대석(臺石)을 설치한다는 것은 마음에 또한 온당하지 못합니다. 능침의 형태가 높고 가파르니, 점점 이 때문에 무너지는 일이 없도록 마땅히 난간석(欄干石)을 그만 두고 축토(築土)를 더하여 능의 형태를 비스듬히 비탈지게 하여 영구(永久)히 유지되도록 도모하는 것이 좋겠습니다." 하고, 김유(金紐)·안관후(安寬厚)·최반(崔潘)·안선(安璿)·이세광(李世匡)·유인호(柳仁濠)는 의논하기를, "광릉의 사토가 이와 같이 무너진 것은 삼물(三物)의 혼합(混合)이 돌덩이같이 단단하게 되어 있고, 지세(地勢)가 또한 높고 가파라서 잔디 뿌리가 깊이 들어갈 수 없기 때문이니, 이제 만일 그 위를 깎아내어 좀 얇게 하고 그 터를 늘려서 쌓는다면 영구히 견고하게 되어 폐단이 없게 될 것입니다. 어떤 이는 말하기를, '신도(神道)는 고요함[靜]을 숭상하니, 능 위에 올라가서 동작하는 것은 불가하다.'고 합니다만, 신 등의 생각으로는 이것이 만세(萬世)·영구(永久)의 계책이라면 잠시 이안(移安)[7] 하더라도 아무런 불가할 것이 없다고 여깁니다." 하였는데, 임금이 정창손(鄭昌孫) 등의 의논에 따랐다.

[1]광릉(光陵) : 세조와 세조비 정희 왕후의 능.
[2]삼물(三物) : 회삼물(灰三物).
[3]영릉(英陵) : 세종과 세종비 소헌 왕후의 능.
[4]창릉(昌陵) : 예종과 예종 계비 안순 왕후의 능.
[5]공릉(恭陵) : 예종비 장순 왕후의 능.
[6]순릉(順陵) : 성종비 공혜 왕후의 능.
[7]이안(移安) : 다른 곳에 옮겨서 모심.

○ 命召曾經政丞、議政府、六曹、臺諫議事:

一。 "或云: '竊盜宜三犯處死', 或云: '宜再犯處死', 或云: '再犯則計贓多少處死事" 鄭昌孫、韓明澮、申湙、高台弼、金順命議: "竊盜, 勿論贓之多少, 三犯處死, 律文所載。近來盜賊滋熾, 再犯者處死, 特一時救弊之策也。若盜賊屛跡, 則復行三犯處死之法宜矣。自古盜倉庫錢糧外, 未聞計贓多少也。 請限盜賊寢息, 勿計贓之多少, 再犯處死。其中情可矜者, 上裁何如?" 沈澮、尹弼商、李克培、洪應、姜希孟、許琮、魚有沼、李克增、梁誠之、魚世恭、尹欽、尹繼謙、李克均、申瀞、柳輊、姜子平議: "再犯竊盜處死, 載在《續錄》, 且今盜賊甚熾, 限寢息, 勿論贓多少, 處死爲便" 尹士昕、金國光、盧思愼議: "竊盜三犯處絞, 載在律文, 然我國以盜賊甚熾, 特立再犯處絞之法, 亦一時權宜。 但今日盜一錢, 明日盜一瓜, 悉令處死, 生死至重, 豈可不惜? 律有盜官物者計贓多少處死, 今不得已以再犯處死, 則再犯滿一貫以上者處死何如?" 朴良信、金自貞議: "贓之多少, 係於人家財物多少, 非盜者之情本有多少也, 不計贓多少, 處死爲便" 鄭垠、金克忸議: "竊盜三犯處死, 律有常法, 然我國盜賊滋熾, 故特立再犯處死之法, 以救一時之弊。今若勿論贓貫多少竝處死, 則有乖好生之德, 計贓爲便" 李孟賢議: "竊盜三犯處絞, 載在律文,我國行之亦久。頃緣盜賊滋熾，欲救時弊，勿論贓貫多少，再犯者皆置於死，有違好生之德。 況刑罰世輕世重，而刑平國用中典，則不可以救時之法，爲萬世之法依律文三犯處絞爲便，今若不得輕改，須於再犯計贓多少處絞" 金紐、安寬厚、崔潘、安瓚、李世匡、柳仁濠議："如盜一錢之類，雖再犯贓物至少，害於人者亦少，且人人易犯，雖朝殺而暮戮，亦難止之。須再犯而通計贓滿十貫以上者，處死爲便" 傳曰："仍舊爲可"

一。光陵莎土年年頹壞，堅固修治事。昌孫、明澮、沈澮、士昕、國光議："自古陵室，皆內作石室，外有臺石，實萬世永久之道。 我世祖遺 敎禁石室、臺石，以崇儉德，非徒無永久之計，後來與臣庶墳墓無別，有乖大體，然今不可改爲。 但陵上頹壞者，專以石灰、細沙、黃土等三物堅築，草根不能深入故也，今宜削三物稍低之，厚築黃土，然後覆以莎土，草根深入，庶無崩頹之患。雖削去三物，又無雨水滲漏之理" 思愼議："古者帝王陵室，皆作丘陵，幾至尋丈，故無崩頹之患。世祖深燭是理，去莎臺、石室，只作土陵，是萬世之計，亦崇儉美意。當時作陵者，以三物堅築，而衣以莎土，根不深入，勢不得不頹。今宜少削三物，厚加土，不甚斗峻，則庶合古制，而無崩頹之患，亦不違遺敎" 弼商、克培、洪應、希孟、許琮、有沼、克增、誠之、世恭、尹欽、繼謙、承召、申瀞、柳輊、申浚、台弼、順命、孟賢議："光陵莎土頻年頹壞者，以陵形高峻，內有三物堅剛高築，其外所築莎土不能牢着，若遇霾雨，易至崩頹。大抵其形峻截則易頹，其基博厚則安固，宜削三物，築以莎土，使基廣而上不高峻，則庶無頹圮之患矣。其勿用石室莎臺石遺敎甚嚴，非唯光陵也，英陵、昌、恭、順諸陵皆然，今不可輕議" 克均、子平、良信、克忸、鄭垠、自貞議："世祖平日禁設莎臺石，睿宗承遺敎，豈敢違越？且成寢已久，今設臺石，心亦未隱。陵寢制度高峻，無漸以此崩頹，宜退欄干石加築土，使陵形陂陁，以圖永久爲便" 金紐、寬厚、崔潘、安瓚、世匡、仁濠議："光陵莎土崩壞如是，三物交合，其堅如石，勢且高峻，草根不得深入故也。今若削去其上稍低之，增築其基，則可以永固而無弊矣。或云：'神道尙靜，不可就陵上動作' 臣等謂此萬世永久之計，暫時移安，宜無不可言" 上從 昌孫等議。

65. 정승들과 평안도 관찰사·절도사를 불러 중국의 청병 문제를 논의하다

《성종 9년(1478) 8월 23일 임자 3번째 기사》

명하여 일찍이 정승을 지낸 이와 의정부・병조 및 일찍이 평안도의 관찰사・절도사를 지낸 이를 불러서 전교하기를, "듣건대 중국에서 장차 우리에게 청병(請兵)하여 건주위(建州衛)를 치려고 한다 하니, 뽑을 군사의 수(數)와 양식의 운반, 척후(斥候)의 적당한 대책을 함께 의논하여 아뢰라." 하였다. 정창손(鄭昌孫)은 의논하기를, "평안도는 금년에 실농(失農)하였고, 또 근래에 자주 변경의 경보(警報)가 있어서 방어(防禦)가 더욱 긴급하니, 본도(本道)의 군사는 뽑지 말고 영안도(永安道)[1]와 하삼도(下三道)[2]의 날래고 용맹한 자를 택해서 3, 4천명을 넘지 말게 하며, 군량은 정해년[3])의 예(例)에 의하여 본도(本道)에 저장한 것을 쓰는 것이 적당합니다. 이 전에 건주(建州)를 두 번이나 토벌하여 도로의 구부러지고 곧음을 이미 자세히 알고 있으니, 미리 탐후(探候)하여 먼저 스스로 시끄럽게 할 필요는 없습니다." 하고, 윤사흔(尹士昕)·김국광(金國光)·노사신(盧思愼)·윤필상(尹弼商)·홍응(洪應)은 의논하기를, "군사를 뽑는 것은 5, 6천 명을 넘지 말게 하고, 본도(本道)[4])·황해도(黃海道)·경기(京畿) 및 충청상도(忠淸上道)·영안남도(永安南道)의 정병(精兵)을 골라서 뽑는 것이 적당하며, 군량은 정해년의 예에 의하여 본도에 저장한 것을 쓰도록 하고, 변방 고을에서 저들 경내의 도로를 자세히 아는 자로 하여금 미리 척후하게 하는 것이 적당합니다." 하고,

허종(許琮)·어유소(魚有沼)는 의논하기를, "만약 들어가서 치자면 마땅히 두 길[路]로 나누어서 들어가야 할 것이며, 한 길의 군사가 모름지기 5, 6천 명에서 내려가지 않아야 할 것인데, 본도와 황해도 군사 가운데 건장하고 용맹한 자는 반드시 1만 명도 되지 않을 것입니다. 그러니 경중(京中)·경기·충청도·영안남도에서 무재(武才)가 있는 자 2천 명을 미리 택하여 때에 다다라서 보낼 것이며, 군량은 정해년의 예에 의하여 안주(安州)·영변(寧邊) 등의 고을에 있는 곡식을 지급하도록 할 것입니다. 그리고 도로의 구부러지고 곧음을 먼저 아는 것은 병가(兵家)의 중요한 길이므로 비밀히 본도 절도사에게 유시(諭示)하여 모름지기 초목이 마르기 전에 사람을 시켜 탐후하게 할 것입니다. 지난 정해년에 두 길로 나누어 들어가서 공격하였는데, 하나는 만포(滿浦)에서, 하나는 고산리(高山里)에서 들어갔으나, 그 뒤에 중국 사람으로 도망해온 자가 모두 말하기를, 저들이 우리가 다시 쳐들어갈 것을 의심하여 구덩이르 파고 위험한 것을 설치한 것이 많다고 하니, 만약 이 길을 따라가면 들어갈 수 없을 것입니다. 이제는 마땅히 하나는 이산(理山)에서, 하나는 벽단(碧團)에서 들어가 그들이 생각지 아니한 데를 공격해야 할 것입니다." 하고,

이극배는 의논하기를, "정해년에 중국 조정에서 건주위를 정벌할 때에 칙서(勅書)를 내려 군사를 징발하자 세조께서 장수에게 명하여 들어가 치게 하였는데, 저들은 우리 군사가 이를 것을 생각지 아니하고 건장한 자들이 모두 요동(遼東)에 나가 방어 하였으므로 우리 군사는 빈틈을 타서 들어가 쳤으나, 겨우 부녀(婦女)와 약한 사람과 가축을 잡아 가지고 돌아왔으니 그 패하지 아니한 것이 다행입니다. 저들이 전일의 일에 징계되어, 만약 중국에서 쳐들어온다는 것을 듣고 반드시 먼저 우리 군사가 쳐들어가는 길을 방비하여서 험한 곳에 의거하여 군사를 숨겨 두면 아무리 훌륭한 장수와 굳센 군사라도 반드시 뜻을 이루지 못하고 도리어 중국으로부터 조롱을 당할 것입니다. 또 여러 종족에게 연락하여 침략하기를 그치지 아니하면 변경의 백성이 해

를 받음을 어찌 이루 다 말하겠습니까? 정해년 이후로 전의 원한이 풀리지 않았는데, 이제 또 전쟁을 하면 더욱 분한 원한이 생길 것입니다. 하물며 평안도 한 도는 해마다 기근이 들어서 군사와 백성이 모두 곤란하니, 시대가 어려운데 여유 있는 행동을 하는 것은 또한 옳지 못할 듯합니다. 세종조에 정통(正統) 황제(皇帝)가 친히 달자(達子)를 정벌하였을 때에 왕무(王武)가 칙서를 받들고 와서 군사를 청하였는데, 세종께서는 지성으로 대국을 섬기므로 마땅히 명령에 따를 것 같았는데도 우리나라가 사방으로 적의 침범을 받아 방수(防戍)할 곳이 많아서 병력이 넉넉하지 못하다고 하면서 응하지 아니하였습니다. 이제 우리나라 남쪽에 또한 말썽이 있으니, 〈중국의 청병에〉 대답할 핑계의 말이 없지 않습니다." 하고, 박성손(朴星孫)은 의논하기를, "만약 들어가서 치려고 한다면 풀이 마르기 전에 사람을 보내어 도로를 정탐하는 것이 가합니다. 본도는 쇠잔하고 피폐함이 막심하여 군량을 보내기가 어렵습니다. 안주(安州)·영변(寧邊)에 저장한 것으로도 족히 쓸 수 있으니, 본도의 군사를 많이 뽑아서 두 길로 나누어 들어가서 치는 것이 적당합니다." 하고,

이극증(李克增)·어세공(魚世恭)·정문형(鄭文炯)·김견수(金堅壽)는 의논하기를, "평안도는 여러 해 동안 실농하여 병력이 넉넉하지 못하니, 길을 나누어 들어가서 치는 것은 형세가 옳지 못합니다. 부득이 군사를 쓴다면 마땅히 6, 7천 명을 넘지 않도록 해야 할 것입니다. 만약 그렇게 하면 평안도·황해도·경기·영안남도의 군사만으로도 족한데, 하삼도(下三道)의 군사를 아울러 뽑아서 온 나라를 소동하게 할 필요가 없습니다. 하물며 경상도·전라도에는 여러 번 왜변(倭變)까지 있지 않았습니까? 본도에 축적한 곡식이 부족한 것이 아니므로 옮길 필요가 없으며, 만약 들어가서 치려고 한다면 본도 절도사에게 비밀히 유시하여서 모름지기 풀이 마르기 전에 정탐하는 것이 적당합니다. 그러나 사목(事目)을 보건대 이는 구신(歐信)의 말일뿐이고, 황제의 인준(認准) 여부는 아직 확실하게 알지 못하므로 먼저 스스로 소동할 수 없으며, 요동(遼東)의 비보(飛報)를 들은 뒤에 처리하여도 늦지 않습니다. 만약 기일이 크게 급박하여 형세가 미처 군사를 뽑을 수 없으면, 회답할 말이 있습니다." 하고, 이극균(李克均)은 의논하기를, "평안도 전체가 지난해에 실농하고, 금년에는 더욱 심하여 백성들의 생활이 몹시 어려운데, 하물며 군사를 일으키는 것이겠습니까? 세종조에 중국에서 청병하였으나 따르지 아니하고 마필(馬匹)만 바쳤으니, 이제 비록 청병한다 하더라도 대답하기가 어렵지 아니하며, 비록 명령에 따르지 아니하더라도 괜찮습니다. 만약 '세조께서 이미 청한 것에 따랐는데, 이제 어길 수 없다.'고 한다면, 평안도의 군사가 1만 4천8백 명인데, 한 도(道)의 출정할 군사가 4천 명에 불과하므로 다른 도의 군사를 아울러 부를 필요가 없습니다. 정해년에 출정할 때에는 하삼도의

군사 3천 명을 강변 여러 고을에 나누어서 수어(戍禦)하게 하였으나, 길이 멀어서 사람이 괴롭고 말이 피곤하여 쓸 수 없었습니다. 이산(理山)에서 바로 야인(野人)이 사는 곳에 닿으면 도로가 평평하고 넓으며 막힘이 없어서 큰 군사를 쓰는 데에 매우 편리하니, 본도의 군사 4천 명만 뽑아서 경군관(京軍官)과 더불어 이산을 경유해 들어가 쳐서 명령을 면하는 것이 적당합니다. 평양(平壤)·안주(安州)·영변(寧邊)의 군수(軍需)가 부족한 것이 아니므로 양식을 운반하여 소란하게 할 필요는 없습니다. 또 군사를 쓰는 데에는 마땅히 먼저 산천(山川)의 형세와 도로(道路)의 구부러지고 곧음을 살펴야 할 것이므로 모름지기 초목이 마르기 전에 신중하고 긴밀하게 탐후(探候)하여 기밀이 누설되지 말게 할 것입니다." 하고,

하숙부(河叔溥)는 의논하기를, "세종(世宗)·세조(世祖) 때로부터 건주위(建州衛)·모련위(毛憐衛)의 두 위(衛)를 여러 번 공격하였고, 지난 을미년[5]에는 건주(建州) 야인(野人)이 변경을 침범하자, 들어가서 치기를 주청(奏請)하였으나 중국 조정에서 허락하지 아니하였습니다. 그런데 이제 칙명(勅命)을 위반하면 옳지 못할 듯하니, 모름지기 미리 계획하였다가 칙명이 이르기를 기다려서 즉시 군사를 일으키되, 본도와 황해도의 군사만 써도 족합니다. 마땅히 본도 절도사로 하여금 초목이 마르기 전에 만포(滿浦)에서 포주(浦州)까지, 이산(理山)에서 오미부(吾未部)까지 비밀히 정탐하게 하며, 본도의 군량은 넉넉하니 다른 도(道)로 하여금 군량을 보내지 말게 할 것입니다." 하고,

김순명(金順命)은 의논하기를, "중국 조정의 청을 어길 수는 없으나, 우리의 계책 또한 가볍게 움직이지 않는 것이 좋습니다. 만약 정벌을 도와서 이길지라도 이로움이 우리에게 돌아오지 아니할 것인데, 하물며 승패(勝敗)를 알기 어려우므로 원망을 받음이 반드시 많을 것입니다. 저들이 중국에 분을 풀지 못하면 장차 우리를 침범할 것이니, 신은 아마도 평안도의 쇠잔하고 피폐한 군사가 당해내지 못할 듯합니다. 만약 칙명을 받거든 다만 평안도의 군사로써 성원(聲援)할 것이며 가볍게 움직일 수는 없습니다. 본도의 군자(軍資)가 넉넉하지 못하니, 모름지기 미리 준비해야 할 것입니다. 황해도의 전세(田稅)를 5, 6년 기한으로 안악(安岳)·장련(長連) 등의 고을에 바치게 하여 차차 운반해서 쓰도록 하는 것이 적당하며, 먼저 척후(斥候)하여 저들의 의심과 두려움을 일으키게 할 수는 없습니다." 하고, 이길보(李吉甫)·박양신(朴良信)은 의논하기를, "평안도는 해마다 실농하여 피폐함이 몹시 심하여서 군사를 쓰기가 어려우며, 더구나 우리나라는 이미 건주위(建州衛)·니마거 올적합(尼麻車兀狄哈)과 서로 원수가 되어 있습니다. 그런데 이제 건주위는 바야흐로 해서(海西) 달자(達子)와 연결하여 중국에서 도둑질하려고 하는데, 지금 우리가 건주위를 치면 해서달자

가 반드시 건주위를 도와 우리나라에서 도둑질할 것입니다. 만약 이렇게 되면 또 하나의 적(敵)이 생길 것이니, 후일의 해를 어찌 다 말하겠습니까? 세종조에 중국에서 우리에게 군사를 청하였는데, 사방에 적의 침범을 받아 군사가 모자란다고 하여 핑계하였습니다. 이제 전라도에 왜변(倭變)이 있으니 이 소식을 가지고 먼저 요동(遼東)에 자문(咨文)을 보내고, 만약 칙명이 내리거든 왜변을 핑계대어 말하면 무엇이 어렵겠습니까? 만약 '세조께서 이미 전에 응하였는데 이제 와서 어길 수 없다.'고 한다면, 풀이 마르기 전에 모름지기 사람을 보내어 도로를 정탐하고, 경상도 · 전라상도(全羅上道)와 충청도 · 영안남도 · 평안도의 정병(精兵) 1만 명을 뽑아서 안주 · 영변 등의 고을을 지나, 흩어져 들어가 쳐서 성원(聲援)하여 칙명을 면할 뿐이며, 끝까지 쫓아서 원망을 취하지 말 것입니다." 하였다.

[1]영안도(永安道) : 함경도, 1470년(성종 1) 함흥을 강등함에 따라 관찰사영을 영흥으로 옮기고, 함경도를 영안도(永安道)라 칭함.

[2]하삼도(下三道) : 충청도 · 전라도 · 경상도.

[3]정해년 : 1467 세조 13년.

[4]본도(本道) : 평안도.

[5]을미년 : 1475 성종 6년.

○ 命召曾經政丞、議政府、兵曹及曾經平安道觀察使、節度使者, 傳曰: "聞上國將請兵於我, 征建州衛, 抄兵之數及運糧斥(堠) 便否, 僉議以啓" 鄭昌孫議: "平安道今年失農, 且近來數有邊警, 防禦尤緊, 勿抄本道兵, 擇永安及下三道驍勇者, 毋過三四千人, 糧餉依丁亥年例, 用本道所儲爲便。前此再征建州, 道路迂直已悉, 不必預令探候先自騷擾" 尹士昕、金國光、盧思愼、尹弼商、洪應議: "抄軍毋過五六千, 擇本道、黃海、京畿及忠淸上道、永安南道精兵爲便。糧餉依丁亥年例, 用本道所儲, 令邊邑詳知彼境道路者, 預先斥候爲便" 許琮、魚有沼議: "若入攻則當分二路而入, 一路之兵, 須不下五六千, 本道及黃海道軍士壯勇者, 必不滿萬。預擇京中京畿、忠淸、永安南道有武才者二千人, 臨時發遣, 糧餉依丁亥年例, 以安州、寧邊等邑所在穀支用。 且先知道路迂直, 兵家要道, 密諭本道節度使, 須及草木未枯, 使人探候。去丁亥年分二路入攻, 一自滿浦, 一自高山里, 其後唐人逃來者皆云: '彼人疑我再擧, 多鑿坎設險', 若從此路不可入矣。今宜一從理山, 一從碧團而入, 擣其不虞" 李克培議: "丁亥年中朝征建州衛, 下勅徵兵, 世祖命將入征, 彼人不虞我兵之至, 壯者皆出禦遼東, 我兵乘虛入攻, 僅獲婦女、弱口、頭畜而還, 其不敗幸也。彼人懲於前日, 若聞中朝入征, 必先備我兵入攻之路, 據險伏兵, 則雖良將勁卒, 必不得志, 反取笑於中原。 且連結諸種, 侵軼不已, 邊民受弊何可勝言? 丁亥以後前怨未釋, 今又用兵, 益生憤怨。 況平安一道年年飢饉, 軍民俱困, 時屈擧贏, 又恐不可。世宗朝正統皇帝親征達子, 王武奉勅求兵, 世宗至誠事大, 宜若奉命, 而以我國四面受敵, 防戍處多, 兵力不敷爲辭。今我國南方亦有辭, 其於奏對不爲無辭" 朴星孫議: "若入攻, 則可於草枯前遣人探候道路。本道殘敝莫甚, 運糧爲難, 安州、寧邊所儲, 亦足支用, 多抄本道軍, 分二路入攻爲便" 李克增、魚世恭、鄭文炯、金堅壽議: "平安道頻年失農, 兵力不敷, 分道入攻, 勢甚不可。不得已用兵, 則當不過六七千。若然則平安、黃海、京畿、永安南道之兵足矣, 不須幷抄下三道兵, 使一國騷動況慶尙、全羅屢有倭變乎? 本道蓄積不爲不足, 不須移轉, 若欲入攻, 則密諭本道節度使, 須於草枯前探候爲便。然觀事目, 此是歐信之言而已, 皇帝准不准, 猶未的知, 不可先自騷動, 待遼東飛報後, 處置亦未晩也。若日期太迫, 勢未及調兵, 則回奏有辭" 李克均議: "平安一道去年失農, 今年尤甚, 民生甚艱, 況興兵乎? 在世宗朝, 中朝請兵, 不從, 只獻馬匹, 今雖請兵, 對之無難, 雖不從命可也。若以爲: '世祖旣從請, 今不可違', 則平安軍士一萬四千八百, 一道入征軍士不過四千, 則他道軍士不須幷徵。丁亥年入征時, 下三道軍士三千分戍江邊諸邑, 然道遠人困馬疲, 不可用矣。自理山直抵野人居處, 道路平衍無礙, 用大軍甚便。只抄本道兵四千, 與京軍官由理山入征, 以塞命爲便。平壤、安州、寧邊軍需不爲不足, 不必運糧以致騷擾。且用軍當先察山川形勢道路迂直, 須及草木未枯, 愼密探候, 勿洩事機" 河叔溥議: "自世宗、世祖朝, 累攻建州、毛憐二衛, 去乙未年建州 野人犯境, 奏請入攻, 而中朝不許。今違背勅命, 似爲不可, 須預先規畫, 待勅至卽發兵, 用本道及黃海道之兵足矣。宜令本道節度使草木未枯前, 自滿浦至蒲州, 自理山至吾未部, 秘密體探, 本道軍糧有餘, 勿令他道運糧" 金順命議: "中朝之請雖不可違, 在我之計亦可不輕動。使助征而捷, 利不歸我, 況勝敗難知, 取怨必多。彼不得逞憤於中原, 則將侵犯於我, 臣恐平安殘敝之兵不能當之。若承勅諭, 但以平安之兵作爲聲援, 不可輕動。本道軍資不敷, 須預爲之備。黃海道田稅, 限五六年, 納於安岳、長連等邑, 次次運用爲便, 不可先事斥候, 以起彼人疑懼之端" 李吉甫、朴良信議: "平安道連年失農, 彫敝太甚, 難於用兵, 況我國旣與建州衛 尼麻車兀狄哈爲讎。今建州衛方與海西達子連結, 作賊於上國, 今我攻建州衛, 則海西達子必助建州衛, 作賊於我國矣。若如此, 則又生一敵也, 後日之害, 豈可勝言? 世宗朝中朝請兵於我, 辭以四面受敵軍士不敷。今全羅道有倭變, 以此聲息先咨遼東, 若降勅, 則以倭變爲辭何難? 若謂: "世祖旣應於前, 今不可違', 則草枯前, 須遣人探候道路, 抄慶尙、全羅上道、忠淸道、永安南道、平安道精兵一萬, 過安州、寧邊等邑, 散料入征, 作爲聲援, 塞命而已, 毋窮追取怨"

66. 병조참판 김순명이 보안 유지를 위해 동청례가 회령에 돌아가는 것을 말리다

《성종 9년(1478) 9월 1일 기미 1번째 기사》

병조참판(兵曹參判) 김순명(金順命)이 와서 아뢰기를, "동청례(童淸禮)가 휴가를 받아 장차 그 고향인 회령(會寧)에 가서 성묘[掃墳]하려고 합니다. 그런데 이제 듣건대 중국에서 청병(請兵)한다는 말이 있으니, 동청례의 형인 동아망합(童阿亡哈)이 건주위(建州衛)에 있으므로 만약 서로 통하면 일의 기밀이 누설될까 두렵습니다. 청컨대 보내지 말게 하소서." 하니, 그대로 따랐다.

○ 朔己未/兵曹參判金順命來啓曰: "童淸禮受假將掃墳于其鄕會寧。今聞中國有請兵之擧, 淸禮之兄阿亡哈在建州衛, 若相通, 則恐聞洩事機。請勿遣" 從之。

67. 육조와 주요 관직의 관원에게 주계부정 심원이 조부에 불손한 죄를 논하게 하다

《성종 9년(1478) 9월 6일 갑자 2번째 기사》

명하여 일찍이 정승(政丞)을 지낸 자와 의정부 당상(議政府堂上), 종친부(宗親府)의 2품 이상, 충훈부(忠勳府)의 1품, 한성부(漢城府)·육조(六曹)의 당상관, 대간(臺諫)·홍문관(弘文館)·예문관(藝文館)의 관원 등을 불러서, 주계부정(朱溪副正) 심원(深源)이 조부(祖父)에게 순종하지 아니한 일을 의논하게 하였다. 정창손(鄭昌孫)·한명회(韓明澮)·심회(沈澮)·노사신(盧思愼)은 의논하기를, "보성군(寶城君) 이합(李㝓)이 고한 것을 가지고 보면, 심원(深源)이 조부(祖父)를 향하여 한 말이 방자하고 패역하여 무례함이 더할 수 없이 심합니다. 그러나 확실하게 조부를 꾸짖은 말은 없으니, 조부를 꾸짖은 율(律)에 비추어서 극형(極刑)에 처하는 것은 과(過)할 듯합니다. 사형(死刑)을 감하는 것이 어떠합니까?" 하고, 윤사흔(尹士昕)·김국광(金國光)은 의논하기를, "심원의 죄상은 율(律)에 바른 조문(條文)이 없으므로 의금부(義禁府)에서 할 수 없이 조부를 꾸짖은 율(律)에 견주었으니, 중(重)할 듯합니다. 또 임금의 친족에게는 응의(應議)[1]의 예(例)가 있으니, 직첩을 거두고 먼 지방에 안치(安置)하는 것이 어떠합니까?" 하고, 은천군(銀川君) 이찬(李穳), 정양군(定陽君) 이순(李淳), 운산군(雲山君) 이계(李誡)는 의논하기를, "심원이 조부를 능욕(陵辱)한 죄는 율(律)에 살펴보면 죽여야 마땅하나 보성군이 고한 것은 까닭이 있어 행한 것이니, 극형에 처할 수 없습니다. 사형을 감하는 것이 어떠합니까?" 하고, 박중선(朴仲善), 민발(閔發), 윤계겸(尹繼謙), 강양군(江陽君) 이융(李瀜), 봉성군(鳳城君) 이이(李徕), 신종군(新宗君) 이효백(李孝伯), 운수군(雲水君) 이효성(李孝誠), 의천군(義泉君) 이승은(李承恩), 수안군(遂安君) 이당(李讜), 영인군(寧仁君) 이순(李循), 청풍군(淸風君) 이원(李源), 정은(鄭垠)이 의논하기를, "이제 보성군이 고한 것을 가지고 보면 심원의 죄를 가볍게 논할 수 없으나, 다만 어떤 일로 인하여 우연히 고발한 것이므로 사정이 의심스러우니, 성상께서 재량하여 시행하소서." 하고,

권감(權瑊)이 의논하기를, "이제 보성군이 고한 것을 보건대, 심원의 죄가 진실로 커서 가볍게 논할 수 없습니다. 그러나 교형(絞刑)에 처하는 것은 과중하니, 속적(屬籍)을 박탈하고 먼 지방에 유배시켜 종신토록 금고(禁錮)하는 것이 어떠합니까?" 하고, 유수(柳洙)·양성지(梁誠之)는 의논하기를, "심원이 조부에게 방자하고 패역함

이 막심하니, 율에 의하여 시행하는 것이 어떠합니까?" 하고, 강희맹(姜希孟)·신정(申瀞)·김자정(金自貞)은 의논하기를, "부자(父子)·조손(祖孫)은 천속(天屬)[2]이므로 하나라도 범함이 있으면 죄를 용서할 수 없으나, 그 사이에는 혹시 애매한 일도 있을 듯합니다. 이런 까닭에 대순(大舜)은 아들이 되어 원망하면서도 사모하는 근심을 면치 못하였고[3] 윤길보(尹吉甫)는 아비가 되어 봉상(蜂裳)의 참소(讒訴)를 면치 못하였는데[4], 하물며 그만 못한 자이겠습니까? 보성군이 심원의 불효를 고한 것은 처음에 임사홍(任士洪)의 일을 증명함으로 인하여 조부와 손자 사이에 분함이 쌓인 것이 그치지 아니하여 여기에 이른 것입니다. 조부가 손자에게 있어서 만일 〈손자의〉 순종하지 않는 일이 있으면 집안에서 꾸짖는 것도 좋고 매를 때리는 것도 좋으며, 남에게 죄를 지어서 집안의 잘못이 밖에 드러나면 은혜가 항상 의(義)을 덮어서 곡진히 비호(庇護)하는 것은 필부(匹夫)라도 오히려 알 것인데, 하물며 보성군은 종친으로서 어찌 이를 모르고서 감히 이러한 일을 했겠습니까? 격(激)한 바가 있어서 그러하였을 것으로 의심됩니다. 그런데 조정에서 그대로 따라 심원을 중한 법에 처하면 일의 대체(大體)를 잃을까 두려우며, 만약 조부와 손자가 서로 송사하여 실정을 밝히면 손상됨이 더욱 클 것입니다. 또 심원을 온전히 석방한다면 죄상을 귀결지은 바가 없으니, 자손이 교령(敎令)을 위반한 율(律)에 의하여 논단하는 것이 어떠하겠습니까?" 하고, 어세공(魚世恭)·박양신(朴良信)·이길보(李吉甫)는 의논하기를, "이제 보성군이 고한 것을 보건대, 꾸짖고 욕한 것 같지는 아니하나, 진실로 교령을 어긴 것입니다. 다시 조율(照律)하여 죄를 정하는 것이 어떠하겠습니까?" 하고,

김순명(金順命)은 의논하기를, "심원이 순종하지 아니한 일은 애매한 듯한데, 일체 율문(律文)에 의하면 온당치 못할 듯합니다. 다만 조부와 손자 사이로서 여기에 이르게 된 까닭이 있을 것이므로 온전히 석방할 수는 없으니, 외방(外方)에 부처(付處)하는 것이 어떠하겠습니까?" 하고, 이극증(李克增)·윤흠(尹欽)·강자평(姜子平)은 의논하기를, "이제 보성군이 고한 것을 보건대, 심원의 죄를 가볍게 논할 수 없으나 종친(宗親)이 범한 것은 종사(宗社)에 관계되지 아니하니, 성상께서 재량하여 시행하소서." 하고, 신준(申浚)·고태필(高台弼)·윤호(尹壕)는 의논하기를, "심원이 인륜(人倫)의 변(變)을 당하여 능히 잘 처리하지 못하고 조부에게 격노(激怒)하였으니, 진실로 죄가 있습니다. 그러나 그 고한 말을 보건대, 그 공손하지 못한 말은 직접 조부를 가리켜서 한 것이 아니니, 꾸짖고 욕한 율로 단정하는 것은 온당치 못할 듯합니다." 하고, 김유(金紐)·안관후(安寬厚)·임수경(林秀卿)·안처량(安處良)·최반(崔潘)·안선(安璿)·이세광(李世匡)·윤희손(尹喜孫)·유인호(柳仁濠)는 의논하기를, "심원이 조부를 향하여 한 말이 불손(不遜)한 것은 진실로 죄가 있습니다.

그러나 합(嗒)이 심원에 대하여 임사홍의 연고로써 몹시 미워하였으므로 이제 심원의 순종하지 아니한 일을 장고(狀告)한 것은 반드시 여기에서 말미암은 것입니다. 그러니 법으로 처리하면 사정이 매우 애매합니다." 하고, 윤필상(尹弼商)·한계희(韓繼禧)·이승소(李承召)·이맹현(李孟賢)은 의논하기를, "심원이 합에게 대하여 허물과 죄악을 드러내어 말한 것이 아니고, 다만 말이 오고 가는 데에 방자하게 다투었을 뿐입니다. 또 그 죄가 종사(宗社)에 관계되는 것이 아니고 율(律)에 의친(義親)의 조문이 있으니, 성상께서 재량하소서." 하고,

하숙부(河叔溥)는 의논하기를, "이제 보성군이 고한 것을 보건대, 심원이 조부를 꾸짖은 정상이 드러나지 아니하였으니, 다시 조율(照律)하는 것이 어떠하겠습니까?" 하고, 김춘경(金春卿)·경준(慶俊)은 의논하기를, "심원이 조부를 능욕한 죄는 법으로 보면 죽어 마땅하나, 보성군이 고한 것은 까닭이 있어 말한 것이므로 극형에 처할 수는 없습니다. 사형을 감하는 것이 어떠하겠습니까?" 하고, 성현(成俔)·이형원(李亨元)·김응기(金應箕)는 의논하기를, "보성군 합이 심원과 화목하지 아니함은 조정에서도 아는 바이므로 이제 고한 일을 하나하나 다 믿을 수는 없습니다. 허물을 드러내어 말한 것은 꾸짖고 욕하는 데에 견줄 것이 아니므로 위의 율(律)로 논단(論斷)하는 것은 온당치 못합니다. 그러나 아버지가 아무리 아버지 노릇을 못할지라도 아들은 아들 노릇을 아니할 수 없으니, 심원은 죄가 없지 아니합니다. 성상께서 재량하소서." 하고, 성담년(成聃年)은 의논하기를, "합이 작은 분함으로 인하여 그 손자를 죽을 곳에 빠뜨리니, 이는 인정(人情)으로 차마 못할 바이며, 심원도 성의로써 감동시키지 못하고 그 조부의 노여움을 일으키게 하였으니, 또한 어찌 죄가 없겠습니까? 마땅히 의리(義理)로써 타일러 그 마음에 부끄러워하고 깨닫게 해야할 것입니다." 하고, 김흔(金訢)은 의논하기를, "심원이 전일에 그 숙모부(叔母夫)[5] 임사홍을 논핵(論劾)하였으니, 진실로 한 집안의 죄인입니다. 그러나 그 논핵한 것은 공(公)에 따르고 사(私)를 잊으며 마음을 왕실(王室)에 두고 집을 돌아보지 아니함이니, 비록 중도(中道)[6]는 아니라 하더라도 뜻은 숭상할 만합니다. 합이 심원을 비록 골육(骨肉)으로 볼지라도 친자녀에 비하면 사이가 있는데, 심원의 연고로써 친사위가 멀리 귀양가는 데에 이르렀으니, 심원을 미워하여 죄에 빠뜨려서 해치고자 함이 매우 뚜렷합니다. 이제 만약 상례(常例)에 구애되어 순종하지 아니한 율(律)에 처하면, 위로는 골육(骨肉)의 은혜를 상하게 하고 아래로는 충직(忠直)한 기운을 저해하여 이륜(彛倫)[7]이 거의 없어질 것이며, 언로(言路)가 혹시 막히는 데에 이를 것입니다. 신의 생각으로는 합을 불러서 심원의 허물은 용서할 만하고 골육(骨肉)의 은혜는 서로 해칠 수 없다는 것으로써 타이르고, 다음은 심원을 석방하여 더욱 공경하고 효도하는 마음

을 일으켜서 감히 미워하고 원망하지 못하는 의리를 힘쓰게 하여서, 조부를 위하고 손자를 위하여 다시 처음과 같이 되게 하여 이륜(彛倫)을 두터이 하고 언로(言路)를 넓히는 것이 어떠하겠습니까?" 하고,

소사식(蘇斯軾)·서팽소(徐彭召)·민효증(閔孝曾)·최진(崔璡)·민사건(閔師騫)·홍형(洪泂)·이균(李均)은 의논하기를, "심원이 진실로 〈그 조부를〉 능욕하였다면, 그 죄는 마땅히 율(律)에 의하여 죄를 과(科)할 것이나, 다만 그 고장(告狀)은 어떤 일로 인하여 우연히 고발한 것이고 말한 것도 확실하지 않습니다. 이른바 '내 죄가 무엇인가?'라고 한 것은 비록 심원이 말한 것이라 하더라도, 이는 어버이에게 사랑을 받지 못하여 원망하면서도 사모하는 말이므로 업신여기는 것이라고 말할 수 없습니다. 만약 조부가 친히 고하였다고 하여 갑자기 법에 처하면 사정이 애매하니, 성상께서 재량하소서." 하고, 이우보(李祐甫)·안침(安琛)·권경우(權慶祐)·유호인(兪好仁)·안윤손(安潤孫)·김수동(金壽童)은 의논하기를, "아비는 아들에게 있어서 한 몸이 나누어진 것이라 그 사랑하고 기르는 마음은 본래부터 마음에 내키지 않는 것을 억지로 하는 것이 아니므로 사람과 생물이 모두 같습니다. 무릇 매[鷹]와 송골매[鶻]는 사나운 새이고, 표범과 호랑이는 사나운 짐승이며, 뱀과 살무사[虺]는 독(毒)이 있는 생물인데도 오히려 새끼를 사랑하는 마음이 있어서 차마 해롭게 하지 못하기 때문에 그 종류가 끊어지지 아니하니, 어찌 천성(天性)으로 그런 것이 아니겠습니까? 순(舜)임금은 큰 성인(聖人)인데도 아비인 고수(瞽瞍)가 날마다 순을 죽이기를 일삼았고, 백기(伯奇) 역시 효자(孝子)인데도 오히려 그 아비에게서 사랑을 얻지 못하였으니, 이치에 어긋남이 매와 송골매, 표범과 호랑이, 뱀과 살무사보다도 못한 자가 간혹 있습니다. 이제 심원은 합에게 손자인데도 합이 그 순종하지 아니한 형상을 고하였으니, 모르는 이는 말하기를, '심원이 과연 죄가 있는 것이다. 어찌 조부로서 그 손자를 죽이려고 하는 자가 있겠느냐?'고 할 것이나, 신 등은 그렇지 않다고 생각합니다. 심원이 어려서 학문에 뜻을 두고 일찍 이 학생(學生) 가운데 뜻이 있는 자와 더불어 《소학(小學)》의 도(道)를 연구하였는데, 그때에 심원을 우원(迂遠)[8] 하다고 하여 모두 비웃어서 신총(宸聰)에 상달되는 데에 이르렀으니, 사람됨이 비록 세상 물정에는 맞지 않는다 하더라도 이 한 가지 일로써 볼 때 어버이에게 효도하지 않고 순종하지 아니할 자가 아님은 넉넉히 알 수 있습니다. 지난번 심원이 임원준(任元濬)·임사홍(任士洪) 등의 간사한 형상을 극진히 진술하였는데, 임사홍은 합의 사위이며, 심원에게는 숙부(叔父)[9] 입니다. 합의 마음에는 조카가 고모부의 일을 논핵하였으니 인정에 크게 어긋난다고 생각하여서 드디어 깊이 미워하게 된 것이고, 성상께서 심원과 임원준을 대궐의 뜰에 불러다 놓고 대질(對質)시킴에 미쳐서는 합이 증

거를 만들어서 그 손자와 더불어 서로 변명하고자 하여 임사홍을 위하는 편이 되었습니다. 신 등이 그때에도 임원준의 일에 관여되어 대궐의 뜰에 이르러, 합의 소위를 보고 그가 이치를 아는 사람이 아님을 알았습니다. 성상께서 옳고 그름을 밝게 분변하여 임원준 부자를 죄주고 심원의 말을 옳지 못하다고 하지 아니하자, 합의 노여워함이 이에 더욱 깊어져서 심원을 손자로 치지 아니하고 날마다 해치기를 생각하였으나 그 틈을 얻지 못하였습니다. 그러다가 이번 친족(親族)이 모이는 날에 능욕(陵辱)하고 횡역(橫逆)하였다고 핑계대어 심원에게 죄를 얽어서 조정에 포고하여 기어이 골육(骨肉)을 해친 뒤에야 그만 두고자 하니, 어찌 천리(天理)와 인도(人道)의 큰 변(變)이 아니겠습니까? 예전에 이최(李璀)[10]는 그 아비 이회광(李懷光)이 반역하려는 죄를 당(唐)나라 태종(太宗)에게 고하였고, 석작(石碏)[11]은 그 아들 석후(石厚)가 임금을 죽인 악함을 진(陳)나라 사람들에게 퍼뜨려서 이회광과 석후는 모두 사형을 당하였는데, 전사(前史)에서 잘못이라고 하지 아니하였습니다. 대저 일이 국가의 대체에 관계가 있으면 아들도 그 아비를 덮어줄 수 없고, 아비도 그 아들을 덮어줄 수 없는데, 심원이 임사홍을 논한 것이 무슨 잘못이 있겠습니까? 가령 심원이 친족이 모인 날에 어버이에게 사랑을 얻지 못한 것을 민망히 여겨서 끌어낼 때를 당하여 혹시 박절한 말이 있었다 하더라도 아들이 아비에게 세 번 간(諫)하여 듣지 아니하면 울부짖으면서 따라다니는 것인데, 손자가 조부에게 울부짖으며 말하는 것이 무슨 잘못이 있겠습니까? 합이 심원을 고발한 것은 임사홍을 위해서 원수를 갚는 데에 불과합니다. 신 등은 생각건대 합을 죄주고자 하면 손자의 연고로써 죄가 조부에게 미치는 것이고, 심원을 죄주고자 하면 간사한 사람의 연고로써 죄가 말한 자에게 미치는 것이니, 모두 옳지 못하다고 여깁니다. 합과 심원을 모두 대궐 뜰에 불러 놓고, 합에게는 손자를 사랑하는 도리로 타이르고 심원에게는 효도하지 아니할 수 없는 것으로 타일러서 둘 다 그대로 놓아두는 것이 어떠하겠습니까?" 하였다.

전교하기를, "이제 여러 의논을 보니 한결같지 아니하다. 내 생각으로는 보성군(寶城君)과 주계 부정(朱溪副正)을 동시에 불러 놓고 잘못된 이유를 깨우쳐서 서로 화합하게 하여 천륜(天倫)을 온전히 하도록 하거나, 그렇지 않으면 주계 부정을 외방(外方)에 부처(付處)하려고 하는데, 경 등의 뜻은 어떠한가? 이 두 가지 가운데 가부(可否)를 헤아려서 다시 의논해 아뢰라." 하니, 고태필(高台弼)·이우보(李祐甫)·안침(安琛)·안선(安璿)·이세광(李世匡)·윤희손(尹喜孫)·유인호(柳仁濠)·권경우(權景祐)·김흔(金訢)·성담년(成聃年)·유호인(兪好仁)·소사식(蘇斯軾)·서팽소(徐彭召)·민효증(閔孝曾)·최진(崔璡)·민사건(閔師騫)·홍형(洪泂)·이균(李均)·안윤손(安潤孫)·김수동(金壽童)은 아뢰기를, "두 사람을 깨우쳐 타일러서 그대로 놓아두는 것이 좋겠습니다." 하였고, 정창손(鄭昌孫) 등은 아뢰기를, "외방(外方)에 부처(付處)하는 것이 좋겠습니다." 하였다. 전교하기를, "무릇 일은 바른 것이 귀중한데, 보성군이 주계를 고발한 것은 오로지 임사홍의 일로 인하여 행한 것이니, 일이 바르지 못하다. 내 생각으로는 보성군을 불러서 조부와 손자의 의리로 타이르고 주계를 석방하고자 하는데, 어떠한가?" 하니, 정창손 등이 다시 아뢰기를, "조부와 손자의 사이는 천륜이 지극히 중하니, 조부가 비록 사랑하지 아니할지라도 손자는 효도하지 아니할 수 없는데, 이제 심원이 조부에게 한 말이 이치에 어긋나므로 온전히 석방할 수는 없습니다. 외방에 부처하는 것이 좋겠습니다." 하였다. 어서(御書)로 이르기를, "직첩(職牒)만 거두고 외방에 부처(付處)하라." 하였다.

[1]응의(應議) : 범죄자 중에서 팔의(八議)에 속하는 자는 사실을 공개하지 않고 사전(事前)에 임금에게 의죄(議罪)를 주청(奏請)해서 재결을 받아 처리하여야 하며, 함부로 구문(拘問)하지 못함.

[2]천속(天屬) : 천륜(天倫)의 친속(親屬).

[3]대순(大舜)은 아들이 되어 원망하면서도 사모하는 근심을 면치 못하였고 : 순(舜)임금의 아버지 고수(瞽瞍)는 후처(後妻)와 그의 소생인 상(象)의 선동으로 전실 자식인 순을 두 차례나 죽이려고 하였지만, 순은 극진히 효도하였으므로 이와 같이 말한 것임.

[4]윤길보(尹吉甫)는 아비가 되어 봉상(蜂裳)의 참소(讒訴)를 면치 못하였는데 : 주(周)나라 윤길보(尹吉甫)의 아들 백기(伯奇)는 후모(後母)를 효도로써 섬겼으나, 후모가 벌을 잡아 독(毒)을 빼고는 옷 위에 붙여두자 백기가 이를 떼려 하였는데, 후모는 백기가 자신을 잡아당겼다고 참소하여 윤길보의 의심을 샀으므로 백기가 쫓겨나서 자살하였음.

[5]숙모부(叔母夫) : 고모부.

[6]중도(中道) : 중용(中庸)의 도(道).

[7]이륜(彝倫) : 인륜(人倫).

[8]우원(迂遠) : 세상일에 어두움.

[9]숙부(叔父) : 고모부.

[10]이최(李璀) : 당나라 사람.

[11]석작(石碏) : 춘추 때 사람.

○ 命召曾經政丞、議政府堂上、宗親府二品以上、忠勳府一品、漢城府、六曹堂上、臺諫、弘文館·藝文館官員等, 議朱溪副正 深源不順祖父事。鄭昌孫、韓明澮、沈澮、盧思愼議: "以寶城君 容所告觀之, 深源向祖父言辭橫逆, 無禮莫甚。 然無的實罵祖言辭, 以罵祖律照得, 置之極刑似過。減死何如?" 尹士昕、金國光議: "深源罪狀, 律無正條, 義禁府不得已以罵祖律比照, 似重。且在王親應議之例, 收職牒遠方安置何如?" 銀川君 穳、定陽君 淳、雲山君 誠議: "深源陵辱祖父之罪, 按律當死, 然寶城之告有因而發, 不可置之極刑。減死何如?" 朴仲善、閔發、尹繼謙、江陽君 瀜、鳳城君 徠、新宗君 孝伯、雲水君 孝誠、義泉君 承恩、遂安君 讚、寧仁君 楯、清風君 源、鄭垠議: "今以寶城君之告觀之, 深源之罪不可輕論, 但因事而發, 情涉疑似, 上裁施行" 權瑊議: "今觀寶城之告, 深源罪固大矣, 不可輕論。然處絞過重, 削屬籍、流遠方、禁錮終身何如?" 柳洙、梁誠之議: "深源之於祖父, 橫逆莫甚, 依律施行何如?" 姜希孟、申瀞、金自貞議: "父子、祖孫, 天屬也, 一有犯之, 則罪不可赦, 然其間容或有曖昧之變。是故以大舜爲子而未免怨慕之患, 以吉甫爲父而不免蜂裳之讒, 況其下者乎? 寶城告深源不孝, 初因證士洪之事, 祖孫之間積憤不已, 以至於此。祖父於孫, 苟有不順之事, 門闑之內譴責之可也, 捶撻之可也。至於獲罪於人, 家醜外揚, 則恩常掩義, 曲爲庇護, 匹夫猶能知之, 寶城宗英也, 豈不知此而敢爲此者? 疑有所激而然也。朝廷若從而置深源重典, 則恐失事體, 若祖孫交訟得情, 則所傷益大。且全釋深源, 罪無所歸, 依子孫違犯敎令律論斷何如?" 魚世恭、朴良信、李吉甫議: "今觀寶城之告, 似不罵詈, 實是違犯敎令。改照律定罪何如?" 金順命議: "深源不順之事, 若涉曖昧, 而一依律文, 則似未安。但祖孫之間致此有由, 不可全釋, 付處外方何如?" 李克增、尹欽、(姜自平) 議: "今以寶城君之告觀之, 深源之罪不可輕論, 然宗親所犯不關宗社, 上裁施行" 申浚、高台弼、尹壕議: "深源遇人倫之變, 不能善處, 激怒祖父, 信有罪矣。然觀其告辭, 其不遜之言, 不爲直指祖父, 斷以詈罵之律, 似未穩" 金紐、安寬厚、林秀卿、安處良、崔潘、安璿、李世匡、尹喜孫、柳仁濠議: "深源向祖言辭不遜, 固爲有罪。然容之於深源, 以士洪之故, 甚惡之, 今狀告深源不順之事, 必由於此。置之於法, 情甚曖昧" 尹弼商、韓繼禧、李承召、李孟賢議: "深源於容, 非稱揚過惡, 但言語進退橫勃耳。且其罪不關宗社, 律有議親之條, 上裁" 河叔溥議: "今觀寶城之告, 深源罵祖之狀不著, 改照律何如?" 金春卿、慶俊議: "深源陵辱祖父, 按律當死, 然寶城之告有因而發, 不可置之極刑。減死何如?" 成俔、李亨元、金應箕議: "寶城君 容與深源不協, 朝廷所知, 今所告之事, 不可一一盡信, 聲罪之言。非罵詈之比, 右律論斷未穩。然父雖不父, 子不可以不子, 深源不無有罪, 上裁" 成聃年議: "容因小忿, 陷其孫於死地, 此人情所不忍也, 深源亦不能以誠意動之, 以致其祖之怒, 亦豈無罪? 宜以義理譬曉之, 使愧悟其心" 金訢議: "深源前日論劾其叔母夫任士洪, 固一家之罪人也。然其論劾也, 徇公而忘私, 心存王室而不顧家, 雖非中道, 志則可尙也。容之視深源, 雖是骨肉, 比之親子女, 則有間矣, 以深源之故, 親女壻至於遠竄, 則其憎惡深源, 而欲陷害之也著甚。今若拘於常例, 坐以不順之律, 則上以傷骨肉之恩, 下以沮忠直之氣, 彝倫幾乎斁矣, 言路或至於塞矣。臣意以爲召容, 諭以深源之過可恕、骨肉之恩不可相殘之理, 次釋深源, 勉以起敬起孝, 不敢疾怨之義, 俾之爲祖爲孫復如初, 以敦彝倫, 以廣言路何如?" 蘇斯軾、徐彭召、閔孝曾、崔璡、閔師騫、洪泂、李均議: "深源實陵辱, 其罪則固當依律科罪, 但其告狀, 因事而發, 所云亦非的實。其所謂 '我罪伊何?' 者, 雖實深源所言, 是亦不得於親而怨慕之辭, 不可謂陵也。若以祖父親告, 遽置於法, 情涉曖昧, 上裁" 李祜甫、安琛、權慶祐、兪好仁、安潤孫、金壽童議: "父之於子, 一體而分, 其愛之育之之心, 固不待勉强作爲而然者, 在人物同然。夫鷹鸇鷙鳥也, 豹虎猛獸也, 蛇虺毒物也, 而猶有愛子之心, 不忍殘害, 故其爲類不絶, 豈非天性然也? 舜大聖也, 瞽瞍日以殺舜爲事, 伯奇亦孝子也, 猶不得於父, 則反常逆理曾不如鷹鸇、豺虎、蛇虺者, 亦或有之。今深源於容, 孫也, 而容告其不順之狀, 不知者以謂: '深源果有罪。不然安有祖父而欲殺其孫者?' 臣等獨以爲未也。深源少有志於學, 嘗與學生之有志者講《小學》之道, 其時以深源爲迂遠,人皆非笑之，至有上達宸聰者。爲人雖不合於世情，以此一事，亦足以知不爲不孝·不順於親者也。日者深源極陳任元濬、士洪等奸邪之狀，士洪 容之壻，於深源叔父也。容之心，以姪而論叔母夫之事，大拂人情，遂深嫉之，及上召致深源、元濬于庭面質之，容作証，至欲與其孫相發明爲士洪地。臣等其時亦干元濬之事，到闕庭見容所爲，知其爲非識理之人。上明辨是非，罪元濬父子，而不以深源之言爲不可，容怒於此益深，以深源不齒孫行，日思所以害之，而未見其隙。今者托於族會之日陵辱橫逆，構罪深源而布告于朝，期於殘傷骨肉而後已，豈非天理人道之大變乎? 昔李璀告其父懷光欲叛之罪于唐宗，石碏布其子厚弑君之惡于陳人，懷光、石厚皆就誅戮，而前史不以爲非。大抵事有關於國家大體，則子不能淹其父，父不能掩其子，深源之論士洪，有何不可? 縱使深源於族會之日，悶其不得於親，當曳出之時，或有迫切之言，子之於父，三諫不聽，號泣而隨之，則孫之於祖，號泣而言，有何不可? 容之告深源，不過爲士洪報仇也。臣等以謂欲罪容，則以孫之故罪及祖父，欲罪深源，則奸人之故罪及言者，皆爲不可。容與深源竝召闕庭，諭容以慈愛之道，深源以不可不孝，而兩置之何如?" 傳曰:"今觀衆議不一。予意以謂寶城君、朱溪副正一時召致，開諭胥失之由，使之相和以全天倫，不然則朱溪欲付處外方，於卿等意何如? 於斯二者，量其可否，更議以啓" 高台弼、李祐甫、安琛、安瓚、李世匡、尹喜孫、柳仁濠、權景祐、金訢、成聃年、兪好仁、蘇斯軾、徐彭召、閔孝曾、崔璡、閔師騫、洪泂、李均、安潤孫、金壽童啓曰: "開諭兩人，置之爲便" 鄭昌孫等啓曰: "外方付處爲便" 傳曰: "凡事以正爲貴，寶城之告朱溪，專因士洪之事而發，事涉不正。予意以爲召致寶城君論諭祖孫之義，欲釋朱溪，何如?" 鄭昌孫等更啓曰: "祖孫之間天倫至重，祖雖不慈，孫不可不孝，今深源向祖父言辭悖理，不可全釋。外方付處爲便" 御書曰: "只收職牒，外方付處"

68. 승정원에 병조참판 김순명이 술에 취해 비틀거린 일을 묻게 하다

《성종 9년 12월 10일 정유 6번째 기사》

승정원(承政院)에 전교하기를, "오늘 조계(朝啓) 때에 병조참판(兵曹參判) 김순명(金順命)이 술에 취하여 입시(入侍)하였는데, 넘어지게 되어도 괜찮겠는가? 또 병조는 다른 관사(官司)보다 훨씬 일이 번거로운 곳이므로 더욱이 술에 취하지 말아야 할 것이다. 김순명을 불러서 물으라." 하였다.

김순명이 와서 아뢰기를, "신은 평소에 구역질이 나서 숨이 막혀 얼굴로 올라와서 그런 것이지, 신이 술에 취하였던 것이 아닙니다." 하니, 전교하기를, "거의 넘어질 뻔한 것을 내가 눈으로 보았는데, 어찌하여 취하지 않았다고 말하는가? 병조는 직임이 가볍지 않으므로 술을 마시지 않을 수 없더라도 그렇게 몹시 취하지는 말아야 하니, 이 뒤로는 몹시 취하여 직무를 게을리 하지 말라." 하였다.

○傳于承政院曰: "今日朝啓時，兵曹參判金順命醉酒入侍，若至顚仆，則其可乎? 且兵曹事繁，倍於他司，尤不當醉酒。其召順命問之" 順命來啓曰: "臣素嬰嘔逆之疾，氣窒上面而然, 臣非醉酒也" 傳曰: "予乃目覩幾於顚蹶, 何以言不醉也? 兵曹職任非輕, 雖不可不飮, 不應如是沈醉, 今後毋沈醉曠官也"

69. 영의정 정창손 등의 대신들과 중국에서 청구한 일을 의논하다

《성종 9년(1478) 12월 22일 기유 3번째 기사》

중국에서 청구한 일을 의논하였다. 영의정(領議政) 정창손(鄭昌孫), 상당부원군(上黨府院君) 한명회(韓明澮), 좌의정(左議政) 심회(沈澮), 우의정(右議政) 윤필상(尹弼商), 영돈녕부사(領敦寧府事) 노사신(盧思愼), 영중추부사(領中樞府事) 홍응(洪應), 좌찬성(左贊成) 한계희(韓繼禧), 판돈녕부사(判敦寧府事) 강희맹(姜希孟), 이조판서(吏曹判書) 박중선(朴仲善), 좌찬성(左贊成) 어유소(魚有沼), 우참찬(右參贊) 이극증(李克增), 공조판서(工曹判書) 양성지(梁誠之), 병조판서(兵曹判書) 어세공(魚世恭), 호조판서(戶曹判書) 윤흠(尹欽), 예조판서(禮曹判書) 이승소(李承召), 형조판서(刑曹判書) 윤계겸(尹繼謙), 공조참판(工曹參判) 신정(申瀞), 호조참판(戶曹參判) 신준(申浚), 이조참판(吏曹參判) 박숙진(朴叔蓁), 병조참판(兵曹參判) 김순명(金順命)이 의논하기를,

"별례(別例)로 진헌(進獻)하는 것은 중국 조정에서 아는 것이 아니기는 하나, 전에 이미 장만하여 바쳤으므로 이제 면제하여 달라고 청하기 어려우니, 우선 토산물로 장만하여 바치되, 우리나라에서 나지 않는 물건이면 물목단자(物目單子)에 나지 않는다는 사유를 깨달을 수 있도록 적는 것이 어떠하겠습니까?" 하니, 전교(傳敎)하기를, "경 등의 의논이 옳다. 그러나 역로(驛路)의 폐단을 아뢰려 하는데, 어떠하겠는가?" 하였다. 정창손 등이 대답하기를, "구실을 만들기가 참으로 어려우니, 우리나라 역로의 폐단을 면하게 하여 달라고 청할 수는 없겠습니다." 하니, 전교하기를, "경 등의 말이 옳다." 하였다.

○ 議中朝求請事。領議政鄭昌孫、上黨府院君韓明澮、左議政沈澮、右議政尹弼商、領敦寧府事盧思愼、領中樞府事洪應、左贊成韓繼禧、判敦寧府事姜希孟、吏曹判書朴仲善、左贊成魚有沼、右參贊李克增、工曹判書梁誠之、兵曹判書魚世恭、戶曹判書尹欽、禮曹判書李承召、刑曹書判尹繼謙、工曹參判申瀞、戶曹參判申浚、吏曹參判朴叔蓁、兵曹參判**金順命** 議: "別例進獻, 雖非朝廷所知, 前旣備進, 今難請免。姑以土産備進, 如本國不産之物, 物目單本開坐不産之由, 何如?" 傳曰: "卿等議是。然欲奏驛路之弊, 何如?" 昌孫等對曰: "措辭實難, 不可以我國驛路之弊請免也" 傳曰: "卿等之言是矣"

70. 병조참판 김순명이 향약의 의방을 편찬하여 널리 민간에 배포할 것을 청하다

《성종 10년(1479) 2월 13일 경자 1번째 기사》

상참(常參)을 받고 정사를 보았다. 병조참판(兵曹參判) **김순명(金順命)**이 아뢰기를, "세조조(世祖朝)에 《구급방(救急方)》을 찬집(撰集)하였으나, 그 약재(藥材) 중에서 중국에서 나는 것은 백성이 쉽게 얻을 수 없으니, 향약(鄕藥)의 의방(醫方)을 찬집하여 민간에 널리 펴기를 청합니다." 하니, 임금이 말하기를, "우리나라 백성의 성질은 중국과 다르니, 향약의 효험이 더욱 속하지 않겠는가?" 하자, 승지(承旨) 이경동(李瓊仝)이 아뢰기를, "《향약집성방(鄕藥集成方)》이 전에 이미 찬집되었으나, 근자에는 《화제방(和劑方)》을 즐겨 쓰기 때문에 행해지지 않습니다. 또 우리나라 사람이 찬집한 《본초(本草)》에는 그 이름만을 적고 그 형상을 그리지 않았으므로 사람들이 알 수 없으니, 당본(唐本)에 따라 다시 찬집하기를 청합니다." 하니, 임금이 말하기를, "그리 하라." 하였다.

○ 庚子/受常參, 視事。兵曹參判金順命啓曰: "世祖朝, 嘗撰《救急方》, 其藥材出於中國者, 民不易得, 請撰《鄕藥醫方》, 廣布民間" 上曰: "我國民性異於中國, 鄕藥之效無乃尤速乎?" 承旨李瓊仝啓曰: "《鄕藥集成方》曾已撰集, 近者好用《和劑》, 是以不行。且《東人本草》止錄其名, 不圖其形, 人不得知, 請更依唐本撰集" 上曰: "然"

71. 김순명·여자신·유지·이극균 등에게 관작을 제수하다

《성종 10년(1479) 3월 21일 정축 6번째 기사》

김순명(金順命)을 **가선대부(嘉善大夫) 청릉군(淸陵君)**으로, 여자신(呂自新)을 가선대부 병조참판(兵曹參判)으로, 유지(柳輊)를 가정대부(嘉靖大夫) 동지중추부사(同知中樞府事)로, 이극균(李克均)을 가정대부 영안북도절도사(永安北道節度使)로 삼았다.

○ 以金順命爲嘉善淸陵君, 呂自新嘉善兵曹參判, 柳輊嘉靖同知中樞府事, 李克均嘉靖永安北道節度使。

72. 박중선·이덕량·신정·김순명 등에게 관작을 제수하다

《성종 10년(1479) 10월 28일 경술 5번째 기사》

박중선(朴仲善)을 숭정대부(崇政大夫) 평양군(平陽君)으로, 이덕량(李德良)을 가정대부(嘉靖大夫) 공조참판(工曹參判)으로, 신정(申瀞)을 가정대부 고천군(高川君)으로, **김순명(金順命)**을 **가선대부(嘉善大夫) 예조참판(禮曹參判)**으로, 이극돈(李克墩)을 가선대부 영안도관찰사(永安道觀察使) 겸 영흥부윤(永興府尹)으로, 김

서형(金瑞衡)을 가선대부 영안남도절도사(永安南道節度使) 겸 북청 도호부사(北靑都護府使)로 삼았다.

○ 以朴仲善爲崇政平陽君, 李德良嘉靖工曹參判, 申瀞嘉靖高川君, 金順命嘉善禮曹參判, 李克墩嘉善永安道觀察使兼永興府尹, 金瑞衡嘉善永安南道節度使兼北靑都護府使。

73. 인정전에 나아가 양로연을 행하다

《성종 11년(1480) 9월 19일 병신 1번째 기사》

임금이 인정전(仁政殿)에 나아가 양로연(養老宴)을 행하였는데, 월산대군(月山大君) 이정(李婷), 제안대군(齊安大君) 이현(李琄), 덕원군(德源君) 이서(李曙), 창원군(昌原君) 이성(李晟), 오산군(烏山君) 이주(李澍), 의성군(誼成君) 이채(李寀), 보성군(寶城君) 이합(李㝓), 은천군(銀川君) 이찬(李穳), 사산군(蛇山君) 이호(李灝), 영천군(領川君) 이정(李定), 옥산군(玉山君) 이제(李躋), 정양군(定陽君) 이순(李淳), 팔계군(八溪君) 이정(李淨), 의빈(儀賓) 홍상(洪常)·임광재(任光載), 승빈(承賓) 강자순(姜子順), 영의정(領議政) 정창손(鄭昌孫), 상당부원군(上黨府院君) 한명회(韓明澮), 청송부원군(靑松府院君) 심회(沈澮), 파천부원군(坡川府院君) 윤사흔(尹士昕), 광산부원군(光山府院君) 김국광(金國光), 좌의정 윤필상(尹弼商), 우의정 홍응(洪應), 영돈녕(領敦寧) 노사신(盧思愼), 영중추(領中樞) 이극배(李克培), 좌찬성(左贊成) 한계희(韓繼禧), 우찬성(右贊成) 강희맹(姜希孟), 이조판서 서거정(徐居正), 좌참찬(左參贊) 권감(權瑊), 지중추(知中樞) 성임(成任), 광천군(廣川君) 이극증(李克增), 호조판서 이철견(李鐵堅), 예조판서 이승소(李承召), 판한성부윤(判漢城府尹) 이예(李芮), 병조판서 유지(柳輊), 형조판서 손순효(孫舜孝), 예조참판 **김순명(金順命)**, 병조참판 윤호(尹壕), 이조참판 이병정(李秉正)과 승지(承旨)들이 입시(入侍)하였다.

○ 丙申/上, 御仁政殿, 行養老宴, 月山大君 婷、齊安大君 琄、德源君 曙、昌原君 晟、烏山君 澍、誼成君 寀、寶城君 㝓、銀川君 穳、蛇山君 灝、永川君 定、王山君 躋、定陽君 淳、八溪君 淨、儀賓洪常·任光載、承賓姜子順、領議政鄭昌孫、上黨府院君 韓明澮、靑松府院君 沈澮、坡川府院君 尹士昕、光山府院君 金國光、左議政尹弼商、右議政洪應、領敦寧盧思愼、領中樞李克培、左贊成韓繼禧、右贊成姜希孟、吏曹判書徐居正、左參贊權瑊、知中樞成任、廣川君 李克增、戶曹判書李鐵堅、禮曹判書李承召、判漢城府尹李芮、兵曹判書柳輊、刑曹判書孫舜孝、禮曹參判金順命、兵曹參判尹壕、吏曹參判李秉正及承旨等入侍。

74. 동부승지 이공이 의금부에서 삼복한 어을우동의 죄안을 가지고 아뢰다

《성종 11년(1480) 10월 18일 갑자 1번째 기사》

상참(常參)을 받고 정사를 보았다. 동부승지(同副承旨) 이공(李拱)이 의금부(義禁府)에서 삼복(三覆)한 어을우동(於乙宇同)의 죄안(罪案)을 가지고 아뢰기를, "어을우동이 전에 태강수(泰江守) 동(仝)의 처(妻)가 되었을 때 수산수(守山守) 기(驥) 등과 간통한 죄는《대명률(大明律)》의 '남편을 배반하고 도망하여 바로 개가(改嫁)한 것'에 비의(比擬)하여 교부대시(絞不待時)에 해당합니다." 하니, 임금이 좌우에게 물었다. 영의정(領議政) 정창손(鄭昌孫)이 대답하기를, "태형(笞刑)이나 장형(杖刑)의 죄는 혹 비율(比律)[1] 하여 논단(論斷)할 수 있지만, 사형(死刑)에 이르러서 어찌 비율할 수 있겠습니까? 태종조(太宗朝)에 이와 같이 음탕한 자가 있어서 간혹 극형에 처하였으나, 이것은 특별히 율(律) 밖의 형벌이었는데, 어찌 후세(後世)에서 법(法)을 삼을 수 있겠습니까? 지금 어을우동의 죄는 비록 주살(誅殺)을 용서할 수 없지만, 인주(人主)는 살리기를 좋아하는 것[好生]으로써 덕(德)을 삼아 율 밖의 형벌을 써서는 안됩니다." 하고, 도승지 김계창(金季昌)은 아뢰기를, "어을우동은 다른 음탕한 자와 비할 수 없습니다. 종실(宗室)의 처(妻)로서 종실의 근친(近親)과 간통을 하고, 또 지거비(知巨非)는 일찍이 종의 남편이었는데도 그와 간통을 하였으니, 마땅히 극형에 처해야 합니다." 하고,

예조참판(禮曹參判) <u>**김순명(金順命)**</u>과 한성부 좌윤(漢城府左尹) 이극기(李克基)는 아뢰기를, "인주(人主)가 형벌을 쓰는 것은 마땅히 정률(正律)을 써야 하고, 비율(比律)하여 죽여서는 안됩니다." 하니, 임금이 말하기를, "지금 풍속(風俗)이 아름답지 못하여, 여자(女子)들이 음행(淫行)을 많이 자행한다. 만약에 법으로써 엄하게 다스리지 않는다면 사람들이 징계(懲戒)되는 바가 없을 텐데, 풍속이 어떻게 바루어지겠는가? 옛사람이 이르기를, '끝내 나쁜 짓을 하면 사형에 처한다.'고 하였다. 어을우동이 음행을 자행한 것이 이와 같은데, 중전(重典)에 처하지 않고서 어찌하겠는가?" 하였다. 정창손이 아뢰기를, "〈사형수에 대하여〉 복심(覆審)하여 아뢰는 까닭은 죄수를 위하여 살릴 길을 구하는 것이니, 한때의 노여움으로 인하여 경솔히 율 밖의 중전(重典)을 써서는 옳지 못합니다. 또 풍속이 어찌 형벌로써 갑자기 변하겠습니까?" 하니, 임금이 말하기를, "형벌하는 까닭은 교화(敎化)를 돕고자 함인데, 만약에 풍속을 고칠 수 없다면 나라를 다스리는 데에 어찌 반드시 형벌을 쓰겠는가? 어을우동의 음행이 이와 같은데, 지금 엄히 징계하지 않는다면 고려[前朝] 말세(末世)의 음란(淫亂)한 풍속이 이로부터 일어날까 두렵다." 하였다.

김계창이 곧 아뢰기를, "형벌이란 시대에 따라서 가볍게도 하고 무겁게도 하는 것입니다. 어을우동은 음란하기가 이와 같으니, 마땅히 중전(重典)에 처해야 합니다." 하니, 임금이 말하기를, "옳다." 하였다. 사신(史臣)이 논평하기를, "김계창은 임금의 뜻을 헤아려 깨닫고 힘써 영합(迎合)하기만 하였다. 소위(所謂) '시대에 따라서 가볍게도 하고 무겁게도 한다.'는 것이 율(律) 밖의 형벌을 말함이겠는가? 감히 이 말을 속여서 인용하여 중전(重典)을 쓰도록 권(勸)하였으니, 이때의 의논이 그르게 여기었다." 하였다.

[1]비율(比律) : 죄에 맞는 정조(正條)가 없을 때 비슷한 조문(條文)을 비의(比擬)함.

○ 甲子/受常參視事。同副承旨李拱, 將義禁府三覆於乙宇同罪案, 啓曰: "於乙宇同, 前爲泰江守仝妻時, 奸守山守驥等罪, 比《大明律》背夫在逃, 因而改嫁, 絞不待時." 上問左右, 領議政鄭昌孫對曰: "笞杖之罪, 或可比律論斷, 至於死刑, 安可比律也? 太宗朝, 有如此淫奔者, 或置極刑, 然此特律外之刑, 豈可爲後世法乎? 今於乙宇同之罪, 雖不容誅, 人主以好生爲德, 不可律外用刑也." 都承旨金季昌曰: "於乙宇同, 非他淫奔者比也。以宗室妻, 奸宗室近親, 且知巨非, 曾爲婢夫, 而又奸之, 宜置極刑." 禮曹參判金順命、漢城府左尹李克基曰: "人主用刑, 當用正律, 不可比律而殺之." 上曰: "今風俗不美, 女多淫恣。若不痛繩以法, 則人無所懲, 風俗何由正乎? 古云: '怙終賊刑.' 於乙宇同, 恣行如此, 不置重典而何?" 昌孫曰: "覆奏所以爲囚求生也, 不宜以一時之怒, 輕用律外重典。且風俗, 豈以刑罰遽變乎?" 上曰: "刑罰所以弼敎, 若不能變俗, 則治國, 何必用刑? 於乙宇同, 淫行如此, 今不痛懲, 則前朝季世淫亂之風, 恐從此興矣." 季昌卽曰: "刑罰, 世輕世重。於乙宇同, 淫亂如此, 宜置重典." 上曰: "然."

【史臣曰: "季昌揣知上意, 務爲迎合。 所謂世輕世重者, 律外之刑云乎哉? 敢誣引, 勸用重典, 時議非之."】

75. 불효죄를 범한 이심원을 강원도 이천현에 부처하다

《성종 11년(1480) 12월 16일 신유 1번째 기사》

평성정(枰城正) 이위(李偉)가 와서 아뢰기를, "이심원(李深源)이 신에게 불효(不孝)하기 때문에 신이 상언(上言)하여 둘째 아들 이혼원(李混源)으로 봉사(奉祀)하도록 청하였는데, 심원은 그 죄를 면하고자 하여 처(妻)를 시켜서 상언(上言)하게 하여 신이 상언한 것을 신의 아비 이합(李嗒)이 한 것으로 하였으니, 심원의 간사함이 이와 같습니다. 청컨대 죄주소서." 하니, 전교하기를, "부자(父子) 사이인데, 어떻게 한 번 불러서 오지 않는다고 경솔하게 적자(嫡子)를 폐하겠는가? 만약 죄가 있다면 그것을 모두 말하도록 하라." 하였는데, 〈평성정〉 위가 대답하기를, "축수재(祝壽齋)는 조종조(祖宗朝)로부터 행하여 온 것인데, 심원이 파할 것을 청하였으니 이는 신자(臣子)로서 차마 할 바가 아닙니다. 또 의성군(誼城君)의 집에 갔을 때 신의 아비에게 무례(無禮)하였으니, 이는 불순(不順)한 것입니다." 하였다. 명하여 의정부(議政府)·육조(六曹)·대간(臺諫) 등을 불러서 의논하게 하니, 정창손(鄭昌孫)·한계희(韓繼禧)는 의논하기를, "심원이 만약 도리(道理)를 다하였다면, 아비와 조부(祖父)가 반드시 불효(不孝)와 불순(不順)으로 고하지는 아니하였을 것입니다. 청컨대 먼 곳에 유배(流配)시켜 뒷사람들을 징계하소서." 하였고,

윤필상(尹弼商)은 의논하기를, "심원이 조부(祖父)에게 죄를 지은 것은 성상께서도 아시는 바이고, 나라 사람들도 아는 것입니다. 비록 그대로 두고 논하지 않는다 하더라도 좋겠지만, 단지 심원의 처(妻)가 상언(上言)한 후에 모두 풀어 준다면 사람들이 상언한 것으로 면할 수 있었다고 일컬을 것입니다. 이는 아비가 아들을 고하고, 아들이 아비를 고소한 것으로서 강상(綱常)을 무너뜨리고 풍속(風俗)을 어지럽힌 것이니, 이러한 풍속은 자라나게 할 수 없습니다." 하였고, 이파(李坡)와 유지(柳輊)는 의논하기를, "심원에게 있어서 조손(祖孫)의 일은 인륜(人倫)의 커다란 변고(變故)로서, 심원이 처에게 부탁하여 상언하게 하였으니 실로 죄가 있습니다. 심원이 인륜의 변고를 만난 것이 자명(自明)한데도 나라에서는 그 정위(情僞)를 헤아려 깨닫지 못하고 또 분변(分辨)하지도 아니하니 원통함이 매우 심합니다. 조손(祖孫)이 대문(對問)하는 것은 마땅하지 아니하니, 만약 상언한 가운데 끌어댄 각각의 사람들에게 물어 본다면 거의 그 대개(大槪)를 알 수 있을 것입니다." 하였고,

이덕량(李德良)·여자신(呂自新)·어세겸(魚世謙)·김극유(金克忸)는 의논하기를, "심원이 그 조부(祖父)에게 신임 받지 못한 것은 나라 사람들이 아는 바이지만, 만약 그 사이에 모략(謀略)이 있어서 조부에게 신임 받지 못하고 또 아비에게 신임 받지 못하였다면 어찌 밝은 시대에 한 가지 원통한 일이 아니겠습니까? 비록 그렇다고는 하지만 사리(事理)가 무궁(無窮)한데, 과연 불효한 일이 있지 않았는지 어떻게 알겠습니까? 그러므로 전에도 의논하여 일에 관계된 사람을 핵실(覈實)하도록 청하였었습니다. 그러나 만약 일에 관계된 사람들을 추국(推鞫)한다면 말이 조손(祖孫)에게 미칠 것이므로 대체(大體)에 거리낌이 있으니, 그대로 두고 묻지 않는 것만 못합니다." 하였고,

<u>**김순명(金順命)**</u>·이경동(李瓊仝)은 의논하기를, "심원의 일은 모름지기 구문(究問)한 후에 그 정상(情狀)을 알아낼 필요가 있지만, 만약 구문한다 하더라도 부자(父子)를 대문(對問)할 수는 없습니다. 또 심원이 변명(辨明)하지 못할 것 같으면 그 죄가 작지 아니하겠지만 처(妻)에게 상언하도록 부탁한 것 또한 부득이한 일이니, 청컨대 모두 천성(天性)의 지친(至親)으로서 그대로 두소서." 하였고, 권감(權瑊)·

이철견(李鐵堅)은 의논하기를, "심원이 처에게 상언하도록 부탁하여 조부(祖父)를 고소한 죄는 용서할 수 없습니다. 만약 추문(推問)하여 분변하려고 한다면, 반드시 조손(祖孫)이 대문(對問)하게 될 것이므로 강상(綱常)에 관계되는 바가 있습니다. 죄는 실로 용서할 수 없으니, 청컨대 삭직(削職)하여 먼 곳에 유배(流配)시키소서." 하였고, 이신효(李愼孝)·이육(李陸)·김자정(金自貞)·신부(申溥)·노공필(盧公弼)은 의논하기를, "심원이 처를 시켜 진소(陳訴)하게 하여 골육(骨肉)이 소송(訴訟)함에 따라 원수[仇敵]처럼 되었는데, 반드시 끝까지 추문하려고 한다면 크게 인륜(人倫)이 손상될 듯합니다. 청컨대 아비가 죄를 청한 바에 따르소서." 하니,

전교하기를, "심원의 일은 나라 사람들이 모두 아는 바이지만, 만약 친고(親告)라고 해서 죄주지 않는다면 강상이 무너질 것이다. 그러나 참간(讒間)[1] 으로써 가죄(加罪)한다면 참구(讒構)[2]의 술책에 빠지는 것이다. 단지 직첩(職牒)만 거두고 종신토록 외방에 부처(付處)하도록 하는 것이 좋겠다." 하고, 명하여 심원을 강원도(江原道) 이천현(伊川縣)에 부처하도록 하고, 이혼원(李混源)으로 하여금 봉사(奉祀)하게 하였다. 사신(史臣)이 논평하기를, "이합(李峆)이 심원을 미워하여 죽음에 이르도록 하려고 하였으나, 위에 성명(聖明)이 있어서 능히 해칠 수 없게 되자 그 아비 이위(李偉)를 핍박(逼迫)해서 죄악(罪惡)을 무구(誣構)하여 적사(嫡嗣)를 빼앗기에 이르렀으니, 또한 심하지 않는가?" 하였다.

[1]참간(讒間) : 이간질 하는 것.
[2]참구(讒構) : 남을 참소하여 죄에 빠지게 꾸미는 것.

○ 辛酉/枰城正 律來啓曰: "深源不孝於臣, 故臣上言, 請以次子混源奉祀, 而深源欲免其罪, 使妻上言, 以臣上言, 爲臣父客所爲, 深源奸詐如此。 請罪之." 傳曰: "父子之間, 豈以一召不至, 而輕廢嫡乎? 如有他罪, 其悉言之." 律對曰: "祝壽齋, 自祖宗朝行之, 深源請罷之, 非臣子所忍爲也。又往誼城君家, 無禮於臣父, 是不順也" 命召議政府、六曹、臺諫等議之, 鄭昌孫、韓繼禧議: "深源若盡其道, 則其父若祖, 必不告以不孝不順矣。請流之遠裔, 以懲後來." 尹弼商議: "深源之得罪於祖父, 聖鑑所照, 國人所知。 雖置勿論可也, 但其妻上言之後, 全釋之, 則人將謂以上言, 而得免也。 是父告其子, 子訴其父, 敗常亂俗, 此風不可長也。李坡、柳輊議: "深源祖孫之事, 人倫之大變, 深源囑妻上言, 固有罪矣。 深源遭人倫之變, 不能自明, 而國家揣知其情僞, 又不之辨, 冤莫甚矣。祖孫不宜對問, 若問上言中所引各人, 則庶知其大概矣." 李德良、呂自新、魚世謙、金克忸議: "深源不得於其祖, 國人所知, 若有媒孽於其間, 使深源不得於其祖, 而又不得於其父, 則豈非明時之一冤事乎? 雖然, 事理無窮, 安知果有不孝之事乎? 故前議, 請劾事干人。 如推鞫事干, 語涉祖孫, 有妨大體, 則莫如置而不問." **金順命**、李瓊仝議: "深源之事, 必須究問, 而後乃得其情, 若究問, 則父子不可以對問。且深源, 若不辨明, 則其罪不小, 囑妻上言, 亦不得已事也, 請置之以全天性之親" 權瑊、李鐵堅議: "深源囑妻上言, 以訴其祖, 罪不可赦。 若欲推辨, 必至祖孫對問, 有關綱常。罪固不可赦也, 請削職遠流" 李愼孝、李陸、金自貞、申溥、盧公弼議: "深源使妻陳訴, 骨肉交訟, 有同仇敵, 必欲窮推, 恐傷大倫。請從父所告罪之" 傳曰: "深源之事, 國人所共知, 然親告而不坐, 則綱常毁矣。若以讒間而加罪, 則陷於讒構之術。只收職牒, 付處于外, 使之終身可也" 命深源付處于江原道 伊川縣, 混源奉祀。

【史臣曰: "容嫉深源, 欲致於死, 賴聖明在上, 不能陷害, 逼其父律, 誣構罪惡, 乃至奪嫡, 不亦甚乎?"】

76. 육조 당상 등에게 상평창 설치의 편부를 의논하게 하다

《성종 12년(1481) 4월 26일 경오 3번째 기사》

명하여 육조 당상(六曹堂上)과 홍문관원(弘文館員)을 불러서, 상평창(常平倉)을 설치하는 것이 편할지의 여부를 의논하였다. 이극증(李克增)은 의논하기를, "지금 곡식의 귀한 때를 당하여 중국의 사신이 나오니, 외방(外方)에서 올라오는 자는 반드시 저자의 곡식을 사먹을 것입니다. 그 구휼(救恤)하는 정책을 염려하지 않을 수가 없으니, 군자감(軍資監)의 묵은 쌀을 적당히 지급하여 후한 값으로 포목과 바꾸게 한다면, 자연히 곡식이 천(賤)해져서 가난한 사람들이 이에 힘입어 살 수가 있을 것이고, 또한 구황(救荒) 정책의 일단(一端)이 될 것입니다." 하고, 한치례(韓致禮)·신승선(愼承善)은 의논하기를, "지금 말하는 자들이 말하기를, '마침 곡식이 귀한 때를 당하여 값을 더하여 포목과 바꾼다면, 상평창(常平倉)의 제도와 비슷하다.'고 합니다. 그러나 그 사실은 그렇지 아니하니, 가난한 백성이 아직 미처 이득을 보지도 못하는데, 부상(富商)·대고(大賈)들이 모조리 다 이를 차지하여버리므로 아마 관(官)과 백성들에게 불편(不便)할 듯합니다." 하고,

유지(柳輊)는 의논하기를, "상평창(常平倉)은 곧 경수창(耿壽昌)의 유제(遺制)인데, 《경국대전(經國大典)》에 실려 있습니다. 이처럼 곡식이 귀한 때를 당하여 실로 이익이 될 것입니다. 그러나 법이 세워진 뒤로부터 경중(京中)에서는 본래 설치하지 아니하였는데, 지금 이처럼 백성들이 가난해진 때를 틈타서 시정(市井)의 가운데 시행한다면 이익을 노리는 것 같아서 신의 생각으로는 거행(擧行)할 수가 없다고 여겨집니다." 하고, 이파(李坡)·김자정(金自貞)은 의논하기를, "상평창(常平倉)이란 시절이 풍년인가 흉년인가에 따라서 그 값을 더하거나 줄여서 곡식을 사들이기도 하고 내어다가 팔기도 하여 백성들에게 곡식을 거두어들이고 나누어 주는 밑천이 되는 것이니, 법은 아름답다고 하지 않을 수 없습니다. 그러나 우리나라에 법을 세운 지 이미 오래 되었지만, 이러한 창고에 저축한 바가 매우 적은 경우에는 형편상 불편(不

便)한 점이 있을 것입니다. 지금 만약 시절이 흉년인 것을 다행으로 여겨서 곡식을 내어다가 포목과 바꾸고, 또 그 편리한 때를 틈타서 곡식을 바꾸게 한다면, 이것은 때를 틈타서 이익을 노리는 자의 행위를 면하지 못할 것입니다. 나라에서 결단코 소민(小民)들과 더불어 이익을 다투는 것은 온당치 않습니다. 이것은 상평창(常平倉)과 조금 비슷하지만 실제로는 서로 다릅니다. 상평창은 미리 그 법을 설치하고, 시절이 풍년인가 흉년인가에 따라서 이를 시행하는 것입니다. 그런데 이것은 그 시절이 흉년인 것을 다행으로 여겨 그 이익을 추구하는 것처럼 되니, 더욱 시행할 수가 없습니다. 또 곡식을 가지고 포목으로 바꾸는 것은 쉬울 것이나, 포목을 가지고 곡식으로 바꾸는 것은 어려울 것입니다. 지금 경기(京畿)를 구황(救荒)하는 일로 인하여 곡식을 출고(出庫)한 것이 이미 많으니, 절용(節用)하지 아니할 수가 있겠습니까? 이러한 방책은 결단코 시행할 수가 없습니다." 하고,

김순명(金順命)은 의논하기를, "부자(富者)는 반드시 그 이익을 볼 것이지만, 가난한 자는 반드시 그 혜택을 입지 못할 것이므로 시행하지 않는 것이 좋겠습니다." 하고, 홍귀달(洪貴達)・김영유(金永濡)・김작(金碏)・박안성(朴安性)・성숙(成俶)・김세적(金世勣)은 의논하기를, "상평창(常平倉)이 비록《경국대전》에 실려 있더라도 형편상 불편한 점이 있으므로 이를 폐지한 지 이미 오래 되었습니다. 지금 시절이 흉년이기 때문에 갑자기 이를 시행한다면 때를 틈타서 이익을 노리는 행위와 같으니, 첫 번째 불가(不可)한 점입니다. 민간(民間)에서 매매(買賣)하는 포화(布貨)는 장준(長准)[1]인 것은 대개 적은데, 나라에서 사용하는 것은 반드시 모름지기 장준(長准)입니다. 이것은 그 혜택이 백성들에게 미치지 못하고 도리어 그 폐단만 있으니, 두 번째 불가(不可)한 점입니다. 옛말에 이르기를, '나라에 3년 동안 먹을 저축이 없으면 그 나라는 나라 구실을 못한다.'고 하였습니다. 지금 조정(朝廷)의 경비가 많지 아니한 바가 아닌데, 경기를 구황(救荒)하는 데 곡식을 허비한 것이 이미 많았습니다. 금년에 만약 흉년이 들고, 내년에 또 흉년이 든다면 장래가 염려스러우니, 세 번째 불가(不可)한 점입니다. 시행하지 않는 것이 좋겠습니다." 하고,

이맹현(李孟賢)・이우보(李祐甫)・권건(權健)・이명숭(李命崇)・정성근(鄭誠謹)・이창신(李昌臣)・민사건(閔師騫)・이균(李均)・김응기(金應箕)・안윤손(安潤孫)・송질(宋軼)・성희증(成希曾)은 의논하기를, "나라에 창름(倉廩)・부고(府庫)가 있는 것은 백성들을 위한 것이므로 풍년에는 곡식을 거두어들이고, 흉년에는 곡식을 나누어 주어서 그 굶주리고 추위에 떠는 사람들을 구제하는 것입니다. 나라에서 서울과 외방(外方)에다 상평창(常平倉)을 설치하고 곡식이 귀해지면 값을 더하여 포목과 바꾸고, 곡식이 천(賤)해지면 값을 줄여서 포목과 바꾸니 진실로 좋은 법

입니다. 근래에 해마다 곡식이 풍등(豐登)하지 못하였는데, 금년이 더욱 심하여 포목 1필(匹)의 값이 쌀 3말[斗]에 지나지 않으니, 백성들이 모두 식량에 곤란합니다. 만약 진대(賑貸)하지 아니하면, 살아갈 수가 없을 것입니다. 지금 상평창(常平倉)의 법을 의논하여 값을 더하여 포목과 바꾸는 것은 진실로 의논하는 자들의 말과 같을 것입니다. 그러나 제민(齊民)[2]들로 하여금 일체 모두 적미(糴米)[3]를 신고(申告)하게 하면, 창고를 열어 내어서 나누어 줄 때에 간사하고 속이는 짓이 다단(多端)하여, 혹은 빈민(貧民)들은 실제 혜택을 받지 못하는데 도리어 부상(富商)들이 이익을 독점하는 밑천이 될까 염려스럽습니다. 신 등이 생각하건대, 번상(番上)하는 군사들이 양식을 운반하기가 매우 어려운데, 그 녹(祿)을 받은 자야 정말 좋겠지만, 녹(祿)이 없는 자는 모두 포목을 팔아서 식량을 만들 것이니, 곡식이 귀하기가 이 지경에 이른다면 어떻게 해서 애오라지 생활하겠습니까? 군사들로 하여금 포목을 바치게 하는 것만 같지 못하니, 나라에서 값을 더하여 곡식을 내어다가 판다면, 군사들의 식량이 넉넉해지고 포목을 파는 자도 자연 적어져서 쌀값도 또한 그다지 귀해지지 아니할 것이요, 빈민 가운데 포목을 저자에서 파는 자들도 장차 1푼(分)의 은사(恩賜)를 받을 것이니, 이것은 또한 황정(荒政)의 임시 방책의 일단(一端)이 되는 것입니다." 하였다. 의논이 들어가니, 임금이 명하여 승정원(承政院)에 두게 하였다.

[1]장준(長准) : 필목의 길이가 긴 것.
[2]제민(齊民) : 일반 백성.
[3]적미(糴米) : 쌀을 사들임.

○ 命召六曹堂上、弘文館, 議設常平倉便否。李克增議: "今當穀貴之時, 天使出來, 外方上來者, 必資市穀。其救恤之政, 不可不慮, 量給軍資陳米, 優價貿布, 則自然穀賤, 貧民可賴以生, 亦是荒政之一端也" 韓致禮、愼承善議: "今之言者曰: '適當穀貴, 增價貿布, 有似乎常平倉之制' 而其實則不然, 貧民未及取利, 而富商、大賈, 悉皆得之, 恐不便於官民" 柳輊議: "常平倉, 乃耿壽昌遺法, 載在《大典》。當此(穀) 貴之時, 實爲利益。然自法立後, 京中則本不設, 今乘此民貧之時, 用於市井之中, 則似乎射利, 臣意以爲不可擧行" 李坡、金自貞議: "常平倉者, 隨歲豐歉, 增(减) 其價, 以糴以糶, 以爲斂散之資, 法非不美也。然我國法立已久, 此倉所儲甚少者, 勢有所不便也。今若幸其年險, 出穀貿布, 又乘其便, 而貿穀, 此未免於乘時射利者之爲也。 國家斷不當與小民爭利也。此略似常平倉, 而實則相背。常平倉, 則預設其法, 因年豐歉而爲之。此則幸其歲歉, 而邀其利, 尤不可爲也。且以穀貿布易, 以布貿穀難。 今因京畿救荒, 出粟已多, 其可不節用乎? 此策斷不可行也" 金順命議: "富者必得其利, 貧者未必蒙惠, 勿行爲便" 洪貴達、金永濡、金碏、朴安性、成俶、金世勣議: "常平倉, 雖載《大典》, 勢有所不便, 廢之已久。今因年歉, 遽爾行之, 有似乘時射利之爲, 一不可也。民間買賣之貨, 長準者蓋寡, 而國家所用, 則必須長準。是則惠不及民, 而反有其弊, 二不可也。古云: '國無三年之蓄, 則國非其國'

今朝廷經費，不爲不多，而京畿救荒，費穀已多。今年若險，明年又險，則將來可慮，三不可也。勿擧行爲便" 李孟賢 李祐甫、權健、李命崇、鄭誠謹、李昌臣、閔師騫、李均、金應箕、安潤孫、宋軼、成希曾議："國有倉廩、府庫，所以爲民，豐而斂，凶而散，救其飢寒也。國家於京外，置常平倉，穀貴則增價貿布，穀賤則減價賣布，誠爲良法。近來年穀不登，今年尤甚，一匹之直，不過三斗，民皆艱食。若不賑貸，無以爲生。今擬常平之法，增價貿布，誠如議者之言。然使齊民，一皆告糴，則發散之時，奸僞多端，慮或貧民，未蒙實惠，而反爲富商壟斷之資。臣等以爲，番上軍士，輸糧甚艱，其受祿者，寡矣，無祿者，皆賣布以爲食，而穀貴至此，何以聊生？莫若使軍士納布，而增價糴之，則軍士足食，而賣布者自少，米價亦不甚貴，貧民之賣布於市上者，將受一分之賜矣。 是亦荒政權時之一端也" 議入，命留政院。

77. 의금부의 판사 권감, 지사 신승선, 동지사 이덕량 등을 파직시키다

《성종 12년(1481) 9월 30일 신축 1번째 기사》

의금부(義禁府)의 판사(判事) 권감(權瑊), 지사(知事) 신승선(愼承善), 동지사(同知事) 이덕량(李德良)·**김순명(金順命)**, 경력(經歷) 최세현(崔世賢)을 파직(罷職)시켰다. 그런데 이는 역적(逆賊) 이약동(李若同)[1]의 아들 이문필(李文必)이 정해년[2]에 나이 차지 아니하여 도망하였고, 나이가 찬 후에는 법대로 마땅히 정역(定役)시켜야 하는데, 잘못 사형시켰기 때문이었다.

[1]이약동(李若同) : 이시애(李施愛) 반란에 연좌된 북청인.

[2]정해년 : 1467 세조 13년.

○ 辛丑/義禁府判事權瑊、知事愼承善、同知事李德良·**金順命**、經歷崔世賢罷。 以逆賊李若同子文必，丁亥年，年未滿逃亡，年滿後法當定役，而誤以死刑當之故也。

78. 신정의 위조 여부를 대신들에게 묻고 의금부 당상에게 고문하여 알아내도록 명하다

《성종 13년(1482) 4월 20일 무오 2번째 기사》

임금이 경복궁에 나아가 삼전(三殿)에 문안(問安)하였다. 승정원(承政院)에서 신정(申瀞)의 차첩(差帖)과 판부(判付) 등을 〈가지고 와서〉 아뢰니, 명하여 어제 의논한 재상(宰相)들을 불러서 묻기를, "신정이 〈차첩을〉 위조(僞造)한 것을 내가 처음에는 생각지도 못했고, 고령(高靈)의 아들이기 때문에 평안도에 있을 때에 잡아 오지 말도록 하였다. 지금 국문(鞫問)한 공사(供辭)를 보니 스스로 변명할 길이 없다. 신정이 비록 재상이나, 지금은 이미 재상이 아니다. 마땅히 형신(刑訊)을 해야 할 것인데, 경들은 어째서 의논하기를, '증거에 의거하여 죄를 결정하라.'고 하였느냐? 그가 신숙주(申叔舟)의 아들이기 때문에 그렇게 한 것이냐? 후세에서 어찌 이 시대에 사람이 있었다고 하겠느냐?" 하였다. 정창손·한명회·홍응(洪應)·이극배(李克培)·윤호(尹壕)·강희맹(姜希孟)·이극증(李克增)·유지(柳輊)·정괄(鄭佸)·이경동(李瓊仝)·신주(辛鑄)·조익정(趙益貞)·변종인(卞宗仁)이 의논하기를, "신정이 제 손으로 한 정상(情狀)이 이미 명백하니, 다시 스스로 변명할 길이 없습니다. 다만 아직 위조한 사실이 드러나지 않았을 뿐입니다. 그러므로 어제 '형신(刑訊)할 필요가 없이 죄를 정해야 한다.'고 의논해 아뢰었던 것입니다. 만약에 위조한 정상을 끝까지 추궁하려고 한다면, 형장(刑杖)을 사용하지 않을 수 없습니다." 하고,

이파(李坡)와 김자정(金自貞)은 의논하기를, "신 등의 본의(本意)는 고문(拷問)을 가하지 말라는 것이 아니고, 다만 천천히 물어가며 말이 궁하게 된 연후에 형장(刑杖)을 사용하자는 것이었습니다. 이제는 정상(情狀)이 더욱 명백해졌는데도 다만 자기가 하였다는 것을 명언(明言)하지 않았을 뿐입니다. 속히 고문(拷問)을 행하는 것이 어떻겠습니까?" 하였다. 명하여 신정이 승지와 병조참의·이조참판·공조참판이 되었을 때의 동료(同僚)와 당상관(堂上官)·낭청(郎廳) 등을 불러서 〈위조한〉 차첩(差帖)의 필적(筆跡)을 물어보니, 이극배(李克培)와 강희맹(姜希孟)·양성지(梁誠之)·이극증(李克增)·한계희(韓繼禧)·윤계겸(尹繼謙)·유지(柳輊)·호산군(湖山君) 이현(李鉉), **김순명(金順命)**·김자정(金自貞)·이우보(李祐甫)·윤기반(尹起磻)·안호(安瑚)·윤석보(尹碩輔)·송영(宋瑛)·유문통(柳文通)·신수근(愼守勤)·서규(徐赳)·이창신(李昌臣)·정이교(鄭以僑)·이복선(李復善)은 아뢰기를, "차첩 안의 필적은 신정이 손수 쓴 글씨와 같습니다." 하고,

변수(邊脩)와 허종(許琮)은 아뢰기를, "평소에 교분(交分)이 없고, 1,2일 동안 같이 앉아서 공사(公事)에 서명(署名)하였을 뿐이므로 신정의 필적을 알지 못합니다." 하고, 정수곤(丁壽崐)은 아뢰기를, "평소에 서로 알지 못하였으며, 비록 서로 동료가 되기는 하였으나 공조(工曹)는 〈본래〉 일이 간소(簡素)하여서, 당상관이 좌기(坐起)하는 날은 한 달에 3, 4일에 지나지 아니하고, 모든 공문서는 당상관만이 스스로 서압(署押)할 뿐입니다. 그러므로 신은 신정의 필적을 알지 못합니다." 하고, 이세광(李世匡)은 아뢰기를, "신정은 지난 정유년[1] 8월 15일에 이조 참판에 제수되고, 신은 그 해 10월 초 2일에 좌랑(佐郎)에서 체임(遞任)되었기 때문에 그 사이가 겨우 45, 6일뿐이었고, 또 본래 상종(相從)하지 않아서 그의 필적을 확실히 알 수 없습니다. 그러나 이 결급(決給)[2]은 아전이 쓴 것이 아니니, 그것은 신정이 손수 쓴 것이 틀림없습니다." 하였다. 전교하기를, "알았다." 하고, 즉시 의금부 당상(義禁府堂上)에게 명하여 수가(隨駕)하지 말고 곧 신정을 고신(拷訊)하여 아뢰게 하였다.

[1]정유년 : 1477 성종 8년.

[2]결급(決給) : 결정하여 준다는 뜻으로, 소송에 대하여 판결을 내려 주는 것을 말함.

○ 上詣景福宮, 問安于三殿。承政院啓申瀞差帖判付等書, 命召昨日議得宰相問之曰: "申瀞僞造, 予初不意, 且高靈之子, 故在平安道時, 勿令拿來。今觀鞫辭, 無自明之路。瀞雖宰相, 今旣不爲宰相。宜用刑訊, 卿等何以議云: '據證定罪也?' 其以叔舟之子而然耶? 後世其謂有人於斯世乎?" 鄭昌孫、韓明澮、洪應、李克培、尹壕、姜希孟、李克增、柳輊、鄭佸、李瓊仝、辛鑄、趙益貞、卞宗仁議: "申瀞自手所爲情狀已明, 更無自白之路。但未討露僞造施爲而已。故昨日以不須刑, 而定罪議啓。若其窮推施爲情狀, 則不可不用刑杖" 李坡、金自貞議: "臣等本意, 非謂不加拷訊, 只欲徐問辭窮後刑之。今情狀益明, 但不明言己作耳。速行拷問何如?" 命召申瀞爲承旨、兵曹參議、吏曹·工曹參判時同僚, 堂上、郎廳等, 憑問其差帖字畫。李克培、姜希孟、梁誠之、李克增、韓繼禧、尹繼謙、柳輊、湖山君 鉉、金順命、金自貞、李祐甫、尹起磻、安瑚、尹碩輔、宋瑛、柳文通、愼守勤、徐赳、李昌臣、鄭以僑、李復善啓曰: "差帖內筆跡, 申瀞手筆相似" 邊脩、許琮曰: "素無交分, 而且一二日同坐署事, 故未知申瀞筆跡" 丁壽崐啓曰: "素不相知, 雖與之同僚, 工曹事簡, 堂上坐日, 一朔不過三四日, 凡公幹, 堂上但自署押而已。故臣未知申瀞筆跡" 李世匡啓曰: "申瀞去丁酉八月十五日拜吏曹參判, 臣本年十月初二日遞佐郎, 其間纔四十五六日, 且本不相從, 其筆跡未得的知。 然此決非吏典所書, 則其爲申瀞手書無疑矣" 傳曰: "知道" 卽命禁府堂上, 除隨駕, 卽拷訊申瀞以啓。

79. 안초·안처량·김순명·이장손·이경동 등에게 관직을 제수하다

《성종 13년(1482) 6월 3일 경자 3번째 기사》

안초(安迢)를 가선대부(嘉善大夫) 호조참판(戶曹參判)으로, 안처량(安處良)을 통훈대부(通訓大夫) 사헌부 장령(司憲府掌令)으로, **김순명(金順命)**을 가선대부(嘉善大夫) 황해도 관찰사(黃海道觀察使)로, 이장손(李長孫)을 통정대부(通政大夫) 창성 도호부사(昌城都護府使)로, 이경동(李瓊仝)을 가선대부(嘉善大夫) 동지중추부사(同知中樞府事)로 삼았다.

○ 以安迢爲嘉善戶曹參判, 安處良通訓司憲府掌令, **金順命**嘉善黃海道觀察使, 李長孫通政昌城都護府使, 李瓊仝嘉善同知中樞府事。

80. 황해도 관찰사 김순명이 도사를 보내 빈전에 향을 올리다

《성종 14년(1483) 5월 23일 갑인 1번째 기사》

황해도 관찰사(黃海道觀察使) **김순명(金順命)**이 도사(都事)를 보내어 빈전(殯殿)에 향(香)을 올렸다.

○ 甲寅/黃海道觀察使金順命遣都事, 進香于殯殿。

81. 황해도에서 관찰사 김순명이 종을 죽인 것을 고하니 정성근을 보내 국문하게 하다

《성종 14년(1483) 8월 10일 경오 3번째 기사》

황해도(黃海道) 연안부(延安府) 사람 장명(長命)이 본도(本道) 관찰사(觀察使) 김순명(金順命)이 내수사(內需司)의 종[奴] 두을언(豆乙彥)을 때려 죽였다고 고하니, 홍문관 응교(弘文館應敎) 정성근(鄭誠謹)을 보내어 국문하게 하였다.

○ 黃海道 延安府人長命告: "本道觀察使金順命, 杖殺內需司奴豆乙彥" 遣弘文館應敎鄭誠謹鞫之。

82. 경기·황해도 관찰사에게 글을 내려 귀순한 야인을 접대하는데 주의하게 하다

《성종 14년(1483) 8월 26일 병술 3번째 기사》

경기 관찰사(京畿觀察使) 김작(金碏)과 황해도 관찰사(黃海道觀察使) 김순명(金順命)에게 하서(下書)하기를, "이번에 온 달한도독(達罕都督)의 아들 이다지합(李多之哈) 등 5인은 처음으로 귀순(歸順)해 왔으니, 공대(供待)하는 일을 경홀(輕忽)하게 하지 말도록 하라." 하였다.

○ 下書京畿觀察使金碏、黃海道觀察使金順命曰:

今來達罕都督子李多之哈等五人, 初來歸順, 供待之事, 毋令輕忽。

83. 황해도 관찰사 김순명의 계본이 불순하므로 개차하고 의금부에서 회부하게 하다

《성종 14년(1483) 9월 5일 을미 2번째 기사》

도승지(都承旨) 이세좌(李世佐)가 아뢰기를, "황해도 관찰사 김순명(金順命)이 지금 임기(任期)가 찼으나 중국 사신이 돌아감으로 인하여 교체하지 말도록 명하셨는데, 지금 바야흐로 탄핵을 받아서 일이 반드시 늦어질 것이니, 청컨대 그를 바꾸어 임명하소서. 그리고 오늘 김순명의 계본(啓本)이 도착하였는데, 그 말에 이르기를, '경차관(敬差官) 정성근(鄭誠謹)[1]이 본래 사사로운 혐의가 있어서, 구문(句問)[2]할 때에 사사로움에 치우쳐서 공정하지 못하다.'고 하였습니다. 이 이전에는 사사로운 일로 인하여 계본을 올린 일이 없습니다." 하니,

임금이 말하기를, "자못 재상의 체통이 없으니 빨리 개차(改差)하라." 하고, 조금 후에 전교하기를, "지금 계본을 보니, 매우 불순(不順)하다. 마땅히 곧 글을 보내서 김순명을 빨리 올라오게 하여 의금부(義禁府)에 회부하도록 하라." 하였다.

[1]정성근(鄭誠謹) : 1474년(성종 5) 식년시 문과에 을과로 급제, 승정원 우부승지를 거쳐 승정원 좌부승지로 있을 때, 해주목사로 재직할 때의 부정 사실로 탄핵을 받았다. 후에 다시 기용되어 청백리에 피선되고, 갑자사화에 연루되어 참수되었다.

[2]구문(句問) : 처음에 만든 원안(原案)을 다시 자세히 조사함.

○ 都承旨李世佐啓曰: "黃海道觀察使金順命, 今已秩滿, 而因天使回還, 命勿遞, 今方被劾, 事必稽緩, 請改差。且今日順命啓本乃到, 其辭云: '敬差官鄭誠謹, 本有私嫌, 句問之時, 偏私不公' 前此未有以私事啓本也" 上曰: "殊無宰相體, 其亟改差" 旣而傳曰: "今見啓本, 至爲不順。 宜卽馳書順命令速上來, 下義禁府鞫之"

84. 의금부에 황해도 관찰사 김순명을 추국하게 하다

《성종 14년(1483) 9월 8일 무술 6번째 기사》

의금부(義禁府)에 전지하기를, "황해도 관찰사(黃海道觀察使) **김순명(金順命)**은 내수사(內需司)의 종[奴] 두을언(豆乙彦)을 때려서 죽였고, 또 임금의 명령을 받들고 추고(推考)하는 정성근(鄭誠謹)을 '사사로운 혐의가 있어서 구문(句問)하는 것이 공정치 못하다.'고 하며, 자기의 일을 가지고 공공연하게 계문(啓聞)하여 대신의 체통이 없으니, 가두지는 말고 추국(推鞫)하여 아뢰라." 하였다.

○ 傳旨義禁府曰: "黃海道觀察使金順命, 捶殺內需司奴豆乙彦, 又以奉命推考鄭誠謹爲有私嫌, 句問不公, 以自己事, 公然啓聞, 無大臣體。其勿囚推鞫以啓."

85. 의금부에서 김순명의 죄를 조율하니, 이것의 처리를 의논하게 하다

《성종 14년(1483) 9월 26일 병진 5번째 기사》

"전 황해도 관찰사(黃海道觀察使) **김순명(金順命)**이 내수사(內需司)의 종[奴] 두을언(豆乙彦)의 복역 입안(復役立案)[1]을 상고하지 아니하고 갑자기 두을언에게 장(杖)을 때려서 죽게 하고, 또 경차관(敬差官) 정성근(鄭誠謹)이 '사정(私情)을 품고 공정하지 못하게 분간(分揀)하였다.'고 하여, 두 번씩이나 계문(啓聞)한 죄는 율(律)이 장(杖) 80대를 속(贖)바치게 하고, 고신(告身)[2] 3등을 빼앗는 데 해당합니다." 하니, 명하여 의정부(議政府)와 영돈녕(領敦寧) 이상에게 의논하게 하였다. 정창손(鄭昌孫)이 의논하기를, "내수사의 종은 신역(身役)을 시키지 말도록 이미 교지(敎旨)가 있었는데, 그에게 장(杖)을 때렸으니 진실로 죄가 있습니다. 그러나 법을 굽혀 형벌[枉刑]한 것이 아니고 법에 따라 형벌을 집행하다가 우연히 죽은 것이니, 논하지 말 것이며, 또 사사로운 호소를 가지고 공공연히 계문(啓聞)하였으니, 조율(照律)한 것이 과중(過重)한 듯합니다." 하고,

윤필상(尹弼商)은 의논하기를, "김순명이 내수사 노비(內需司奴婢)의 물역 입안(物役立案)을 상고하지 아니하고 갑자기 매를 쳐서 죽음에 이르게 하고, 정성근(鄭誠謹)이 심하게 핵실하는 것을 분하게 여겨서 갑자기 성을 내어 감히 사사로운 호소를 가지고 공공연히 계문(啓聞)하였으니, 진실로 대신(大臣)의 체통이 없습니다. 그러나 사정을 헤아려보면, 다만 분함으로 인하여 망령되게 한 짓입니다. 그러나 대신이 죄가 있는데도 만약에 가볍게 논한다면, 이 뒤에 어찌 징계하겠습니까? 직첩(職牒)을 거두어서 뒷사람을 경계하는 것이 어떻겠습니까?" 하고, 홍응(洪應)·한치례(韓致禮)·서거정(徐居正)·김겸광(金謙光)은 의논하기를, "계달한 바에 의하여 시행하는 것이 어떻겠습니까?" 하고, 노사신(盧思愼)은 의논하기를, "두을언이 수교(受教)한 복역 입안(復役立案)이 있으면 마땅히 청리(聽理)했어야 할 것인데, 옳고 그름을 묻지 아니하고 즉시 장(杖) 1백 대를 쳤으니, 이는 반드시 두을언이 무례하고 공손하지 못함으로 인하여 분함을 이기지 못한 소위(所爲)이고 공사(公事)에서 나온 것이 아닌 듯하니, 비록 왕형(枉刑)으로 논(論)한다 하여도 가합니다. 그러나 관찰사(觀察使)는 한 지방을 통솔하는 임무인데, 이 같은 미천(微賤)한 사람이 모두 악함을 부릴 수 있다면, 김순명이 참지 못할 뿐만 아니라, 윗사람을 업신여기는 조짐 또한 기르게 할 수 없습니다. 하물며 율(律)에 의거하여 논죄하다가 우연히 죽음에 이르게 된 것이니, 법을 굽혀 형벌한 것이라 이를 수 없습니다. 의금부에서 조율(照律)한 것에 의하는 것이 적당하겠습니다." 하고,

윤호(尹壕)는 의논하기를, "관찰사는 무릇 죄가 있는 사람은 차사원(差使員)으로 하여금 형벌을 논하게 하는 것이 예사입니다. 두을언의 죄는 높은 소리로 발악한 것뿐인데, 김순명이 사사로운 분노(憤怒)를 이기지 못하여 친히 스스로 죄를 결단하고, 장(杖) 1백 대에 이르자 사흘 만에 죽게 되었으니, 진실로 남형(濫刑)한 것과 같습니다. 의금부에서 조율(照律)한 것을 고치는 것이 어떻겠습니까?" 하니, 어서(御書)로 다만 직첩(職牒)만 거두게 하였다.

[1]복역 입안(復役立案) : 부역(賦役)을 면제한 서류.

[2]고신(告身) : 직첩(職牒).

○ 義禁府啓: "前黃海道觀察使金順命不考內需司奴豆乙彦復役立案, 遽杖豆乙彦, 致令物故, 又訴敬差官鄭誠謹懷私, 不公分揀, 再度啓聞, 罪律該杖八十贖、奪告身三等" 命議于議政府、領敦寧以上。鄭昌孫議: "內需司奴勿役, 已有敎旨, 而杖之固有罪矣。然非枉刑, 依法決罰, 邂逅致死, 在所勿論, 且因私訴, 公然啓聞, 有違格例。 然本非有情, 照律似過重" 尹弼商議: "金順命不考內需司奴婢勿役立案, 遽決杖, 因而致死, 又忿鄭誠謹深覈, 遽生忿怒, 敢將私訴, 公然啓聞, 實無大臣之體。但原其情, 只是因忿妄作。然大臣有罪, 若輕論, 厥後何懲? 收職牒戒後, 何如?" 洪應、韓致禮、徐居正、金謙光議: "依所啓施行, 何如?" 盧思愼議: "豆乙彦有受敎復役立案, 則所當聽理, 不問是非, 卽決杖一百, 此必因豆乙彦無禮不恭, 不勝忿忿之所爲, 似非出於公事, 雖以枉刑論, 可也。 然觀察使, 統一方之任, 如此微賤之人, 皆得揚惡, 則非特順命不能忍, 陵上之漸, 亦不可長。 況據律論罪, 邂逅致死, 則亦不可謂之枉刑。依義禁府照律爲便" 尹壕議: "觀察使, 凡有罪之人, 令差使員論罰, 例事也。而豆乙彦之罪, 高聲發惡而已, 順命不勝私忿, 親自決罪, 杖至一百, 第三日致死, 實同濫刑。 改照律, 何如?" 御書只收職牒。

86. 지평 이녹숭이 김순명에 대한 중벌을 청하다

《성종 14년(1483) 9월 28일 무오 5번째 기사》

사헌부 지평(司憲府持平) 이녹숭(李祿崇)이 와서 아뢰기를, "황해도 관찰사(黃海道觀察使) 김순명(金順命)이 함부로 형벌하여 사람을 죽였으므로 홍문관 응교(弘文館應教) 정성근(鄭誠謹)을 위임해 보내어 추국(推鞫)하게 하였는데, 김순명이 사사로운 분한 마음을 품고 계문(啓聞)하였으니, 비록 공죄(公罪)로 인하여 추핵을 당했다 하더라도 이와 같이 하는 것이 부당한데, 하물며 사죄(私罪)이겠습니까? 장(杖) 80대와 고신(告身) 3등을 빼앗는 것도 본래 가벼운 것인데, 지금 다만 고신만 거두셨으니 벌이 죄에 맞지 않습니다. 아울러 장형(杖刑)도 속(贖)바치게 하는 것이 어떻겠습니까?" 하니, 그대로 따랐다.

○ 司憲府持平李祿崇來啓曰: "黃海道觀察使金順命濫刑殺人, 委遣應敎鄭誠謹推鞫, 而順命懷私忿啓, 雖聞公罪見劾, 不當如是, 況私罪乎? 杖八十, 奪告身三等, 本失之輕, 而今只收告身, 罰不稱罪。幷杖贖, 何如?" 從之。

87. 이조에 명하여 권통·김순명·최석강 등의 고신을 돌려주게 하다

《성종 15년 7월 3일 정해 2번째 기사》

이조(吏曹)・병조(兵曹)에 전지(傳旨)하여, 권통(權通)・김순명(金順命)・최석강(崔碩江) 등의 고신(告身)을 돌려주게 하였다.

○ 傳旨吏、兵曹, 還給權通、金順命、崔碩江等告身。

88. 용산강의 막힌 물길에 대해 재상들에게 의논케 하다

《성종 16년(1485) 4월 13일 갑자 1번째 기사》

임금이 후원(後苑)에 나아가서 무신(武臣)들의 활쏘기를 구경하였다. 호조 판서(戶曹判書) 이덕량(李德良)과 참판(參判) 김승경(金升卿)이 아뢰기를, "용산강(龍山江)의 물이 예전에는 북쪽으로 가깝게 흘렀는데 지금은 남쪽으로 가까이 흐르므로 예전의 물길이 메워져 막혀서 조선(漕船)[1]이 통하지 못합니다. 이와 같으면 전세(田稅)를 실어들일 때에 수레값[車價]이 매우 비싸서 비용이 적지 아니하고, 강창(江倉)의 이배(移排)도 사체(事體)에 또한 어려우니, 청컨대 남변(南邊)에 돌을 메워 흐름을 막아서 수세(水勢)를 예전의 물길로 환원하여 조선을 통하게 하소서." 하니, 명하여 입시(入侍)한 재상(宰相)에게 의논하게 하였다. 정창손(鄭昌孫)·윤필상(尹弼商)·홍응(洪應)·윤호(尹壕)가 의논하기를, "전자에 신중린(辛仲磷)이 진언(陳言)하여 용산강(龍山江)의 모래가 메워진 곳을 파도록 청하였으므로 대신(大臣)에게 명하여 가서 살펴보게 하였었는데, 공역(功役)의 어려움으로 인하여 시행(施行)하지 못하였으니, 지금도 파내기가 어려울 것입니다." 하고,

유자광(柳子光)·어유소(魚有沼)·이철견(李鐵堅)·이파(李坡)·한치례(韓致禮)·권찬(權攢)·정괄(鄭佸)·김한(金澣)·정문형(鄭文炯)·신승선(愼承善)·구수영(具壽永)·정숭조(鄭崇祖)·이종생(李從生)·안인후(安仁厚)·<u>김순명(金順命)</u>·이극돈(李克墩)·이약동(李約東)·손계량(孫繼良)·윤말손(尹末孫)·변종인(卞宗仁)·김백겸(金伯謙)·이경동(李瓊仝)·한한(韓僴)·채수(蔡壽)·성현(成俔)·유순(柳洵)은 의논하기를, "공역(功役)이 중대(重大)하여 비록 파낸다 하여도 역시 효과가 없을 것입니다." 하고, 이극증(李克增)은 의논하기를, "전에는 용산강의 남변(南邊)에 돌산[石山]이 수중(水中)으로 쑥 들어가 있으므로 강물의 흐름이 이것에 부딪쳐서 수세(水勢)가 북쪽으로 흘렀는데, 뒤에 거민(居民)들이 돌을 떠서 사용하여 물이 격세(激勢)가 없어지고 남변(南邊)으로 직류(直流)해 내려가니, 이로 말미암아 북변(北邊)의 물이 얕아지고, 모래가 메워져서 이에 이르렀습니다. 강감(江監)[2]은 세조(世祖)께서 착안하여 조치(措置)한 것이므로 폐기(廢棄)할 수도 없고, 또 다른 곳으로 옮길 수도 없습니다. 신은 생각건대, 남변(南邊)으로 쑥 들어간 산의 돌을 떠낸 곳에 큰 돌을 실어다가 보충하여 강물의 흐름을 예전과 같이 격세(激勢)를 이루게 하고, 이어서 북변(北邊)의 모래가 메워진 곳을 파내어 물길을 인도하면, 자연히 물이 북쪽으로 향하고 유사(流沙)가 다시 메워지지 못할 것입니다." 하고,

어세겸(魚世謙)은 의논하기를, "중국(中國)에서는 비록 공역(功役)이 이보다 어려움이 있어도 오히려 또한 이를 하는데, 하물며 이 작은 곳에 이것을 파내는 것이 무엇이 어렵겠습니까? 신의 생각에는 이것을 파내어 끝내 이루지 못한다면 그만이겠지

만, 1, 2년을 한(限)하여 공(功)을 들여 파내는 것이 좋겠습니다." 하고, 노공필(盧公弼)과 이세좌(李世佐)는 의논하기를, "공역(功役)의 난이(難易)를 그 곳의 거민(居民)에게 물어보고, 만약에 할 만하다면 이를 파내는 것이 좋겠습니다." 하니, 임금이 말하기를, "사람을 보내어 가서 편부(便否)를 살펴보고 아뢰라." 하였다.

[1]조선(漕船) : 세곡(稅穀)을 실어 나르는 배.

[2]강감(江監) : 조선조 때 군자감(軍資監)의 삼감(三監) 가운데 하나, 경감(京監)·분감(分監)이 없어지고 강감만 남게 되었으므로 군자감의 이칭으로 불리어지기도 했는데, 강감은 그 위치가 용산강 가에 있었던 데에서 비롯되었음.

○ 甲子/上御後苑觀武臣射。戶曹判書李德良、參判金升卿啓曰: "龍山江水, 向者近北流, 今也近南流, 舊道塡塞而漕船不通。如此則田稅輸入時, 車價高重, 爲費不貲。 且江倉移排, 事體亦難。 請於南邊塡石防流, 使水勢還舊道, 以通漕船" 命議于入侍宰相。鄭昌孫、尹弼商、洪應、尹壕議: "前者辛仲磷陳言請掘龍山江塡沙處, 命大臣往審, 以功役之難, 未果施行。今亦掘之難" 柳子光、魚有沼、李鐵堅、李坡、韓致禮、權攢、鄭佸、金澣、鄭文炯、愼承善、具壽永、鄭崇祖、李從生、安仁厚、**金順命**、李克墩、李約東、孫繼良、尹末孫、卞宗仁、金伯謙、李瓊仝、韓僩、蔡壽、成俔、柳洵議: "功役重大, 雖掘之亦無功矣" 李克增議: "在前, 龍山江南邊有石山, 斗入水中, 江流衝激於此, 水勢北注。其後居民伐石用之, 水無激勢, 直流南邊而去。 因此北邊水淺沙塡, 以至於此。 江監, 世祖着意措置, 不可廢棄, 亦不可徙置他所。 臣意謂南邊斗山伐石處, 輸巨石補之, 使江流如前成激勢, 仍鑿開北邊塡沙處以道之, 則自然水向北, 流沙不得復塡矣" 魚世謙議: "中國雖功役有難於此, 尙且爲之, 況此小處, 掘之何難? 臣意掘之而終無成則已矣, 限一二年, 用功掘之爲便" 盧公弼、李世佐議: "功役難易, 問其處居民, 如可爲也, 掘之爲便" 上曰: "遣人往審便否以啓"

89. 권감·이숭원 등이 금법을 범한 대죄를 청했으나, 이를 용서하다

《성종 17년(1486) 2월 29일 을사 5번째 기사》

권감(權瑊)·이숭원(李崇元)·**김순명(金順命)**이 와서 아뢰기를, "어젯밤 신 등이 술을 마셔서 금법(禁法)을 범하였으니, 대죄(待罪)하기를 청합니다." 하니, 전교하기를, "인근의 재상(宰相)에게 문병(問病)하느라 서로 왕래하다가 함께 마시면서 술을 즐긴 것이므로 모여서 마셨다고 할 수는 없으니, 대죄하지 말도록 하라." 하였다.

○ 權瑊、李崇元、**金順命**來啓曰: "昨夜臣等飮酒犯禁, 請待罪" 傳曰: "隣近宰相問病, 相往共飮藥酒, 不可謂會飮, 其勿待罪."

90. 반우형이 술을 마셔 법을 어긴 권감 등을 국문하도록 청했으나, 들어주지 않다

《성종 17년(1486) 2월 29일 을사 6번째 기사》

사헌부 지평(司憲府持平) 반우형(潘佑亨)[1]이 와서 아뢰기를, "화천군(花川君) 권감(權瑊) 등은 사리를 아는 대신으로서 모여 가지고 술을 마셨으니, 청컨대 국문하도록 하소서." 하니, 전교하기를, "이것은 모여서 술을 마신 것이 아니다. 내가 듣건대, 권감이 병이 났는데 이숭원과 **김순명**이 이웃 마을에 함께 살기에 그 병을 위문하러 갔더니, 마침 권감이 기운을 순조롭게 하는 약술[藥酒]을 마시고 있었으므로 잠시 서로 마셨을 뿐이라고 한다. 그러니 추문(推問)하지 말도록 하라." 하자, 반우형이 또 아뢰기를, "대신(大臣)은 추문하지 말게 하면서 소민(小民)을 죄준다면, 징계되는 바가 없을 듯합니다." 하였으나, 들어주지 않았다.

[1]반우형(潘佑亨) : 1474년(성종 5) 식년 문과에 병과로 급제, 중종반정으로 정국공신 4등, 동지중추부사·한성부 좌윤·한성부 우윤 등에 올랐다. 갑자사화, 기묘사화로 유배되었으며, 명종 때에 신원(伸冤)됨.

○ 司憲府持平潘佑亨來啓曰: "花川君 權瑊等以識理大臣而會飮, 請鞫之" 傳曰: "此非會飮也。予聞權瑊有病, 李崇元、**金順命**共居隣里, 往問其病, 適權瑊服順氣酒, 而暫相與飮耳。其勿問" 佑亨又啓曰: "大臣則勿問, 小民則罪之, 恐無以懲戒也" 不聽。

91. 이경동 등이 권감 등을 죄주고 강석경을 체임하도록 아뢰었으나, 들어주지 않다

《성종 17년(1486) 2월 29일 을사 8번째 기사》

사헌부 대사헌(司憲府大司憲) 이경동(李瓊仝) 등이 차자(箚子)를 올려 말하기를, "권감(權瑊)·이숭원(李崇元)·**김순명(金順命)**은 모두 사리를 아는 재상으로서 밤에 법을 어기고 모여서 술을 마셨으니, 대신으로서 법을 두려워하고 법을 받드는 뜻이 전혀 없었습니다. 이런데도 다스리지 않는다면 백성들을 금지시킬 수 없습니다. 또 안으로부터 적발하여 도읍(都邑) 전체를 징계하려고 하였는데, 법을 처음으로 행하는 데에 재상이 먼저 범하였습니다. 전하께서 대신을 높이는 예(禮)로써 특별히 너그럽게 용납하고 추핵(推覈)하지 못하게 한다면, 이는 전하의 법이 단지 서민(庶民)에게만 시행되고, 귀근(貴近)에게는 행해지지 않는 것입니다. 범한 바는 비록 작으나, 실로 대체(大體)에 관계됩니다. 삼가 바라건대, 특별히 엄단(嚴斷)을 내려서 밝게 추핵하여 죄를 결정하도록 하소서. 또 내승(內乘)은 임금[輦轂]을 가까이 모시므로 무신(武臣)의 선임(選任)으로서는 그 이상 가는 것이 없습니다. 또한 근일에 조극치(曺克治)·전임(田霖)과 같은 무리가 모두 여기를 거쳐서 특별히 발탁되었는데, 강석경(姜碩卿)은 겸사복(兼司僕)으로서 시위(侍衛)하고 있으므로 비록 제수할 만하다고는 하나 물망(物望)에는 실로 부합되지 않습니다. 게다가 어승(御乘)・외양(喂養)・조습(調習)은 본래 어려운 일이 아니니, 어찌 반드시 강석경이라야만 능히 그 직임을 감당하겠습니까? 삼가 바라건대, 특별히 해조(該曹)에 명하여 문무(文武)의 재주를 겸전(兼全)한 자를 선발하여서 그 직임을 제수하도록 하소서." 하였으나, 들어주지 않았다.

○ 司憲府大司憲李瓊仝等上箚子曰:

權瑊、李崇元、**金順命**俱以識理宰相, 冒夜過從, 違法會飮, 殊無大臣畏憲奉法之意。此而不治, 無以禁戢細民。且自內摘發, 欲肅都下, 而法之初行, 宰相首犯之, 殿下以尊禮大臣, 特加優容, 不令推覈。是則殿下之法只行於庶民, 而不行於貴近, 所犯雖小, 實關大體。伏望特賜嚴斷, 推明定罪。且內乘, 密侍輦轂, 武臣之選, 無出其右。且近日有如曹克治、田霖輩, 皆由此進, 特蒙拔擢。姜碩卿以兼司僕侍衛, 雖若可授, 然於物望實爲未協。且御乘喂養調習, 本非難事, 豈必待碩卿然後能堪其任? 伏望特命該曹, 選文武全才者, 俾授其任。不聽。

92. 이경동이 권감 등을 국문하고 강석경을 체임토록 청했으나, 들어주지 않다

《성종 17년(1486) 3월 1일 병오 2번째 기사》

경연(經筵)에 나아갔다. 강(講)하기를 마치자, 대사헌(大司憲) 이경동(李瓊仝)이 아뢰기를, "금령(禁令)이 내리자 권감(權瑊) 등이 맨 먼저 이를 범하였으니, 청컨대 국문(鞫問)하소서." 하니, 임금이 말하기를, "임금이 사람을 시켜 법에 어그러지는 짓을 살피게 하는 것은 번거롭고 잔단 듯하나, 법령(法令)을 두려워하지 않고 함부로 술을 마시는 자가 있을까 염려하여 사람을 보내어 살피게 하였는데, 화천군(花川君)[1]이 와서 말하기를, '병 때문에 약술[藥酒]을 마시는데 이웃에 사는 이숭원(李崇元) <u>김순명(金順命)</u>이 마침 왔으므로 한 잔을 함께 마시고 헤어졌습니다.' 하였다. 이것은 회음(會飮)이 아니니 국문하여서는 안 되겠다." 하였다.

이경동이 아뢰기를, "소민(小民)은 범한 대로 죄주고 대신(大臣)은 특별히 용서하면, 법이 행하여지지 않는 것이 귀근(貴近)에게서 비롯되는 것입니다." 하니, 임금이 좌우(左右)에게 물었다. 영사(領事) 이극배(李克培)가 대답하기를, "이것은 회음이 아니나, 약술은 새벽에 마셔야 할 것인데 권감은 밤에 남과 함께 마셨으니 죄가 없을 수 없습니다." 하니, 임금이 말하기를, "한 마을의 재상(宰相)이 병문안하러 왔으므로 주인(主人)이 한 잔을 권하는데 객(客)이 어찌 구태여 사양하겠는가? 다 인정으로 어쩔 수 없는 것이다." 하였다. 이경동이 아뢰기를, "내승(內乘)[2]의 벼슬은 무사(武

士)들 중에서 높이 뽑히는 것이므로 병조(兵曹)에서 가려서 씁니다. 강석경(姜碩卿)은 겸사복(兼司僕)이 되어 임금을 가까이 모시는 것만도 족한데, 어찌하여 반드시 내승을 제수(除授)하여야 하겠습니까? 청컨대 갈으소서." 하고, 정언(正言) 황정(黃玎)도 이를 아뢰니, 임금이 말하기를, "강석경은 궁마(弓馬)[3]를 알고 또 내 뜻을 알므로 차임(差任)하라고 명하였다. 너희들은 반드시 강석경이 봉보부인(奉保夫人)[4]의 아들로 집안이 미천하니 사사로운 은혜를 입히는 뜻에서 나왔다고 생각하므로 말한 것이겠으나, 내가 사사롭게 한다면 〈그 아비〉 강선(姜善)을 먼저 썼을 것이다." 하였다. 임금이 또 말하기를, "듣건대, 유생(儒生)이 벼슬을 바라서 다들 충찬위(忠贊衛)[5] 충순위(忠順衛)[6]에 들어가고 거관(居館)[7] 하는 자가 적다 하니, 선비의 풍습이 아름답지 못한 것이 이보다 심할 수 없다." 하매, 이경동이 아뢰기를, "이 뿐이 아니라 생원(生員)・진사(進士)는 재주를 시험하지 않고 벼슬을 주는데, 이 법이 세워지고부터는 유생이 다투어 본떠서 연줄을 따라 청탁하여 벼슬과 녹(祿)을 구하니, 이것은 엄히 금하여야 하겠습니다." 하니, 임금이 말하기를, "선비가 된 자는 평소에 뜻을 돋우어 장차 쓰일 데가 있게 되려는 것인데, 이제 그 뜻이 가는 데가 이러하니, 어찌 취할 만하겠는가? 엄히 금하라." 하였다.

[1]화천군(花川君) : 권감(權瑊)의 봉군호(封君號).

[2]내승(內乘) : 여말 선초(麗末鮮初)에 궁중(宮中)의 승여(乘輿 : 말과 수레)를 맡아 보던 내사복시(內司僕寺)의 하급 관직.

[3]궁마(弓馬) : 활쏘기와 말 타기. 곧 무예(武藝).

[4]봉보부인(奉保夫人) : 외명부(外命婦)의 종1품 품계로, 임금의 유모(乳母)에게 주던 작위(爵位)였음.

[5]충찬위(忠贊衛) : 오위(五衛)의 하나인 충좌위(忠佐衛)에 딸렸던 군대. 원종 공신(原從功臣)의 자제(子弟)들로 편성되었음.

[6]충순위(忠順衛) : 세종(世宗) 때 설치한 충무위(忠武衛)에 딸렸던 군대의 하나. 임금의 이성 시마(異姓緦馬)와 외 6촌 이상, 왕비・선왕(先王)・선후(先后)의 시마(緦麻)와 외 5촌 이상 및 문관(文官) 6품 이상과 무관 4품 이상으로 현관을 지낸 자제(子弟)들로 구성되었음.

[7]거관(居館) : 성균관(成均館)의 재방(齋房)에 들어가 있는 일.

○ 御經筵。講訖, 大司憲李瓊仝啓曰: "禁令纔下, 權瑊等首犯之, 請鞫之" 上曰: "人主使人伺察非法, 似煩碎, 然慮有不畏法令而縱飮者, 遣人察之。花川君來言: '因病服藥酒, 隣居李崇元、**金順命**適至, 共飮一盃而罷' 此非會飮, 不可鞫也" 瓊仝曰: "小民隨所犯罪之, 而大臣特貸之, 是法之不行, 自貴近始" 上問左右, 領事李克培對曰: "此非會飮也。然藥酒當晨服, 今權瑊夜與人飮, 不得無罪" 上曰: "同里宰相來問疾, 主人勸一酌, 客何敢辭? 皆人情所不得已也" 瓊仝曰: "內乘之職, 武林高選, 兵曹擇而用之。姜碩卿爲兼司僕,近侍足矣, 何必授內乘乎? 請遞之" 正言黃玎亦啓之。 上曰: "碩卿解弓馬, 且解予意, 故命差之耳。爾等必以碩卿爲奉保夫人之子, 本係微賤, 出於私恩故言之耳。予若私之, 則當先用姜善矣" 上又曰: "聞儒生希望官爵, 皆投屬忠贊衛、忠順衛, 居館者少。士風不美, 莫此爲甚" 瓊仝曰: "不特此也。生員進士不試才授官, 自此法之立, 儒生爭慕效之, 因緣請托, 以求爵祿, 此宜痛禁也" 上曰: "爲士者平居勵志, 將以有用也。 今其志趣如此, 何足取乎? 其痛禁之"

93. 청릉군 김순명의 졸기

《성종 18년(1487) 4월 3일 임신 2번째 기사》

청릉군(淸陵君) 김순명(金順命)이 졸(卒)하니, 조제(弔祭)와 예장(禮葬)[1]을 예(例)대로 하였다. 김순명의 자(字)는 거이(居易)이고, 본관은 청풍(淸風)인데, 호조판서(戶曹判書) 김길통(金吉通)의 아들이다. 경태(景泰) 계유년[2]에 나이 19세로 생원시(生員試)에 합격하고 병자년[3]에 문과(文科)에 급제하여 교서관 정자(校書館正字)에 보임(補任)되었다. 천순(天順) 기묘년[4]에 승정원 주서(承政院注書)로 전임(轉任)되고, 신사년[5]에 성균 주부(成均注簿)로 승진하였으며, 임오년[6]에 호조 좌랑(戶曹佐郞)으로 전임되고, 갑신년[7]에 정랑(正郞)으로 승진하였다. 성화(成化) 정해년[8]에는 이시애(李施愛)의 반란 때 토벌에 참가하여 공을 세워서 정충출기적개공신(精忠出氣敵愾功臣)의 칭호를 내리고 계급을 뛰어 올려 군자감 정(軍資監正)을 제배(除拜)하였다. 기축년[9]에 통정대부(通政大夫) 장례원 판결사(掌隷院判決事)로 승진되고, 경인년[10]에 승정원 동부승지(承政院同副承旨)를 제배하고, 신묘년[11]에 좌부승지(左副承旨)로 전임되고, 순성좌리공신(純誠佐理功臣)의 칭호를 내렸으며, 가선대부(嘉善大夫) 예조참판(禮曹參判)으로 승진하고, 청릉군(淸陵君)에 봉(封)해졌다. 을미년[12]에 전라도 관찰사(全羅道觀察使)를 제배하고, 정유년[13]에 갈리어 형조참판(刑曹參判)을 제배하였다가 호조(戶曹)·병조(兵曹)·예조(禮曹)의 참판(參判)을 역임하였다. 임인년[14]에 황해도 관찰사(黃海道觀察使)를 제배하였다가 계묘년[15]에 사건으로 파직(罷職)되었었는데, 을사년(乙巳年)[16]에 다시 청릉군(淸陵君)으로 봉작되었고, 이때에 이르러 졸(卒)하였는데, 나이는 53세이었다. 시호(諡號)는 공양(恭襄)이니 일을 조심해서 하여 윗사람을 받든 것을 공(恭)이라 하고, 일로 인하여 공을 세운 것을 양(襄)이라고 한다. 사람됨이 평안하고 조용하여 성색(聲色)을 좋아하지 않았고, 스스로 생활해 나가는 데에 검약하여 가산(家產)을 늘리거나 생업(生業)을 하는 것을 일삼지 않았다. 그러나 가정에서의 처신이 법도가 없어 봉록(俸祿)이 조금도 아내에게 미치지 않았다.

사신(史臣)이 논평하기를, "김순명은 아비가 돌아간 뒤에 정처(正妻)를 소박(踈

薄)하고 항시 서모(庶母)의 집에 있었는데, 어두운 밤에도 그의 침실(寢室)에 드나들기를 허물없이 하므로 추(醜)한 소문이 있었다." 하였다.

1) 예장(禮葬) : 종친(宗親)·대신(大臣) 등이 죽었을 때 나라에서 예를 갖추어 거행하는 장사. 왕비(王妃)의 부모·빈(嬪)·귀인(貴人)·대군(大君)·왕자군(王子君) 및 그의 부인·공주·옹주·의빈(儀賓)·종친(宗親) 종2품 이상·문무관 종1품 이상 및 공신(功臣)이 해당되고, 이외에는 임금의 특지(特旨)가 있는 경우에 한하였음.

2) 경태(景泰) 계유년 : 1453 단종 원년.

3) 병자년 : 1456 세조 2년.

4) 천순(天順) 기묘년 : 1459 세조 5년.

5) 신사년 : 1461 세조 7년.

6) 임오년 : 1462 세조 8년.

7) 갑신년 : 1464 세조 10년.

8) 성화(成化) 정해년 : 1467 세조 13년.

9) 기축년 : 1469 예종 원년.

10) 경인년 : 1470 성종 원년.

11) 신묘년 : 1471 성종 2년.

12) 을미년 : 1475 성종 6년.

13) 정유년 : 1477 성종 8년.

14) 임인년 : 1482 성종 13년.

15) 계묘년 : 1483 성종 14년.

16) 을사년(乙巳年) : 1485 성종 16년.

○ 淸陵君 金順命卒。弔、祭、禮葬如例。順命字居易, 淸風人, 戶曹判書吉通之子。景泰癸酉年十九中生員試, 丙子中文科, 補校書館正字。天順己卯遷承政院注書, 辛巳(陞)［陞］成均注簿, 壬午轉戶曹佐郎, 甲申陞正郎。成化丁亥從征李施愛有功, 賜精忠出氣敵愾功臣號, 超拜軍資監正。己丑陞通政掌隷院判決事, 庚寅拜承政院同副承旨, 辛卯轉左副承旨, 賜純誠佐理功臣號, 陞嘉善禮曹參判, 封淸陵君。乙未拜全羅道觀察使。丁酉遞拜刑曹參判, 轉戶兵禮曹參判。壬寅拜黃海道觀察使, 癸卯以事罷, 乙巳復封淸陵君。至是卒, 年五十三。謚恭襄, 敬事供上 '恭', 因事有功 '襄', 爲人恬靜, 不喜聲色, 約於自奉, 不事生産作業。然處家無法, 俸祿無一毫及於妻。

【史臣曰: "順命父沒之後, 疎薄正妻, 常居庶母之家, 昏夜出入寢處無間, 有醜 聲"】

II. 공양공 관련 고서 원문

1. 성현(成俔) 용재총화(慵齋叢話) 제1권

《이긍익(李肯翊) 연려실기술(練藜室記述) <별집 제14권 > 문예전고》

《허봉(許篈) 해동야언(海東野言) 2》

*청릉군의 아래 실화는 위와 같이 여러 문헌에 소개되고 있음.

高麗文士皆以詩騷爲業。惟圃隱始倡性理之學。至我朝陽村梅軒兄弟能明經學。又能於文。陽村定四書五經口訣。又作淺見錄入學圖說等書。羽翼之功不少。其後任函丈者黃鉉尹祥金鉤金末金泮鉉之學無聞。祥最精而稍知作文。鉤與末皆精。而末則未免於固滯。常時議論不相上下。爭之不已。受業者亦兩備焉。二公皆爲世祖所知。官至一品。泮爲大司成。年老致仕。卒餓死于故鄕。又其次者。有孔頎鄭自英丘從直兪希益兪鎭。頎滑稽能談。至於作文。雖尺牘之微。不能措一辭。嘗受人簡牘。不知裁答。生員金順命適在傍見之。依所言而答之。辭語甚稱。頎歎曰。子學出於我。子善用而我不能用。眞所謂靑出於藍而靑於藍也。自英非徒知五經。亦能博涉諸史。官至判書。從直以容貌奇偉。蒙世祖拔擢。竟至一品。希益未甚顯達。鎭尤固執不通於理。近有盧自亨李文興久在學官。成宗以年老優之。竟陞堂上。皆退死于鄕。

고려의 모든 문사(文士)는 시소(詩騷)로 업을 삼았으나, 포은(圃隱)이 성리학(性理學)을 비로소 제창하였고, 본조에 이르러서는 양촌[陽村, 권근(權近)]과 매헌[梅軒, 권우(權遇)] 두 형제가 경학에도 밝고 글도 능하였다. 양촌은 사서(四書)・오경(五經)의 구결[口訣, 한문에 다는 토(吐)]을 정하였고, 또《천견록(淺見錄)》・《입학도설(入學圖說)》 등의 글을 지었으니, 도(道)에 우익(羽翼)이 된 공이 적지 않다. 그 뒤로는 함장(函丈, 스승)이 될 만한 사람으로 황현(黃鉉)・윤상(尹祥)・김구(金鉤)・김말(金末)・김반(金泮)이 있는데, 황현의 학문은 세상에 알려진 바가 없고, 윤상은 가장 정밀하였으며, 글도 대략 할 줄 알았다. 김구와 김말은 모두 정밀하였으나 김말은 고루하여 막힘을 면치 못하여 항상 서로 상하를 다투었기 때문에 수업하는 사람들도 두 갈래로 나누어졌다. 두 사람은 모두 세조(世祖)에게 알려진바 되어 관직이 일품에 이르렀다.

김반은 대사성(大司成)이 되었다가 연로하여 치사(致仕)하고는 고향에서 굶주리다가 죽었다. 또 그 다음가는 사람으로 공기(孔頎)・정자영(鄭自英)・구종직(丘從直)・유희익(兪希益)・유진(兪鎭)이 있는데, 공기는 익살스러워서 이야기를 잘하였으나, 글 짓는 것은 사소한 편지 한 마디도 짓지 못하였다. 일찍이 남의 편지를 받았으나 답장을 쓰지 못하고 있었는데, 마침 옆에 있던 생원(生員) 김순명(金順命)이 이것을 보고 그가 말하는 대로 받아 써보니, 사어(辭語)가 훌륭하였다. 공기는 감탄하여, "자네의 학문은 나에게서 배운 것인데, 자네는 잘 이용하고 나는 이용할 줄 모르니, 참으로 '남(藍) 풀에서 나온 청색(靑色)이 남색보다 진하다.' 하겠다." 하였다. 정자영은 오경(五經)뿐만 아니라 여러 사적(史籍)을 널리 보아 관직이 판서(判書)에 이르렀다. 구종직은 용모가 기이하기 때문에 세조에게 발탁되어 관직이 마침내 일품에 이르렀다. 유희익은 현달하지는 못하였고, 유진은 가장 고집이 세어서 이치에 통하지 못하였다. 근래에는 노자형(盧自亨)·이문흥(李文興)이 오랫동안 학관(學官)에 있었는데, 성종(成宗)이 연로하다고 우대하여 마침내 당상(堂上)에 오르더니 모두 고향으로 물러가 죽었다.

2. 서수산회축(書守山會軸) 점필재집 제3권 김종직

守山。密陽領縣也。有澤二百餘頃。相傳云。高麗金方慶征倭時。所築以灌營田。天順七年癸未。戶曹獻議。決其堤爲國農所。歲爲江水所浸。其收頗少。丁亥春。二相曺錫文。奉旨巡視。增築其堤。仍開閘。堤內外。種山竹及楊柳。副使則刑曹參判鄭蘭宗。從事官則訓鍊僉正權侹, 戶曹正郎金順命也。密陽府使尹壕。金海府使慶由淳。大丘府使金元潤。梁山郡守柳伯孫。昌原府使閔奎。淸道郡守尹堤。昌寧縣監李纘。玄風縣監黃事兄。靈山縣監申允元等。各領其邑軍夫來築。都事成俶與金順命。實監其役。十日而畢。右諸子作契。名之曰守山會。請余題其軸。守山澤裏共辛勤 舊堰新堤擬汝墳 十里町畦眞似繡 千夫畚鍤鬧如雲 幾回抵掌論奇計 時復挑燈討古文 他日玉京相笑處 也應此會極云云

수산(守山)은 밀양(密陽)의 영현(領縣)이다. 여기에 2백여 경(頃)이 되는 못이 있는데, 서로 전하는 말에 의하면, 고려(高麗) 때 김방경(金方慶)이 왜(倭)를 정벌할 때에 이 못을 축조하여 영전(營田)에 물을 댔다고 한다. 그런데 천순(天順 명 영종(明 英宗)의 연호) 7년 계미년(1463)에 호조(戶曹)에서 헌의(獻議)하여 그 둑을 터버리고 국가의 농소(農所)로 만들었으나, 해마다 강물이 스며들어서 수확이 아주 적었다. 그러자 정해년 봄에 이상(二相) 조석문(曺錫文)이 왕명을 받들고 그 곳을 순시(巡視)한 다음 그 둑을 증축(增築)하고 인하여 수문(水門)을 열어버리고 둑 안팎에다 산죽(山竹)과 양류(楊柳)를 심었다. 이 때 부사(副使)는 형조 참판 정란종(鄭蘭宗)이고, 종사관(從事官)은 훈련원 첨정 권정(權侹)과 호조 정랑 김순명(金順命)이었다. 그리고 밀양부사(密陽府使) 윤호(尹壕), 김해부사(金海府使) 경유순(慶由淳), 대구부사(大丘府使) 김원윤(金元潤), 양산군수(梁山郡守) 유백손(柳伯孫), 창원부사(昌原府使) 민규(閔奎), 청도군수(淸道郡守) 윤제(尹堤), 창녕현감(昌寧縣監) 이찬(李纘), 현풍현감(玄風縣監) 황사형(黃事兄), 영산현감(靈山縣監) 신윤원(申允元) 등이 각각 자기 고을의 군부(軍夫)들을 거느리고 와서 둑을 축조하였는데, 도사(都事) 성숙(成俶)과 김순명이 실로 그 공사를 감독하여 10일 만에 일을 마쳤다. 그리고는 이상의 여러 사람이 계(契)를 만들어 수산회(守山會)라 명명하고, 나에게 청하여 그 축(軸)에 제(題)하게 하였다.

수산의 못 축조하느라 함께 고생하면서 / 守山澤裏共辛勤
옛 방죽에 새 둑을 여분처럼 만들었네! / 舊堰新堤擬汝墳
십리의 두둑은 참으로 수놓은 것 같고 / 十里町畦眞似繡
천 인부의 삼태기 삽은 구름처럼 수다하여라 / 千夫畚鍤鬧如雲

몇 번이나 손바닥 치며 좋은 계책 논했던고 / 幾回抵掌論奇計
때로는 또 등불 돋우고 옛글을 토론하였네! / 時復挑燈討古文
후일 서울에서 서로 만나 담소할 적엔 / 他日玉京相笑處
응당 이 모임을 두고 대단히 운운할 걸세 / 也應此會極云云

3. 서 김판서 소시후(書金判書小詩後)

《속 동문선 18권 김종직 / 점필재집 문집 제2권》

故判書金文平公吉通。答花川權相公瑊之詩。書於中原之竹絲紙。詞致淸粹溫麗。筆勢又姸妙。叔經。其表德也。二字類八分。判書季子淸陵君順命。乃克肖者也。得之於花川。裝績爲軸。罥諸壁上。朝瞻暮仰。口詠心惟。以寓夫羹墻之思焉。一日。出以示宗直。宗直嘆曰。此纔數寸之簡。二十有八字之絶句。而亦可見前輩之文雅也。然所可見者。詩也。其所不可見者。豈詩之所能盡乎。淸陵所以終天永慕。而不能已焉者。宜也。記曰。父之琴瑟。不敢御。手澤存焉爾。母之杯圈。不敢飮。口澤存焉爾。節孝徐先生。以父名石。終身不敢履石。古之仁人君子。於前世器用與夫木石微物。尙不敢褻之如是。況詩者。出於性情。書者。成於心畫乎。淸陵所以晨夕起敬。而不能已焉者。亦宜也。吾想夫淸陵。旣盡子職於其身。而又遺其子孫。使之珍重保護。不忍忽棄。則金氏繼述箕裘之業。將勿替於無窮矣。孟子云。事親若曾子者。可也。吾於淸陵亦云。

고(故) 판서 문평공(文平公) 김길통(金吉通)이 화천(花川) 상공(相公) 권감(權瑊)에게 답한 시를 중국 죽사지(竹絲紙)에 썼는데, 시의 사연이 맑고 깨끗하며, 온순하고 화려하며, 필치가 또한 곱고 묘하였다. 숙경(叔經)은 그의 자(字)인데, 두 글자는 팔분(八分)체와 방사(倣似)하다. 판서의 막내아들 청릉군(淸陵君) 순명(順明)은 그의 아버지를 닮았는데, 화천에게서 얻어 내어 장황[粧潢, 족자(簇子)]을 만들어 벽에 걸고 아침저녁으로 우러러보며, 입으로 읊고 마음으로 그리어 갱장(羹墻, 우러러보고 사모하는 것)의 생각을 붙였다. 하루는 끌어내어 종직에게 보여주므로 종직은 탄식하며 아래와 같이 말하였다.

이것은 겨우 두어 치밖에 되지 않는 종이에 28자로 된 절구 시인데, 역시 전배(前輩)의 문아(文雅)를 볼 수 있다. 그러나 볼 수 있는 것은 시요, 볼 수 없는 것은 어찌 능히 시가 다 보여 줄 수 있으랴. 청릉이 이때에 종신토록 길이 사모하여 능히 말하지 않는 것이니 당연한 일이며, 《예기(禮記)》에, "아버지가 타던 거문고나 비파를 감히 타지 못하는 것은 수택(手澤)이 남아 있기 때문이요, 어머니가 마시던 그릇을 감히 마시지 못하는 것은 구택(口澤)이 남아 있기 때문이다." 하였고, 절효(節孝) 서 선생(徐先生)은 자기 아버지의 이름이 석(石) 자라 해서 종신토록 감히 돌을 밟지 않았으니, 옛날 인인(仁人)·군자는 선대에서 쓰던 것이라면 기용(器用)이나 목석(木石) 같은 사소한 물건에 있어서도 오히려 함부로 못하는 것이 이와 같거늘, 더구나 시는 성정(性情)에서 나오고 글씨는 심화(心畫)로 이뤄지는 것이 아니냐. 청릉이 이 때문에 아침저녁으로 공경을 일으켜서 능히 말지 않는 것이니, 이 역시 당연하다 하겠다.

나는 생각하건대, 청릉은 이미 자기 직책을 자기 몸으로 다하였고, 또 그 자손에게 물려주어 진중(珍重)히 보관하여 차마 버릴 수 없게 하였으니, 김씨의 계술(繼述)한 기구(箕裘)의 업(業)은 장차 무궁토록 끊어지지 않을 것이다. 맹자는 말하기를, "어버이를 섬김에 있어 증자(曾子)와 같이 한다면 가하다." 하였는데, 나는 청릉에 대하여 이런 말을 하고 싶은 것이다.

4. 적개공신 교서

敎精忠出氣敵愾功臣通訓大夫軍資監正金順命

王若曰 戡難敵愾, 爲臣之至忠, 崇德酬勞, 有國之令典。 頃者賊臣李施愛, 辜覆育之恩, 負窟穴之固, 扇浮言以惑衆, 殺官吏而擧兵。亂旣極矣, 蔓難圖焉。予命龜城君 浚, 節度將諸討之, 汝爲佐幕。軍機事秘, 難於遙聞, 汝數來啓達, 纖毫不遺。 還奉成算, 明諭將士, 俾一心力, 審幾進攻。渠魁狼狽, 自就天誅。嘉汝之功, 予何敢忘? 肆策卿爲敵愾二等功臣, 爵其父母妻, 宥及永世。仍賜奴婢十口、田一百結、銀二十五兩、衣一襲、內廐馬, 至可領也。於戲! 丹書、白馬, 期永保於一心; 泰山、黃河, 誓毋忘於萬世。

정충 출기 적개 공신(精忠出氣敵愾功臣) 통훈 대부(通訓大夫) 군자감 정(軍資監正) 김순명(金順命)에게 하교(下敎)하기를, 왕은 이르노라. 난(難)을 이기고 적개(敵愾)하는 것은 신하의 지극한 충성이요, 덕(德)을 높이고 수고를 갚는 것은 나라를 가진 임금의 영전(令典=법도)이다. 지난번에 적신(賊臣) 이시애(李施愛)가 부육(覆育)의 은혜를 저버리고 굴혈(窟穴)의 견고함을 믿고서 뜬소문[浮言]을 선동하여 군중(群衆)을 유혹하여서 관리를 죽이고 군사를 일으켰다. 난(亂)이 이미 지극[極]하였고, 만연(蔓延)하여 도모(圖謀)하기가 어려웠다. 내가 귀성군(龜城君) 이준(李

浚)에게 명하여 여러 장수를 지휘하여 이를 토벌(討伐)하게 하였는데, 그대가 좌막(佐幕)이 되었다. 군기(軍機)의 일은 비밀히 하므로 멀리서 듣기가 어려운데, 그대가 자주 와서 계달(啓達)하니 털끝만큼도 빠뜨리지 않았다. 돌아와서 성산(成算)을 받들고 장사(將士)에게 밝게 교유(敎諭)해서 그들로 하여금 마음과 힘을 합하여 기회를 살펴 나아가 공격하게 하였다. 큰 괴수(魁首)가 낭패(狼狽)하여 스스로 천주(天誅)에 나아왔도다. 그대의 공(功)을 가상히 여기는데, 내가 어찌 감히 잊겠는가? 이에 그대를 책훈(策勳)하여 적개 2등 공신(敵愾二等功臣)을 삼고, 그 부모와 처(妻)에게 벼슬을 주고 사유(赦宥)가 영세(永世)에 미치게 한다. 인하여 노비 10구(口), 전지(田地) 1백 결(結), 은 25냥(兩), 의복 1습(襲), 내구마(內廏馬)를 내려 주니, 이르거든 수령(受領)할지어다. 아아! 단서(丹書)와 백마(白馬)로 한 마음을 길이 보전하도록 기약하고, 태산(泰山)과 황하(黃河)에 만세토록 잊지 않기를 맹세하라.

*교서는 세조 13년(1467) 11월 2일 갑자 1번째 기사에 있음.

5. 순성좌리 공신 교서

*조선조 8번째 공신인 순성좌리공신에는 문평공과 공양공 부자분이 함께 책록되셨다. 문평공의 공신녹권은 시중에 떠돌다 다행스럽게도 충북대학교에 존재가 알려져 동 대학 박물관에서 매입하여 문화공보부의 국가 보물로 지정되도록 한 후 보관 중이다. 공양공의 공신녹권의 존재여부는 현재 알 수 없고, 그 내용도 알 수 없으나 부자 분 모두 4등으로 훈위(勳位)가 같으니 유사한 내용으로 구성되었으리라는 가정 하에 문평공의 순성좌리공신교서를 기재한다.

教 純誠佐理功臣 崇政大夫 行戶曹判書 月川君 金吉通 書

王者 致治必賴間世之英人 臣效忠宜敷殊錫之寵 茲由公義非出私恩 惟卿 少負經邦之才 裒冠大庭之對 端嚴有守 清介無華 氣冠風霜 振威綱於柏府 忠懸日月 陳藥石於薇垣 關西騰有袴之歌 湖南播褰帷之化 入南宮而參秩五禮 長地官而奠安四民 累涉英纏 動有殊聞 予以眇質 嗣守丕基 卿於是時 夙夜非懈以佐予 理式至今休盍擧 丕示之儀以酬非常之績肆榮 卿爲佐理四等功臣 立閣圖形 樹碑記功 爵其父母妻子加一階 嫡長世習不失其祿 子孫則記于政案曰佐理四等功臣吉通之後 雖有罪犯宥及永世 仍賜伴倘四人 奴婢二口 丘史二名 田一十結 表裏一段 內廐馬一匹 至可領也 其有無子者 甥姪女婿加一階 且與同功者 竝錄于後 於戲 山如礪 河如帶 期永世而咸休 旱作霖 濟作舟 庶初心之益勵 故茲敎示 想宜知悉

순성좌리공신 숭정대부 행 호조판서 월천군에게 글로서 가르치노라.

임금이 정치를 펼침에는 반드시 세간의 영걸(英傑)들의 힘을 빌어야 하고, 신하가 충성을 다함에는 마땅히 상훈의 은총이 베풀어지어야 하는 것이다. 이는 공의(公義)

에서 말미암은 것이요 사은(私恩)에서 나온 것이 아니기 때문이다.

생각하건대, 경(卿)은 어려서부터 국가를 경영할 재능을 타고나 뭇 관료들과 조정에서 대함에는 단아(端雅)엄정(嚴正)하였으며, 청렴하고 절개가 있을 뿐 화려함을 쫓지 않았다. 기품(氣稟)은 풍상(風霜)에도 우뚝 하여 사헌부(백부(柏府))에서는 권위와 벼리를 떨쳤으며, 충성은 해와 달에 걸렸도다. 사간원(미원(薇院))에서는 약석(藥石)과 같은 도리를 펼쳤다. 황해도 관찰사로서는 대도를 위하여 내 한 몸을 낮추는 고지가(袴之歌) 로서 명성이 높았고, 전라도 관찰사로서는 백성의 살림을 두루 살피며 위로하고 어루만지는 교화의 민정을 폈도다. 예조(남궁(南宮))로 들어와서는 오례(五禮, 길례(吉禮), 흉례(凶禮), 군례(軍禮), 빈례(賓禮), 가례(嘉禮)) 의식 차례에 참여하였고, 호조판서가 되어서는 백성들의 민생을 안정되게 하는 등 누차에 걸쳐 지방을 순찰하고 움직일 때마다 남달리 인자하다는 소문이 들려오게 되었다.

나는 국량(局量)이 작은 자질을 가지고 보위를 이어받아 비기(丕基)를 수호함에 있어 경(卿)은 밤낮없이 게으름을 피우지 않고 나를 보좌하여 지금에 이르기 까지 도리로 이끌어주어 오늘의 영광에 이르게 되었다. 크게 드러나는 의식으로써 그대의 비상한 공적에 보답하고 영광을 주고자 경을 좌리 사등공신으로 삼고자 한다.(그대를 위해 다음을 각 관아에 명하였다.) 각(閣)을 세우고 초상화를 그려 걸어두고 공을 기록한 비를 세워 공적을 기리게 할 것, 부모와 처자에게 품계를 한 단계 높이도록 할 것, 적장손에게는 대대로 그 녹봉을 잃지 않고 세습하도록 할 것, 자손들은 이조(吏曹)와 병조(兵曹)에서 작성하여 인사 때 참고로 삼는 정안(政案)에 좌리4등공신 길통(吉通)의 후예(後裔)라고 기록하여 비록 죄가 있더라도 영세토록 용서할 것, 병조에서는 반당(伴倘, 신변을 보호하기 위하여 나라에서 내리던 병졸) 4인, 장예원(掌隷院, 노비 관련 문서와 소송을 담당하던 관아)에서는 노비(奴婢) 2구(口)와 구사(丘史, 벼슬아치의 말이나 가마 앞에서 소리를 질러 행인들을 비키게 하던 노비) 2명, 호조에서는 논 10결(結)과 표리(表裏) 1단(段), 사복시[司僕寺, 궁중의 가마·마필(馬匹)·목장 등을 관장한 관아]에서는 내구마(內廄馬) 1필(匹)을 내리도록 하였으니 수령하도록 하라. 아들이 없는 사람은 생질과 사위에게 1자급을 추가 하되 같은 공이 있는 자와 더불어 뒤에 함께 기록할 것이다.

아! 태산이 닳아서 숫돌처럼 얇게 되고 강물이 말라서 허리띠처럼 가늘게 되기까지 영세토록 기쁨을 함께 누리며 영광 있을 지어다. 가뭄에는 장마 비가 되고 강나루에 배를 지어 건너는 역할을 하도록 당부하니 부디 초심으로 더욱 힘쓰기를 교시(敎示)하노라. 또한 경은 나의 뜻을 의당히 이미 알고 있으리라 믿는 바이다.

6. 유명조선국 정충출기적개 순성좌리 공신 가선대부(행 호조참판) 청릉군(증 숭정대부 예조판서 시공양 김공) 신도비명 유서

有明朝鮮國 精忠出氣敵愾 純誠佐理 功臣 嘉善大夫(行 戶曹參判) 淸陵君(贈崇政大夫 禮曹判書 謚恭襄 金公) 神道碑銘 有序

公姓金 諱順命 字居易 本淸風人 曾祖 諱光茂 贈兵曹判書 祖 諱孝禮 贈純忠輔祚功臣 議政府左贊成 考 諱吉通 魁壬子科 純誠佐理功臣 崇政大夫 戶曹判書 月川君 謚文平 妣 通判禮賓寺事 審之女也 以宣德乙卯十月壬寅生 公 氣稟英逸 聰悟夙成 自少篤志於學 期于遠大 年十五 丁內艱 十九中 癸酉司馬試 二十二 丙子科 補校書館 授承政院注書 轉成均館 司醞署主簿 通禮院奉禮 卽時 遭國家運漕事處 欲得補 其任者 無如公 遂爲五道敬差官 事辨而理 漕入配舊 州郡服公之敏 朝廷嘉其功績 授戶曹佐郎 仍陞正郎 成化三年五月 賊臣李施愛 初亂北鄙 殺官吏而盜兵 其勢甚漲 光廟震怒 遣將治討以公佐元戎 軍器 秘書 馳馹 啓稟 奏對 詳功 上嘉之 因奉順命旨 還諭將士 俾一心力旋卽戡定 策精忠出氣敵愾功臣 超三資 拜軍正 賜以鐵券土田藏 獲爵其父母妻子 眷待甚隆 四年 參司馬試 取趙亨門金訢等 七月階陞折衝 五年 通政 掌隸院判決事 俄擢右副承旨 以讀卷 取申俊等 七年 左副承旨 是我殿下嗣服之初 棐輔弘多 加功臣號 曰純誠佐理 賜賚仍繁 八年 陞嘉善禮曹參判 封淸陵君 時文平公 判地官 父子同功 竝列六卿 士林榮之 而益謙恭 門無私謁 時人語曰 淸風人 世傳淸風 信矣 九年八月 丁外憂哀毁過禮 廬墓三年 躬操饌具 晨夕上墓 寒暑雨雪 益篤不懈 人皆以爲難 十年十月 制文 拜僉知中樞府 我以封君 觀察全羅 十三年 召拜刑曹參判 尋選戶曹 十四年 移兵曹典武擧 取申繼宗等 十五年再轉禮曹 十七年 兼同知義禁府 明年 觀察黃海 又明年 以死兒居一年 復封君 二十二年 兼司僕將 二十三年四月 卒于第 享年五十三 上悼歎 賜謚恭襄公 贈禮曹判書 五月己未 葬于治南狐巖洞艮坐坤向之原 配貞夫人 柳氏 中部令敬孫之女 全州望也 是年十月亦卒 享年五十有五 歸窆於公墓之左 男世英 義禁府經歷女將仕郎元柱 公性剛正恬淡 不喜聲色 家無勝妾之蓄 誠孝至天 雖劇職 朝夕微暇而定省不廢 甘旨以時 未嘗退寢於私第 其友諸兄 愛順兼至 人無間言 與朋友交以信 處官事謹以恪 議論可否 剖決如流 平生不事産業 自奉甚略 捐館之夕 殮殯無資 操行淸苦乃如也 嗚呼 天旣與不界其壽 位于不稱顯 家以卒窘 天之報施 果何如也耶 雖然 才行之隆名聲之著 斯亦不朽之盛事 則以此易彼 孰得孰失 銘曰

英英君子 挺出離倫 奮乎文藝 揚名立身 孝友而家
以順以親 出入設勞 克艱克辛 再揷勳盟 允矣巨鱗
惟家有子 惟國有臣 天不界年 噫五十春 靡終厥施
以付後人 不朽者存 彌久而新 我銘丕諛 視此貞珉

推忠靖亂翊戴功臣 資憲大夫 咸從君 兼 知經筵 春秋館藝文館
大提學 弘文館 大提學 知成均館事 魚世謙 謹撰
奉烈大夫 議政府舍人兼 春秋館編修官 承政院校勘 李復善 書

공(公)의 성(姓)은 김(金), 휘(諱)는 순명(順命), 자(字)는 거이(居易), 본관은 청풍(淸風)이다. 증조(曾祖)의 휘(諱)는 광무(光茂)로 병조판서(兵曹判書)를 증직 받은 분이고, 할아버님의 휘(諱)는 효례(孝禮)이고, 순충보조공신 의정부 좌찬성(純忠輔祚功臣 議政府 左贊成)을 증직 받은 분이다. 아버님(考)의 휘(諱)는 길통(吉通)으로서 세종 14년 임자과(壬子科)에 장원(魁)을 한 순성좌리공신 숭정대부 호조판서(純誠佐理功臣 崇政大夫 戶曹判書) 월천군(月川君)으로 시호(諡號)가 문평(文平)이다. 어머님(妣)은 예빈시(禮賓寺) 판관과 병조판서(兵曹判書)를 지낸 이심지(李審之)의 따님이시다.

공은 1435년(世宗 17년) 10월(十月) 4일 임인(壬寅)일에 태어났다. 공(公)은 타고난 기품(氣稟)이 영일(英逸)하고 총오(聰悟)하며 숙성(夙成)하여 어려서부터 학문에 대한 뜻이 두터워 장래에 큰 인물이 되리라 기대하였다. 열다섯에 어머님 상을 당하였으며, 19세 되든 1453년(端宗 1년) 계유(癸酉) 사마시(司馬試)에 합격하고, 22세 되든 1456년(世祖 2년) 병자(丙子) 식년시 문과에 합격하여 교서관(校書館) 정자(校勘)에 보임된 후 승정원 주서(承政院注書), 성균관(成均館), 사온서(司醞署) 주부(主簿), 통례원 봉례(通禮院 奉禮) 등을 역임하였다. 그 때 나라의 조곡을 운송해 들이는 운조(運漕)의 일을 맡을 사람을 구하였는데 '공 만한 사람이 없다' 하여 오도경차관(五道敬差官)으로 선임되어 직무를 수행하게 되었다. 공은 일을 잘 처리하여 운송해 들이는 조곡이 과거에 비해 두 배나 되었고, 여러 고을에서 공의 일처리의 민첩함에 감복해 마지않았다. 조정에서는 그 공적을 가상히 여겨 호조좌랑(戶曹佐郞)을 제수하였다가 곧 정랑(正郞)으로 승진하였다.

1467년(世祖 13년) 5월 적신(賊臣) 이시애(李施愛)의 반란이 함경도에서 일어나 관리를 살해하고 병력을 도둑질하여 반란 초기에 자못 그 기세가 커졌다. 세조(光廟)께서는 진노(震怒)하시어 구성군(龜成君) 이준(李浚)을 토벌대장, 공은 대장의 보좌역으로 한 토벌군을 파견하였다. 공의 임무는 군기(軍器), 비서(秘書), 역마를 다루는 치일(馳馹), 품계(啓稟)를 올리고 임금께 직접보고 드리는 주일(奏對) 등이었다. 공은 일을 꼼꼼히 잘 수행하여 임금께서는 이를 가상히 여기셨다. 임금은 공의 의견대로 다시 장수들에게 유시(諭示)하여 몸과 마음을 합치도록 하시었다. 반란은 곧 평정되고 상훈을 내리는데 공은 정충출기적개공신(精忠出氣敵愾功臣)에 책록되고 품계를 3계 올려 군자시정(軍資寺正)에 임명하였다. 공신녹권(鐵券), 토지(土田)와 노비(藏獲)를 하사하고 부모처자(父母妻子)에게도 봉작을 내리는 등 임금의 사랑과 대우가 매우 융숭하였다.

1468년(睿宗元年)에는 사마시(司馬試)에 참여하여 조형문(趙亨門) 김흔(金訢)

등을 뽑았다. 7월에는 품계가 절충장군(折衝將軍)으로 승진하였다. 1469년(成宗 元年)에 통정대부(通政大夫) 장예원 판결사(掌隸院判決事), 우부승지(右副承旨)에 발탁되었으며, 독권관(讀卷官)으로서 신준(申俊)등을 발탁하였다. 1471년(成宗 2年)에 좌부승지(左副承旨)가 되었다. 이때는 성종대왕(成宗大王)이 왕위를 계승한 초기였는데 대왕의 즉위에 보좌해드린 공이 크고 많아서 다시 순성좌리공신(純誠佐理功臣)으로 책록되고, 이로 인해 하사받은 상품 또한 많았다. 1472년(成宗 3年)에 가선대부(嘉善大夫) 예조참판(禮曹參判)으로 승진하고, 청릉군(淸陵君)의 봉작(封爵)을 받았다. 이때 문평공(文平公)께서는 호조판서(戶曹判書)로서 부자가 함께 공신이 되고, 또한 부자분이 함께 육경(六卿)의 반열에 계셨으니 사림(士林)에서는 이를 큰 영예라 하였다. 그러나 더욱 겸손하고 공경하여 문전에 사사로운 일로 찾는 이가 없었으니 당시 사람들이 말하기를 '청풍사람이라 대대로 청풍을 전한다(淸風人世傳淸風)' 하였고 이는 맞는 말이었다.

1473년(成宗 4年) 8월 아버님께서 돌아가시니 예도(禮度)가 지나쳐 몸이 상하도록 슬퍼하였다. 3년 동안의 시묘(侍墓)생활 중에는 몸소 찬구를 들고(躬操饌具) 새벽과 저녁에 묘에 올라갔는데 날이 차거나 덥거나 또는 비가 오나 눈이 오나 한결같이 더욱 돈독하게 게으르지 않고 시묘하였으니 사람들이 모두 어려운 일을 하였다고 하였다.

1474년(成宗 5年) 10월에 임금께 글을 지어 올리니 첨지중추부사(僉知中樞府事)를 배수하고, 전라도 관찰사(全羅道觀察使)에 임명되었다. 1477년(成宗 8年)에는 임금의 부름을 받아 형조참판(刑曹參判)에 임명되었다가 호조참판(戶曹參判)으로 옮기었다. 1478년(成宗 9年) 병조(兵曹)로 옮기어 무과시험에 참여하여 신계종(申繼宗) 등을 뽑았다. 1479년(成宗 10年) 다시 예조(禮曹)로 옮기었다. 1481년(成宗 12年) 동지의금부사(同知義禁府)를 겸하였다가 다음해 황해도 관찰사(觀察黃海)로 나갔다. 그 이듬해에는 태형에 관한 일로 1년간 근신하다가 봉군이 회복되었다. 1486년(成宗 17年)에 겸사복장(兼司僕將)이 되었다.

1487년(成宗 18年) 집에서 돌아가시니 향년 53세이다. 상감께서는 애도를 표하고 공양공[恭襄公, 推賢讓能曰 恭, 甲胄有勞曰 襄, 어진 이를 밀고 사양 할 수 있음을 공(恭)이라 하고, 전장에서 큰 공로가 있음을 양(襄)이라 이른다.]이란 시호(諡號)와 함께 예조판서(禮曹判書)의 증직을 내리셨다. 1487년 5월 20일(己未) 호암동(狐巖洞) 간좌곤향(艮坐坤向)의 언덕에 장사를 지냈다.

배위는 정부인 유씨(貞夫人柳氏)로서 중부령을 지내신 전주(全州)의 명문인 유경손(柳敬孫)의 따님이시다. 정부인께서도 같은 해 10월에 돌아가셨으니 향년 55세이었고 공의 왼쪽에 묻히셨다. 아들 세영(世英)은 의금부 경력[義禁府經歷, 후에 청풍군(淸風君)으로 봉작되고 황해감사를 지냄]이고, 사위는 장사랑(將仕郞) 원주(元柱, 후에 습독관을 지냄)이다.

공(公)은 성품이 강정(剛正)하고 염담(恬淡)하여 성색(聲色)을 좋아하지 않았으며, 집안에 첩을 두지 않았다. 효성(孝誠)은 하늘에 이르러 관직의 일로 바빠 아침저녁으로 짬을 내기 힘들어도 조석문안(定省)을 폐하는 일이 없었으며, 때를 맞추어 달고 맛있는 음식(甘旨)을 드리고, 명이 없으면 집(私第)으로 돌아가서 자는 일이 없었다. 여러 형제들과는 우애가 돈독하여 사랑함과 순종함이 지극하여 사람들이 이간하는 말을 할 수 없었다. 벗(朋友)들과는 믿음으로 사귀었고 공무를 처리하는 데는 삼가고 정성(謹以恪)으로써 하였다. 의논(議論)하여 가부(可否)를 처결하는 데는 물 흐르듯 순리를 따랐고, 평생에 영리에 관련된 일을 하지 않았으며 생활은 매우 검소하고 간략하였다. 돌아가신 후 염습하고 입관할 물자가 없었는데 이는 공의 지조와 청빈한 생활의 결과이었다.

아아! 슬프도다. 하늘은 어찌 이런 사람에게 천수(天壽)를 내려주시지 않았는가? 지위(地位) 또한 현달(顯達)하였다 말할 수 없으며 가세는 궁색한 가운데 돌아가셨으니 하늘이 보답하고 베푸는 것이 어찌 이러하단 말인가? 비록 그러하다 할지라도 재주와 행실이 융성하고 명성이 현저하니 이 또한 불오(不朽)의 성사(盛事)인 것이다. 이것과 저것을 바꾼다면 어느 것이 득이고 어느 것이 실이란 말인가?

비명(碑銘)을 새기노라.
영영군자 英英君子 공은 영걸스러운 군자이시니
정출이륜 挺出離倫 태어나며 다른 이와 다르셨도다.
분평문예 奮乎文藝 분발하여 문예에 힘쓰셨고
양명입신 揚名立身 이름을 날리고 몸을 세우셨도다.
효우이가 孝友而家 효도와 우애로 집안을 다스리니
이순이친 以順以親 집안은 유순하고 친밀하였도다.
출입설로 出入設勞 조정에 들고 남에 노고가 많으셨고
극간극신 克艱克辛 어렵고 쓰라린 일 모두 극복하였도다.
재삽훈맹 再揷勳盟 공신에 두 번이나 오르셨으니
윤의거린 允矣巨鱗 진실로 큰 인물이라 아니할 수 없도다.
유가유자 惟家有子 집에서는 아들의 도리를 다하시고
유국유신 惟國有臣 나라에서는 신하의 도리를 다하셨도다.

천불계년 天不界年 하늘은 수명을 많이 주시지 않았으니
희오십춘 噫五十春 슬프도다. 겨우 오십 여년 춘추로다.
미종궐시 靡終厥施 마침내 그 베풀 것 다 못 푸시고
이부후인 以付後人 나머지는 후인에게 부탁하셨으니
불오자존 不朽者存 영구히 사라지지 않는 덕이 있어
미구이신 彌久而新 세월이 지날수록 더 새로워지리라.
아명비유 我銘丕諛 내 비명이 아첨함이 아니니
시차정민 視此貞珉 이를 보고 공을 본받을 지어다.

추충정란익대공신(推忠靖亂翊戴功臣) 자헌대부(資憲大夫) 함종군(咸從君) 겸 지경연 춘추관예문관(知經筵春秋館藝文館)대제학(大提學) 홍문관대제학(弘文館大提學) 지 성균관사(知成均館事) 어세겸(魚世謙) 삼가 짓고(謹撰)

봉열대부(奉烈大夫) 의정부사인(議政府舍人) 겸 춘추관 편수관(春秋館編修官) 승정원 교감(承政院校勘) 이복선(李復善) 쓰다(書)

7. 이요루기(二樂樓記)

《김일손(金馹孫) 속 동문선 14권》

* 아드님인 청풍군이 김일손과 동행하여 여행한 여행기임.

自中原東行。向竹嶺。其間山水之可樂者不一。過黃江壽山兩驛。行盡清風境。踰一岾入丹陽界。得長會院。按轡其下。漸入佳境。忽見積石斗起。攢峯疊翠。迷左右眩東西。雖巧曆莫能較也。岸開峽坼。一江中注。溶漾藍碧。江北岸側之絶險。上數百步。有城可隱。舊名可隱巖。余立馬其前。煙霧路迷。依俙然有殊柯之想。惜絶境之無稱。肇名之曰丹兵峽。由峽而東。山益奇水益清。行十里峽盡。廻首如別佳人。十步九顧。直東而望。赤城無咫尺。臨江有步。小艇橫渡。卽下津也。泝津而上十里許。又有官渡。卽上津也。鐵壁千尋。壓峙津流。悸余魂。莫可攀也。創名之曰棲鶻巖。津之源。出江陵府之五臺。縈廻壑谷。西走遙遙五六百里。雖輕舟。莫得窮其派也。返而順流。未及下津。有泉自南而來。舊名南川。川之左岸。有樓翼然。日已暝黑不可登。遂投郡館。翌日。郡守黃侯璘請登。遂與攀檻而眺。則燕飛而鷄啄。鵲噪而客至。嶺雲連於上岳。秋光抹於錦繡。層巒疊嶂。環擁乎一樓。而南川之流。汨瀜於欄楯之下。上津之波。合沓於林樾之際。昨日所役於鞍馬舟楫之上者。皆在於杯觴几席之間。蓋兩眼所收。有加於兩脛之所得矣。視壁間匪懈堂所扁二樂樓三大字。爛然如明月夜光。彩不可挹。溪山含輝。余欣然樂不自支。顧謂黃曰。惟仁者。然後能樂山。惟智者。然後能樂水。三月不違者。殆庶幾於仁。百世可知。可謂智未及於此。而徒馳情於山水。不幾於自誣乎。夫人莫不具仁智之性。而鮮能充仁智之端。能充其仁智。非吾分外之物。體山之靜而不遷。體水之動而無滯。安一心之德。周萬物之變。則二者之眞樂。吾得而兼之矣。侯以安詳之資。且達於理。便養乞郡。旣能仁於其親。而敎其孝以治一境。役鮮少之民。賦磽瘠之土。措置得宜。能應簿書而供賦征。又用餘力於樓臺。葺其頹碎而無廢舊貫。侯之仁且智可見。侯能於此致曲。學至於天理流行之極。而行其所無事。則高山流水。乃吾仁智之一體矣。侯其勉之哉。若弄杯酌醉絃管。登眺以爲樂。但觀其隱然峙者山。杳然逝者水。喜其秀且淸而已。則又將有理屐窮山如康樂。投金廢務如東野。而有忝於二樂之義矣。凡我同登者。盍相與勉之。同登者誰。花山權君景裕, **沙熱金君世英** 竝侯弟瑋, 瑾。皆學孔子者也。遂以相勉。而又勉繼登者於無窮云。

중원(中原)으로부터 동으로 행하여 죽령(竹嶺)을 향하노라면 그 사이에 즐길 만한 산수(山水)가 하나가 아니었다. 황강(黃江)과 수산(壽山) 두 곳을 지나 청풍(淸風)의 경계를 다 가서 한 고개를 넘어 단양(丹陽) 경계를 들면 장회원(長會院)에 이르는데, 그 밑에서 말고삐를 잡으면 점차 아름다운 경지로 들어가는 것이었다. 별안간 쌓인 바위가 우뚝이 일어 높은 봉우리와 푸른 아지랑이가 좌우 동서를 아득하게 함은 비록 교묘한 기상가(氣象家)라도 분간하기 어려울 정도이다. 벼랑이 열리고 산협이 터지자 한 강물이 가운데로 흐르는데, 쪽빛 푸른빛이 잠겨 있고 강 북쪽 기울어진 아주 험한 언덕 위 수백 보에 성(城)이 있어 가히 숨을 수 있으니, 옛 이름은 가은암(可隱巖)이었다. 내 그 앞에서 말을 멈추었을 때, 내와 안개에 길이 아득하여 의연히 도끼자루를 썩힐 듯한 생각이 떠오르곤 하였다. 이러한 절경(絶境)으로서 아무런 이름이 없음을 애석하게 여겨서 비로소 단구협(丹丘峽)이라 불렀다. 단구협으로부터 동을 향하면 메는 더욱 기이하고 물은 더욱 맑았다. 10리를 가면 산협이 끝나는데, 마치 아름다운 아가씨와 헤어지는 듯이 열 걸음에 아홉 차례나 돌아보곤 하였다. 거기서 동으로는 적성(赤城)이 지척으로 바라보이고, 강을 임하여 나루터가 있는데, 작은 배로 가로질러 가면 이것이 곧 하진(下津)이었다. 그 나루를 따라 올라 10여 리에 또 관도(官渡)가 있었으니, 이것이 곧 상진(上津)이었다. 철벽(鐵壁) 천 길이 나루 흐름에 높이 위압하고 나의 신혼을 위협하여 더위잡을 수가 없었다. 비로소 서골암(棲鶻巖)이라 불렀다. 이 상진(上津)의 근원은 강릉부(江陵府) 오대산(五臺山)에서 나와서 여러 구비를 돌아 서로 5·6백 리나 멀리 박차고 흘렀으므로 비록 가벼운 배라도 그 파류를 끝까지 찾기에는 어려울 것이다. 그러다가 돌면서 순하게 흘러 하진에 미치지 못하여 폭포가 남으로부터 이르니, 옛 이름은 남천(南川)이었다. 남천 왼편 언덕에 누(樓)가 나는 듯이 섰지만, 날이 이미 어두웠으므로 오르지 못하고 드디어 군의 관사에 투숙하였다.

그 이튿날이었다. 군수 황후 인(黃侯 璘)이 누에 오르기를 청하므로 드디어 함께 헌함을 부여잡고 바라보니 제비는 나르고, 닭은 벌레를 쪼며, 까치는 울고, 손님은 이르렀는데 봉우리에 떠 있는 구름은 멧부리에 잇따랐고, 가을빛은 금수를 펼친 듯하였다. 그리고 층층한 멧부리가 첩첩히 싸인 병풍이 한 누를 둘렀고, 남천 물이 난간 밑에 소리 내어 우는데, 상진(上津)의 물이 숲속에 모여 들어, 어제 말과 배 위에서 보던 것이 모두 술잔과 궤석(几席) 사이에 벌어져 있으니, 대개 두 눈으로 거둔 것이 두 정강이로 얻은 것보다 많았다.

바람벽 사이를 보니, 비해당(匪懈堂, 안평대군)이 쓴 이요루(二樂樓)라는 커다란 세 글자가 찬란히 밝은 야광명월(明月)과 같아서, 그 광채를 움켜잡을 수가 없는데 계산(溪山)이 빛을 머금었다. 내 그제야 흔연히 기쁨을 스스로 견디지 못하여 황후인(黃侯 璘)을 돌아보면서, "오직 어진 자인 연후에 능히 산을 즐기고, 오직 슬기로운 자라야 능히 물을 즐긴다." 하였는데, 석 달 동안을 어김이 없는 자라야 거의 인(仁)에 미친다는 것은 백세의 일을 보아 가히 알 수 있는 만큼 슬기도 이에 미치지 못함을 알면서도 한갓 산수(山水)에 마음을 달리는 것은 거의 자신을 속이는 것이나 아닐까? 대체 사람으로서 인(仁)과 지(智)의 천성을 갖추지 못한 이는 없었겠지마는 인과 지의 단서를 능히 충실히 하는 이가 드무니 만일에 능히 인과 지를 충실히 한다면 이는 나에게 분수 밖의 물건이 아닐 것이다. 산의 고요함을 체득하여 옮기지 않고 물의 움직임을 체득하여 침체함이 없이 한 마음의 덕(德)을 편안히 하고, 만물의 변화를 두루 살핀다면, 이 두 가지의 참된 즐거움을 내가 겸해 둘 수 있을 것이 아닌가?

황후(黃侯)는 안상(安詳)한 자질로서 이치에 통달하여 어버이 모시기에 편리하게 이 고을을 맡았으니, 이는 이미 그 어버이에게 인(仁)을 하여 그 효도로 백성을 가르쳐서 한 경계를 다스리고, 얼마 되지 않은 백성을 부리며, 척박한 토지에 세금을 거두되, 그 조치가 알맞게 하여 능히 문서를 꾸며 부세에 이바지하고, 또 그 남은 힘을 누대(樓臺)에까지 써서 그 퇴폐함을 수리하여 옛 모습을 유지하였으니, 황후(黃侯)의 인과 지는 이에서 볼 수 있을 것이다. 황후(黃侯)가 능히 이에 마음을 지녀 그 학문이 이치의 유행하는 극치에 이르러서 무사(無事)하게 행한다면, 높은 산과 흐르는 물이 모두 나의 인과 지와 일체가 될 것이니, 황후(黃侯)는 힘쓸지어다. "만일에 술잔을 들고 관현악을 지어 이곳에 올라 바라봄으로써 낙을 삼을 제는, 다만 그 은연히 솟은 것은 산이요 묘연히 흐르는 것은 물인 줄만 알아서 그 빼어나고 맑다는 것만을 기뻐할 뿐이며, 또 장차 나막신을 신고산을 깊이 찾기를 사강락(謝康樂)과 같이 하고, 금(金)을 던지고 공무를 폐기함을 맹동야(孟東野)와 같이 한다면, 두 가지 즐거움의 뜻에 도리어 누(累)가 될 것이니, 무릇 함께 오른 우리들은 어찌 서로 힘쓰지 않으리오?" 하였으니, 함께 오른 자는 누구요. 화산(化山) 권경유(權景裕)군, **사열(沙熱) 김세영(金世英)**군과 아울러 황후의 아우 위(瑋)와 필(瑾)이었으니, 모두 공자를 배우는 이이다. 드디어 이로서 서로 권면하고, 또 뒤를 이어서 무한히 이 누에 오르는 자에게 권면하노라.

8. 부제학공(휘 수성 遂性)의 시무6조 상소문

이 상소문은 청릉군의 손자이신 휘 수성이 부제학으로 재직 시기인 중종 33년(1538) 6월 30일 상소를 올리자 중종께서 '상소를 보니 조목조목 논한 것이 지금의 폐단에 바로 적중된 말이다. 마땅히 다시 유념하여 반성하겠다.'고 응답한 상소문이다. 오늘날의 사회상과 견주어도 많은 교훈을 얻을 수 있는 상소이기에 전문을 싣는다.

夫人之得失, 纔著於形聲, 而天之祥災, 已捷於影響. 其祥也, 非自祥也, 和之積也; 其災也, 非自災也, 乖之累也.故我無失政之端, 天無示異之理.今者天之震怒, 迫在太廟之庭, 君臣上下, 惶駭而莫措. 此亦所謂切近災也.臣等恐國家之禍, 伏於冥冥之中, 而莫之悟也.不知殿下, 將何以應之耶? 加以亢陽熾威, 耗斁下土, 田畝龜析, 稼穡卒痒, 民絶西成之望, 將有流離之憂. 河內、河東, 凶荒如一, 則移民. 移粟, 將何所施? 天鑑孔彰, 災不虛生. 恐懼修省, 雖切於宵旰, 敬天勤民之誠, 恐有所未盡也. 昔宋 景公, 有君人之言, 熒惑退舍. 此豈規規於末節之所致? 一念之誠, 默感於彼蒼矣. 殿下苟能明於格致之要, 察其謹獨之方, 積於中而著於事, 則可以格天心, 而消災沴矣. 若區區於一政之失, 竊竊於一事之闕, 此非所以應天之誠. 然不於政令之間求之, 則誠之實效, 無自而紬繹矣. 故敢用條陳, 以備應災之萬一. 一曰, 嚴宮壼. 《記》 曰: "外言不入於梱, 內言不出於梱." 內外有截, 宮禁肅整然後, 主勢尊嚴, 女謁不行, 發號施令, 皆出於光明正大, 而無黯黮偏私之疑矣. 今也掖庭不嚴, 內治不肅, 戚里婭姻, 號爲問安, 出入宮禁, 略無禁防, 內言或出於外, 外言或入於內. 臣等恐因緣憑藉, 窺覘恩幸者, 未必不投於其間, 而終累聖明之德也. 伏願殿下, 嚴內外之限, 杜女謁之路, 以淸出治之源. 二曰, 崇節儉. 天之生財有限, 而人之用財無窮. 以有限之財, 供無窮之用, 必至於傷財傷財, 必至於害民, 故《易》 曰: "節以制度, 不傷財, 不害民." 今也貢有常數, 而用之無節, 引納於外, 而田野之民病, 貿易於市, 而廛肆之氓困. 至於王子第宅, 過於宏侈, 畫棟雕樑, 聯跨里巷. 上之所爲, 下有甚焉, 奢麗之習日熾, 儉約之風掃如, 家舍過制, 無有紀極, 飮食衣服, 亦尙侈靡. 民卒之困, 物價之湧, 莫不由此. 伏願殿下, 躬儉約, 節財用, 毋示廣袖之好, 以致全帛之效. 三曰, 重大臣. 人主之於大臣, 倚之以心腹, 仗之以股肱, 共享天祿, 共治天職, 推誠以待之, 委任以寄之. 爲大臣者, 亦自知其責, 有知必告, 有聞必達. 上有優容之量, 下無自疑之心. 上下無間, 可否相濟, 誠意之孚, 有同魚水. 信任專而體統可一, 自任重而所學可行. 苟任之不專, 而致負所學, 則政出多門, 而一代之治, 竟無其效, 故自古君人, 其難其愼, 必得其人而任之, 旣在其位, 則不可不敬而信用之也. 若上之任之也, 不盡其誠, 下之事上也, 不盡其忠, 誠有所不孚, 情有所不通, 則此豈國家之福哉? 政令之不一, 朝廷之不和, 職此之由. 伏願殿下, 待之以至誠, 任之勿貳, 使盡其忠, 以責其成. 四曰, 恤民隱.

自古(若) [君] 人者, 孰不曰邦本在民, 而撫恤之不可不忽也? 惟不能窒其慾, 而取之也無度, 不勝其私, 而役之也無節, 故哀痛之詔, 惻怛之旨, 溢於瞻聽, 而盡歸文具. 今也十室九空, 村落爲墟, 國本蕭然, 勢不可支. 若至旱蝗不息, 飢饉荐臻, 嗷嗷之氓, 不堪其苦, 起爲盜賊, 遍滿域中, 則不審殿下, 將何以圖之? 臣等恐殿下仁愛之實, 不能不虧於一念之累, 而德不下究, 保護之誠, 不能不奪於一己之私, 而民不被澤也. 字牧之官, 承流無狀, 敢肆貪殘者, 豈云無自? 伏願殿下, 務去己私, 以布實惠, 以寬民力, 使赤子之無告者, 得被仁恩之化. 五曰, 布公道. 世詭俗末, 人欲漸肆, 私門大開, 公道不行. 銓選欲其公也, 仕進, 必由於權勢之門, 一官有闕, 簡札雲集. 勢族豈皆可用, 而童稚居薦擢之列, 寒門豈皆可棄, 而白首無自拔之路, 至於秩在堂上, 而乞簡求官者有之. 獄訟欲其平也, 而聽訟顚倒於賄賂之行, 以直爲曲, 以曲爲直, 刑戮不加於豪右, 犴獄獨(宜) [宣] 於顚寡, 至於牽制權勢, 淹延不決者有之. 黜陟欲其嚴也, 而幽明或混於請托之私, 宜殿而最, 宜最而殿, 勤謹奉公者, 無以爲勸, 貪饕無忌者, 無以爲懲, 至於陰縱將卒, 納貨肥己, 而請囑免貶者有之. 據此數事, 公道之大毁可知. 伏願殿下, 布示至公之道, 以杜私枉之門. 六曰, 礪廉恥. 人之有慾也, 不有以隄防之, 必至於棄禮蔑義, 無復有羞惡之心, 而將無所不至, 故古者聖王, 必立四維, 以爲天下大閑也. 今者朝廷之上, 廉恥道喪, 居官者少淸謹之人, 莅民者多掊克之輩, 習俗已痼, 恬不爲怪, 權要貴近, 干請或煩, 列郡承風, 酬答恐後, 瘠民肥己, 略無顧忌. 田宅廣占, 古之爲士者恥之, 今也爲之不厭; 苞苴顯行, 古之爲士者鄙之, 今也受之不憚. 俗尙之陋, 一至於此, 豈不寒心? 伏願殿下, 扶四維, 勵風化, 以正士習. 《詩》曰: "昊天曰明, 及爾出王." 又曰: "上帝臨汝, 毋貳爾心." 帝王敬天之誠, 豈待災沴譴告而後, 致之哉? 雖天地淸寧, 邦域乂安, 常存敬畏, 幽獨燕閑, 如對神明, 一政一事, 無少慢易, 則和氣充塞, 災沴無由而作. 若其遇災而懼, 改紀其政, 特末事耳.

(중종실록 87권, 중종 33년(1538) 6월 30일 2번째 기사)

사람의 잘잘못이 태도와 소리에 나타나자마자 하늘의 상재(祥災)가 벌써 그림자와 메아리보다 빠르게 나타났습니다. 그 상서(祥瑞)가 상서 그 자체가 아니라 화기(和氣)가 쌓인 것이고, 그 재앙이 재앙 그 자체가 아니라 잘못이 누적된 것입니다. 그러므로 우리에게 실정(失政)의 실마리가 없으면 하늘이 이변(異變)을 보일 리가 없습니다. 오늘날 하늘의 진노가 태묘(太廟)의 뜰까지 닥쳐서 군신상하(君臣上下)가 놀라 어찌할 줄을 모르니, 이것도 이른바 피부에 와 닿은 재앙입니다. 신들은 국가의 재화(災禍)가 아무도 모르는 은미한 속에 숨어 있는데 깨닫지 못하고 있는 것이 아닌가 싶습니다. 모르겠습니다만 전하께서는 어떻게 대응하려 하십니까? 더구나 불볕이 기승을 부려 온 땅이 망가지고 논밭이 갈라져 농사가 마침내 망쳐지니, 가을에 수확할 희망이 끊겨 백성들이 유랑할 우려가 있습니다. 온 나라가 하나같이 흉황(凶荒)이 든다면, 이민(移民)과 이속(移粟)[38]의 정책을 장차 어떻게 실시하겠습니까? 하늘의 살펴보심이 매우 밝으니 재앙은 헛되이 생기지 아니합니다. 밤낮으로 절실히 두려워하고 반성한다 하지만 하늘을 공경하고 백성을 사랑하는 성의는 다하지 못한 바가 있는 듯싶습니다. 옛날 송 경공(宋景公)이 임금다운 말을 하자 형혹성이 3사(舍)를 물러났습니다.[39] 이것이 사소한 일까지 모두 잘해서 된 것이겠습니까? 전념하는 성의가 저 하늘에 묵묵히 감응하여서입니다. 전하께서 참으로 격물(格物) 치지(致知)의 요체를 밝게 알고 근독(謹獨)의 방법을 자세히 살펴 마음속에 쌓아 두었다가 일에 나타낼 수 있다면, 하늘의 마음을 움직여 재앙을 없애게 할 수 있을 것입니다. 반대로, 한 가지 정사의 실책과 한 가지 일의 잘못에만 얽매여 마음을 기울인다면 이것은 하늘에 성심껏 대응하는 처사가 아닙니다. 그러나 정령(政令)의 사이에서 찾지 아니한다면 성의의 실효에 대한 실마리를 찾을 수 없습니다. 그러므로 감히 조목조목 진술하여 재변에 대응하는 도리에 다소나마 보태고자 합니다.

1. 궁곤(宮壼)[40]을 엄하게 계칙하는 일입니다.一曰, 嚴 宮壼(엄 궁곤).

《예기(禮記)》에 '밖의 말이 문지방 안으로 들어가지 아니하고 안의 말이 문지방 밖으로 나가지 않는다.'라고 하였습니다. 내외가 구별이 있고 궁금(宮禁)이 엄정한 뒤라야 군주의 위세가 존엄하고, 여알(女謁)[41]이 통하지 아니하며, 명을 내리는 것이 다 광명정대하게 되어 흐릿하거나 사정을 둔다는 의심이 없을 것입니다. 오늘날 궁중이 엄숙하지 아니하고 내치(內治)가 해이되어 내외의 친척들이 문안을 핑계로 거침없이 궁중을 드나들므로 안의 말이 밖으로 새어 나가기도 하고, 밖의 말이 안으로 들어가기도 합니다. 신들은 이런 것을 빙자하여 은행(恩幸)을 엿보는 자가 반드시 그 사이에 끼어들어서 마침내 성명(聖明)의 덕에 누를 끼치지나 않을까 걱정됩니다. 부디 전하께서 내외의 한계를 엄격히 하여 여알의 길을 막아서 정치를 내는 근원을 맑게 하소서!

---

38) 이민(移民)과 이속(移粟) : 구황(救荒) 정책을 말한다. 전국(戰國) 때에 양혜왕(梁惠王)이 하내(河內)에 흉년이 들면 백성은 하동으로 옮기고, 곡식은 하내로 옮겨 노약자를 구호하고 하동에 흉년이 들면 또 그렇게 하였다고 한다. 여기서는 구황의 뜻으로 쓰였다. 《맹자(孟子)》 양혜왕(梁惠王).

39) 송 경공(宋景公)이 임금다운 말을 하자 형혹성이 3사(舍)를 물러났습니다. : 춘추(春秋) 시대 송경공 때 형혹성이 송나라의 분야에 나타났는데, 경공이 이를 재앙이라고 걱정하자 사성(司星) 자위(子韋)가 "그 재앙은 정승에게나 아니면 백성 또는 시절 탓으로 돌릴 수 있다."고 하자, 경공은 "정승은 나의 팔다리요, 백성은 임금의 바탕이요, 시절은 백성의 사활이 걸려 있는 것인데, 하나에라도 재앙이 미친다면 내가 누구와 함께 임금 노릇을 하겠는가." 하고 모두 거절하였다. 이 말을 듣고 자위는 "임금께서 임금다운 말씀을 세 마디나 하였으니 형혹성은 틀림없이 움직일 것입니다." 하였는데 과연 3사(舍)를 물러났다. 《사기(史記)》 송세가(宋世家), 회남자(惟南子) 도응천(道應川).

40) 궁곤(宮壼) : 대궐의 문지방 안, 대궐의 여자들을 가리 킴.

41) 여알(女謁) : 대궐 안에서 정사(政事)를 어지럽히는 여자.

2. 절약과 검소를 숭상하는 일입니다. 二曰, 崇 節儉(숭 절검).

하늘의 재물을 내는 데에는 한정이 있고 사람이 재물을 쓰는 데에는 끝이 없습니다. 한정이 있는 재물을 가지고 끝도 없는 용도에 이바지하면 반드시 재물을 손상시키게 되고, 재물을 손상시키면 반드시 백성이 피해를 입게 됩니다. 그러므로 《역경(易經)》에 '제도로써 절약하여 재물을 손상하지 아니하며 백성에게 해를 입히지 않는다.[42]'라고 하였습니다. 오늘날 공물(貢物)은 정하여진 수효가 있으나 용도은 절제가 없어서, 그것을 외방에서 끌어다 바치니 전야의 백성이 괴로워하고, 시장에서 교역하니 저자의 백성이 피폐되었습니다. 왕자들의 저택도 너무 웅장하고 사치스러워 그림을 그린 기둥과 조각을 한 들보가 마을과 거리에 죽 이어져 있습니다. 위에서 하는 일은 아래에서는 더 심하게 하는 법이니, 사치의 풍습은 날로 번창하고 검약의 풍습은 찾아볼 수 없습니다. 집들은 제도에 지나치게 하여 한정이 없고, 음식과 의복도 사치스럽고 호화롭게만 하니, 백성의 곤궁과 물가의 치솟음도 모두 이 때문인 것입니다. 부디 전하께서 몸소 검약하고, 재용을 아끼어 옛날 도성에서 넓은 옷소매를 좋아하자 지방에서는 필단을 통째로 소매를 넓혔다는 일이 없게 하소서.

3. 대신을 존중하는 일입니다. 三曰, 重 大臣(중 대신).

임금이 대신을 심복(心腹)처럼 의지하고 고굉(股肱)처럼 기대어 천록(天祿)을 함께 누리며, 천직(天職)을 같이 다스리되, 진심으로 대우하고 믿어서 맡겨야 합니다. 대신이 된 자도 스스로 자신의 책임을 알아서 아는 것이 있으면 반드시 아뢰고, 들은 것이 있으면 반드시 아뢰어, 위에서는 너그러이 받아들이는 아량이 있고, 아래에서는 스스로 의심하는 마음이 없어서, 위와 아래가 간격이 없고, 옳고 그름이 서로 바로잡히어 성의(誠意)로 결합함이 물과 물고기처럼 어울려야 합니다. 전적으로 신임하면 체통이 하나로 설 수 있고, 책임을 무겁게 느끼면 배운 것을 행할 수 있거니와, 신임을 전적으로 하지 아니하여 배운 바를 저버리게 한다면 정령(政令)이 여러 곳에서 나와 한 시대의 정치가 마침내 효과를 거두지 못하게 됩니다. 그러므로 예부터 임금들이 그것을 어려워하고, 그것을 삼가서 반드시 적격자를 얻어 맡겼습니다. 일단 직에 썼으면 공경하여 신임하지 않아선 안 됩니다. 위에서 성의를 다하여 신임하지 아니하고 아래에서 충성을 다하여 섬기지 아니하여, 성의로 결합하지 아니하는 바가 있고 뜻이 통하지 아니하는 바가 있다면 이것이 어찌 국가의 복이겠습니까? 정령이 일치하지 않는 것과 조정이 화목하지 않는 것도 이러한 데서 연유합니다. 부디 전하께

42) 60번 괘 수택절(水澤節) 象曰 天地節而四時成하나니 節以制度ᄒᆞ야 不傷財하며 不害民하나니라. 天地가 절도 있음에 사시가 이루어지나니, 節로써 법도를 지어서 재물을 상하지 아니하며, 백성을 해롭게 하지 아니 하니라.

서는 지성으로 대우하고, 맡긴 다음 의심하지 않아 충성을 다하여 책임을 완성하게 하소서!

4. 백성의 고통을 구휼하는 일입니다. 四曰, 恤民隱(휼 민은).

예부터 임금으로서 그 누가 나라의 근본은 백성에게 있으니, 구휼하는 일을 소홀히 해선 안 된다고 하지 않았겠습니까? 그러나 욕망을 막지 못하여 거두어들이는 것이 법도가 없었고, 사심(私心)을 이기지 못하여 부역을 시키는 것이 절제가 없었습니다. 때문에 애처로이 여기는 조서를 내려서 가엾어 하는 뜻이 보고 듣는 중에 분명하였어도 모두 겉치레로 돌아가고 말았습니다. 오늘날 열 집에서 아홉 집은 비어 촌락은 폐허가 되고, 백성은 피폐되어 지탱하기 어려운 형편입니다. 가뭄과 황충이 쉬지 않아서 기근이 거듭된다면 아우성치는 백성들이 그 괴로움을 견디지 못하고 들고 일어나서 도둑이 되어 온 나라에 가득찰 것입니다. 전하께서는 어떻게 도모하시려는지 모르겠습니다. 신들은 전하의 어질고 자애로운 실상이 한번 잘못된 생각으로 망쳐져서 덕이 아래까지 미치지 못할까 걱정됩니다. 또 보호하려는 성의가 일신상의 사정에 치우쳐서 백성이 혜택을 입지 못하게 될까 염려됩니다. 목민관(牧民官)이 시세에 편승하여 무법하게 탐오한 짓을 맘껏 하는 것도 까닭이 없겠습니까? 부디 전하께서는 자신의 사사로움을 힘써 제거하고, 실질적인 혜택을 베풀어 민력(民力)을 배양시키고 불쌍한 백성들이 자애로운 덕화를 입을 수 있게 하소서!

5. 공도(公道)를 펴는 일입니다. 五曰, 布 公道(포 공도).

세속이 그릇되어 사람들 욕심은 점차 방자해지니 사문(私門)은 크게 열리고, 공도는 시행되지 아니합니다. 전선(銓選)[43]은 공변되게 하여야 하는데, 벼슬길이 반드시 권세가의 문을 거치므로 한 자리가 비어 있으면 청탁의 편지가 산더미처럼 쌓입니다. 세족(勢族)이라고 어찌 다 쓸 만하겠습니까? 그런데 어린아이도 추천의 명단에 끼입니다. 한문(寒門)이라고 어찌 다 버릴 사람밖에 없겠습니까? 그런데 머리가 희도록 선발될 길이 없습니다. 심지어는 당상(堂上)의 품계에 있으면서도 청탁을 하여 벼슬을 구하는 자도 있습니다. 또 옥송(獄訟)은 공평하게 하여야 하는데, 옥송의 처리가 뇌물이 오가는 데 따라 뒤집혀 옳은 것을 그르다 하고, 그른 것을 옳다 합니다. 형벌은 세력 있는 사람에게는 가해지지 않고, 감옥은 호소할 데 없는 불쌍한 백성만 들어갑니다. 심지어는 권세에 견제를 받아서 판결을 내리지 않고 지연시키는 일도 있습니다. 그리고 출척(黜陟)은 엄정하게 하여야 하는데, 좋은 성적과 나쁜 성적이 청탁의

43) 전선(銓選) : 1. 사람을 골라서 뽑음. 2. 이조(吏曹)와 병조(兵曹)에서 행한 문관, 서리 및 무관에 대한 인사 행정.

사정에 뒤섞여 전(殿)이 마땅한데도 최(最)가 되고, 최가 마땅한데도 전이 됩니다. 부지런히 공무에 종사한 자를 장려할 길이 없고, 거리낌 없이 탐오한 짓을 한 자를 징계할 길이 없습니다. 심지어는 몰래 장졸(將卒)을 시켜 뇌물을 받아들여 욕심을 채우고도 청탁을 하여 폄(貶)[44]을 면하는 자도 있습니다. 이 몇 자지의 일을 보아도 공도가 크게 허물어졌음을 알만합니다. 부디 전하께서는 지극히 공변된 도를 펴서 잘못된 사사의 문을 막으소서!

6. 염치를 가다듬는 일입니다. 六曰, 礪 廉恥(여 염치).

사람에겐 욕심이 있으므로 그것을 막지 아니하면 반드시 예(禮)를 버리고 의(義)를 업신여기게 되어, 부끄러워하는 마음이 없어져 못할 일이 없게 됩니다. 그러므로 예전의 성스런 임금은 반드시 사유(四維)[45]를 세워 천하의 대방(大防)으로 삼았습니다. 오늘날 조정에 염치의 도가 없어져 청근(淸謹)한 관원이 적고, 외방에 나간 관원 가운데는 토색질하는 무리가 많으나 그 습속이 벌써 고질이 되어 전혀 별다르게 생각하지 아니합니다. 권요(權要)와 귀근(貴近)의 청탁이 빈번해도 모든 군(郡)이 서로 뒤질세라 그 청탁을 받아들이며, 백성을 착취하여 자신을 살찌우는 일을 조금도 거리낌 없이 저지릅니다. 또 전택(田宅)을 널리 차지하는 일은 예전의 선비는 부끄러워하였으나 오늘날에는 만족할 줄 모르고 저지릅니다. 뇌물을 주고받는 일을 예전의 선비는 더럽게 여겼으나 오늘날에는 거리낌 없이 받아 챙깁니다. 풍속의 병듦이 한결같이 여기에 이르렀으니, 어찌 한심하지 않겠습니까? 부디 전하께서는 사유를 확립하고 풍화를 가다듬어 선비의 풍습을 바루소서. 《시경(詩經)》에 '하늘은 밝아서 네가 가는 데마다 임한다.'고 하였고, 또 대아(大雅) 대명편(大明篇)에 '상제가 너에게 임해 있으니, 네 마음에 의심을 두지 말라.'고 하였습니다. 제왕의 하늘을 공경하는 정성이 어찌 재앙으로 경고 받은 뒤에야 모아지는 것이겠습니까? 천지가 깨끗하고 나라가 평안하더라도 늘 공경하고 두려워하는 마음을 가져서 사적인 곳에 홀로 있을 때에도 마치 신명(神明)과 마주한 듯이 할 것입니다. 하나의 정령(政令), 하나의 정사(政事)라도 조금도 소홀함이 없게 한다면 화기가 가득 차 재앙이 생겨날 틈이 없을 것입니다. 재앙이 닥친 뒤에 두려워하여 그 정사를 개정한다는 것은 하찮은 일인 것입니다.

---

44) 폄(貶) : 징계, 포폄 (褒貶) 즉 옳고 그름이나 선하고 악함을 판단하여 하는 포상과 징계.
45) 사유(四維) : 예(禮)·의(義)·염(廉)·치(恥).

제3부

청릉군 후손 출사록

<출사 후손은 조선조 말엽 13대손까지 친손 및 서랑과 외손 모두 기재>

[출사 후손 세계도]

1. 문과 급제자

- 세영 / 수성/
- 박세호 / 권기 / 권벽 / 신잡 / 오명수

2. 무과 급제자

- 외천 / 성영 / 율천 / 종윤 / 구서 / 치성
- 원계현 / 윤진경 / 윤천뢰

3. 사마시 급제자

- 미성 / 수성 / 대항 / 대승 / 의달 / 득후
- 이요신

4. 천거 음직 음관(薦擧 蔭職 蔭官)

- 성준 / 종성 / 대림 / 대관 / 대익 / 대함
  약천 / 응천 / 보천 / 양천 / 진천 / 득립
  성원 / 성계 / 성진 / 시환 / 뢰 / 종술
  언휴 / 양윤 / 석윤 / 윤정 / 매일 / 만형 / 만흥
  홍규 / 기홍 / 기적 / 기태 / 광선 / 준흠 / 관선
- 권필 / 이유태

공양공 휘 순명 출사 후손 세계도

〔恭襄公(諱 順命) 出仕 後孫 世系圖〕

子	孫	曾孫	高孫	5代孫	6代孫	7代孫	8代孫	9代孫	10代	11代	12代	13代
世英 文科/觀察使 清風君 贈 吏曹參判	遵性 別坐	청릉군(공양공)의 적장손은 적개 및 좌리공신의 적손이니 음직을 당연히 받았을 것이다. 그러나 적장손에 관한 족보나 기타 기록이 정확하지 않다가, 19/20/21 공신회맹록에 **成俊**이 공양공 적장손으로 기재되어 있다. 그러나 그가 몇 대손인지 알 수 없으며 적장손은 연락 두절 상태인데, 고종 시대에 13대손인 준흠(부제학 수성의 후손)이 적장손으로 음직을 받은 기록이 있어, 적장손은 아마도 절손된 것으로 추정된다.										
	彌性 司馬/牧使	大臨 副司勇	畏天 武科/郡守	聲遠 副司果	瑠 副司果							
			柱天	德用	宗述 副司果	義達 司馬						
					亨述	義寬	重魯	得厚 司馬				
		大頤	顧天	聲繼 參奉	彦休 府使	梅逸 通政						
			李堯臣 司馬									
		梁思謹 南原人	申礫 判書									
	遂性 文科/副提學, 京畿·黃海監司	大觀 諮議, 丹陽郡守	若天 洗馬/丙子胡亂殉節	聲振 僉樞	良胤 副司勇							
					錫胤 贈參議	萬錠	翊昌	龜瑞 武科/僉使	載祐	致成 宣傳官	重煥	駿欽 縣監
										九成	基絅	觀善 議官
								吳命修 府使				
						萬衡 壽資同樞						
						萬甲	翊漢	天瑞	載睦	景成	基台 司僕寺正	廣善 贈戶參
						萬興 副護軍						
					尹進卿 府使	尹天賚 府使						
		大恒 司馬/縣監	應天 贈參議	聲永 武科/判官	宗胤 武科							
	終性 縣監	大升 司馬	保天 都事									
			養天 忠義衛	李 曙 贈 兵判	李惟泰 參議							
		大益 奉事	振天 都事									
		大咸 直長	律天 武科									
	明性	德南 守門將	得立 僉樞	時煥 掌樂院正	潤鼎 從仕郞	弘赳 壽資嘉善	基迪 贈嘉善					
	權 棋 文科/承旨	權 擘 文科/參議	權 韠 文章家									
元柱 習讀官	元季賢 武科 朴世豪 文科											

1. 문과급제(文科及第)

- **자(子) : 김세영(金世英** 1463~538**)** [부(父)]: 청릉군(金順命)[文]
  연산(燕山) 1년(1495) 을묘(乙卯) 증광시(增廣試)

문음(門蔭, 공신(功臣)의 자제에게 내리는 벼슬)으로 1491년(성종 22년) 의금부 경력(義禁府經歷)과 사헌부 감찰(司憲府監察)을 역임하고, 1495년(연산 1년)에 판관(判官)으로 재직 중 증광시 문과(增廣試 文科) 병과(丙科)에 급제하였다. 그 후 홍문관(弘文館) 전한(典翰), 의정부(議政府) 사인(舍人), 예빈시정(禮賓寺正, 왕의 빈객을 접대하고 연회를 주관하는 기관)을 지내고 홍문관(弘文館, 왕의 자문에 응하는 기관)의 직제학(直提學)으로 승진한 뒤 외직으로 나주(羅州)와 충주목사(忠州牧使)를 역임하였다. 특히 동국여지승람 나주목(羅州牧)의 명환(名宦, 훌륭한 관료)편에 청풍군(淸風君) 김세영(金世英)의 이름이 실려 있는데, 이는 청풍군께서 목민관으로서 선정(善政)을 베풀었다는 반증이 아닌가 생각된다.

황해도 관찰사(黃海道觀察使)를 역임하고 청풍군(淸風君)에 봉군(封君)되었다. 이로서 우리 가문(家門)이 조선 전기(前期)에 삼대 봉군(三代封君)의 명문가(名門家)로 명성(名聲)을 드높이게 되었고, 아드님인 부제학공(副提學公)이 문과에 급제하며, 사대문과(四代文科)의 가문이 되었다. 외손(外孫)인 습재(習齋) 권벽(權擘)의 행장(行狀)에 의하면 청풍군(淸風君)이 이조참판(吏曹參判)에 증직(贈職)되었다는 기록도 있다.

청풍군(淸風君)에 관한 왕조실록(王朝實錄) 기사(記事)는 초기에 4번 있고, 연산군(燕山君) 3년 이후는 국가 공식 기록에서 청풍군(淸風君)에 관한 기록을 찾아 볼 수가 없다. 다만 청풍군에 관한 기록은 족보(族譜) 및 개인의 문집에 간혹 전하고 있을 뿐이다. 연산군 시절 혼란 시기를 당해 공께서는 아마도 크게 나서지 않고 조심하며 험한 강을 건너고, 중종반정(中宗反正) 이후

청풍군(淸風君) 황해감사(黃海監司) 휘 세영(世英, 上)과 정부인(貞夫人, 下)의 묘

에는 아드님인 부제학공(副提學公) 휘 수성(遂性)을 비롯하여 좌승지(左承旨)를 지낸 사위 권기(權棋), 문과 급제자인 생질서(甥姪壻) 박세호(朴世豪), 4촌 동생인 사마(司馬) 휘 세보(世寶)와 당질(堂姪)인 현감(縣監) 휘 응청(應淸) 등 친인척 수명이 기묘사화(己卯士禍)[46]에 연루되며, 이들의 뒷바라지에 여념이 없었기 때문은 아닌가 하고 추측하고 있다.

연산군 시절 최초의 사화(士禍)인 무오사화(戊午士禍)[47]의 원인 제공자인 김종직(金宗直)의 문인(門人) 김일손(金馹孫)과는 상당히 돈독(敦篤)한 관계였던 것 같다. 김일손이 쓴 이요루기(二樂樓記)에 의하면 권경유(權景裕), 황위(黃瑋), 황필(黃璀) 등과 함께 단양(丹陽) 지방을 함께 여행하였다는 기록이 있다. 이들은 모두 김종직의 문인이거나 세교(世交)를 갖고 있는 사람들로 막역한 관계를 가지고 있었던 것으로 생각된다. 그러나 후일에 일어난 사화 피화자 명단에 청풍군(淸風君)이 연루되지 않고 화를 피한 것으로 보아 말년에는 정치일선에서 물러나 오로지 구전성명(苟全性命, 난세에 성명을 올바로 보전함, 제갈공명 출사표에 있는 말)에 진력하였던 것으로 보인다. (이요루기 원문은 252페이지에 있음)

배위(配位)는 정부인(貞夫人) 문화유씨(文化柳氏)로 아버지는 참의(參議)를 지내신 유백손(柳伯孫)이고, 할아버지는 정난(靖難)·좌리공신(佐理功臣) 문성군(文城君) 안양공(安襄公) 좌참찬(左參贊) 유수(柳洙)이다. 청풍군(淸風君)과 정부인(貞夫人) 사이에는 6남 1녀가 있다. 맏아드님이 별좌(別坐) 준성(遵性), 둘째가 청주목사(淸州牧使) 미성(彌性), 셋째가 홍문관 부제학(副提學), 경기(京畿) 황해(黃

---

46) 기묘사화(己卯士禍) : 1519년(중종 14) 11월 조광조(趙光祖)·김정(金淨)·김식(金湜) 등 신진사류가 남곤(南袞)·심정(沈貞)·홍경주(洪景舟) 등의 훈구 재상에 의해 화를 입은 사건. 중종반정 공신들의 위훈삭제사건(僞勳削除事件)을 계기로 홍경주·김전(金銓)·남곤·고형산(高荊山)·심정 등은 밀의를 거듭한 끝에, 조광조 등 일파가 붕당(朋黨)을 만들어 중요한 자리를 독차지하고 임금을 속이며 국정을 어지럽혔으니 죄를 물어야한다고 상소하였다. 중종도 조광조 일파의 도학적 언동에 염증을 느끼고 있던 터에 이를 계기로 신진사류를 몰아내려 하였다. 그러나 이장곤(李長坤)·안당(安瑭)·정광필 등이 반대하였고, 김수성을 비롯한 성균관 유생들도 광화문에 모여 조광조 등의 무죄를 호소하였다. 하지만 조광조는 능주로 귀양가서 곧 사사되고, 김정·기준(奇遵)·한충(韓忠)·김식 등은 귀양 갔다가 사형 또는 자결하였다. 그 밖에 김구(金絿)·박세희(朴世熹)·박훈(朴薰)·홍언필(洪彦弼)·이자(李耔)·유인숙(柳仁淑) 등 수십 명이 귀양 가고, 안당과 김안국(金安國)·김정국(金正國) 형제 등도 파직되었다.

47) 무오사화(戊午士禍) : 1498년(연산군 4) 김일손(金馹孫) 등 신진사류(新進士類)가 유자광(柳子光)을 중심으로 한 훈구파(勳舊派)에 의해 화를 입은 사건. 『성종실록』 편찬 때 김종직이 쓴 「조의제문(弔義帝文)」(중국 秦나라 때 項羽가 楚의 義帝를 폐한 것과 세조가 단종을 폐위 사사한 사건을 비유해 은근히 단종을 조위한 글)을 문제 삼아 이미 죽은 김종직을 대역죄로 부관참시(剖棺斬屍)하고, 김일손·권오복(權五福)·권경유(權景裕)·이목(李穆)·허반(許磐) 등을 세조를 무록(誣錄)했다는 죄명으로 능지처참(凌遲處斬) 등의 형벌을 가하고, 그 외에도 많은 신진사류들에게 형벌을 가한 사건.

海) 감사(監司) 휘 수성(遂性)이시고, 넷째가 현감(縣監) 종성(終性), 명성(明性)이 다섯째이고, 여섯째로 일부 파보에는 있으나 현재는 그 후손들이 거의 연락이 없는 달성(達性)이다. 사위는 조선의 유학(儒學) 거두(巨頭)인 양촌(陽村) 권근(權近)의 고손자(高孫子)로서 문과에 급제하고 좌승지(左承旨)를 지낸 권기(權祺)이고, 참의(參議)를 지낸 습재(習齋) 권벽(權擘)이 외손(外孫)이며, 시인(詩人)으로 유명한 석주(石洲) 권필(權韠)이 외증손(外曾孫)이다. 이들 외예(外裔) 3대는 안동(安東) 권문(權門)의 한시(漢詩)의 거장(巨匠)들이다.

2020년 새롭게 단장한 청풍군 할아버님 묘소

묘는 경기 남양주시 별내동 산 213인데, 청풍군과(淸風君) 정부인(貞夫人) 묘소가 아래위로 나란히 계신다. 청릉군 묘소와는 직선거리로 약 700m 거리에 있다.

- **손(孫) : 김수성(金遂性** 1497. 6. 20～1546. 7. 23) [父] : 청풍군(金世英)[文] 중종(中宗) 20년(1525) 을유(乙酉) 식년시(式年試)

자(字)는 유초(有初)이다. 청풍군(淸風君) 휘 세영(世英)의 셋째 아들로 공(公)은 1497년 6월20일 태어나시니 천성이 순후하고 청백한 선비였다. 1513년(중종 8년) 계유(癸酉) 식년(式年) 생원시(生員試)에 불과 17세에 소년(少年) 급제(及第)하여 성균관(成均館)에서 수학 중 1519년 기묘사화(己卯士禍)가 일어났을 때, 성균관 유생(儒生)으로 어진이가 화를 당함에 이들을 구하고저 이약수 등과 상소하고, 궐내에 들어가 정암(靜庵) 조광조(趙光祖) 동천(東泉) 김식(金湜) 선생 등 명현(名賢)들의 석방을 탄원하다 심정(沈貞)등의 모함으로 소두(疏頭, 상소문의 우두머리)로 몰려 의금부(義禁府)에 수금되었다가 석방되었다.

이와 같이 기묘사화 등 여러 시련을 겪고, 생원시 급제 후 12년만인 1525년(중종 14, 당시 공의 나이는 27세가 됨) 식년문과(式年文科)에 병과로 급제하고, 세자시강원(世子侍講院) 설서(設書)로 임용되었다. 중종 24년(1529)에는 연상시(延祥詩, 연초에 상서로움을 기원하는 시)에 으뜸을 차지하여 별조궁(別造弓) 1장(張)을 하사받기도 하였다. 1533년 이조(吏曹) 좌랑(佐郎), 사헌부(司憲府) 지평(持平)에 임명되었으나, 이미 조정에는 당파의 기운이 있어 탄핵을 받아 사직되고 또 다시 복직되기를 여러 번 하였다. 그 뒤 홍문관(弘文館) 부응교(副應教), 사헌부(司憲府) 장령(掌令), 홍문관(弘文館) 응교(應教) 등 주로 삼사(三司)의 청요직(淸要職)을 지내며 경연(經筵, 임금과 함께 공부하는 자리)의 시독관(侍讀官, 임금에게 경서를 강의하는 관리)으로서 역할을 하시다가, 1537년 제주(濟州)목사(牧使)를 지내고, 다시 중앙 관직으로 돌아와 형조참의(刑曹參議)를 거쳐 이듬해 홍문관 부제학(副提學)이 되었다.

홍문관(弘文館)은 옥당(玉堂)이라고도 하고, 왕의 각종 자문에 응하는 일을 관장하던 관서로서 조선시대에는 학술적인 기관이자 언론 삼사(言論三司)의 하나로서, 정치적으로도 중요한 기능을 담당하여 홍문관직은 청요직(淸要職)의 상징이었다. 특히 부제학(副提學)은 홍문관 전임 직원으로서는 최고의 직급으로서 모든 선비들이 선망(羨望)하는 직책이다.

홍문관 부제학(副提學)으로 재직하던 1538년 6월 30일에 공(公)께서는 육조소(六條疏)를 올렸는데, 그 내용은 ① 궁곤(宮壼, 외척의 출입)을 엄하게 계칙(戒勅)하는 일, ② 절약(節約)과 검소(儉素)를 숭상하는 일, ③ 대신(大臣)을 존중하는 일, ④ 백성의 고통을 구휼(救恤)하는 일, ⑤ 공도(公道)를 펴는 일, ⑥ 염치(廉恥)를 가다듬는 일 등으로, 상소(上疏) 내용에는 공(公)의 애국충군(愛國忠君)의 마음이 잘 드러나 있다. (원문은 255페이지 참조)

그 후 호조 참의(戶曹參議)를 거쳐 1539년 성균관(成均館) 대사성(大司成)을 역임하고, 다시 외직(外職)으로 경기도 관찰사(京畿道觀察使) 황해도 관찰사(黃海道觀察使)로 나아가서는 선정(善政)을 펴 도민들의 숭덕(崇德)하는 소리가 높았다. 1541년에는 동부승지로 문신정시(文臣庭試, 고위 관료들의 시작(詩作) 평가회에서 장원(壯元)도 하고, 예조참의(禮曹參議)가 되었다. 그 후 자리를 옮겨 1546년에 공조참의(工曹參議)로 재직 중에 수명(壽命)을 타고나지 못해 겨우 50세를 사시고 작고하셨다. 부제학공께서는 특히 천문(天文)에도 밝아 겸직으로서 관상감(觀象監)의 일에도 계속 관여하였다.

부제학공의 관직에 들고 남을 왕조실록에서 상고하여 보면, 임명할 때마다 수없이 물러나게 하라는 상소가 있고, 그러면 왕은 그러마하고는 며칠 뒤 다시 임명하는 경우가 여러 차례 있는 것으로 보아 이미 조정에는 당파에 따라 서로를 탄핵하는 풍조가 있고, 왕은 계속 부제학

공을 신임하였던 것으로 보인다.

숙부인(淑夫人)은 옥천전씨(沃川全氏)로 아버지는 내자시(內資寺, 왕실의 물자 출납기관) 첨정(僉正) 호(琥)이고, 할아버지는 호군(護軍) 희철(希哲)이다. 공의 처조부되시는 휴계(休溪) 전희철(全希哲)은 무과(武科)에 급제 후 문종(文宗)의 총애를 받았고, 문종이 왕위에 오른 지 겨우 2년 만에 승하하고, 단종(端宗)이 열두 살 어린 나이로 즉위하여 3년 만에 숙부 수양(首陽)에게 왕위를 빼앗기자 비분강개(悲憤慷慨)하여 분연히 벼슬을 던지고 고향 옥천으로 낙향하였다. 그 후 단종이 영월의 청령포로 귀양을 가자 귀양지와 가까운 영주로 이거 하였다. 그러나 단종(端宗)은 결국 비명에 가시자, 휴계(休溪)는 맏아들 생원(生員) 호(琥)를 다시 본향 옥천에 보내어 선영을 받들게 하고, 둘째 아들 박(珀)은 영주(榮州)에 정착하게 했으며, 본인도 그곳에서 생을 마감하였다. 휴계(休溪) 전희철(全希哲)은 영주의 방산서원(方山書院)과 공주 동학사 숙모전(肅慕殿)에서 제향(祭享)되고 있고, 후손들이 영주시 이산면 용상리에 세운 재실 칠성루(七星樓)는 지역의 문화재가 되었다.

부제학공(副提學公)과 숙부인(淑夫人) 옥천전씨(沃川全氏) 사이에는 3남을 두셨으니 대정(大鼎), 대관(大觀)과 대항(大恒)이시다. 장남 대정(大鼎)은 손자 대에서 절손(絶孫)되었고, 차남 자의공(諮議公) 휘 대관(大觀)께서도 아드님을 두지 못해 동생 현감(縣監) 휘 대항(大恒)의 맏아들인 조카 세마(洗馬) 휘 약천(若天)을 양자(養子)하여 대(代)를 이었다.

부제학(副提學) 휘 수성(遂性)의 묘
(2020년 새로 단장한 모습은 공양공묘소 참조)

묘는 경기 남양주시 별내동 산 231-1(순화궁로 458-13)에 할아버님 되시는 청릉군 산소 위에 있다.

남양주 별내동 공양공–청풍군–부제학공–참의공 4대 묘소 위치도

공양공과 부제학공 묘소는 한 지번의 아래위로 계시고, 청풍군 묘소는 약 700m 떨어져 계신다. 그 중간에 우리의 생조이신 현감공 묘소가 있다. 수도권 제1순환고속도로 남쪽에서 북으로 향하는 길, 별내 IC에서 나오면 바로 지하차도로 가지 말고 좌회전 순화궁로로 가면 묘소가 모두 바로 우측에 계신다.

《서랑(壻郎) / 외예(外裔)》

- **박세호(朴世豪)** 공양공의 외손서 / 고령인
  중종(中宗) 23년(1528) 무자(戊子) 식년시(式年試)

중종(中宗) 5년(1510) 경오(庚午) 식년시(式年試) 생원(生員) 3등(三等)으로 입격하여 성균관 유생으로 있을 당시 조광조(趙光祖)가 소위 기묘사화로 피화를 당할 때 내외종 사이인 부제학공과 함께 상소를 올리고 의금부에 갇히는 신세가 되었다. 그 후 중종 23년에 문과에 합격하고 중종 30년(1535)에 사유(師儒)로 뽑혔다.

- **권기(權棋** 1495~?) 安東人 청풍군(김세영)의 사위
  중종(中宗) 14년(1519) 기묘(己卯) 식년시(式年試)

조선조 초기 대표적 유학자인 양촌(陽村) 권근(權近)이 고조(高祖)이고, 증조(曾祖)는 호조판서를 지낸 권준(權蹲), 할아버지는 옥천군수를 지낸 권념(權念), 아버지는 광흥창수(廣興倉守)를 지낸 권억(權憶)이다. 중종(中宗) 11년(1516) 병자(丙子) 식년시(式年試)에 진사(進士)로 합격하고, 3년 후 기묘 식년시 문과에 합격하였으나 기묘사화(己卯士禍)에 연루되어 고초를 겪다 복권되어 부윤(府尹)과 승정원

(承政院) 좌승지(左承旨)를 지냈다. 청풍김씨와 혼인하여 두 아들을 두었으니, 장남이 습재 권벽이고, 차남은 반(攀)이다.

- **권벽(權擘** 1520~1593**)** 安東人 청풍군(김세영)의 외손자
  중종(中宗) 38년(1543) 계묘(癸卯) 식년시(式年試)

문과(文科)에 급제한 뒤, 율곡(栗谷) 이이(李珥)의 천거로 사관(史官)에 기용되었다. 1546년(명종 1) 예조정랑(禮曹正郎)으로 춘추관 기주관(春秋館記注官)이 되어 ≪중종실록 中宗實錄≫·≪인종실록 仁宗實錄≫ 편찬에 참여했고, 1568년(선조 1) 춘추관 편수관(春秋館編修官)이 되어 ≪명종실록 明宗實錄≫ 편찬에도 관여했다. 시문에 뛰어나 승문원부제조·제조(提調) 및 지제교(知製敎)를 오랫동안 지내며 문한(文翰)을 주관하였는데, 특히 명나라에 오가는 외교문서를 전담하였다. 선위사(宣慰使)가 되어 일본 승사(僧使)를 접대하고, 이어 서장관(書狀官)과 동지사로 두 번 명나라에 다녀왔으며, 원접사(遠接使)가 되기도 했다. 외직으로는 성주목사·장단부사를 거쳐 안변부사가 되었다. 한시에도 능하여 많은 사람들이 그의 시를 즐겼으며, 당대의 명사인 노수신(盧守愼)·정유길(鄭惟吉) 등도 그의 시문을 높이 평가하였다. 50여 년간 벼슬을 하는 동안 가사는 거의 돌보지 않고 오직 시에만 전념하여 높은 시적 경지에 달하였다. 예조참판에 추증(追贈)되었으며, 저서에는 ≪습재집 習齋集≫ 8권이 있다.

- **신잡(申礏** 1541~1609**)** 평산인 청주목사 김미성(金彌性)의 외손서(外孫壻)
  선조(宣祖) 16년(1583) 계미(癸未) 정시(庭試)

임진왜란 당시 탄금대에서 배수의 진을 치고 소서행장(小西行長)과 전투를 벌인 신립(申砬) 장군의 형이다. 정시문과에 병과로 급제하여 정언(正言)·지평(持平)·우부승지를 거쳐 이조참판·형조참판을 지냈다. 임진왜란 때에는 비변사 당상으로 활동하였고, 1593년 밀양부사·형조판서를 거쳐 특진관(特進官)·동지중추부사가 되었다. 1600년에는 호조판서를 거쳐 병조판서 겸 세자빈객이 되었다. 이어 함경도 관찰사 빙고제조(氷庫提調) 등을 역임하고 호성공신(扈聖功臣) 2등에 책록되고, 평천부원군에 봉해졌으며, 1606년 개성유수를 끝으로 관직에서 물러났다. 죽은 뒤에 진천에 사당이 세워지고 사액되었으며, 영의정에 추증되었다. 시호는 충헌(忠獻)이다.

- **오명수(吳命修** 1686~?**)** 해주인 김익창(金翊昌)의 사위
  영조(英祖) 16년(1740) 경신(庚申) 증광시(增廣試)

문과 급제 후 1742년(영조 18)에는 병조정랑(兵曹正郎)을 지냈고, 1744년(영조 20)에 지평(持平)으로 재직 중, 임금에게 상소를 올려서 언로(言路)를 확충하고, 조정의 기강을 바로잡을 것 등에 대하여 건의하였다. 1748년(영조 24)에 종성부사(鐘城府使)로 재직하였다.

2. 무과급제(武科及第)

※ 조선조에서 무과는 총 801회 시행되었으나, 현존하는 방목은 138개(17.3%)에 불과하다. 족보상에는 무과로 표시되었으나, 현존하는 방목에서 기재된 분은 친손으로는 군수공(휘 畏天) 한 분이고, 외예는 두 분이지만 족보상 기록된 분들 모두 싣는다.

- 高孫 : **김외천(金畏天** 1539~?) [부(父)] : 어모장군(禦侮將軍) 김대림(金大臨) [무과] 명종(明宗) 19년(1564) 갑자(甲子) 식년시(式年試)

자(字)는 경보(敬甫)이고, 만성보에 영광군수를 지냈다고 기록되어 있다. 배위는 임천조씨(林川趙氏)로 부사(府使) 응침(應忱)의 따님이다.

- 5代孫 : **김성영(金聲永** 1597~1645. 3. 15) [부(父)] : 증 참의 김응천(金應天)

무과(武科)후 판관(判官)을 지내셨다고 족보에 기재 되어 있으나, 방목 기록은 찾을 수 없음. 배위는 강화성씨와 파평윤씨이다.

- 5代孫 : **김율천(金律天)** [부(父)] : 직장(直長) 김대함(金大咸)

무과(武科)후 판관(判官)을 지내셨다고 족보에 기재 되어 있으나, 방목 기록은 찾을 수 없음. 배위는 함양여씨(咸陽呂氏)다. 묘는 제원면 수당리 태봉 묘좌다.

- 6代孫 : **김종윤(金宗胤** 1625~1675. 11. 28) [부(父)] : 김성영(金聲永)

족보에 무과급제로 되어 있으나 방목 기록은 찾을 수 없음. 배위는 안동김씨이다. 묘는 음죽 북면 수암곡 계좌(癸坐)다.

- 9代孫 : **김구서(金龜瑞** 1704~1773. 4. 7) [부(父)] : 김익창(金翊昌)

자(字)는 수계(壽季)이다. 고조(高祖) 첨추공(僉樞公)의 유훈(遺訓)인 세로불섭

(世路不涉)하라는 뜻에 따라 증조-조-부 등 3대(代)가 출사하지 않았으나, 공(公)께서는 과감히 결단하여 출사(出仕)를 하였다. 집안에 전해오는 이야기로는 이 결단에 대해 많은 논란이 있었다고 한다. 족보상에는 무과(武科)를 하시고 출사하였다고 기록되어 있으나 방목(榜目, 합격자 명부)은 찾을 수 없다. 조선시대 무과 방목은 관리가 워낙 부실해서 현재 합격자의 17%만 존재하므로 방목이 없다하여 무과하신 것을 부정할 수도 없다. 다만 영조시대 승정원일기 등 여러 곳에서 첨사공의 관리로서의 활약상을 얻을 수 있는데 요약하면 아래와 같다.

부산첨사(釜山僉使) 휘 구서(龜瑞)의 묘

1732년 영조 8년 10월 12일 경성도호부(鏡城都護府) 삼삼파 만호(森森破萬戶)
1735년 영조 11년 9월 12일 오위(五衛) 사과(司果)
1736년 영조 12년 12월 12일 무겸(武兼) 선전관(宣傳官)
1737년 영조 13년 6월 25일 경덕궁가위장(慶德宮假衛將)
1739년 영조 15년 7월28일 감찰(監察)
1740년 영조 16년 2월 9일 충익위장(忠翊衛將)
1740년 영조 16년 윤 6월2일 동지(同知)
1741년 영조 17년 7월 20일 사천현감(泗川縣監)
*金龜瑞 辛酉九月到癸亥六月遞(근무기간)
(1741~1743) : 여지도서>補遺篇(慶尙道)>泗川縣邑誌
1754년 영조 30년 10월 3일 영조와 대화 기록
1765년 영조 41년 6월 22일 훈련주부(訓鍊主簿)
1771년 영조 47년 6월 22일 훈련판관(訓鍊判官)
1772년 영조 48년 2월 11일 무과 참시관(武科 參試官)
1772년 영조 48년 4월 20일 경상좌수우후(慶尙左水虞候) = 부산첨사(釜山僉使)

무관(武官)으로서 내·외직을 40년 이상을 근무한 기록이 있는데, 마지막 근무지가 돌아가시기 한해 전에 부산첨사(釜山僉使)를 지내신 것으로 되어 있다. 배위(配位)는 숙부인(淑夫人) 파평윤씨(坡平尹氏)로 통덕랑(通德郎) 위(暐)의 따님이고, 조부(祖父)는 경상우병사(慶尙右兵使)를 역임한 윤정주(尹廷舟)이다. 부산(釜山) 첨사(僉使) 슬하(膝下)에 4남을 두셨는데 재호(載祜), 재희(載禧), 재우(載祐), 재유(載裕)이다.

묘(墓)는 경기 이천시 장호원읍 나래리 677-1 유좌(酉坐)로, 집사자(執事者, 제사를 지내는 사람) 우측에 조부(祖父)이신 휘 만정(萬錠)의 묘소, 좌측에는 장자(長子)인 휘 재호(載祜)의 묘가 나란히 계신다.

• 11代孫 : **김치성(金致成** 1750～1792) [부(父)] : 사인(士人) 김재우(金載祐)

자는 백종(伯宗). 무과(武科)에 급제하고 선전관(宣傳官)을 역임했다. 방목 기록은 찾을 수 없음. 배위는 공인(恭人) 아산이씨(牙山李氏)로 복(福)의 따님이다. 묘는 음성군 생극면 오생리 임좌(壬坐)로, 아버지 묘하에 있다.

《서랑(壻郎)/외예(外裔)》

• **원계현(元季賢)** 원주인 청릉군의 외손

무과(武科) 방목(榜目) 기록은 찾을 수 없으나 의정부 좌찬성 성모재 김안국(議政府左贊成慕齋金安國)이 찬(撰)한 공양공의 사위(원계현의 부친)인 습독관(習讀官) 원주(元柱) 부처 합장 묘갈명(元柱夫妻合葬墓碣銘)에 의하면 경진(庚辰, 1522) 무과(武科)에 등과하여 훈련봉사(訓鍊奉事)를 지냈다고 기록되어 있다.

• **윤진경(尹進卿)** 함안인 첨추공(김성진)의 사위

봉산군수(鳳山郡守)와 의주 부윤(義州府尹)으로 좌찬성에 추증되었다고 아들인 윤천뢰(天賚)의 비문에 기록되어 있고, 족보와 한국역대인물종합정보시스템에는 무과급제로 되어 있으나 방목 기록은 찾을 수 없다.

• **윤천뢰(尹天賚** 1617～1695) 함안인 첨추공(김성진)의 외손

무과에 급제하여 선전관이 되었다. 1657년 충청도병마절도사에 오르고, 1662년(현종 3) 어영중군을 역임하였고, 다음해 함경남도병마절도사를 거쳐 1669년 충청도병

마절도사를 다시 역임하였다. 1672년 함경북도병마절도사가 되어 외방에 머무르면서 지방의 군무를 담당하였다. 그 뒤 다시 내직으로 들어와 도총관・훈련대장 등을 역임하고, 1679년(숙종 5) 중군(中軍)이 되었다. 이듬해 외직으로 나아가 충청도병마절도사가 되어 군무에 충실을 다하였다. 한편, 동지중추부사로 재직할 때는 대흥산성(大興山城)을 증축하고, 도정으로 있을 때는 강화도의 돈대(墩臺) 공사를 총감독한 공으로 그 노고가 인정되어 가자되었다. 약천집(남구만) 제17권에 신도비명이 남아 있다.

3. 사마시(司馬試) 급제(及第)

- 孫 : **김미성(金彌性)** [부(父)] : 청풍군(淸風君) 김세영(金世英)[文]
  [생원] 중종(中宗) 14년(1519) 기묘(己卯) 식년시(式年試)
  [진사] 중종(中宗) 14년(1519) 기묘(己卯) 식년시(式年試)

자(字)는 양중(養中). 중종(中宗) 14년(1519) 기묘(己卯) 식년시(式年試)에 생원/진사 양과에 등과하고, 통훈대부 평시서령(平市署令)과 첨정을 거쳐 청주목사(牧使)에 이르렀는데, 평시서 재임 시 연회에 참석하고 있는 연회도가 전하는데, 평시서에 근무하였던 전・현직관리들의 모임을 비단 천에 엷게 채색(彩色)하여 그린 것으로 가로 57.8cm×74cm 크기의 그림이다. 상단에 전서체(篆書體)로 평시계회도(平市契會圖)라는 명칭을 적고 있는 도화서(圖畵署)이다. 국립중앙박물관에 소장되어 있다.

배위 숙부인 고령신씨(高靈申氏)는 동추(同樞) 증좌승지(贈左承旨)를 지낸 광윤(光潤)의 따님으로 조부는 사헌부 장령(司憲府 掌令)을 지낸 신형(申泂)이고, 증조부는 보한재(保閑齋) 신숙주(申叔舟)이다.

묘는 청주시 미원면 운암리 영벌산록 신좌(辛坐)다.

청주목사 휘 미성의 묘

- 孫 : **김수성(金遂性)** [부(父)] : 청풍군(淸風君) 김세영(金世英)[文]
  [생원] 중종(中宗) 8년(1513) 계유(癸酉) 식년시(式年試)

문과에 급제하여 문과급제 란에 자세한 약력사항 있음.

- 曾孫 : **김대항(金大恒** 1524~?**)** [부(父)] : 부제학(副提學) 김수성(金遂性)
  [생원] 명종(明宗) 10년(1555) 을묘(乙卯) 식년시(式年試)

자는 계상(季常). 명종(明宗) 10년(1555) 을묘(乙卯) 사마 식년시(司馬 式年試) 생원(生員)에 급제하고, 승의랑(承議郞) 태인현감(泰仁縣監)을 역임하였다.

의인(宜人) 안성김씨(安城金氏)와 사이에 아드님을 두 분 두셨는데, 세마(洗馬) 약천(若天)과 증(贈)참의(參議) 응천(應天)이시다. 현감공의 둘째 형님인 자의공(諮議公) 대관(大觀)이 아드님이 없어 약천(若天)을 양자(養子)로 보냈다. 묘는 남양주시 별내동 산 228 선영(先塋)에 아드님 증(贈)참의(參議) 응천과 아래위로 계신다.

현감(縣監) 휘 대항(大恒)의 묘

- 曾孫 : **김대승(金大升)** [부(父)] : 현감(縣監) 김종성(金終性)
  [생원] 중종(中宗) 35년(1540) 경자(庚子) 식년시(式年試)

자는 언겸(彦謙). 생원(生員)에 급제하고 옥천(沃川)에서 은거하였다. 덕행(德行)이 높아 중봉 조선생(重峰 趙先生)이 존경하며 섬겼다고 전해지고 있다.

배위는 고창오씨(高敞吳氏) 부장(部將) 림(琳)의 따님이다. 묘는 충북 옥천군 서면 상증리 능곡 축좌(丑坐)다.

생원(生員) 휘 대승(大升)의 묘

• **7代孫 : 김의달(金義達 1637～1709)** [부(父)] : 부사과(副司果) 김종술(金宗述)

사마시(司馬試)에 급제하였다고 족보에 기록되어 있으나 방목은 찾을 수 없다. 배위는 김해송씨(金海宋氏)로 절충장군(折衝將軍) 덕립(德立)의 따님이다. 묘는 금산 내면 장등 酉坐다.

• **9代孫 : 김득후(金得厚 1724～1784)** [부(父)] : 사인(士人) 김중로(金重魯)
[생원] 영조(英祖) 41년(1765) 을유(乙酉) 식년시(式年試)

자는 자용(子容)이고, 아호는 동병(東屛)이며, 초명(初名)은 치묵(致默)이다. 1765년 사마시(司馬試)에 급제하였으나 벼슬길로 나가지 않았다. 조선 후기의 영남의 학자인 성대중(成大中 : 1732～1812)의 시문집 청성집(靑城集 九卷)에 행장(行狀)이 기록되어 있다. 배위는 밀양박씨(密陽朴氏)로 춘우(春雨)의 따님이며, 후배(后配)는 밀양박씨(密陽朴氏)로 도행(道行)의 따님이다. 묘는 신동 기금산 艮坐다.

《서랑(壻郎)/외예(外裔)》

• **이요신(李堯臣 1542～?)** 德水人 목사(牧使) 김미성(金彌性)의 손서(孫壻)
[생원] 선조(宣祖) 6년(1573) 계유(癸酉) 식년시(式年試)

자(字)는 여흠(汝欽)이고, 호(號)는 율리(栗里)이다. 퇴계(退溪) 이황(李滉)의 문인(門人)으로, 서애(西厓) 유성룡(柳成龍)과는 막역한 사이로 알려져 있다. 충무공(忠武公) 이순신(李舜臣)의 둘째 형이다. 요절(夭折)하여 환로(宦路)에 머물지 않았으나 가선대부(嘉善大夫) 호조(戶曹) 참판(參判)의 증직(贈職)을 받았다. 이요신의 할머니와 처 종조모인 현감 종성(終性)의 부인이 형제간이다.

4. 천거 음직 음관(薦擧 蔭職 蔭官)

• 嫡長孫 **김성준(金成俊)**

청릉군(공양공)은 적개 2등공신이고, 좌리 4등공신이므로 이 분의 적장손들은 당연히 음직(蔭職)을 받았을 것이다. 그러나 이유는 알 수 없으나 적장손들과 지손 간에 연락이 없어 장손들이 족보에 등재되어 있지 않았다. 성준(成俊) 이 분도 족보상에 등재되어 있지 않아 정확히 공양공(恭襄公)의 몇 대손인지는 알 수가 없다. 그러나 충훈부(忠勳府)에서 작성한 19공신(영사공신)/20공신(영국공신)/21공신(보사공신)

의 공신회맹록(功臣會盟錄)에 7공신(적개공신)/8공신(좌리공신)이신 공양공(恭襄公)의 적장손(嫡長孫)으로 기재되어 있다. 하지만 현재는 그 자손이 연락 두절 상태이다. 19공신(영사공신) 회맹록에 좌리공신 문평공 적장손으로는 충좌위 부사정 김담(忠佐衛 副司正 金湛)이, 20공신(영국공신)/21공신(보사공신) 회맹록에 좌리공신 문평공 적장손으로는 김태희(金泰禧)가 수결하였고, 위 세 가지 공신록에 적개좌리공신 김순명(敵愾佐理功臣金順命)의 적장손(嫡長孫)으로는 김성준(金成俊)이 수결(手決)하였다. 위 세 가지 공신회맹록이 많은 민간 희생자를 발생시킨 임진왜란과 병자호란 이후의 국가 기록이므로 우리 공양공(恭襄公) 종가(宗家)의 자손들이 연락이 되고 있지 않을 뿐 생존해 있을 것으로 추정할 수도 있으나, 후술 한 바와 같이 고종 시대에 13대손인 준흠(부제학 수성의 후손)이 적장손으로 음직을 받은 기록이 있어, 적장손은 아마도 절손된 것으로 추정할 수밖에 없는 실정이다.

- 孫 : **김종성(金終性)** [부(父)]: 청풍군(淸風君) 김세영(金世英)[文]

음직(蔭職)으로 사재감(司宰監) 직장(直長)을 거쳐 양성현감(陽城縣監)을 역임하고 품계(品階)는 통훈대부(通訓大夫)에 이르렀다. 배위는 숙인(淑人) 재령이씨(載寧李氏)로 아버지는 현감(縣監) 속(竦)이고, 할아버지는 성종대에 청백리(淸白吏)로 녹선된 근재(覲齋) 이맹현(李孟賢)이다.

숙인(淑人)의 여동생이 충무공(忠武公) 이순신(李舜臣)의 할머니가 되어, 이요신(李堯臣)이 종손녀(從孫女)의 사위가 되었다. 묘는 충북 옥천군 군서면 상중리 능곡 丑坐다.

양성현감(陽城縣監) 휘 종성(終性)의 묘

- 曾孫 : **김대림(金大臨)** [부(父)]: 목사(牧使) 김미성(金彌性)

오위(五衛)의 부사용(副司勇)을 역임하였다. 배위는 유인(孺人) 성주이씨(星州李氏)로 생원(生員) 세공(世恭)의 따님이다.

묘는 개녕곡 송지 艮坐다.

- 曾孫 : **김대관(金大觀)** [부(父)]: 부제학(副提學) 김수성(金遂性)

자(字)는 중우(仲遇). 생몰년(生沒年)이 분명하지 않고 다만 기일(忌日)만 10월 19일로 되어 있다. 집안에 전해 내려오는 이야기에 의하면 아드님인 세마공(洗馬公)께서 시묘(侍墓)[1]를 사시다가 병자호란(丙子胡亂)으로 임금의 남한산성에 피난하셨다는 소식을 듣고 신하된 도리를 다하려 임금 계신 곳으로 달려가다 호병(胡兵, 침략자인 청나라 병사)을 만나 용감히 싸움을 하다 화(禍)를 입으시고 순절(殉節, 조국을 위해 목숨 바침)하셨다 전한다. 만약 시묘살이 중이라면 아마도 자의공의 돌아가신 해는 1634~5년일 것 같다.

일설은 시묘는 마치고 원주에 사시다가 남한산성을 향하던 중 용문산에서 호병을 마주쳤다고도 하여 분명하지는 않다. 양자(養子)인 세마공의 그때 춘추가 65~6세이니 앞의 전해오는 이야기가 맞다면 자의공은 80이상의 수(壽)를 누렸을 것으로 생각되어진다. 음서(蔭敍)[2]로서 내직(內職)으로 장예원(掌隷院) 사의(司議)와 시강원 자의(諮議)를 지내셨다.

자의(諮議)란 과거에 급제하지 않은 품행이 방정하고, 학문이 돈독하여 명성이 현저한 인사를 널리 뽑아 세자를 보도(輔導)하게 하는 송나라제도를 참작하여 기존의 세자시강원 관리 외에 찬선(贊善) 익선(翊善) 자의(諮議) 각 1인을 설치하여 재야(在野)의 훌륭한 선비를 찾아 임명하는 관직이다. 그러므로 자의(諮議)는 문과를 거치지 않았다 하드라도 사림(士林)에서는 대단히 영광스러운 직책으로 여기고 있다. 자의공은 지방관(地方官)으로도 활약하시었는데 황간 현감(黃澗 縣監)과 단양군수(丹陽 郡守)를 역임하였다.

숙부인(淑夫人)은 죽산박씨(竹山朴氏)로 아버지는 부장(部將) 겸례(兼禮)이시고, 조부(祖父)는 정종(正宗)의 손서(孫壻)인 군수(郡守) 준산(峻山)이니, 숙부인의 조모(祖母)는 정종(定宗)의 아들 의평군(義平君) 이원생(李元生)의 따님이다. 영상(領相)을 지낸 윤두수(尹斗壽)의 할머니가 박준

자의(諮議) 휘 대관(大觀)의 묘소

1) 시묘(侍墓) : 부모의 상을 당하여 성분(成墳, 묘를 조성함)한 다음, 그 서쪽에 여막을 짓고 상주가 3년 동안 머무는 상례의식. 시묘는 죽은 부모에 대한 가장 효성스러운 행위로 일컬어진다.

2) 음서(蔭敍) : 부나 조부가 관직생활을 했거나 국가에 공훈을 세웠을 경우에 그 자손을 과거에 의하지 않고 특별히 서용하는 제도. 음직(蔭職) 또는 문음(門蔭)이라고도 함.

산(朴峻山)의 따님이니 숙부인과 윤두수의 아버지 삼척부사 윤변과는 내외종(內外從) 사이이다. 윤두수(尹斗壽)는 현감 대항(大恒)과 사마시(司馬試)를 함께 급제한 사람이기도 하다.

자의공의 묘는 이천군 설성면 암산리 산27-1번지이다.

- 曾孫 : **김대익(金大益)**

[부(父)] : 현감(縣監) 김종성(金終性)

자는 여겸(汝謙). 선공감(繕工監) 봉사(奉事)를 역임하였다. 배위는 단인(端人) 전주이씨(全州李氏)로 종원(終元)의 따님이다.

묘는 옥천군 서면 중리 능곡 丑坐다.

봉사 휘 대익의 묘

- 曾孫 : **김대함(金大咸)** [부(父)] : 현감(縣監) 김종성(金終性)

사재감(司宰監) 직장(直長)을 역임하였다. 배위는 안인(安人) 반남박씨(潘南朴氏)로 증 참의(贈參議) 온(溫)의 따님이다.

묘는 토성리 壬坐다.

- 高孫 : **김약천(金若天** 1570~1637**)** [부(父)] : 자의(諮議) 김대관(金大觀)

자(字)는 경흠(景欽)이다. 음직(蔭職)으로 세자익위사(世子翊衛司)의 세마(洗馬)와 익위(翊衛)를 지냈는데, 병자호란(丙子胡亂)때 용맹스럽게 싸우다 순절(殉節)하였다. 공(公)의 순절 기록은 고종(高宗) 4년(1867) 9월 15일자 승정원일기(承政院日記)에 있다. 이는 고종께서 조선말 열강이 국가를 위협하는 어려운 시절 선조들의 국란 시 순국한 기록을 찾아 충절을 선양하고자 홍문관(弘文館)에 조사를 명하자, 병자호란 당시 적군과 싸우다 전사한 인물들을 병자록(丙子錄)과 존주휘편 배신전(尊周彙編陪臣傳)을 참고로 조사하여 보고한 기록이다. 이 보고서를 바탕으로 충량과(忠良科) 과거시험을 실시하였는데, 우리 집안에도 응시하라는 영지(令旨)가 전달되어 응시하였으나 급제자는 배출하지 못하였다. 다만 후손 유재(裕在)가 초시(初試)에 들어 홍릉(洪陵) 참봉(參奉)을 역임하였고 그 후 다른 분들이 음성의 공양공 후손 가문을 세마댁이라고 부르는 계기가 되었다.

세마(洗馬) 휘 약천(若天)의 묘

세마(洗馬)란 세자(世子)를 가장 가까이서 경호하는 직책이기 때문에 비록 9품의 낮은 직급이지만 미래의 왕인 국본(國本)과 함께 생활하는 자리이기에 대단히 중요한 직책이다. 그러므로 세마는 왕이 가장 신임하는 유력 가문의 후예들이 담당하는 것이 관례이다. 공(公)께서 세마(洗馬)를 하였다는 것은 당시 우리 가문이 왕의 신임이 두터웠다는 간접증거이기는 하나, 어느 왕의 세자시절의 세마를 하셨는지는 분명한 기록은 존재하지 않는다. 그러나 세마 이후 더 크게 현달하지 못한 점과 공께서 사셨던 연도로 미루어 보아(광해군 등극 당시 38세) 아마도 광해군의 세자 시절이나 광해군 집정 시 세자를 보호하는 세마를 지내셨으리라 추정된다. 폐주(廢主)와의 관계이니 크게 자랑스러워 할 일도 아니어서 발설하지 아니하였다고 생각되어진다.

공양공 묘 앞에 세운 세마(洗馬)－첨추(僉樞) 부자(父子) 병자호란(丙子胡亂) 순절(殉節) 충의탑(忠義塔)

공인(恭人) 남양홍씨(南陽洪氏)는 군수(郡守) 봉상(鳳祥)의 따님이고, 슬하에는 오직 한 분의 아드님(첨추공 휘 성진)만 두셨다.

현재 묘(墓)는 이천군 설성면 암산리 산27-1번지 자의공 묘소 옆에 있다. 원래 세마공과 첨추공 부자의 묘는 음죽 향교 뒤 삼봉산 아래 자좌(子坐)이었는데, 이 산은 국가를 위해 순절한 공로로 국가에서 수백 정을 하사받은 사패지지(賜牌之地 : 임금이 내려 준 논밭)이었다. 그러나 조선이 망하고 일본이 침탈하여 토지조사사업을 할 때 충신에게 준 땅을 누가 어떻게 하겠느냐는 단순한 생각에 후손들이 소유권을 주장하지 않아 선조의 유택(幽宅)이 국유지가 되었다. 이후 주인이 몇 번 바뀌다가 묘역에 군부대가 들어오며, 처음에는 우리 후손들에게 설명을 듣고는 충신의 묘라 하여 원래의 자리에 보존을 허락 받았으나, 군부대 내에 있다 보니 성묘와 묘지관리에 여러 불편이 생겨 집안에서 스스로 현재의 묘역인 자의공묘 근처로 이장하기로 결정하여 1988년 현재의 위치로 이장하였다. 충신의 묘가 왕조의 운명과 같이 편하게 계시지 못했던 것은 후손된 우리로서는 참으로 안타까운 일이 아닐 수 없다.

- 高孫 : **김응천(金應天)**
  [부] : 현감(縣監) 대항(大恒)

참의(參議)에 증직(贈職)되었다. 배위는 죽산박씨(竹山朴氏)로 무극(無極)의 따님이다. 묘는 남양주시 별내면 덕송리 계좌(癸坐)로 아버지 묘와 아래위로 자리 잡고 있다.

증 참의(贈 參議) 휘 응천(應天) 묘

- 高孫 : **김보천(金保天)**
  [부(父)] : 생원(生員) 김대승 金大升

의금부 도사(義禁府 都事)를 역임하였다. 배위는 숙인(淑人) 곡산연씨(谷山延氏)이고, 후배는 숙인(淑人) 경주이씨(慶州李氏)로 욱(昱)의 따님이다. 묘는 충북 옥천군 서면 상중리 능곡 丑坐다.

- 高孫 : **김양천(金養天** 1556~1633**)** [부(父)] : 생원(生員) 김대승 金大升

자(字)는 직이(直而)이다. 딸이 출생한 지 한 달 만에 부인 금산한씨(錦山韓氏)가 돌아가고, 아버지인 본인도 딸이 사세(四歲)때 작고하였다. 천애 고아가 된 딸은 백부의 슬하에서 자랐는데, 이 딸이 항시 "부모님의 신주는 내가 모시며 제사를 받들어야 하지 않겠습니까?" 하니 모두가 기특하게 여겼다. 15세에 경주인(慶州人) 월봉(月峰) 이서(李曙)

충의위 휘 양천의 묘

에게 출가하여 남편을 섬기기를 20년을 하루같이 하였다. 월봉공(月峰公)이 돌아가니 마음이 순수하고 강직하므로 자녀를 가르치는데 근검하고 법도가 있었으며, 근엄하여 말보다는 몸소 행하였다. 슬하에 6남매(六男妹)를 모두 훌륭하게 키워, 둘째 아들 이유태(李惟泰)는 사계 김장생의 문하에서 호서 사림오현(士林五賢 : 宋時烈, 宋浚吉, 尹宣擧, 兪棨, 李惟泰)으로 알려져 있으며(후반 외예 편에서 외손 초려 이유태에 관하여는 상술함), 정부인(貞夫人)은 친가의 혈속이 없어 이유태에게 위토(位土)를 장만하고 제사(祭祀)를 받들게 하므로 오늘까지 외손봉사(外孫奉祀)로 이어오고 있다. 묘는 충남 금산군 소곡리 건좌(乾坐)이다.

- 高孫 : **김진천(金振天)**
  [부(父)] : 봉사(奉事) 대익(大益)

자는 중거(仲擧). 의금부 도사(義禁府 都事)를 역임하였다. 배위는 숙인(淑人) 금주이씨(錦州李氏)다.

묘는 충북 옥천군 군서면 상중리 능곡 축좌(丑坐)다.

의금부 도사(義禁府 都事)
휘 진천(振天)의 묘

- 高孫 : **김득립(金得立** 1564~?)
  [부(父)] : 수문장(守門將) 덕남(德南)

첨지중추부사(僉知中樞府事)를 역임하였다. 배위는 덕수이씨(德水李氏)다. 묘는 강릉시 옥천면 서화동 신촌리 자좌(子坐)이다.

- 5代孫 : **김성원(金聲遠)** [부(父)] : 군수(郡守) 김외천, 생부(生父) 참의 김응천

부사과(副司果)를 역임하였다. 배위는 의인(宜人) 성주이씨(星州李氏)로 참봉(參奉) 윤선(胤先)의 따님이다.

- 5代孫 : **김성계(金聲繼** 1564~1633) [부(父)] : 사인(士人) 김고천(金顧天)

참봉(參奉)을 역임하였다. 배위는 유인(孺人) 영일정씨(迎日鄭氏)로 정하(正河)의 따님이다. 묘는 춘천시 동산 외소치곡 庚坐다.

- 5代孫 : **김성진(金聲振** 1589~?) [부(父)] : 세마(洗馬) 김약천(金若天)

자(字)는 여성(汝聖)이다. 음서(蔭敍)로 용양위(龍驤衛) 부호군(副護軍)을 지내

시고, 절충장군(折衝將軍) 첨지중추부사(僉知中樞府事, 僉樞)로 추증(追贈)되셨다. 병자호란(丙子胡亂) 때 아버지 세마공과 함께 호병과 싸우다가 화(禍)를 당하셨다. 아버지 세마공은 순절(殉節) 하시고, 자신은 연명한 후로 스스로 죄인이라고 자처하면서 세상사를 간섭하지 않았고, 청나라는 나와 국가의 원수이니 청나라에 복속한 정권에 나가지 말며, 더 이상 벼슬을 구하기 위한 과거시험에 집착하지 말라는 세로불섭(世路不涉)의 유훈(遺訓)을 남기시었다. 이에 자손들이 3대 이상 환로(宦路)에 들어가지 않아 조선조 말에는 대부분의 후손들이 지방의 선비로서의 생활에 만족하여야 했다.

숙부인(淑夫人) 창원황씨(昌原黃氏)는 문과(文科) 후 사간원(司諫院) 정언(正言)과 안동부사(安東府使)를 지낸 극중(克中)의 따님이다. 숙부인의 할아버지는 언양현감 황선(黃瑄)이시고, 종조부(從祖父)는 황린(黃璘)으로 이조판서를 지내셨다. 그런데 장인(丈人)인 극중(克中)은 안동부사를 퇴임한 후 임진왜란 이후 사회적 혼란이 극심하던 시절 충남 대흥(大興)에서 불행히도 토적(土賊)에게 피살되었다. 돌아가실 때 첨추공의 장인이신 극중(克中)의 연세는 52세에 불과했다. 아마도 첨추공께서 후손들에게 출사하지 말라고 유훈을 남기신 것은 아버님이신 세마공의 순절뿐만 아니라, 조정의 관료들은 왜란과 호란이라는 전란 속에서도 당쟁에 여념이 없고, 세마를 지내신 아버님의 반정 이후의 어려움에 더해, 장인은 왜란 이후 혼란기에 토적(土賊)에게 피살당하는 참사(慘事)를 겪으며, 환로(宦路)에 대한 실망과 자손의 온전한 삶에 대한 바램의 결과로 그런 유훈을 남기신 것이 아닌가 생각되어진다.

숙부인(淑夫人) 창원황씨(昌原黃氏)와 첨추공 사이에서 3남 3녀를 두셨으니, 장남이 부사용(副司勇)을 지내신 양윤(亮胤)이고, 둘째가 증(贈) 병조참의(兵曹參議) 석윤(錫胤)이시며, 막내가 응윤(應胤)이다. 맏딸의 사위는 무과(武科) 후 의주부윤(義州府尹)을 지내고, 좌찬성에 추증된 윤진경(尹進卿)이고, 외손(外孫)은 무과(武科)에 급제하고, 여러 관직을 거쳐 자헌대부(資憲大夫) 지중추부사(知中樞府事)를 지낸 윤천뢰(尹天賚)로 약천(藥泉) 남구만(南九萬)의 신도비명(神道碑銘)

증(贈) 첨지중추부사(僉知中樞府事)
휘 성진(聲振)의 묘

이 전해지고 있다. 둘째 사위는 무과(武科) 후 첨추(僉樞)를 지낸 정홍필(鄭弘弼)이고, 막내 사위는 이경식(李景植)이다.

묘는 이천군 설성면 암산리 산27-1번지에 있는데, 현재의 위치에 있게 된 경위는 세마공 장에서 설명한 대로이다. 공양공 묘역을 정비할 때 후손들이 세마(洗馬) 첨추(僉樞) 부자(父子)의 충의를 기리는 충의탑(忠義塔)을 남양주 공양공(恭襄公) 유원(幽園)에 세웠다.

- 5代孫 : **김시환(金時煥 1588～1710)** [부(父)]: 첨지중추부사(僉知中樞府事) 득립(得立)

통훈대부(通訓大夫) 장악원 정(掌樂院 正)을 역임하였다. 배위는 숙인(淑人) 초계정씨(草溪鄭氏)이다. 묘는 충주 신대촌 유좌(酉坐)이다.

- 6代孫 : **김뢰(金瓃)** [부(父)]: 부사과(副司果) 김성원(金聲遠)

부사과(副司果)를 역임하였다. 배위는 의인(宜人) 남양홍씨((南陽洪氏)로 근(勤)의 따님이다.

- 6代孫 : **김종술(金宗述)** [부(父)]: 사인(士人) 김덕용(金德用)

부사과(副司果)를 역임하였다. 배위는 의인(宜人) 죽산박씨(竹山朴氏)로 충의위(忠義衛) 지유(之由)의 따님이다. 묘는 북면 당하산 밑 酉坐다.

- 6代孫 : **김언휴(金彦休 1579～1661)** [부(父)]: 참봉(參奉) 김성계(金聲繼)

임오(壬午1642)년에 삼척부사(三陟府使)를 지냈다. 배위는 숙인(淑人) 연안이씨(延安李氏)로 군수(郡守)명신(明臣)의 따님이다. 묘는 홍천군 내촌면 서조리 운하산 수동 子坐다.

- 6代孫 : **김양윤(金良胤)** [부(父)]: 첨추(僉樞) 김성진(金聲振)

부사용(副司勇)을 역임하였다. 배위는 유인(孺人) 전의이씨(全義李氏)로 진사(進士) 원례(元禮)의 따님이다. 묘는 호군공 묘하 戌坐다.

- 6代孫 : **김석윤(金錫胤)** [부(父)]: 첨추(僉樞) 김성진(金聲振)

생몰년(生沒年)이 분명하지 않고 다만 생일(生日) 정월 22일과 기일(忌日) 섣달

12일만 족보(族譜)에 기록되어 있다. 자(字)는 효숙(孝叔)이다. 음직(蔭職)으로 참봉(參奉)에 제수되었으나, 세로불섭(世路不涉, 세상에 나가 벼슬하거나 과거를 보려하지 말라는 의미)하라는 아버지의 유훈(遺訓)에 따라 벼슬을 내렸으나 응하지 않았고, 사후(死後)에 통정대부(通政大夫) 병조참의(兵曹參議)에 증직(贈職)되었다. 그런데 외손(外孫)인 평안도병마절도사(平安道兵馬節度使) 구봉창(具鳳昌)의 묘갈명(墓碣銘)에 의하면 어머니가 충의위(忠義衛) 석윤(錫胤)의 따님이라고 기록한 것으로 보아 병자호란(丙子胡亂) 이전에 잠간 음서(蔭敍)로 벼슬길에 들어섰던 것으로 생각되어진다.

공(公)의 9대손인 송은(松隱) 휘 태식(泰植)이 세마공의 순절과 첨추공의 세로불섭의 유훈 및 증 참의공이 출사하지 않은 내력을 밝히는 비문을 완성하여 10대손인 항산(恒山) 유혁(裕赫)이 써서 후세에 사적을 전하게 하였다.

증(贈) 숙부인(淑夫人) 원주원씨(原州元氏)는 참봉(參奉) 해굉(海宏)의 따님이다. 슬하에는 4남 5녀를 두셨다. 장남이 만정(萬錠), 차남 만형(萬衡), 3남 만갑(萬甲), 4남 만흥(萬興)인데, 장남 만정(萬錠)께서 대를 이을 자손(嗣子)이 없어 아우 만갑(萬甲)의 아드님, 즉 조카인 익창(翊昌)을 입양(入養) 하였다. 네 분 모두 할아버지이신 첨추공(僉樞公)의 유훈(遺勳)에 따라 벼슬길에 나서지 않았으며, 음서(蔭敍)로 통덕랑(通德郞)의 산직(散職)만 받으셨다. 만 따님의 사위는 호군(護軍)을 지낸 김범(金范)이고, 둘째 사위는 증 호조참판(戶曹參判) 구행(具行)이며, 셋째 사위는 이일기(李日耆), 넷째 사위는 원상찬(元尙贊), 다섯째 사위는 배진석(裵晋錫)이다.

묘는 경기 광주 탄무리에 있었으나, 묘소로 가는 길이 없어 매우 불편하여 매년 시제 참사자들이 줄어들어 실전할 것을 우려하지 않을 수 없었다. 그리하여 어쩔 수 없이 이전하게 된 세마공(洗馬公)과 첨추공(僉樞公)의 묘역 아래로 삼대(三代)를 연이어 이장하였다. 그리하여 이천군 설성면 암산리 산27-1번지에는 증조(曾祖)인 자

증 병조참의(贈兵曹參議) 휘 석윤(錫胤)의 묘

제일 위가 세마공, 중간이 첨추공, 하단이 증 참의공 산소이다. 모두 자의공 묘역으로 이장된 산소이다.

의공(諮議公)에서 참의공(參議公)까지 4대가 함께 계시게 되었다.

• 6代孫 : **김윤정(金潤鼎** 1630~?) [부(父)]: 장악원정(掌樂院正) 시환(時煥)

종사랑(從仕郎)이었으며, 통정대부(通政大夫) 공조참의(工曹參議)에 증직(贈職)되었다. 배위는 숙부인(淑夫人) 전주이씨(全州李氏)로 옥윤(玉潤)의 따님이다. 묘는 충주 신대촌 유좌(酉坐)이다.

• 7代孫 : **김매일(金梅逸** 1635~1683) [부(父)]: 삼척부사(三陟府使) 김언휴(金彦休)

통정대부(通政大夫)다. 배위는 숙부인(淑夫人) 개성왕씨(開成王氏)로 승원(承元)의 따님이다. 묘는 홍천군 내촌면 서조리 산수동 子坐다.

• 7代孫 : **김만형(金萬衡)** [부(父)]: 증 병조참의(贈 兵曹參議) 석윤(錫胤)

자는 중보(重甫). 수자(壽資) 동지중추부사(同知中樞府事)다. 배위는 증(贈) 정부인(貞夫人) 안동권씨(安東權氏)로 첨추(僉樞) 협(浹)의 따님이다. 묘는 이천군 설성면 암산리 산30번지이다.

• 7代孫 : **김만흥(金萬興)** [부(父)]: 증 병조참의(贈 兵曹參議) 석윤(錫胤)

자는 흥보(興甫). 오위(五衛)의 부호군(副護軍)이다. 배위는 완산이씨(完山李氏) 후(煦)의 따님이다. 묘는 경기도 광주시 경안면 벌원리 후동 사대곡 임좌(壬坐)이다.

• 7代孫 : **김홍규(金弘赳** 1654~1709) [부(父)]: 증(贈) 통정대부(通政大夫) 윤정(潤鼎)

자(字)는 진원(晉元)이고, 가선대부(嘉善大夫) 공조참판(工曹參判)겸 오위도총부(五衛都摠府) 부총관(副摠管)에 증직되었다. 배위는 증(贈) 정부인(貞夫人) 김해김씨(金海金氏) 이다. 묘는 응암동 유좌(酉坐)이다.

• 8代孫 : **김기홍(金基弘** 1686~1767) [부(父)]: 증(贈) 공조참판(工曹參判) 홍규(弘赳)

자는 여선(汝先). 수자(壽資) 가선대부(嘉善大夫) 공조참판(工曹參判)이다. 배위는 증(贈) 정부인(貞夫人) 강릉최씨(江陵崔氏)로 치운(致雲)의 따님이다. 묘는 응암동 유좌(酉坐)이다.

- 8代孫 : **김기적(金基迪** 1683～1761) [부(父)] : 증(贈) 공조참판(工曹參判) 홍규(弘赳)

자는 여칠(汝七). 호는 기적(起迪) 증 가선대부(贈 嘉善大夫) 용양위(龍讓衛) 부호군(副護軍)을 역임하였다. 배위는 증정부인(贈貞夫人) 삼척김씨(三陟金氏)이다. 묘는 종곡 서랑 자좌(子坐)이다.

- 12代孫 : **김기태(金基台** 1743～1802) [부(父)] : 사인(士人) 경성(景成)

자는 군실(君實). 통훈대부(通訓大夫) 사복시정(司僕寺正)에 증직(贈職)되었다. 배위는 증 숙인(贈 淑人) 재령강씨(載寧康氏)로 응술(應述)의 따님이다. 묘는 황해도 연일군 해월면 문산리 두문동 유좌(酉坐)이다.

- 13代孫 : **김광선(金廣善** 1762～1819) [부(父)] : 사복시정(司僕寺正) 기태(基台)

자는 미재(美哉). 수자(壽資) 첨지중추부사(僉知中樞府事)로 돌아가신 후에 호조참의(戶曹參議)로 증직(贈職)되었다. 배위는 증 숙부인(贈 淑夫人) 연안김씨(延安金氏)로 재후(載後)의 따님이다. 묘는 황해도 연일군 해월면 문산리 두문동 선영(先塋) 아래이다.

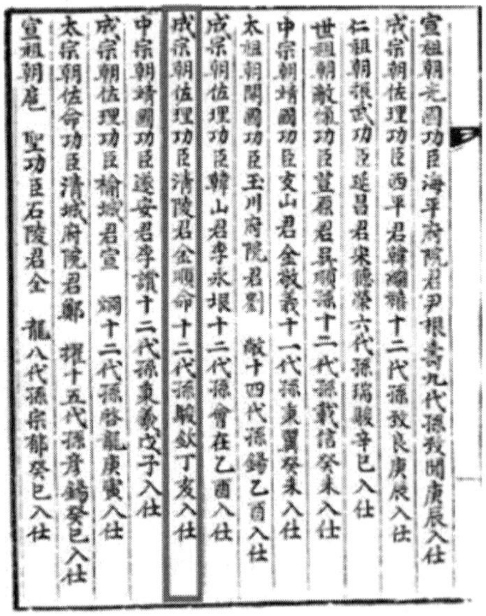
宣祖朝光國功臣海平府院君尹根壽九代孫致聞庚辰入仕
成宗朝佐理功臣西平君韓繼禧十二代孫致良庚辰入仕
仁祖朝振武功臣延昌君宋德榮六代孫瑞駿辛巳入仕
世祖朝敵愾功臣萱原君具致洪十二代孫載信癸未入仕
中宗朝靖國功臣交山君金敬義十一代孫東翼癸未入仕
太祖朝開國功臣玉川府院君劉敞十四代孫錫乙酉入仕
成宗朝佐理功臣韓山君李永根十二代孫會在乙酉入仕
成宗朝佐理功臣淸陵君金順命十二代孫駿欽丁亥入仕
中宗朝靖國功臣遂安君李讀十二代孫東義戊子入仕
成宗朝佐理功臣楡城君宣 炯十二代孫啓龍庚寅入仕
太宗朝佐命功臣淸城府院君鄭 擢十五代孫秀錫癸巳入仕
宣祖朝扈 聖功臣石陵君金 龍八代孫宗郁癸巳入仕

국조공신적장입사록(國朝功臣嫡長入仕錄) 2면(국립중앙도서관)-준흠(화순현감)은 청릉군의 13대손인데 잘못 기록되어 있다.

- 13代孫 : **김준흠(金駿欽** 1797～1869) [부(父)] : 사인(士人) 김중환(金重煥)

자는 주성(周聲). 좌리공신 청릉군(휘 순명)의 적장(嫡長)후손에게 내리는 음직(蔭職)으로 순조 27(1827)년 정해(丁亥)년에 출사(出仕)하여 화순현감(和淳縣監) 겸 순천진관병마절제도위에 이르렀다. 전북대 박물관에 유품이 일부 보존되어 있다. 일성록(日省錄)에도 현감의 활동기록이 다수 존재한다. 배위는 숙인(淑人) 진주강씨(晋州姜氏)로 협(浹)의 따님이다. 묘는 충북 음성군 생극면 오생리 응봉 위 정좌(丁坐)이다.

• 13代孫 : **김관선(金觀善** 1833~1912) [부(父)] : 사인(士人) 김기경(金基絅)

자는 자민(孜敏). 중추원(中樞院) 의관(議官)이며, 유고(遺稿)가 전한다. 배위는 숙부인(淑夫人) 양성이씨(陽城李氏)로 교관(敎官) 기석(起碩)의 따님이다. 묘는 음성군 생극면 오생리 뒷산 갑좌(甲坐)이다.

《서랑(壻郎)/외예(外裔)》

• **권필(權韠** 1569~1612) 청풍군(김세영)의 외 증손자

본관은 안동(安東). 자는 여장(汝章), 호는 석주(石洲). 청풍군의 사위인 승지 권기(權祺)의 손자이며, 권벽(權擘)의 다섯째 아들이다. 석주(石洲) 권필(權韠)은 자유분방하고 구속받기 싫어하는 성격으로, 벼슬을 하지 않고 초야에 묻혀 글을 쓰며 찾아온 유생들을 가르쳤다.

선조 35년에 명나라 사신 고천준이 왔을 때, 원접사 이정구(李廷龜)는 선조(宣祖)에게 포의(布衣) 권필(權韠)을 종사(從事)로 데리고 가겠다고 추천하였다. 선조(宣祖)는 권필의 시고(詩稿)을 보고나서 허락하였고, 이후 권필(權韠)을 사랑하여, 그를 부를 때도 이름을 부르지 않고 항시 석주(石洲)라는 호를 불렀다고 한다. 당시 이를 보고 남용익(1627~1692)은 권필(權韠)이 재야 선비로서 임금에게 사랑을 받은 일이 당나라 시선(詩仙) 이백(李白)이 현종(玄宗)에게 받은 영광 못지않다고 말했다.

정철(鄭澈)의 문인으로 술로 낙을 삼아, 부인이 금주를 권하니 시「관금독작(觀禁獨酌)」을 지었다. 젊었을 때에 강계에서 귀양살이하던 정철을 이안눌(李安訥)과 함께 찾아가기도 했다. 동료 문인들의 추천으로 제술관(製述官)이 되고, 또 동몽교관(童蒙敎官)에 임명되었으나 끝내 나아가지 않았으며, 강화에서 많은 유생을 가르쳤다. 임진왜란 때에는 구용(具容)과 함께 강경한 주전론을 주장했다.

광해군 초에 권신 이이첨(李爾瞻)이 교제를 청했으나 거절했다. 1608년 광해군이 즉위하면서 그 처남 유(柳)씨들이 국정을 농단(壟斷)하였다. 유희분(柳希奮) 등의 방종을 임숙영(任叔英)이「책문(策文)」에서 공격하다가 광해군의 뜻에 거슬려 급제가 취소된 사실을 듣고 분함을 참지 못하여「궁류시(宮柳詩)」를 지어서 궁중의 유씨 일당을 풍자 비방하였다. 이에 광해군이 대노하여 시의 출처를 찾던 중 1612년 김직재(金直哉)의 무옥(誣獄)에 연루된 조수륜(趙守倫)의 집을 수색하다가 연좌되어 광해군의 친국(親鞠)에서 곤장을 맞고 함경도 경원으로 유배 가던 중 동대문 밖에서

행인들이 동정으로 주는 술을 폭음하고 이튿날 44세로 죽었다. 시재가 뛰어나 자기성찰을 통한 울분과 갈등을 토로하고, 잘못된 사회상을 비판 풍자하는 데 주목할 만한 성과를 거두었다. 인조반정 이후 사헌부지평에 추증되었고, 광주(光州) 운암사(雲巖祠)에 배향되었다. 묘는 경기도 고양시 위양리에 있고, 묘갈은 송시열(宋時烈)이 찬하였다. 시문집 『석주집(石洲集)』과 한문소설 『주생전(周生傳)』이 전한다.

• **이유태(李惟泰** 1607~1684) 慶州人 김양천(金養天)의 외손자

자(字)는 태지(泰之), 호는 초려(草廬). 아버지는 증(贈) 좌승지(左承旨) 이서(李曙)이고, 어머니는 증(贈) 정부인(貞夫人) 청풍(淸風)김씨로 증조(曾祖)는 현감(縣監) 종성(終性)이고, 조부(祖父)는 생원(生員) 대승(大升)이며, 부(父)는 충의위(忠義衛) 양천(養天)이다.

사계(沙溪) 김장생(金長生) 신독재(愼獨齋) 김집(金集) 부자를 사사, 그 문하의 송시열(宋時烈) 송준길(宋浚吉) 윤선거(尹宣擧) 유계(兪棨)와 더불어 호서산림 오현(五賢)의 한 사람으로 손꼽혔다. 김집(金集)의 천거로 1634년(인조 12) 희릉참봉(禧陵參奉)이 되고, 1658년(효종 9) 송시열(宋時烈) 송준길(宋浚吉)의 천거로 지평이 되고, 이듬해 시강원 진선, 사헌부 집의를 거쳐 현종 즉위 후 공조참의 동부승지를 역임하였다. 1660년(현종 1) 복제시비 때 호군으로 있으면서 송시열의 기년설(朞年說)을 옹호하였다. 뒤 이어 효종 말년 이래 적어 두었던 만언소(萬言疏)를 올려 시폐(時弊)를 논하고, 구민(救民) 구국(救國)의 대책을 제시, 왕이 비변사로 하여금 검토하게 했으나 제대로 채택되지 않자 실망해 사직, 귀향하였다. 1674년의 갑인예송(甲寅禮訟) 때 복제를 잘못 정했다는 남인 윤휴(尹鑴) 등의 탄핵을 받아 다음 해 영변에 유배되었다. 1680년(숙종 6) 경신대출척으로 죄가 풀려 호군에 서용되었으나, 숙종 초부터 사이가 벌어진 송시열과 그 계통 사람들인 노론의 미움을 받아 유현(儒賢)으로서의 지위를 상실한 채 죽었다.

예학(禮學)에 뛰어나 김집과 함께 『상례비요(喪禮備要)』 『의례문해(疑禮問解)』 등을 교감(校勘)했으며, 특히 치국경제(治國經濟)의 문제에서는 이이(李珥)를 모범으로 삼아 점진적인 경장론을 전개하였다. 소론에 의해 이조판서에 추증되었으며, 문인들이 고향에 금산서원(錦山書院)을 세워 제향했다가 1713년 노론 때문에 일시 훼철되기도 하였다. 지금은 세종시에서 초려공원을 건설하여 초려를 현창하고 있다. 저서로 『초려집』 26권이 전한다. 시호는 문헌(文憲)이다.

초려의 어머니 증정부인 청풍김씨는 태어나자 한 달도 되지 않아 산후 여독으로 어머니가 돌아가시고, 할아버지는 아버지에게 재취하기를 권했으나 홀로 딸을 키우다

4살 때 아버지마저 돌아 가셨다. 도사(都事)인 백부(伯父) 보천(保天)이 키우다 경주이씨 이서(李曙)에게 시집을 보내어 5남 1녀를 두셨다. 그러나 불행하게도 남편 또한 장수하지 못하고 자식들이 모두 결혼 전에 사망하였다. 그러나 정부인(貞夫人)께서는 자식들을 훌륭하게 교육하고 성취시켜 장남인 유택(惟澤)은 대흥현감, 2남인 유부(惟孚)는 사직서 참봉, 3남이 초려(草廬)인데 아버지 돌아가실 때 나이는 겨우 10살이었으나, 앞에서 언급한 것과 같은 삶을 영위하였다. 4남 유익(惟益)은 통사랑, 5남 유겸(惟謙)은 이산현감을 역임하였다. 그러나 항시 자식들에게 친정아버지(養天)의 제사를 모시지 못하는 것을 걱정하시자 초려는 자손들에게 외조부의의 제사를 영세토록 이어가도록 명하여 아직 까지도 초려의 자손들이 외가의 시제(時祭)를 모시고 있다. 시제(時祭)를 올릴 경우 청풍김문의 방손(傍孫)이 참여하면 반드시 그들에게 초헌(初獻)을 하도록 하고 있다.

에필로그(epilogue)

독일의 사회학자인 페르디난트 퇴니에스(Ferdinand Tönnies)는 사회는 게마인샤프트(Gemeinschaft), 즉 공동사회(共同社會)로부터 게젤샤프트(Gesellschaft), 즉 이익사회(利益社會)로 발전한다 하였다. 게마인샤프트란 가족, 친족, 민족, 마을처럼 혈연이나 지연 등 애정을 기초로 하여 이루어지는 비타산적 공동사회(共同社會)를 의미하는 것이고, 게젤샤프트란 회사, 도시, 국가, 조합, 정당 등과 같이 계약이나 조약 협정에 의해 인위적이고 타산적 이해에 얽혀 이루어진 이익사회(利益社會)를 의미한다. 이와 같이 사회가 발전하고 문명이 발달하여 공동체로서의 혈족 내지는 친족에 대한 인식이 변화하고, 가족마저도 점차 해체되어 지극히 개인적 자유로운 삶이 인생의 최선의 가치로 여겨지는 변화된 사회에서 옛 선조의 행적을 찾는 것이 무슨 가치가 있겠느냐는 의문을 제기할 수도 있을 것이다.

그러나 인간을 비롯한 모든 생물은 생명의 지속성과 항상성을 유지한다. 이러한 항상성은 유전의 가장 마이크로(micro)한 단위인 DNA가 복제되어 조상으로부터 자손에게 물려지면서 일어나는 현상이다. 즉 자손은 선조로부터 독립하여 존재할 수 없고, 생명의 순환 과정에서 종속적 관계를 가질 수밖에 없는 것이다. 뿐만 아니라 의식을 가진 인간은 이러한 생명의 순환 과정과 같은 과학적 기전을 알고 모르고를 떠나 내가 어디서 왔는가 하는 근본적 물음을 예부터 하여 왔다. 이것이 바로 뿌리(root)를 추적하게 하는 마음의 시발점이 되는 것이다. 또한 인간은 단순한 동물이 아니라 의식을 가진 인간으로서 삶의 가치를 찾으려 하였다. 이러한 과정에서 우리가 추적할 수 없는 지고(至高)한 가치를 우리는 하늘의 뜻, 즉 천명(天命, God's will)이라 하였다. 천명이란 우주와 자연의 순환 원리와 그 궤를 같이 하는 것을 의미하기도 한다. 그러기에 인격이 완성된 군자(君子)는 평이한 삶 속에서도 천명을 기다리며 살아가는 것이다.

인격을 갖춘 군자다운 삶의 시작점을 옛 선현들은 효(孝)라 하였고, 효(孝)가 곧 사람다운 삶의 시초로 보았던 것이다. 위로부터 아래로의 사랑은 아주 자연스러운 것으로 모든 동물이 가지는 본성이다. 그러나 아래로부터 위로의 사랑과 공경은 인간만이 하는 일이고, 이것이 인간과 동물의 경계인 것이다. 효란 단순하게 부모를 공경하는데 그치지 않고 효의 지고(至高)한 경지는 도를 행함으로써 입신하여 후세에 이름을 드날려 부모를 드러내는 것(立身行道 揚名於後世 以顯父母)이라고 효경에서 가르치고 있다. 이는 보통 줄여서 입신양명(立身揚名)이라 하는데, 입신은 반드시 도(道)를 행하여 이루어진 것이라야 한다는 데 있다.

도(道)를 행하기 위해서는 배움이 필요하다. 배움을 통해 터득한 도를 행함으로써 부모를 세상에 드날릴 뿐 아니라 후손들에게는 삶에서 긍지(矜持)를 가질 수 있게 한다. 그러기에 많은 지사(志士)들이 후손들이 역사에 비겁하지 않고 떳떳한 삶을 영위할 수 있도록 몸을 던져 의(義)로운 일을 행한 것이다. 따라서 선조의 삶을 기록하여 후세에 전하고, 그 삶을 추적하게 하는 것은 후손들에게 스스로 자긍심을 갖게 하고 삶을 정도(正道)로 살아갈 수 있도록 교훈을 얻게 할 수 있기 때문이다.

청릉군(淸陵君)의 조부인 좌찬성공(휘 효례)께서는 성명(性命)을 보전하기 위해 여말선초(麗末鮮初) 혼란한 시기 몸을 숨기고 자강불식(自强不息)하시다가 피난지인 달내(月川)를 떠나 신흥 조선왕조에 출사하였고, 스스로 아드님인 문평공(휘 길통)을 교육하여 문과에 장원으로 급제시켜 국가의 동량지재로 키우셨다. 문평공의 넷째 아드님인 청릉군께서는 약관(弱冠) 이전에 사마시(司馬試)를 통과하고, 스믈 둘 젊은 나이에 문과(文科)에 급제하여 이후 국가 발전에 평생을 헌신하시었다. 그러나 불행하게도 그 웅지를 섭렵할 수 있는 문적(文蹟)이 존재하지 않아 그 숨결을 가까이 하기에 매우 어려움이 있었다. 그러나 다행스럽게도 왕조실록을 비롯한 여러 인사의 문집에서 청릉군이 살아오신 흔적을 발견할 수 있었다.

발견한 문헌을 중심으로 청릉군의 삶을 탐색하고 반추하면서 500여 년이 지난 현대 사회를 살아가는 후손들이 얻어야 할 교훈을 생각하였다. 특히 평이한 삶에서 천명을 기다린 청릉군의 삶의 뜻을 되새김 하면서, 이 글로 인해 후손들이 조금이라도 선조의 진정한 뜻을 깨우치는 데 도움이 되었으면 하는 바램이 있었다. 그리고 이 글이 선조들의 저독지애(舐犢之愛)를 느끼고 깨달아 후손들이 국가 동량지재로 성장하는 데 조금이라도 보탬이 된다면 필자로서 더할 나위가 없겠다.

평이한 삶에서 천명을 기다리다
- 청릉군 이야기 -

2021년 10월 01일 인쇄
2021년 10월 05일 발행

저 자 : 김내수
펴낸이 : 천승배
펴낸곳 : 도서출판 유한문화사

주소 : 경기도 고양시 덕양구 지도로124번길 8-35
전화 : 2668-2055
팩스 : 2668-2565
http://www.yuhansa.com
E-mail : yuhansa@hanmail.net
등록 : 제 5-31호. 1979. 3. 6.

값 20,000 원

ISBN : 978-89-7722-803-0 03990